VOL. 17

Dados Internacionais de Catalogação na Publicação (CIP)
(Câmara Brasileira do Livro, SP, Brasil)

Kunsch, Margarida Maria Krohling
Planejamento de relações públicas na comunicação inte-grada /
Margarida Maria Krohling Kunsch. – 6. edição revista – São
Paulo : Summus, 2016. (Novas buscas em comunicação; v. 17)

Bibliografia
ISBN 978-85-323-0263-2

1. Relações públicas I. Título. II. Série.

02- 6703   CDD-659.2

Índice para catálogo sistemático:
1. Relações públicas   659.2

www.summus.com.br

Compre em lugar de fotocopiar.
Cada real que você dá por um livro recompensa seus autores
e os convida a produzir mais sobre o tema;
incentiva seus editores a encomendar, traduzir e publicar
outras obras sobre o assunto;
e paga aos livreiros por estocar e levar até você livros
para a sua informação e o seu entretenimento.
Cada real que você dá pela fotocópia não autorizada de um livro
financia o crime
e ajuda a matar a produção intelectual de seu país.

PLANEJAMENTO DE RELAÇÕES PÚBLICAS
NA COMUNICAÇÃO INTEGRADA

Margarida Maria Krohling Kunsch

summus
editorial

PLANEJAMENTO DE RELAÇÕES PÚBLICAS NA COMUNICAÇÃO INTEGRADA
Copyright © 1986, 2002 by Margarida Maria Krohling Kunsch
Todos os direitos reservados para Summus Editorial

Edição de texto: **Waldemar Luiz Kunsch**
Capa: **José Henrique Fontelles**
Editoração: **Join Bureau**
Impressão: **Sumago Gráfica Editorial Ltda.**

summus
editorial

Departamento editorial:
Rua Itapicuru, 613 – 7º andar
05006-000 – São Paulo – SP
Fone: (11) 3872-3322
Fax: (11) 3872-7476
http://www.summus.com.br
e-mail: summus@summus.com.br

Atendimento ao consumidor:
Summus Editorial
Fone: (11) 3865-9890

Vendas por atacado:
Fone: (11) 3873-8638
Fax: (11) 3872-7476
e-mail: vendas@summus.com.br

Impresso no Brasil

ÍNDICE

Prefácio à 1ª edição 11

Prefácio à edição revista, atualizada e ampliada 13

1. As organizações no sistema social global 19

O indivíduo e as organizações 19
Organizações e instituições 22
Conceito de organização 23
Organizações *versus* instituições 32
Tipologia das organizações 40
Análise classificatória 40
Percepções teóricas 41
Características das organizações 49
Organizações tradicionais 50
Formatos tayloristas e fordistas 54
Formatos organizacionais toyotistas 55
Organizações orgânicas e flexíveis 56
A organização aberta em rede 57
Organizações mecanicistas *versus* orgânicas 60
A nova arquitetura organizacional 64

2. A comunicação nas organizações 69

Sistema e funcionamento da comunicação 69
Processo comunicativo nas organizações 70
Barreiras na comunicação 74
Barreiras gerais 74
Barreiras na comunicação organizacional 74
Níveis de análise da comunicação 77

6 PLANEJAMENTO DE RELAÇÕES PÚBLICAS NA COMUNICAÇÃO INTEGRADA

Redes formal e informal 82
Comunicação informal 83
Comunicação formal 84
Fluxos comunicativos 84
Fluxos descendente, ascendente e horizontal 85
Fluxos transversal e circular 86
Meios de comunicação nas organizações 86

3. Relações públicas nas organizações 89
Abrangência das relações públicas 89
O gerenciamento da comunicação 91
Relações públicas e marketing nas organizações 91
O gerenciamento de relações públicas 96
Relações públicas como subsistema organizacional 98
Função administrativa 100
Função estratégica 103
Função mediadora 105
Função política 109
Dimensões da práxis 118
Mercado e frentes de atuação 118
Finalidades institucionais 119
Relações públicas em apoio a recursos humanos 121
Relações públicas em apoio a marketing 123
Atividades profissionais 126
Relações públicas e responsabilidade social 129
Responsabilidade social 135
Balanço social 138
Cidadania empresarial 141
Relações públicas e o terceiro setor 144

4. Relações públicas e a filosofia da comunicação integrada ... 149
Comunicação organizacional 149
Comunicação integrada 150
Comunicação organizacional integrada 152
Comunicação administrativa 152
Comunicação interna 154
Comunicação mercadológica 162
Comunicação institucional 164
Instrumentos da comunicação institucional 166

Relações públicas	166
Jornalismo empresarial	168
Assessoria de imprensa	169
Editoração multimídia	169
Imagem corporativa	169
Identidade corporativa	172
Propaganda institucional	174
Marketing social	175
Marketing cultural	178
Por uma filosofia de comunicação integrada	178
Relações públicas e comunicação integrada	184
A comunicação nas atividades de relações públicas	186
Comunicação dirigida	186
Comunicação massiva	189

5. Planejamento 203

Natureza do planejamento	203
Conceituação básica	204
Características e dimensões gerais	208
Características e dimensões específicas	209
Filosofias do planejamento	211
Satisfação	211
Otimização	212
Adaptação	212
Tipos *versus* níveis hierárquicos	213
Planejamento estratégico	214
Planejamento tático	214
Planejamento operacional	214
Importância do planejamento	216
Processo de planejamento	217
Uma visão abrangente	217
As fases do processo	218
Instrumentos e operacionalização	221
Plano, projeto e programa	222
Instrumentos de controle	224

6. Planejamento estratégico direcionado para a comunicação organizacional 231

Evolução do planejamento estratégico	231

8 PLANEJAMENTO DE RELAÇÕES PÚBLICAS NA COMUNICAÇÃO INTEGRADA

Origens 232
Evolução conceitual 233
Planejamento estratégico e administração estratégica 237
Pensamento estratégico 240
Processo de formulação do planejamento estratégico 242
Planejamento e gestão estratégicos da comunicação
organizacional 245
Plano estratégico de comunicação organizacional 246
Formulação do plano estratégico de comunicação 248
Pesquisa e construção de diagnóstico estratégico 248
Planejamento estratégico da comunicação organizacional ... 272
Gestão estratégica da comunicação organizacional 274

7. Pesquisa e auditoria em relações públicas 277
Princípios e premissas 278
Objetivos 278
Fundamentos e importância 279
Classificação 282
Tipologia essencial 287
Pesquisa de opinião pública 289
Pesquisa institucional 290
Auditoria da comunicação organizacional 302
Auditoria de opinião 305
Auditoria de imagem 308
Auditoria social ou monitoramento do ambiente 312

8. Planejamento de relações públicas nas organizações 315
Uma função básica de relações públicas 315
Papel e finalidades 318
Principais tipos 319
Fases do processo 320
Percepções teóricas e técnicas 320
Etapas e interconexões 325

9. Planos, projetos e programas de relações públicas 365
Concepções gerais 366
Plano 366
Projeto 367
Programa 371

Planos de relações públicas 372
Planos de ação 372
Plano estratégico de comunicação organizacional 372
Projetos de relações públicas 373
Projeto global de relações públicas/comunicação 373
Projetos específicos de relações públicas 377
Programas de relações públicas 381
Tipos de programas 382
Princípios e estrutura 383
Planejamento de eventos em relações públicas 385
Concepções 385
Atividades principais 386

Bibliografia 389

PREFÁCIO À 1ª EDIÇÃO
(1986)

A inclusão do livro *Planejamento de relações públicas na comunicação integrada* na coleção "Novas Buscas em Comunicação" condiz, realmente, com o objetivo da Summus de ampliar a área de comunicação com abordagens originais, como é o caso do trabalho da professora e profissional de relações públicas Margarida Maria Krohling Kunsch.

Esta obra resultou da dissertação de mestrado que a autora defendeu, com seriedade e brilho, no curso de pós-graduação da Escola de Comunicações e Artes da Universidade de São Paulo.

O maior mérito do livro, para mim, reside na originalidade e profundeza dos conceitos expostos, no sentido de uma inestimável contribuição para sistematizar a comunicação integrada nas organizações.

Colocar as relações públicas em função de uma atividade coordenada com as diversas áreas de comunicação social, no contexto das empresas ou instituições, representa o caminho correto para atender aos anseios e às necessidades de suas comunidades, criando condições para a efetiva participação que deve reinar em todas as organizações.

Por outro lado, assegura-se a possibilidade de identificação, análise e solução dos problemas com o emprego da chamada administração de controvérsia pública, também focalizada nesta obra.

Entre outros pontos positivos do livro, ressalte-se ainda sua linguagem fácil e fluente, dentro de um arcabouço didático que encantará o leitor.

C. Teobaldo de Souza Andrade
Professor titular da ECA-USP

PREFÁCIO À EDIÇÃO REVISTA, ATUALIZADA E AMPLIADA

Esta obra, na versão revista, atualizada e ampliada da primeira edição, se apresenta ao leitor com três propostas básicas. Primeiro, tenciona deixar claro que o planejamento de relações públicas tem de se apoiar em fundamentos teóricos sobre as organizações, a administração, a comunicação e, sobretudo, a própria área. Em segundo lugar, procura posicionar as relações públicas, estrategicamente, como um campo das ciências da comunicação com teorias próprias, que desempenha funções essenciais e específicas nas organizações. Por fim, busca demonstrar que o planejamento é um exercício com bases científicas e técnicas, não podendo ser visto como algo puramente mecânico ou uma fórmula de preparar planos.

Compreender o universo das organizações, diferenciando-as das instituições, analisando suas tipologias, características, arquitetura organizacional, situando-as no contexto da contemporaneidade, para depois inserir em seu contexto a comunicação e as relações públicas, foi um dos objetivos iniciais deste trabalho. A conscientização cada vez maior das organizações quanto à sua responsabilidade social e o fortalecimento crescente do terceiro setor no país são itens a que se deu especial atenção nesse contexto.

Para que as relações públicas possam planejar e administrar a comunicação entre as organizações e os seus públicos, um dos pontos de partida é considerar como se processa essa mesma comunicação no cotidiano organizacional. Por isso, procuramos contemplar aspectos relacionados com o sistema e o funcionamento da comunicação neste âmbito, examinando seu processo, as barreiras, os níveis de análise, as redes informal e formal, os fluxos e os meios, valendo-nos, para tanto, dos estudos de teoria da comunicação e de comunicação organizacional. Em pleno início do terceiro milênio, chegou o momento de as relações públicas, no Brasil, assumirem uma posição estratégica como campo acadêmico e profissional. A área constitui um subsistema organizacional, que deve atuar no contexto institucional das organizações, assim como o marketing está à frente do contexto mercadológico, e exercer suas funções essenciais e específicas fundamentadas teórica e tecnicamente. Por isso, tem de se valer das teorias já testadas, para imprimir um caráter científico e estratégico às suas atividades nas organizações. O mercado existe e as possibilidades são inúmeras, sobretudo na sociedade contemporânea, quando as organizações têm de se posicionar institucionalmente e se responsabilizar por seus atos, perante os públicos, a opinião pública e a sociedade.

Mais do que nunca, as organizações precisam planejar estrategicamente sua comunicação, para realizar efetivos relacionamentos. Atender a essas novas demandas dependerá da capacitação e da agressividade dos seus agentes, ou seja, dos profissionais de relações públicas. São eles que devem demonstrar aos dirigentes das organizações como esta área pode agregar valor às suas atividades e contribuir para uma maior responsabilidade social corporativa.

As organizações devem ter entre os objetivos de comunicação o de buscar o equilíbrio entre os seus interesses e os dos públicos a elas vinculados. Esses objetivos só serão alcançados se a comunicação for planejada de forma estratégica, utilizando técnicas de relacionamentos e meios específicos, devidamente selecionados, e integrando todas as atividades comunicacionais, dentro de uma filosofia de comunicação organizacional integrada.

Nesse sentido, a área de relações públicas tem um importante papel a exercer, que é o de administrar estrategicamente a comunicação das organizações, capitalizando a sinergia das áreas afins. A ação conjugada destas permitirá que as organizações não só racionalizem suas atividades nesse campo, como também, por meio de uma linguagem comum, se relacionem melhor com os seus diversos públicos, mediante uma política de comunicação integrada.

Os quatro primeiros capítulos tratam de todas essas questões fundamentais, para depois se inserirem os aspectos específicos de planejamento, planejamento estratégico, pesquisas e auditorias em relações públicas, planejamento de relações públicas e planejamento de planos, projetos e programas dessa mesma área. Não se faz planejamento do nada. Como as relações públicas trabalham com públicos e com a comunicação nas organizações, elas necessitam conhecer profundamente todos esses aspectos conceituais, para poder planejar com eficácia suas atividades.

A abordagem sobre o planejamento como função da administração, contemplando conceitos básicos, características, dimensões gerais e específicas, filosofias, níveis hierárquicos e as fases do seu processo, propiciou, na medida do possível, reunir bases para entender tanto o planejamento estratégico quanto o de relações públicas.

Ouve-se continuamente que a área de comunicação tem de ser estratégica. Fala-se de planejamento estratégico de comunicação sem muitas vezes se captar a abrangência dos seus conceitos. Será que todos os que lidam com a comunicação organizacional têm consciência do que implica desenvolver um plano verdadeiramente estratégico?

Foi pensando em contribuir com o aperfeiçoamento da área que tivemos a preocupação de absorver os conhecimentos já desenvolvidos pelos estudiosos da administração, aplicando-os ao campo das relações públicas e da comunicação organizacional. Trata-se de uma proposta a ser melhorada e ainda mais explorada. A tônica é demonstrar que, com flexibilidade e um pouco de ousadia, é possível adotar métodos e procedimentos científicos nesse campo.

Uma contribuição que julgamos nova é o enfoque dado, no sétimo capítulo, às pesquisas e às auditorias em relações públicas. Nossa preocupação central foi demonstrar que não se pode fazer planejamento sem base em pesquisas. Trata-se de um campo fértil a ser desenvolvido por outros colegas pesquisadores. Dar um caráter de ciência às nossas práticas profissionais é, a nosso ver, um desafio que temos de perseguir. Isso certamente contribuirá para aumentar o valor e a credibilidade das relações públicas nas organizações.

O capítulo específico de planejamento de relações públicas enfatiza três pilares que sustentam o desenvolvimento das fases do processo de planejamento de relações públicas: a pesquisa, o planejamento propriamente dito, a implantação e a avaliação. Fundamentar conceitualmente todas foi para nós questão primordial. Mais importante que saber como fazer é saber por que e com quais raízes.

Nesta edição, mereceram também uma abordagem mais ampla a avaliação e a mensuração de resultados dos programas de relações públicas. Trata-se de uma questão que consideramos imprescindível para que a área demonstre seu valor para as organizações, submetidas aos imperativos de uma sociedade tão competitiva como aquela em que estamos vivendo hoje.

Uma das nossas preocupações é demonstrar que o planejamento é um processo, um ato de inteligência, que se baseia em pesquisas, em situações reais etc. E que os planos, projetos e programas são a materialização desse processo. Nesse sentido, resolvemos dedicar a este aspecto um capítulo específico, sem a pretensão de esgotar o assunto. Nossa intenção limita-se a dar pistas e sinalizar possibilidades, sem nunca achar que este ou aquele é o modelo ideal, pois a dinâmica da história fala mais alto que os diagramas fechados em si mesmos.

O resultado final de tudo isso representa um balanço de reflexões advindas de uma busca incessante de novas bibliografias, de muitas aulas nos cursos de graduação e pós-graduação na Escola de Comunicações e Artes da Universidade de São Paulo, de inúmeros cursos que tenho ministrado em diferentes partes do Brasil e do exterior, de pesquisas realizadas e da prática profissional das últimas décadas.

Meu intuito foi trazer conceitos novos e não só propor técnicas e estratégias de bem planejar, permitindo que o leitor recorra às fontes bibliográficas usadas para um maior aprofundamento. Daí, talvez, um aparente excesso de indicações e de uso de muitas referências. O leitor poderá observar que as obras citadas referem-se a várias décadas. Isso exigiu praticamente dois anos de muito estudo, idas às livrarias para encontrar novas obras, consultas a bancos de dados, visitas às bibliotecas e grande esforço pessoal e intelectual.

Quero compartilhar tudo isso, em primeiro lugar, com minhas filhas, Adriana, Graziela e Clarice, minha neta Clara que acaba de nascer, e, em especial, meu marido, Waldemar Luiz Kunsch, jornalista, profissional de relações públicas e pesquisador, que, de forma dedicada e competente, se encarregou de fazer a primeira leitura e uma edição do texto. A meus alunos, aos colegas da academia e do mercado profissional e aos estudantes de relações públicas espalhados pelo Brasil, que me têm estimulado a prosseguir na luta, agradeço o carinho e a atenção.

Espero que este novo livro seja tão bem-aceito pela comunidade acadêmica e profissional como foi a primeira edição. E que ele contribua para novos questionamentos e saberes e, acima de tudo, para um posicionamento estratégico e definitivo de relações públicas nas organizações.

Margarida Maria Krohling Kunsch

1

AS ORGANIZAÇÕES NO SISTEMA SOCIAL GLOBAL

Vivemos numa sociedade organizacional, formada por um número ilimitado de diferentes tipos de organizações, que constituem parte integrante e interdependente da vida das pessoas. O indivíduo, desde que nasce e durante a sua existência, depara-se com um vasto contingente de organizações, que permeiam as mais diversas modalidades no âmbito dos setores público, privado e do chamado terceiro setor.

O indivíduo e as organizações

Organizações sempre existiram, desde o início da humanidade. Mas "a sociedade moderna contém um número incomensuravelmente maior de organizações, para satisfazer uma diversidade maior de necessidades sociais e pessoais, que incluem uma proporção maior de seus cidadãos e influem em setores amplos de suas vidas", como diz Amitai Etzioni (1980, p. 35).

No mundo contemporâneo, paralelamente aos paradoxos e à complexidade vigente, há um aumento significativo de novas organizações, que surgem para atender às crescentes demandas sociais e mercadológicas, desencadeadas, muitas vezes, pela perspicácia dos agentes do mercado competitivo, que estão sempre atentos às oportunidades e às ameaças do ambiente global e organizacional. Com vistas em conquistar novos espaços e até para sobreviver, criam as mais diversas e inovadoras organizações.

20 PLANEJAMENTO DE RELAÇÕES PÚBLICAS NA COMUNICAÇÃO INTEGRADA

O segmento de serviços é um bom exemplo para constatação de tal realidade. Quanto mais desenvolvida for uma sociedade, mais ela se valerá de organizações, pois, segundo Peter Drucker, "a função das organizações é tornar produtivos os conhecimentos. As organizações tornam-se fundamentais para a sociedade em todos os países desenvolvidos, devido à passagem de conhecimento para conhecimentos" (1993, p. 28).

Esse autor enfatiza o poder e as características da sociedade das organizações no contexto da sociedade do conhecimento e da informação, destacando que em todos os países desenvolvidos a sociedade se transformou em uma sociedade de organizações, na qual todas ou quase todas as tarefas são feitas em e por uma organização (ib., pp. 27-42). Mas há algumas décadas, mais precisamente em 1960, Etzioni já afirmava que a nossa sociedade é uma sociedade de organizações:

> Nascemos em organizações e quase todos nós somos educados por organizações, e quase todos nós passamos a vida a trabalhar para organizações. Passamos muitas de nossas horas de lazer a pagar, a jogar e a rezar em organizações. Quase todos nós morreremos numa organização e, quando chega o momento do funeral, a maior de todas as organizações – o Estado – precisa dar uma licença especial. (1980, p. 7)

Esse conjunto diversificado de organizações é que viabiliza todo o funcionamento da sociedade e permite a satisfação de necessidades básicas, como alimentação, saúde, vestuário, transporte, salário, lazer, segurança e habitação. Também nossas necessidades sociais, culturais e de qualidade de vida são atendidas por meio de e nas organizações. Enfim, valemo-nos delas para sobreviver, para nos realizar, para ser felizes.

Mesmo virtualmente, no contexto da revolução tecnológica da informação, o homem está sempre dependendo das organizações. São elas, por exemplo, que possibilitam as operações *on-line* por meio da rede mundial de computadores. Ou seja, ainda que o homem moderno não precise mais passar a maior parte do seu tempo dentro das organizações, continuará dependendo delas para operacionalizar suas ações e se conectar com o mundo nas mais diferentes frentes. As origens e a evolução das organizações se fundamentam na natureza humana. O homem, como ser social, necessita do seu semelhante para satisfazer suas necessidades e completar-se, o que só é possível mediante uma interação de pessoas que buscam alcançar resultados pela conjugação de esforços. Segundo Jacques Marcovitch:

> Quando o homem junta esforços com outros homens, surge a organização. O homem é um elemento multiorganizacional que continuamente se vê afetado por várias organizações e, ao mesmo tempo, as influencia. Um jogo de futebol nada mais é do que a competição entre duas organizações representadas pelos vinte e dois homens que estão no campo. O homem é mais do que um ser vivo. Através das organizações ele consegue ampliar suas aptidões, aproveitar melhor as habilidades e os conhecimentos de cada um, a fim de satisfazer suas necessidades básicas, emocionais e espirituais. O homem é um ser que produz e para isso se associa. A organização corresponde a uma associação de homens e uma coordenação de esforços. (1972, p. 5)

Stephen Littlejohn, valendo-se do pensamento de Chester Barnard,[1] enfatiza a necessidade vital da cooperação humana para a existência efetiva de uma organização. Por meio dessa cooperação é que as capacidades individuais podem coligar-se para realizar tarefas complexas e ordenadas. Ele considera que,

> em primeiro lugar, as pessoas são vistas como seres ativos, dotados de motivos e propósitos. Contudo, as pessoas estão severamente limitadas em sua capacidade de realização. Existem limitações biológicas, situacionais e sociais para o que uma pessoa pode fazer sozinha. Somente através da interação pode ocorrer a necessária cooperação. (Littlejohn, 1982, p. 301)

---

1. Chester Barnard é considerado um dos principais teóricos da administração. Sua obra *The functions of the executive* (1938) teve grande influência nos estudos organizacionais, sobretudo na escola de relações humanas.

PLANEJAMENTO DE RELAÇÕES PÚBLICAS NA COMUNICAÇÃO INTEGRADA

Nessa perspectiva da importância do aspecto coletivo e de cooperação dos membros das organizações, Etzioni, em seu livro sobre as organizações complexas, ao estabelecer um paralelo entre Max Weber e Barnard, diz que, enquanto o primeiro se atém mais às fontes e às formas de estruturas racionais, ressaltando os aspectos racionais de organizações legais-racionais ou burocráticas, o segudo dá muito mais atenção aos aspectos psicológicos e sociais, encarando as organizações como sistemas cooperativos, preocupando-se mais com os aspectos não-racionais (Etzioni, 1981, p. 15).

É evidente que, como veremos a seguir, uma organização, no aspecto conceitual, não se resume a uma associação de pessoas e a uma junção de esforços cooperativos. Há muitas outras implicações. Graças à evolução das múltiplas teorias das organizações, sobretudo no âmbito das ciências sociais, são inúmeras as considerações reflexivas que poderão ser realizadas a respeito de um assunto bastante complexo.

Organizações e instituições

Nosso propósito, aqui, não é fazer toda uma retrospectiva da teoria das organizações, bem como dos estudos sobre a evolução das escolas da administração. A literatura disponível é vasta, e muitos autores nacionais e de outros países já se ocuparam desta tarefa.[2] Com base no pensamento e na visão de alguns pesquisadores, queremos tão-somente elucidar determinados conceitos

---

2. As maiores contribuições teóricas sobre as organizações são produzidas no âmbito das ciências sociais aplicadas e da teoria geral dos sistemas. As organizações têm sido objeto de estudos interdisciplinares e nas mais diferentes perspectivas (funcionalista, crítica, interpretativa, ideológica etc.). Para uma visão mais específica, recomenda-se consultar livros sobre as teorias das organizações e da administração. A Editora Atlas começou a publicar recentemente *Handbook de estudos organizacionais*, uma obra considerada clássica, na qual os organizadores brasileiros e estrangeiros procuram agrupar e compilar as teorias dos principais pensadores das últimas décadas. O volume 1 (1999) aborda "Modelos de análise e novas questões em estudos organizacionais". O volume 2 (2001) apresenta "Reflexões e novas direções". Achava-se no prelo, no início de 2002, um terceiro volume, sobre "Ação e análise organizacional".

básicos relativos às organizações, além de diferenciá-las das instituições, a fim de alicerçar as bases de compreensão do fenômeno complexo que é planejar a comunicação organizacional. Como já expusemos na introdução, nosso objetivo principal é demonstrar que, muito antes de produzir planos e projetos de comunicação para as organizações, é preciso tentar compreendê-las e saber distinguir suas tipologias, especificidades, finalidades e funções na sociedade, numa perspectiva crítica e analítica.

Conceito de organização

Quando se procura definir e conceituar as organizações, dois aspectos são amplamente trabalhados pela maioria dos autores: o ato e efeito de "organizar", que é uma das funções da administração; e o uso do termo "organização", como expressão de um agrupamento planejado de pessoas que desempenham funções e trabalham conjuntamente para atingir objetivos comuns. Outra preocupação dos estudiosos é destacar as possíveis diferenças entre organizações e organizações sociais, entre instituições e organizações formais ou complexas e, ainda, entre instituições e organizações como sistemas abertos, dentro da teoria dos sistemas. Duas linhas de pensamento dominam os estudos, de acordo com Maria J. Pereira:

> A dos racionalistas, que concebem as organizações como estruturas racionalmente ordenadas destinadas a fins específicos; e a dos organicistas, que vêem as organizações como organismos sociais vivos, que evoluem com o tempo, sejam elas uma empresa privada ou uma burocracia governamental. (1988, p. 19)

Para que se tenha uma visão conceitual mais abrangente, apresentamos a seguir diferentes maneiras de conceber as organizações, fazendo um recorte de algumas citações consideradas mais ilustrativas, dentre as muitas existentes.

Para Alexandre M. Mattos, etimologicamente, "o termo organização procede do grego *organon*, que significa 'órgão'. Daí compreender-se sua destinação essencial, ou seja, preocupar-se com os órgãos (empresas, instituições ou entidades) criados pelos homens para desempenho de certas funções, com vistas a fins determinados" (1978, p. 12).

O autor, que desenvolveu amplo estudo sobre a natureza e a ciência das organizações,[3] apresenta dois significados básicos para o termo "organização":

- Organização significa estudar órgãos e sobre eles agir, isto é, sobre as empresas, instituições e os empreendimentos humanos, com o fim de torná-los mais eficazes e eficientes (isso é, maximizar-lhes o exsumo e minimizar-lhes o insumo ou, por outras palavras, torná-los mais céleres e menos dispendiosos ou, ainda, aumentar-lhes a produtividade e o rendimento, reduzindo ao mínimo possível os custos materiais e sociais). Tudo isso levando em conta os aspectos ambientais, éticos, espirituais e humanos do problema, e tendo em vista que os empreendimentos humanos são constituídos por homens e existem pelos e para os homens.
- Organização significa um "órgão", ou seja, um meio ou instrumento pelo qual um ato é executado ou um fim é alcançado. Por conseguinte, um conjunto de órgãos, funcionando para um fim determinado, forma um aparelho ou sistema. Quando esse conjunto funciona conjugado a outros conjuntos para um fim mais amplo, ele passa a constituir um subsistema desse sistema maior. E assim sucessivamente até o infinito.

Idalberto Chiavenato dá também duas definições para o mesmo termo:

---

3. Alexandre Morgado Mattos elencou 23 definições de diferentes autores (1978, pp. 7-11).

1. Organização como unidade ou entidade social, na qual as pessoas interagem entre si para alcançar objetivos específicos. Neste sentido, a palavra organização denota qualquer empreendimento humano moldado intencionalmente para atingir determinados objetivos. As empresas constituem um exemplo de organização social. 2. Organização como função administrativa e parte do processo administrativo. Neste sentido, organização significa o ato de organizar, estruturar e integrar os recursos e os órgãos incumbidos de sua administração e estabelecer relações entre eles e atribuições de cada um deles. (1982, pp. 271-2)

O termo, que ganha força na atualidade, supera a visão fragmentada de décadas passadas, quando, de acordo com Drucker (1993, p. 28), os cientistas políticos e sociais, até depois da Segunda Guerra Mundial, só falavam de governo, empresa, sociedade, tribo, comunidade e família. Assim, hoje o termo "organizações" já se tornou comum para denotar as mais diversas modalidades de agrupamentos de pessoas que se associam intencionalmente para trabalhar, desempenhar funções e atingir objetivos comuns, com vistas em satisfazer alguma necessidade da sociedade.

Amitai Etzioni, um dos mais renomados autores clássicos sobre as organizações complexas,[4] argumenta que "as organizações são unidades sociais [...] intencionalmente construídas e reconstruídas a fim de atingir objetivos específicos" (1980, p. 9).[5] Ele defende o uso do termo "organizações" para qualquer agrupamento humano com essas características, em vez de "organização social".

Embora Max Weber, em sua clássica obra *Economia e sociedade: fundamentos da sociologia compreensiva*, tenha enfatizado a organização sob o aspecto da burocracia, também apresenta uma definição para o termo. Para ele, organização "é um sistema de atividade contínua e intencional de um tipo específico. Uma organização dotada de personalidade jurídica é uma relação

---

4. Ver relação de algumas obras do autor na bibliografia final.
5. Etzioni baseia sua definição em Parsons (1960, p. 17).

social associativa caracterizada por um quadro administrativo que se dedica a essa atividade contínua e intencional" (1982a, p. 291).

Georges Lapassade usa indistintamente os termos "organização" e "organização social":

> O termo organização tem, pelo menos, duas significações: por um lado, ele designa um ato organizador que é exercido nas instituições; por outro, ele se refere a realidades sociais: uma fábrica, um banco, um sindicato, são organizações (a sociologia, por volta de 1900, dizia: instituições). Chamarei, portanto, de organização social uma coletividade instituída com vistas a objetivos definidos tais como a produção, a distribuição de bens, a formação de homens. (1983, p. 101)

Peter Blau e Richard W. Scott desenvolveram um estudo sobre as "organizações formais" (1979), distinguindo-as das chamadas "organizações sociais". Os elementos diferenciadores essenciais das primeiras são, para eles, a intencionalidade e o propósito explícito de conseguir atingir certos objetivos:

> Se a conquista de um objetivo requer esforço coletivo, funda-se uma organização destinada a coordenar as atividades de muita gente e a fornecer incentivo para que outros se juntem a eles para esse mesmo fim. Por exemplo, fábricas são estabelecidas para que se produzam mercadorias que possam ser vendidas com lucro, e os operários organizam sindicatos para aumentarem seu poder de barganhar com os patrões. Nesses casos as finalidades a serem atingidas, as regras a que os membros da organização devem obedecer e a estrutura de posição que define as relações entre eles (esquema organizacional) não surgiram espontaneamente durante o curso da interação social, mas foram designadas conscientemente, *a priori*, para antecipar e guiar a interação e as atividades. Como a característica distinta dessas organizações é a de que elas foram formalmente estabelecidas com o propósito explícito de conseguir certas finalidades, usa-se o termo "organizações formais" para designá-las. E esse estabelecimento formal, com um propósito explícito, é o critério que distingue a nossa matéria do estudo da organização social em geral. (1979, p. 17)

Nota-se que, na linguagem corrente e mesmo nos últimos estudos, não há uma preocupação em diferenciar "organizações" de "organizações formais" e "organizações complexas". Entende-se que o termo organizações já foi incorporado para aquelas organizações que os autores caracterizam como formais e complexas. Richard Hall, ao abordar a natureza e os tipos de organizações (1984, pp. 20-34), também distingue "organizações" de "organizações sociais". Considera a organização social como um "conjunto mais amplo de relacionamentos e processos dos quais as organizações são uma parte". Percebe-se que este autor dá a entender que o termo "organizações sociais" corresponde mais ou menos ao que se define como "instituições", como veremos.

No ponto de vista de Etzioni, Blau e Scott, Hall e da maioria dos demais autores já citados, o fato é que as organizações constituem aglomerados humanos planejados conscientemente, que passam por um processo de mudanças, se constroem e reconstroem sem cessar e visam obter determinados resultados. São inúmeras as organizações, cada uma perseguindo os seus próprios objetivos, dotada de características próprias, com uma estrutura interna que lhes possibilita alcançar os objetivos propostos, mas dependente, como subsistema, de inúmeras interferências do ambiente geral, numa perspectiva sistêmica.

No bojo da questão nos deparamos com um sistema social muito abrangente, em que há uma interdependência de funções e um contínuo processo de troca, já que, segundo Daniel Katz e Robert L. Kahn, "as organizações sociais são flagrantemente sistemas abertos, porque o *input* de energias e a conversão do produto em novo *input* de energia consiste em transações entre a organização e seu meio ambiente" (1978, p. 32).

A "teoria dos sistemas" nos explica todo o processo dinâmico de interdependência dos elementos formadores de um sistema e sua ligação com o mundo externo. Fritjof Capra, baseando-se em Ludwig von Bertalanffy (1997),[6] fala de uma ciência geral da

---

6. Para Capra, foi Ludwig von Bertalanffy quem, a partir da teoria geral dos sistemas e das suas concepções sobre sistemas abertos, conseguiu estabelecer o pensamento sistêmico como um movimento científico de primeira grandeza.

"totalidade" (1996, p. 53). Isto é, para Capra, os fenômenos da natureza não podem ser completamente estudados e compreendidos pelas partes, mas sim pelo todo. Nesse contexto, as organizações precisam ser vistas como unidades multidisciplinares, e não fragmentadas em setores. O mesmo vale para a comunicação organizacional, que tem de ser vista numa perspectiva integrada.

O enfoque sistêmico das organizações, conforme destaca Antonio César A. Maximiano, tem de ser compreendido pelo menos como conjunto de dois sistemas interdependentes que se influenciam mutuamente: o social e o técnico. Segundo ele:

> A administração científica tradicional focaliza apenas a eficiência do sistema técnico e deixa as pessoas em segundo plano. A escola de relações humanas, ao contrário, focaliza apenas o sistema social e deixa a tarefa em segundo plano. A administração sistêmica propõe uma visão integrada: as organizações são sistemas sociotécnicos. É impossível estudar ou gerenciar um sistema sem levar em conta o outro. (1997, pp. 246-7).

Além dos dois sistemas social e técnico, podem-se acrescentar, entre outros, também o tecnológico e o gerencial.

Existem numerosos estudos e valiosas contribuições a respeito dessa teoria. Por isso nosso intuito, aqui, é apenas levantar os aspectos fundamentais da organização como sistema aberto, considerando sobretudo que ela é subsistema de um sistema maior, a sociedade. É uma microssociedade que opera nas mais diferentes dimensões sociais, econômicas, políticas e simbólicas, devendo ter como bússola uma perspectiva holística. Ao definir uma organização como sistema aberto, como microssistema do macrossistema social, Antonio Cury apresenta a ilustração a seguir (2000, p. 120).

Para compreender a organização como um sistema é necessário recorrer aos estudos clássicos sobre a teoria geral dos sistemas, que Bertalanffy considera uma nova disciplina científica. "Seu objeto é a formulação de princípios válidos para os 'sistemas' em geral, qualquer que seja a natureza dos elementos que os compõem e as relações ou 'forças' existentes entre eles"

(1977, p. 61). Portanto, a teoria geral dos sistemas é uma ciência geral da "totalidade" e pode ser aplicada às teorias das organizações,[7] como já foi dito.

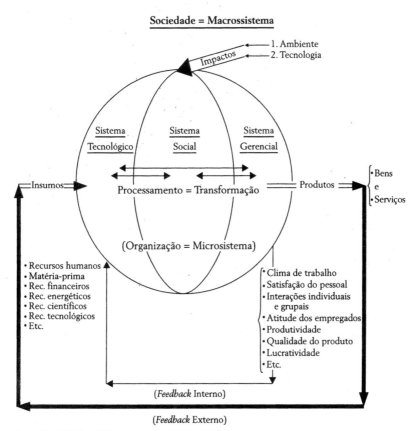

Fonte: Cury (2000, p. 120).

Por sistema entendemos um conjunto de elementos interdependentes, que formam um todo unitário, visando à realização de

---

7. Ver Bertalanffy (1977, pp. 52-133) para melhor compreensão e aprofundamento da temática.

objetivos comuns, com as características de importação, transformação e exportação de energias, numa perspectiva dinâmica e total. Walter Buckley, um dos clássicos da área, define sistema como "um complexo de elementos ou componentes, direta ou indiretamente relacionados numa rede causal, de sorte que cada componente se relaciona pelo menos com alguns outros, de modo mais ou menos estável, dentro de determinado período de tempo" (1976, p. 68). Qualquer organização constitui um sistema que necessita receber energias do meio ambiente, transforma tais energias e exporta as energias transformadas no interior para o meio ambiente, com a finalidade de conquistar maiores condições de segurança, para sobreviver. Katz e Kahn referem-se a essas características do sistema, detalhando suas semelhanças com os seres vivos (1978, p. 34).

O fato é que não podemos considerar uma organização somente em seu âmbito interno e de forma estática. É preciso vê-la em relação a um contexto muito mais amplo, numa perspectiva holística. Temos de considerá-la vinculada ao ambiente em que ela vive, incluindo os aspectos sociais, econômicos, políticos, tecnológicos, ecológicos e culturais, variáveis que interferem enormemente na vida organizacional.

Outro aspecto relevante a ser levado em conta é que as organizações são formadas por pessoas que carregam dentro de si o seu universo cognitivo e, portanto, têm uma maneira própria de ver as coisas. Não há, pois, garantia de que aquilo que elas pensam que estão passando, por meio de sua comunicação, está sendo efetivamente assimilado por seu público interno. Daí a importância de se considerar a cultura organizacional nesse contexto. No próximo capítulo, quando abordarmos a comunicação, detalharemos esses aspectos.

Assim, na prática, não é tão simples aceitar automaticamente que as organizações são unidades sociais planejadas e construídas com a intenção de atingir objetivos comuns específicos, como a maioria dos autores citados enfatiza em suas definições. Trata-se aqui de algo complexo, que envolve muitas implicações, que devem ser analisadas numa perspectiva individual, grupal, organizacional e sociopolítica.

AS ORGANIZAÇÕES NO SISTEMA SOCIAL GLOBAL

Essa visão um tanto quanto mecanicista, predominante no pensamento tradicional da área de administração, está sendo colocada em xeque principalmente por Gareth Morgan, no livro *Imagens da organização* (1996).[8] Para ele,

> as organizações são fenômenos complexos e paradoxais que podem ser compreendidos de muitas maneiras diferentes. Muitas das nossas idéias assumidas como certas sobre as organizações são metafóricas, mesmo que não sejam reconhecidas como tal. Por exemplo, freqüentemente falamos sobre organizações como se elas fossem máquinas desenhadas para atingir fins e objetivos predeterminados que devessem funcionar tranqüila e eficientemente. E, como resultado desse tipo de pensamento, freqüentemente tentamos organizá-las e administrá-las de maneira mecanicista, impelindo suas qualidades humanas para um papel secundário. (p. 17)

Morgan, fazendo uma revisão crítica da teoria da administração vigente, utiliza o recurso de metáforas para analisar e compreender as organizações, vendo-as por comparação com máquinas, organismos vivos, cérebros, culturas, sistemas políticos, prisões psíquicas, fluxos e transformações e como instrumentos de dominação.

O trabalho do autor nos alerta para a complexidade, a ambigüidade e os paradoxos que permeiam as organizações e a necessidade de termos uma visão muito mais crítica para equacionar os problemas e saber lidar com as questões organizacionais.

O argelino Omar Aktouf, residente no Canadá, outro pesquisador a questionar os tradicionais paradigmas funcionalistas da administração, comunga da mesma posição de Morgan, em seu livro *A administração entre a tradição e a renovação* (1996), e sobretudo na seguinte nota (p. 29):

---

8. Além desse livro, que foi traduzido criteriosamente por dois professores especialistas – Cecília W. Bergamini e Roberto Coda –, a Atlas publicou outra versão executiva com o mesmo autor (Morgan, 2000). Trata-se de obras fundamentais para uma melhor compreensão dos fenômenos complexos inerentes às organizações e para a prática de uma comunicação mais crítica e dinâmica.

32 PLANEJAMENTO DE RELAÇÕES PÚBLICAS NA COMUNICAÇÃO INTEGRADA

Precisamente, um dos grandes problemas da administração atual consiste no fato de que poucos dos "modelos" ultrapassados são efetivamente ou radicalmente questionados. Mas certos trabalhos começam a destacar-se dentro do mesmo enfoque que desenvolvo aqui, como, por exemplo, G. Morgan (1989).[9]

Outra contribuição significativa para os estudos organizacionais, nessa linha mais crítica com ênfase nos aspectos humanos, vem do canadense Jean-François Chanlat, com a obra O *indivíduo na organização* (1993), em três volumes, da qual é o coordenador, além do livro *Ciências sociais e management: reconciliando o econômico e o social* (1999).

Todas as novas perspectivas de análises defendidas por esses autores contemporâneos (Morgan, Aktouf e Chanlat, entre outros) são fundamentais para o profissional de relações públicas que, pretendendo planejar a comunicação organizacional, não pode prescindir de uma visão de mundo e de um novo olhar para as organizações com as quais trabalhará.

Essas considerações nos levam a refletir sobre a necessidade de se buscarem fundamentos conceituais pluralistas no tocante às organizações como objeto de estudo e de prática profissional. Na tentativa de contribuir – embora limitadamente, dada a complexidade da abordagem das justaposições entre organizações e instituições –, finalizaremos este segundo item do presente capítulo tratando deste aspecto.

Organizações *versus* instituições

No dia-a-dia usam-se as terminologias organizações e instituições como sinônimos para identificar agrupamentos sociais nas suas mais diferentes tipologias (empresas públicas ou priva-

---

9. A obra de Morgan citada por Aktouf é *Images de l'organisation* (Québec/ Paris: PUL-ESKA).

AS ORGANIZAÇÕES NO SISTEMA SOCIAL GLOBAL 33

das, escolas, universidades, ONGs, órgãos públicos etc.). Significariam elas a mesma coisa? O que pensam os estudiosos do assunto?

Com base em estudos realizados por três autores nacionais (Pereira, 1988; Bernardes, 1988; Srour, 1998) e alguns autores estrangeiros, apresentaremos a seguir conceituações que procuram, comparativamente, estabelecer possíveis diferenças entre "organizações" e "instituições". Pelo recorte feito, pode-se dizer que as definições que reproduziremos se fundamentam nas ciências sociais aplicadas. Maria José B. Pereira, valendo-se do sociólogo americano Phillip Selznick,[10] afirma:

> *Organização* é simplesmente um instrumento técnico, racional, utilizado para canalizar a energia humana na busca de objetivos prefixados, cuja sobrevivência depende exclusivamente da sua capacidade de atingir os resultados e adaptar-se às mudanças ambientais para evitar a obsolescência técnica. *Instituição* é um organismo vivo, produto de necessidades e pressões sociais, valorizada pelos seus membros e pelo ambiente, portadora de identidade própria, preocupada não somente com lucros ou resultados, mas com a sua sobrevivência e perenidade e guiada por um claro sentido de missão. As pessoas constroem suas vidas em torno delas, identificam-se com elas e tornam-se dependentes delas. (Pereira, 1988, pp. 9-10, grifos nossos)

Sintetizando as definições de Selznick, a autora vê "as instituições como organizações que incorporam normas e valores considerados valiosos para seus membros e para a sociedade", ao passo que "as organizações criadas com o fim específico de cumprir uma tarefa são chamadas de organizações instrumentais" (p. 10).

Cyro Bernardes, para explicar o que é uma organização, destaca três de suas características: "1. ter a *função* de produzir

---

10. Consultar também Selznick (1972).

bens, prestar serviços à sociedade e atender necessidades de seus próprios participantes; 2. possuir uma *estrutura* formada por pessoas que se relacionam colaborando e dividindo o trabalho para transformar insumos em bens e serviços; 3. ser perene no tempo" (1988, p. 25). Para diferenciar uma "organização" de uma "instituição", Bernardes usou como referência básica os sociólogos Paul B. Horton e Chester L. Hunt, caracterizando a instituição por ter: "1. uma função, que é de atender a certa necessidade básica da sociedade; 2. uma estrutura, formada por pessoas que possuem um conjunto de: crenças, valores, idéias e comportamentos comuns; relações de acordo com normas e procedimentos" (Horton e Hunt, 1980; apud Bernardes, 1988, p. 21). E explica, citando os mesmos autores:

> O termo *instituição* antropologicamente não se aplica para denotar uma fundação, empresa ou estabelecimento de ensino, como a linguagem comum geralmente o faz. Essa definição é importante, pois as ciências sociais designam por instituição um *fenômeno* que ocorre na sociedade e não em uma determinada *associação* de pessoas, como clube, repartição pública, fábrica, loja comercial ou seita religiosa. (Ib.)

Sabemos que, na prática, se usam os termos indiscriminadamente para fazer referência tanto a uma empresa quanto a uma instituição pública. Um exemplo típico é a atribuição do nome de instituição de ensino superior (IES) a uma escola privada, que se apresenta mais como um empreendimento empresarial do que como uma instituição voltada para o exercício das funções sociais da educação. Diz, a propósito, Robert Henry Srour:

> Na linguagem corrente, as organizações têm sido confundidas com as instituições: fala-se sem cessar de universidades, de hospitais, de igrejas, de estabelecimentos de ensino ou de saúde como instituições. Mas também se usa o termo instituição para referir-se à criação de algo socialmente significativo, por exemplo, a instituição do dia da árvore ou a

instituição de uma nova jornada de trabalho. Ora, as próprias ciências sociais agravam a imprecisão a tal ponto que a categoria deixa de descrever e analisar os fenômenos sociais de forma convincente. (1998, p. 107)

Georges Lapassade, citando Fauconnet e Maus, no espírito de Émile Durkheim, define a sociologia como uma ciência das instituições:

As instituições são um conjunto instituído de atos ou de idéias que os indivíduos encontram à sua frente e que se impõem mais ou menos a eles. Não há razão alguma para que se reserve exclusivamente, como em geral se faz, essa expressão aos arranjos sociais fundamentais. Entendemos, portanto, por essa palavra tanto os costumes, os modos, os preconceitos e as superstições, quanto as constituições políticas ou as organizações jurídicas essenciais; pois todos esses fenômenos são da mesma natureza, diferindo apenas em grau. A instituição é, em suma, na ordem social, aquilo que a função é na ordem biológica; e, da mesma forma que a ciência da vida é a ciência das funções vitais, a ciência da sociedade é a ciência das instituições. (Lapassade, 1983, p. 193)

Acrescentem-se aqui as reflexões de Horton e Hunt sobre a relevante função social e política a favor do cidadão e da sociedade reservada às instituições:

As *instituições sociais* são sistemas organizados de relações sociais que incorporam certos valores e procedimentos comuns e atendem a certas necessidades básicas da sociedade. As instituições se desenvolvem gradualmente da vida social de um povo. Quando certas atividades se tornam meios padronizados, rotinizados, esperados e aprovados para atingir metas importantes, este comportamento foi *institucionalizado*. Um papel institucionalizado é aquele que foi padronizado, aprovado e esperado e, normalmente, é cumprido de maneira bastante previsível, não importando a pessoa que o desempenhe. Cada instituição inclui um aglomerado de *traços institucionais* (códigos de comportamento, atitudes, valores, símbolos, rituais e ideologias), *funções manifestas* (aquelas que a instituição tenciona executar ou se acredita que possa executar) e *funções latentes* (cujos resultados não são intencionais nem planejados). (1980, pp. 160-1)

Robert Srour vê as organizações como "coletividades especializadas na produção de determinado bem ou serviço", e as instituições como "conjunto de normas sociais, geralmente de caráter jurídico, que gozam de reconhecimento social" (1998, pp. 107-8). Explicando sua definição, ele menciona três acepções para o termo "instituição", que se aplicaria a organizações dotadas de certa *estabilidade estrutural* – a escola ou o conjunto de escolas componentes da rede de ensino; ou àquelas unidades sociais que adquiriram certo significado especial, valorizadas por si mesmas e por sua *respeitabilidade social* – a Igreja Católica, as Forças Armadas, a Universidade de São Paulo; ou ainda a um *complexo consagrado de normas*, baseado em valores arraigados e com longa duração no tempo. Ficando com esta última acepção, ele define as instituições como "conjuntos de normas sociais, geralmente de caráter jurídico, que gozam de reconhecimento social" (1998, p. 108).

Um enfoque central das definições é a ênfase posta na função especializada que as organizações exercem para atingir seus objetivos. Peter Drucker salienta isso, dizendo: "Uma organização é sempre especializada. Ela é definida por sua tarefa. A comunidade e a sociedade, em contraste, são definidas por um elo que mantém os seres humanos unidos, seja ele o idioma, a cultura, a história ou a localização. Uma organização é eficaz somente se se concentrar numa tarefa" (1993, p. 27). Ou seja, cada organização deve buscar cumprir a finalidade principal para a qual foi constituída.

Nesse contexto, vale registrar o posicionamento de Marilena Chaui, em artigo publicado na *Folha de S. Paulo*, em 9 de maio de 1999. Ao defender a necessidade de a universidade permanecer como uma instituição em vez de uma organização social, como propunha a reforma do Estado na época, ela argumentava:

AS ORGANIZAÇÕES NO SISTEMA SOCIAL GLOBAL   37

Uma organização difere de uma instituição por definir-se por outra prática social, qual seja, a de que sua instrumentalidade está referida ao conjunto de meios particulares para obtenção de um objetivo particular. Não está referida a ações articuladas às de reconhecimento externo e interno, de legitimidade interna e externa, mas a operações definidas como estratégias balizadas pelas idéias de eficácia e de sucesso no emprego de determinados meios para alcançar o objetivo particular que a define. É regida pelas idéias de gestão, planejamento, previsão, controle e êxito. Não lhe compete discutir ou questionar sua própria existência, sua função, seu lugar no interior da luta de classes, pois isso, que para a instituição social universitária é crucial, é, para a organização, um dado de fato. Ela sabe (ou julga saber) por quê, para quê e onde existe.

A instituição social aspira à universalidade. A organização sabe que sua eficácia e seu sucesso dependem de sua particularidade. Isso significa que a instituição tem a sociedade como seu princípio e sua referência normativa e valorativa, enquanto a organização tem apenas a si mesma como referência, num processo de competição com outras que fixaram os mesmos objetivos particulares. Em outras palavras, a instituição se percebe inserida na divisão social e política e busca definir uma universalidade (ou imaginária ou desejável) que lhe permita responder às contradições impostas pela divisão. Ao contrário, a organização pretende gerir seu espaço e tempo particulares aceitando como dado bruto sua inserção num dos pólos da divisão social, e seu alvo não é responder às contradições, e sim vencer a competição com seus supostos iguais. (Chaui, 1999)

Evidentemente, ao reproduzir o pensamento desses autores com vistas em buscar um possível caminho para melhor compreender as múltiplas acepções dos termos "instituição" e "organização", em momento algum pensamos em reduzir a complexidade dessa abordagem e achar que está tudo definido e esclarecido. Acredita-se que nem as ciências sociais até hoje conseguiram elucidar definitivamente a questão. O mais importante é equacioná-la e abrir possibilidades de reflexão e mais uma vez suscitar o pensar sobre o fazer das coisas.

Outra indagação que se coloca é se uma organização, ao longo de sua história e dependendo do seu papel na sociedade, pode vir a assumir características de uma instituição. Em outras palavras, é possível institucionalizar as organizações?

Antonio Lucas Marín, pesquisador espanhol da sociologia e da comunicação nas organizações, avalia que a organização se comporta como tal quando forma um grupo de pessoas que trabalha, por meio de uma integração mútua duradoura e específica, para alcançar determinados fins no campo da produção de bens e serviços. Como instituição, a organização é uma consolidação de função e papéis sociais em torno das necessidades básicas da sociedade (1997, p. 44). Ou seja, o autor considera a possibilidade de as organizações virem a ser simultaneamente instituições.

Nessa linha de raciocínio, Nélio Arantes apregoa a necessidade de as empresas desenvolverem o subsistema institucional compreendido pela missão, pelos propósitos e pelos princípios, ao lado dos demais subsistemas que formam o conjunto da estrutura organizacional (1994, pp. 88-91). Assim, para esse autor,

> um dos requisitos mais importantes para que a administração possa orientar a ação empresarial em direção aos resultados pretendidos é dispor de uma visão clara das finalidades pelas quais a empresa foi criada e é mantida. Em outras palavras, é preciso que a empresa seja caracterizada como instituição com suas finalidades externas e internas, explícitas e conhecidas. E esta é a função básica do subsistema institucional, a de propiciar os instrumentos que permitam converter motivos, necessidades, crenças, valores dos empreendedores em definições que caracterizam claramente a *razão de ser da empresa*. (p. 89)

Outro aspecto que precisa ser considerado é como se processa o desenvolvimento institucional numa organização. Para Pereira (1988, pp. 14-21), o processo de institucionalização possibilita que uma organização venha a transformar-se em instituição na medida em que assume compromissos e objetivos relevantes para a sociedade e o mercado.

Entende-se que as organizações que trabalham para atingir objetivos específicos, chamados pela autora de "instrumentais", teriam de enfrentar um processo complexo para se transformar em instituições, passando por determinados estágios ao longo do tempo – inicial ou carismático; transacional ou de profissionalização; e de legitimação e institucionalização.

Para Selznick, "a institucionalização é um processo. É algo que acontece a uma organização com o passar do tempo, refletindo sua história particular, o pessoal que nela trabalhou, os grupos que engloba com os diversos interesses que criaram e a maneira como se adaptou ao seu ambiente" (1972, p. 14). O autor destaca que o significado de institucionalizar está na infusão de valores que ultrapassam as exigências técnicas das tarefas. Ou seja,

> a formação de uma instituição é marcada pelo seu compromisso com valores, isto é, escolhas que firmam as idéias das políticas quanto à natureza do empreendimento – seus objetivos particulares, métodos e papel dentro da comunidade. Estas escolhas que definem o caráter não são feitas verbalmente; podem mesmo ser feitas conscientemente. Quando tais compromissos são assumidos, os valores em questão são de fato incorporados à estrutura social. (Id., ib., p. 48)

Portanto, seria ingênuo pensar que bastaria a organização valer-se de sofisticadas técnicas propagandísticas e de estratégias e instrumentos de relações públicas, bem como de um marketing perfeito, para assumir um posicionamento institucional reconhecido e valorizado socialmente.

Para Nélio Arantes, como já destacamos, podem-se considerar a missão, os valores e os princípios como norteadores de uma filosofia organizacional, que

> é fundamentada em motivos, necessidades, crenças, valores, convicções e expectativas dos empreendedores. Mas ela não é uma simples transposição dos objetivos individuais dos empreendedores, ela é uma síntese deles, ela os integra em uma visão capaz de caracterizar a empresa como instituição. Na filosofia empresarial, os objetivos dos empreendedores perdem sua característica individual para refletir um conjunto de definições institucionais que fazem sentido para a sociedade. É importante que a filosofia

empresarial tenha esse caráter institucional para evitar uma situação muito comum na prática, que é a ênfase exagerada nos objetivos do empreendedor como pessoa, impedindo a visão clara da empresa como instituição. (1994, pp. 90-1)

Enfatizemos que, quando se fala em filosofia empresarial ou organizacional, queremos, como insiste o autor, ultrapassar a fronteira dos meros interesses individuais ou de grupos proprietários. Ou seja, na definição de missão, valores e visão deve-se ter uma perspectiva muito mais ampla, levando em conta a quem a organização repassa seus produtos ou para quem presta seus serviços. Não basta uma organização assumir seu caráter institucional sem que haja coerência entre seu discurso e sua prática do dia-a-dia.

Hoje as organizações estão bastante preocupadas com sua dimensão social, haja vista os enunciados de sua missão, sua visão e seus valores. Elas tentam demonstrar que não são apenas unidades econômicas, mas também unidades sociais. Engajam-se e investem em projetos sociais. Seria esse um caminho para se perpetuarem e assumirem uma atitude muito mais de instituições? Trata-se de um assunto-chave para uma prática mais questionadora, que será levado em consideração quando abordarmos as relações públicas no contexto do planejamento da comunicação.

Tipologia das organizações

Para serem devidamente compreendidas, as organizações têm de ser estudadas dentro de uma classificação, em virtude da complexidade que as caracteriza e da variedade de tipos sob os quais elas se apresentam. A literatura existente costuma citar diversos pesquisadores que apresentam suas contribuições nesse sentido, como veremos.

Análise classificatória

Há diversas maneiras de classificar as organizações, a começar pelas mais simples. Assim, podemos fazê-lo em função do tamanho, utilizando critérios como número de pessoas, volume de atividades, faturamento, patrimônio ou capital ativo fixo; ou segundo o tipo de atividades que geralmente desenvolvem, como produtoras de bens de consumo ou produtos (indústrias de consumo direto ou de produtos para terceiros) e como prestadoras de serviços (bancos, hospitais, agências etc.). Podemos classificá-las ainda de acordo com seu raio de atuação ou sua abrangência – se são locais, regionais, nacionais, multinacionais ou transnacionais. São dados importantes para quem pensa em planejar estrategicamente a comunicação, se considerarmos a multiplicidade de públicos e culturas com que as organizações se vêem envolvidas.

Outra maneira simples e tradicional de classificar as organizações é pelas formas de propriedade – se são públicas, privadas ou sem fins lucrativos. Nesse sentido, há hoje uma tendência em distribuí-las ao longo do primeiro setor (setor público – órgãos governamentais), do segundo setor (setor privado – empresas comerciais e industriais) ou do terceiro setor. Este último é formado por um conjunto muito diversificado de organizações cuja atuação é voltada para o social e não visam ao lucro; são as organizações não-governamentais (ONGs), as organizações voluntárias etc.

Percepções teóricas

A par dessas classificações mais simples, muitos autores desenvolveram teorias e buscaram possíveis indicadores para caracterizar e diferenciar as organizações. As mais referenciadas são as de Perrow (1972), Parsons (1974), Etzioni (1974), Blau e Scott (1979) e Katz e Kahn (1978), com as quais nos ocuparemos na seqüência.

Dean J. Champion, que descreveu o trabalho da maioria desses autores, diz que

as tipologias são maneiras de descrever ou rotular diferenças entre organizações. Certos relacionamentos entre variáveis podem ser verdadeiros em um tipo de organização, mas não necessariamente em outro. As tipologias são úteis porque contribuem para explicações de diferenças entre organizações. (1979, p. 60)

Outro autor que também se dedicou a revisar, criteriosamente, os estudos sobre os tipos de organizações foi Richard Hall (1984). Suas análises perpassam desde as categorizações mais simples até as mais complexas. Fazendo referência a Charles K. Warriner, ele considera que a forma mais comum é a que esse autor "rotulou de tipologias tradicionais, populares ou do senso comum" (p. 29). Por essas tipologias, as organizações podem ser classificadas em organizações lucrativas e não-lucrativas. Ou, ainda, segundo o setor – societário (educacional, de saúde, agrícola etc.). Para Warriner, essas categorias são imprecisas e acientíficas, por sua falta de sistematização. Por outro lado, têm sua validade na medida em que, pela própria terminologia – "tipologias do senso comum" –, são as que na linguagem corrente representam as formas mais conhecidas.

Para Charles Perrow, "os critérios utilizados para contrastar os diferentes tipos de organizações estão relacionados com suas funções manifestas para a sociedade, ou com a maneira pela qual elas são controladas. Isto é, comumente distinguimos as escolas das fábricas, ou as instituições públicas das instituições privadas" (1972, p. 50).

Uma universidade, por exemplo, pelas suas funções precípuas na sociedade, tem muita diferença de uma empresa industrial. Entretanto, seu modo de controle vai depender bastante das formas de propriedade (pública ou privada). Perrow enfatiza a tecnologia como uma variável que diferencia as características entre as organizações.[11]

Talcott Parsons (1974) distingue quatro tipos de organizações, com base na função que desempenham na sociedade e

---

11. Para mais detalhes, consultar Salaman e Thompson (1984, pp. 79-84).

AS ORGANIZAÇÕES NO SISTEMA SOCIAL GLOBAL

nas metas que visam alcançar. Sua preocupação é demonstrar a vinculação entre as organizações e a sociedade no sentido amplo. Considera assim que o primeiro tipo é a organização *econômica*, produtora de bens de consumo para a sociedade; o segundo, a organização *política*, voltada para metas políticas; o terceiro, organização *integradora*, que visa resolver e administrar conflitos e busca o trabalho conjunto; e o quarto e último, a organização *de manutenção*, aquela que tenta cultivar e manter os valores sociais e culturais, por meio das atividades educacionais e culturais etc. Notam-se no esquema teórico de Parsons uma preocupação em situar as organizações no sistema social mais amplo e uma orientação para legitimar os valores e o desempenho das funções organizacionais.

Amitai Etzioni (1974) propõe uma classificação baseada no tipo de controle exercido pelas organizações sobre os seus participantes. Assim, divide as organizações em três grupos: *coercitivas* (prisões, instituições penais); *utilitárias* (empresas em geral); e *normativas* (igrejas, universidades e hospitais). Trata-se aqui da teoria da sujeição, da qual Dean Champion, com base no próprio Etzioni, diz: "a sujeição é universal, existindo em todas as unidades. É um elemento principal do relacionamento entre os que têm poder e aqueles sobre quem o exercem (...)" (1979, p. 68). Em síntese, na tipologia de Etzioni predominam os tipos de sujeição ou consentimento, divididos em três grupos. Este quadro, apresentado por Chiavenato (1982, p. 41), resume a tipologia de Etzioni:

Tipologia das organizações segundo Etzioni

Tipo de organização	Controle predominante	Ingresso e permanência dos participantes	Envolvimento dos participantes	Exemplos
Coercitivas	Coercitivo	Coação, força, ameaça, medo, imposição	Alienatório, em face do temor	Prisões, instituições penais

Tipologia das organizações segundo Etzioni (*continuação*)

Tipo de organização	Controle predominante	Ingresso e permanência dos participantes	Envolvimento dos participantes	Exemplos
Utilitárias	Remunerativo	Interesse, vantagem percebida	Calculativo, em face do interesse quanto às vantagens	Empresas em geral
Normativas	Ideologia, consenso ético	Convicção, fé, ideologia, crença, fervor	Moral e motivacional	Igrejas, universidades, hospitais

Peter Blau e Richard W. Scott (1979, pp. 57-70) propõem uma classificação baseada nos principais beneficiários dos quatro tipos de organização que sugerem: associações de *benefícios mútuos* – os próprios participantes (cooperativas, associações de classes, sindicatos etc.); organizações *de negócios* ou de interesses comerciais – os proprietários ou acionistas (empresas privadas ou sociedades anônimas); organizações *de serviços* – os clientes ou usuários (hospitais, universidades e organizações filantrópicas); e organizações *de bem-estar público* – o grande público (organização militar, instituições jurídicas e penais, saneamento básico, correios etc.). Champion (p. 68) nos dá o seguinte quadro resumido da tipologia de Blau e Scott:

Tipologia das organizações segundo Blau e Scott

Tipo de organização	Beneficiário principal	Exemplos
De benefícios mútuos	Membros e participantes das fileiras comuns	Partidos políticos, sindicatos trabalhistas, associações fraternais, clubes, organizações de veteranos

AS ORGANIZAÇÕES NO SISTEMA SOCIAL GLOBAL 45

Tipologia das organizações segundo Blau e Scott (*continuação*)

Tipo de organização	Beneficiário principal	Exemplos
De negócios	Proprietários, gerentes	Firmas de reembolso postal, empresas industriais, bancos, companhias de seguros, lojas de atacado e varejo
De serviços	Clientes	Órgãos de assistência social, hospitais, escolas, sociedades de auxílio jurídico, clínicas de saúde mental
De bem-estar público	Público em geral	Serviços de rendas internas, serviços militares, departamentos de polícia e bombeiros, Guarda Nacional

Esse quadro de Blau e Scott é reapresentado da seguinte forma por Chiavenato, numa versão mais adequada ao caso brasileiro (1982, p. 42):

Tipologia das organizações segundo Chiavenato

Tipo de organização	Beneficiário principal	Exemplos
De benefícios mútuos	Os próprios participantes	Cooperativas, associações de classe, sindicatos, fundos mútuos, consórcios etc.
De interesses comerciais	Os proprietários ou acionistas da organização	Empresas privadas ou sociedades anônimas
De serviços	Os clientes ou usuários	Hospitais, universidades, organizações filantrópicas
De Estado	O público em geral	Organização militar, instituições jurídicas e penais, segurança pública, saneamento básico, correios e telégrafos

46   PLANEJAMENTO DE RELAÇÕES PÚBLICAS NA COMUNICAÇÃO INTEGRADA

Daniel Katz e Robert L. Kahn dividem as organizações em quatro classes: *produtivas ou econômicas* (indústrias, empresas de transportes etc.); *de manutenção* (escolas e igrejas); *de adaptação* (laboratórios de pesquisa e universidades); e *gerenciais-políticas* (órgãos do governo nacional, estadual e municipal, sindicatos trabalhistas, grupos de pressão etc.). O foco central ou a característica principal da tipologia de Katz e Kahn está nas funções genotípicas das organizações. Por função genotípica eles entendem o "tipo de atividade em que a organização se acha empenhada, como um subsistema do todo maior que é a sociedade" (1978, p. 135). Ou seja, estão preocupados com a transformação ou o trabalho que é realizado pelas organizações e qual sua contribuição para a estrutura social da qual fazem parte, por meio das funções de produção, manutenção, adaptação e administração.[12]

Champion (1979, p. 69) assim sintetiza a tipologia de Katz e Kahn, relacionando-a segundo fatores genotípicos de primeira e de segunda ordens:

Tipologia de Katz e Kahn, em síntese de Champion

Tipo de organização	Exemplos
Segundo fatores genotípicos de primeira ordem	
Organizações produtivas ou econômicas	Indústrias fabris, instalações de transporte, empresas de comunicação
Organizações de manutenção	Escolas e igrejas
Organizações de adaptação	Laboratórios de pesquisa, universidades

---

12. Essas quatro categorias propostas por Katz e Kahn podem ser mais bem compreendidas a partir de um estudo mais aprofundado delas em seu livro *Psicologia social das organizações* (1978, pp. 133-77).

AS ORGANIZAÇÕES NO SISTEMA SOCIAL GLOBAL 47

Tipologia de Katz e Kahn, em síntese de Champion (*continuação*)

Tipo de organização	Exemplos
Organizações gerenciais-políticas	Órgão do governo nacional, estadual e municipal, sindicatos trabalhistas, grupos de pressão
Segundo fatores genotípicos de segunda ordem	
Natureza do processamento organizacional	Distinção entre objetos e pessoas como produto final do funcionamento organizacional
Natureza dos processos de manutenção	Distinção entre recompensas expressivas (intrínsecas) e instrumentais (extrínsecas) como meios de atrair e manter membros na organização
Natureza da estrutura burocrática	Distinção em termos da permeabilidade das fronteiras organizacionais (facilidade de entrar ou sair) e em termos de elaboração estrutural (grau de especialização de papel e número de escalões)
Tipo de equilíbrio	Distinção entre a tendência a um estado firme e a tendência à maximização do rendimento organizacional como a dinâmica organizacional predominante

Fonte: Champion (1979, p. 69).

Observe-se que as características de primeira ordem referem-se às funções genotípicas das organizações, ou seja, as contribuições que elas prestam à estrutura social circunjacente. Em contrapartida, as características de segunda ordem referem-se às estruturas específicas das organizações, suas relações internas e suas transações com o meio ambiente, levando em conta também o número ilimitado de outros tipos de organizações e os aspectos relacionados à natureza do processamento ou da transformação social, dos processos de manutenção, da estrutura burocrática e do tipo de equilíbrio entre a estabilidade e a dinâmica organizacional (Katz e Kahn, 1978, pp. 135-74).

Feito esse recorte das percepções teóricas dos principais autores que trazem suas tipologias, apresentamos a seguir um quadro sintético, com o objetivo de comparar os indicadores usados por eles para diferenciar as organizações.

Estudo comparativo das tipologias das organizações

Autores	Indicativo predominante	Organizações
Parsons	Função ou meta	1. Econômicas 2. Políticas 3. Integradoras 4. De manutenção
Etzioni	Poder e sujeição	1. Coercitivas 2. Utilitárias 3. Normativas
Blau e Scott	Beneficiário principal	1. De benefícios mútuos 2. De negócios 3. De serviços 4. De bem-estar público
Katz e Kahn	Função genotípica/processo de transformação	1. Produtivas ou econômicas 2. De manutenção 3. De adaptação 4. Gerenciais-políticas

Fonte: Margarida M. K. Kunsch.

Nota-se que, apesar de diferentes características, terminologias e enfoques centrais, há muitas semelhanças nas numerosas tipologias, que, em sua maioria, vêem as organizações como unidades econômicas, políticas, de manutenção e de serviços. A conclusão a que podemos chegar é que não há uma teoria única, aceita e aplicada universalmente. Todas têm seus pontos fortes e fracos e variam de acordo com as percepções dos estudiosos. Ou seja, como diz Champion, "a existência de esquemas indica o interesse continuado entre os teoristas para desenvolverem instrumentos analíticos suscetíveis de aplicação a todas as organizações" (1979, p. 70). O conhecimento das tipologias e da natureza intrínseca das organizações é condição essencial para planejar a comunicação com eficácia.

Características das organizações

Descrever as características das organizações nos remete a expressões comuns e conhecidas, como: estrutura organizacional, estrutura matricial e funcional, hierarquia, burocracia, formatos ou desenhos organizacionais, estruturação, departamentalização, divisões, unidades de trabalho ou de negócios, reengenharia, *downsizing*, terceirização, arquitetura organizacional, entre muitas outras.

Na prática, tenham elas o nome que tiverem, são essas formas de estruturação que possibilitam viabilizar a coordenação das atividades, a gestão das pessoas e o desempenho das organizações com vistas em atingir os objetivos propostos, executar estratégias e cumprir a missão para a qual foram criadas.

Evidentemente, as características organizacionais evoluem e passam por contínuas transformações, já que as organizações sofrem pressões e influências do ambiente onde estão insertas e têm de se adaptar à dinâmica da história social, econômica e política para sobreviver.

Nesse sentido, quando estudiosos das teorias da administração costumam caracterizar as organizações como tradicionais, modernas e contemporâneas, estão na verdade considerando suas estruturas e situando-as em determinado percurso temporal-histórico da sociedade, que tanto pode ser estável, quanto dinâmico, competitivo e complexo.

A propósito, é oportuno registrar uma síntese feita por Antonio Cury, ao analisar a evolução por que passaram as grandes organizações ao longo do século XX, em razão de sua própria

50 PLANEJAMENTO DE RELAÇÕES PÚBLICAS NA COMUNICAÇÃO INTEGRADA

dinâmica e da necessidade da busca de efetividade (2000, pp. 151-7). No quadro a seguir, ele sintetiza os principais indicadores das organizações tradicionais, modernas e contemporâneas (p. 157).

Um quadro evolutivo das organizações

Indicadores	Organizações		
	Tradicional	Moderna	Contemporânea
Enfoque básico	– Análise das atividades da empresa	– Comportamento humano	– Clientes e não-clientes
Ambiência da empresa	– Autoritária	– Consultiva	– Participativa
Essência da administração	– Princípios de administração	– Conceito de cultura	– *Empowerment* – Gerência participativa – Processos
Visão do mundo	– Sistema fechado	– Sistema aberto	– Holística
Estrutura organizacional	– Linear – *Staff-and-line* – Funcional – Colegiada	– Funcional – Divisional	– Projeto – Matricial – Colateral – Equipes – Processos
Tomada de decisão	– Individual e centralizada	– Processo decisório	– Processo decisório com informação e negociação

Fonte: Cury (2000, p. 157).

Organizações tradicionais

As principais características das organizações tradicionais se destacam pela ênfase na burocracia, na racionalidade e na hierarquia autoritária e por uma prática operacional centrada nas tare-

AS ORGANIZAÇÕES NO SISTEMA SOCIAL GLOBAL   51

fas e nas técnicas institucionalizadas, sob uma forte coesão e dominação verticalizada, sob a égide da eficiência e da estrutura de poder centralizada.

Tais componentes foram e são amplamente estudados por especialistas e cientistas sociais e políticos, tendo como base a teoria clássica de Max Weber, o primeiro a estudar sistematicamente as organizações burocráticas ou formais e o tipo ideal de burocracia.[13]

A preocupação de Weber está muito mais centrada na racionalidade, no procedimento logístico da estrutura organizacional. O que mais se distingue na sua teoria são os seus conceitos de poder, autoridade e legitimidade. Ele relaciona três tipos fundamentais de dominação ou autoridade: a *carismática*, a *tradicional* e a *racional ou legal*. Num resumo de Antonio C. Maximiano (1997, p. 35), os principais pontos de cada uma dessas três bases de autoridade são os seguintes:

Bases de autoridade

Bases	Características
Carisma	A obediência deve-se à devoção dos seguidores pelo líder. A autoridade está na própria pessoa do líder, que demonstra – ou os seguidores acreditam que ele tem – qualidades que o tornam admirado. Exemplo: liderança política.
Tradição	A obediência deve-se ao respeito dos seguidores às orientações que passam de geração a geração. Os seguidores obedecem porque o líder (a figura da autoridade) aparenta ter o direito de comando segundo os usos e costumes. Exemplo: autoridade da família.

---

13. Para um melhor conhecimento da grande contribuição do sociólogo alemão Max Weber, consultar sua obra clássica, publicada no Brasil pela Editora da Universidade de Brasília (Weber, 1999).

Bases de autoridade (*continuação*)

Bases	Características
Organização e normas	A obediência dos seguidores deve-se à crença no direito de dar ordens que a figura da autoridade tem. Esse direito é estabelecido por meio de normas aceitas pelos seguidores e tem limites. A figura da autoridade somente pode agir dentro dos limites de seu cargo ou *bureau*. Todas as organizações formais dependem dessa base da autoridade. Exemplo: todas as organizações burocráticas.

Fonte: Maximiano (1997, p. 35).

Outro aspecto que deve ser considerado no estudo do pensamento weberiano é a forma que ele encontrou para caracterizar a dominação ou autoridade racional, isto é, as chamadas características da burocracia – a *formalidade*, a *impessoalidade* e o *profissionalismo*. Para Maximiano, "estas características estão presentes em todas as organizações da sociedade moderna e são o germe do Estado moderno. A autoridade legal-racional burocrática substituiu as fórmulas tradicionais e carismáticas nas quais se baseavam as antigas sociedades" (op. cit., p. 36). O quadro apresentado por esse mesmo autor (p. 37) resume as idéias de Weber sobre cada uma dessas três características da burocracia:

Características da burocracia

Características	Descrição
Formalidade	As burocracias são essencialmente sistemas de normas. A figura da autoridade é definida pela lei, que tem como objetivo a racionalidade da coerência entre meios e fins.
Impessoalidade	Nas burocracias, os seguidores obedecem à lei. As figuras da autoridade são obedecidas porque representam a lei.

AS ORGANIZAÇÕES NO SISTEMA SOCIAL GLOBAL 53

Características da burocracia (continuação)

Características	Descrição
Profissionalismo	As burocracias são formadas por funcionários. Como fruto de sua participação, os funcionários obtêm os meios para a sua subsistência. As burocracias operam como sistemas de subsistência para os funcionários.

Fonte: Maximiano (1997, p. 37).

Outra ênfase da teoria weberiana é a sua preocupação em delinear um tipo ideal de burocracia, com relação à qual Richard Hall afirma:

Uma burocracia apresenta hierarquia de autoridade, limitação da autoridade de cada cargo, divisão do trabalho, membros tecnicamente competentes, procedimentos para o trabalho, normas para os encarregados deste e recompensas diferenciadas. Quando todos esses componentes estão presentes em grau elevado, trata-se do tipo ideal de burocracia. (1984, p. 39)

Outros autores já citados antes, como Etzioni e Katz e Kahn, também se preocuparam em caracterizar as organizações no contexto de suas épocas.

Etzioni assinala que, "no âmbito da burocracia organizacional, utilizou o poder para designar a capacidade de provocar a aceitação de ordens; a legitimidade, para designar a aceitação do exercício do poder, porque corresponde aos valores dos subordinados; e a autoridade, para designar a combinação dos dois, isto é, o poder que é considerado legítimo" (1980, p. 83).

Ele destaca as organizações pelas "divisões de trabalho, poder e responsabilidade de comunicação, que não são causais ou estabelecidas pela tradição, mas planejadas intencionalmente a fim de intensificar a realização de objetivos específicos". As organizações contam com "a presença de um ou mais centros de poder que

54 PLANEJAMENTO DE RELAÇÕES PÚBLICAS NA COMUNICAÇÃO INTEGRADA

controlam os esforços combinados e os dirigem para seus objetivos; esses centros de poder precisam, também, reexaminar continuamente a realização da organização e, quando necessário, reordenar sua estrutura, a fim de aumentar sua eficiência" (1980, p. 10).

Essa divisão de trabalho é a partição de uma tarefa complexa em atividades elementares e a atribuição de cada uma das partes a distintas pessoas peritas no desempenho delas. Significa a ênfase do poder no controle da especialização e na especificidade dos países tendo como função primordial o aumento da eficiência da produção e da consecução dos objetivos específicos.

Por fim, ainda com base em Etzioni, as organizações caracterizam-se pela "substituição do pessoal, isto é, as pessoas pouco satisfatórias podem ser demitidas, designando-se outras pessoas para as tarefas. A organização também pode recombinar seu pessoal, através de transferências e promoções". Essa é uma característica que, certamente, permeia todas as modelagens organizacionais.

Katz e Kahn consideram que "as organizações sociais são um tipo ou subclasses de sistemas sociais. Possuem maior quantidade de características de sistemas do que agrupamentos sociais primitivos". Primeiro, "possuem estruturas de manutenção, de produção e de apoio de produção". Depois, "têm um padrão elaborado em forma de papel, no qual a divisão do trabalho resulta em uma especificidade funcional de papéis". Em terceiro lugar, "existe na organização uma clara estrutura de autoridade, que reflete o modo pelo qual são exercidos o controle e a função gerencial". Em quarto lugar, há, como parte da estrutura gerencial, "mecanismos regulatórios bem desenvolvidos e estruturas adaptativas". Por fim, para esses autores, "há uma formulação explícita de ideologia, a fim de prover o sistema com normas que fortificam a estrutura de autoridade" (1978, p. 65).

Conclui-se que as características apontadas por Weber, Etzioni e Katz e Kahn vão ao encontro das existentes, sobretudo nas organizações tradicionais, mesmo que com peculiaridades diferentes. Todos esses componentes retratam como funciona internamente uma estrutura organizacional. São componentes que num agrupamento humano, intencionalmente criado com objetivos específicos, sempre deverão existir, mesmo nas organizações modernas e contemporâneas. O que diferenciará o funcionamento é a filosofia organizacional, os centros de poder e decisão, a aceitação desses por parte dos integrantes e/ou subordinados, bem como seu grau de interesse, participação e satisfação pessoal e profissional no trabalho.

Formatos tayloristas e fordistas

As organizações tradicionais ou mecanicistas que tinham como modelos funcionais o taylorismo e o fordismo baseavam-se na produção em massa, na economia de escala e numa grande estrutura vertical. O alto nível de formalização e especialização, a rigidez e a unidade de comando, bem como a utilização de formas tradicionais de departamentalização, são algumas das características predominantes dessas organizações até a década de 1970. De acordo com Elena Sefertizi, especialista em desenho organizacional, desde a crise econômica mundial da década de 1970,

as grandes empresas industriais de produção em massa que adotam um tipo de organização taylorista vêm enfrentando uma série de problemas: as flutuações da demanda, a força da concorrência e a mudança constante; a dificuldade de organização do processo de produção e menor margem de lucro, resultado de menor produtividade. (2000, pp. 74-5)

Talvez esteja aí a explicação por que grandes empresas, que tinham toda uma liderança no mercado e eram altamente lucrativas, não estão conseguindo se adaptar aos novos tempos, passam por grandes dificuldades e muitas vezes chegam a desaparecer.

Formatos organizacionais toyotistas

Contrapondo-se aos modelos tayloristas e fordistas de produção em série, surge o modelo Toyota de produção, que teve como elementos desencadeadores paradigmáticos as técnicas administrativas japonesas (eficiência, qualidade, produção enxuta, *just-in-time* etc.), a escola de qualidade total, o envolvimento e o comprometimento dos trabalhadores e as práticas bem-sucedidas e originalmente aplicadas na empresa Toyota. De acordo com Manuel Castells,

> o toyotismo é um modelo de transição entre a produção em série cristalizada e uma organização de trabalho mais eficiente, caracterizada pela introdução de práticas de treinamento, assim como pela participação dos trabalhadores e fornecedores em um modelo industrial centrado numa cadeia de montagem. (1998, p. 195)[14]

A partir da década de 1970, esse modelo foi sendo gradativamente incorporado pela indústria automobilística japonesa e mais tarde, em 1980, veio a exercer forte influência em empresas norte-americanas e européias, como mostra Maximiano:

> Da Toyota, o sistema passou para outras empresas japonesas. Destas, para as empresas ocidentais. À medida que se disseminava e ampliava, o sistema que originalmente pertencera à Toyota ficava conhecido como *modelo* ou *sistema japonês* de administração, englobando os conceitos e as técnicas de administração da qualidade. (1997, pp. 134-5)

Organizações orgânicas e flexíveis

O toyotismo contribuiu não só para caracterizar um novo formato organizacional, mas para revolucionar os paradigmas tayloristas e fordistas de gestão verticalizada, permitindo que as organizações adotassem novas formas de coordenação de suas funções e atividades, adaptadas à economia global e ao sistema de produção flexível.

---

14. Os três volumes da obra de Manuel Castells, *A era da informação: economia, sociedade e cultura*, foram publicados no Brasil em 1999, pela Editora Paz e Terra.

Esse novo formato de *organizações flexíveis* é um sistema idealizado para reduzir incertezas, diminuir escalões hierárquicos, estimular a participação do trabalhador, fomentar o controle da qualidade total e valorizar a flexibilidade nos processos de gestão e produção.

Manuel Castells (1998), ao abordar a interconexão das empresas, destaca que existem duas formas de flexibilidade organizacional: o modelo de redes *multidirecionais* aplicadas por empresas médias e pequenas e o modelo de *franquia e contratação de serviços de terceiros*.

O modelo de *redes multidirecionais* é o que permite estabelecer interconexão entre diferentes organizações grandes, médias e pequenas, que buscam descobrir nichos de mercado e operam em colaboração (p. 188). O modelo de *franquia e terceirização* é uma prática comum entre as empresas, que permite ampliar os negócios e reduzir os custos, contratando terceiros que possam fabricar produtos ou fornecer serviços.

O autor analisa ainda outras características presentes nas organizações flexíveis. A primeira diz respeito a um fato que vem acontecendo em nível mundial nos últimos anos: são as *alianças estratégicas das grandes empresas*, que constituem instrumentos decisivos para fortalecer a capacidade competitiva, otimizar recursos e garantir maior número de mercados globais (pp. 199-200).

A organização aberta em rede

No começo da década de 1990, a revista norte-americana *Business Week* referia-se à "organização horizontal", que tem mudado seu modelo de gestão para se adaptar às rápidas transformações econômicas e tecnológicas. Castells considera essa característica uma das importantes das organizações flexíveis (1998, p. 192). Essa "nova" organização desce do pedestal da burocracia verticalizada para atuar em rede, organizar-se em torno de um processo, e não de uma tarefa, promover gestões em equipe, mensurar os resultados pela satisfação do cidadão-consumidor e informar/formar seus empregados em todos os níveis.

Esses principais componentes de horizontalização apontam para a participação, e não um mero enxugamento de estruturas. Em outras palavras, de acordo com Maximiano: uma nova organização se caracteriza segundo o critério dos processos, não das tarefas; o achatamento da hierarquia; o uso de equipes para administrar tudo; a condução do desempenho dos clientes; a recompensa pelo desempenho do grupo; a intensificação dos contatos com os fornecedores e clientes; e a necessidade de informação e treinamento de todos os funcionários (1997, pp. 353-4).

Em síntese, segundo Castells, uma organização horizontal pode ser definida como uma rede dinâmica e estrategicamente planejada de unidades autoprogramadas e autodirigidas baseadas na descentralização, participação e coordenação (1998, p. 194).

Evidentemente, sabemos que no dia-a-dia das organizações esse formato, que pode, a princípio, parecer ideal, não é fácil de ser implementado. Além disso, não há garantia absoluta e mesmo pesquisas científicas que comprovem ser essa a melhor forma em relação a outras. É controvertido afirmar que, comparando um desenho organizacional hierárquico-verticalizado e um de estrutura horizontalizada, seja um melhor do que o outro. É temerário afirmar que as organizações com arquitetura plana são necessariamente "boas" e organizações hierárquicas são necessariamente "ruins". Nenhum estudo significativo comprovou que as primeiras têm desempenho superior ao das segundas, como se lê na revista *HSM Management* (n° 8, 2000, p. 57).

Na verdade, deve-se buscar um equilíbrio entre essas duas formas. Sempre existirá na realidade organizacional a necessidade de um comando central que deverá assumir o peso e as conseqüências das decisões estratégicas vitais para qualquer organização.

Um interessante trabalho sobre a organização aberta em rede foi desenvolvido por Don Tapscott e Art Caston (1995), com ênfase em quatro novos paradigmas que causam impacto sobre as organizações contemporâneas, a saber: nova tecnologia, nova ordem geopolítica, novo ambiente empresarial e nova empresa, conforme ilustração a seguir.

AS ORGANIZAÇÕES NO SISTEMA SOCIAL GLOBAL 59

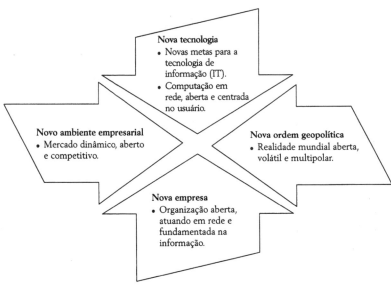

Fonte: Tapscott e Caston (1995, p. XXIII).

Para melhor caracterizar a organização aberta em rede (*open network organization*), os autores compararam-na com uma hierarquia fechada. No quadro a seguir, eles apresentam uma síntese das principais diferenças:

A organização aberta em rede

Itens	Hierarquia fechada	Organização aberta em rede
Estrutura	Hierárquica	Aberta em rede (*networked*)
Escopo	Interno	Fechado
Enfoque de recursos	Capital	Humano/informação
Estado da empresa	Estático/estável	Dinâmico/mutante
Enfoque de pessoal	Gerentes	Profissionais
Motivação principal	Recompensa/punição	Compromisso

60 PLANEJAMENTO DE RELAÇÕES PÚBLICAS NA COMUNICAÇÃO INTEGRADA

A organização aberta em rede (*continuação*)

Itens	Hierarquia fechada	Organização aberta em rede
Direção	Comandos gerenciais	Autogerenciamento
Base de ação	Controle	Poder (*empowerment*) para agir
Motivação individual	Satisfazer superiores	Alcançar metas de equipe
Treinamento	Conhecimentos específicos	Competências mais amplas
Base para compensação	Posição hierárquica	Realizações, grau de competência
Relacionamentos	Competitivo (meu feudo)	Cooperativo (nosso feudo)
Atitude do funcionário	Liderança (é um emprego)	Identificação (é ainda minha empresa)
Requisitos principais	Boa administração	Liderança

Fonte: Tapscott e Caston (1995, p. 15).

Organizações mecanicistas *versus* orgânicas

As organizações *fechadas* (*mecanicistas*) têm maiores facilidades para operar em ambientes mais estáveis e com uma administração centrada nas tarefas, fragmentadas em divisões especializadas. Já as organizações *orgânicas e abertas* têm mais capacidade de enfrentar os novos desafios do mundo contemporâneo e se preparam melhor para administrar as incertezas e os riscos e para se adaptar às contínuas transformações mundiais.[15]

Essas mudanças de paradigmas têm forçado as organizações a se adequar às novas exigências da sociedade contemporânea e

---

15. Para mais detalhes sobre essa temática, consultar Morgan (1996, pp. 53-8; 2000, pp. 63-9) e Cury (2000, pp. 63-8 e p. 110).

a criar novas formas de gestão para fazer frente à instabilidade ambiental e aos mercados complexos e difíceis. Os estudos realizados por Paul R. Lawrence e Jay W. Lorsch (1973) sobre a teoria da contingência nos ajudam a compreender de que forma as mudanças ambientais causam impacto nas organizações e como estas têm de se adaptar a elas. Como sistemas abertos, as organizações se relacionam com o ambiente e estão sujeitas a variáveis ambientais independentes que as impulsionam a se ajustar interna e institucionalmente. Ou seja, conforme Gareth Morgan, "as organizações são sistemas abertos que precisam ser cuidadosamente administrados para satisfazer o equilíbrio das necessidades internas e se adaptar às circunstâncias ambientais" (2000, p. 63).

Ao analisarem comparativamente as organizações *mecanicistas* e as *orgânicas*, os autores costumam elencar as principais características que diferenciam cada um desses sistemas organizacionais, desenvolvendo aspectos determinantes de uma estrutura burocrática *versus* uma estrutura adhocrática.

Henry Mintzberg, um dos clássicos dos estudos das organizações, descreve e analisa as estruturas em cinco configurações: estrutura simples, burocracia mecanizada, burocracia profissional, forma divisionalizada e "ad hocracia". A "ad hocracia" é, para ele,

uma estrutura grandemente orgânica, com pouca formalização de comportamento; grande especialização horizontal do trabalho baseada no treinamento formal; tendência para agrupar os especialistas em unidades funcionais com finalidades de administração interna, mas desdobrando-se em pequenas equipes de projetos baseadas no mercado para levar a efeito seu trabalho; apoio nos instrumentos de interligação para encorajar o ajustamento mútuo, sendo estes a chave para os mecanismos de coordenação, dentro e entre essas equipes; a descentralização seletiva dentro e para essas equipes, as quais são localizadas em diversos pontos da organização e envolvem várias combinações de gerentes de linha e peritos de assessoria e de operação. (1995, p. 251)

Com o intuito de deixar bem claro o real significado dessa nova característica estrutural presente nas organizações contemporâneas, registramos também a síntese conceitual feita por Cury, que define a adhocracia como

um tipo de organização de estilos administrativo solto, com pequenas estruturas temporárias, flexíveis, não detalhistas, para propósitos especiais, poucos níveis administrativos, poucas gerências e pouca normatização, de modo geral. De certa forma, a adhocracia pode ser vista ainda como um sistema aberto, adaptativo, temporário, que muda rapidamente em torno de problemas a serem resolvidos por grupos de pessoas relativamente estranhas, dotadas de habilidades profissionais diversas. (2000, p. 115)

Esse mesmo autor faz uma síntese de vários estudos sobre essa temática, apresentando o seguinte quadro comparativo desses sistemas organizacionais:

Burocracia *versus* adhocracia

Sistema fechado, mecânico, burocratizado (Burocracia)	Sistema aberto, orgânico, desburocratizado (Adhocracia)
Estruturas burocráticas, detalhistas, com minuciosa divisão do trabalho. Estruturas permanentes.	Estruturas flexíveis, que nem sempre podem sofrer divisão de trabalho e fragmentação bem definidas. Estruturas temporárias. Grupos-tarefa.
Alta concentração do processo de tomada de decisões, geralmente afetas aos níveis superiores. Pouca delegação.	Relativo processo de descentralização da tomada de decisões, com dispersão e integração. Existência de delegação acentuada. Amplo compartilhamento de responsabilidade e de controle.
Cargos ocupados por especialistas, com atribuições perfeitamente bem definidas.	Cargos generalistas, continuamente redefinidos por interação com outros indivíduos participantes da tarefa.
Predomínio da interação vertical entre superior/subordinado. Relacionamento do tipo autoridade/obediência.	Predomínio da interação horizontal sobre a vertical. Confiança e crença recíprocas.

AS ORGANIZAÇÕES NO SISTEMA SOCIAL GLOBAL   63

Burocracia *versus* adhocracia (*continuação*)

Sistema fechado, mecânico, burocratizado (Burocracia)	Sistema aberto, orgânico, desburocratizado (Adhocracia)
Amplitude de controle do supervisor é mais estreita. Maior confiança nas regras e nos procedimentos formais.	Amplitude de controle do supervisor é mais ampla. Maior confiança nas comunicações.
Ênfase exclusivamente individual.	Ênfase nos relacionamentos entre os grupos e dentro deles.
Hierarquia rígida.	Participação e responsabilidade multigrupal, à luz dos conhecimentos dos indivíduos sobre as tarefas da empresa.
Fatores higiênicos.	Fatores motivadores e mobilizadores.
Ênfase na doutrina tradicional.	Ênfase na doutrina behavorista e em enfoque contingencial.
Atividades rotineiras/estáveis, profundamente normatizadas pela cúpula.	Atividades inovadoras/não estáveis. Pouca normatização, normas genéricas. Detalhes normatizados pelos próprios níveis operacionais.

Fonte: Cury (2000, p. 111).

Os indicadores dos modelos orgânicos ou adhocráticos nos levam a perceber que nessa estrutura predomina um estilo organizacional mais livre e flexível.

Conclui-se que a adhocracia se aplica sobretudo em ambientes instáveis e turbulentos. Pelas suas características, assemelha-se com a forma orgânica de organização.

Evidentemente, cada organização tem sua realidade social, política, econômica, cultural, tecnológica etc. Ela tem de encontrar a melhor maneira de se estruturar, coordenar suas atividades e otimizar seus recursos humanos, materiais e financeiros, em decorrência de sua atuação em diferentes mercados locais, regionais e globais. Ela deve buscar a melhor forma de ação coordenada para cumprir sua missão e visão, cultivar seus valores e atingir seus objetivos.

Por isso, cabe a cada organização decidir qual deve ser a estrutura mais apropriada[16] e fazer uma escolha consciente, não se deixando levar pelos modismos dos "gurus" da administração, que muitas vezes provocam estragos. Quem não se lembra da implantação da famosa "reengenharia" no Brasil, que, em inúmeras empresas, constituiu mera desculpa para a administração se desfazer de quadros altamente competentes e de ativos humanos que eram verdadeiros patrimônios da organização?

A nova arquitetura organizacional

Tendo abordado os principais pontos que caracterizam as organizações *tradicionais* (mecanicistas) e as organizações *modernas* (flexíveis ou orgânicas), achamos interessante incluir uma breve abordagem sobre "a nova arquitetura organizacional". Trata-se de um assunto que vem sendo debatido nos últimos anos e tem como grande especialista mundial David A. Nadler, entre outros.[17] Na verdade, arquitetura organizacional é uma nova maneira para dizer como as organizações se estruturam e coordenam seu todo. Isto é, a arquitetura organizacional significa as formas pelas quais as organizações se estruturam, coordenam as atividades e administram o trabalho das pessoas em busca da consecução dos objetivos propostos, traçados estrategicamente.

Em face dos grandes desafios, das transformações e das incertezas que estamos vivendo neste mundo globalizado, dominado pela revolução e convergência tecnológica da informação, as organizações estão sempre buscando se adaptar e reformatando constantemente suas estruturas funcionais e estratégias de ação. A criação de uma nova arquitetura organizacional visa exatamente criar mecanismos que integrem forças humanas, materiais e finan-

---

16. Sugere-se consultar a obra de Mintzberg, que analisa em detalhes os cinco tipos de configurações das organizações: estrutura simples, burocracia mecanizada, forma divisionalizada, burocracia profissional e adhocracia (1995, pp. 153-295).

17. Sobre arquitetura organizacional, consultar Nadler, Gerstein e Shaw (1994) e Luís Araújo (2001, pp. 169-73). Ver também HSM (2000), que apresenta um dossiê sobre esse tema (pp. 58-84).

ceiras na busca de soluções negociais e vantagens competitivas, para vencer num mundo complexo e de mercados difíceis. David A. Nadler e Michael L. Tushman, ao escreverem sobre a organização do futuro, chamam a atenção para os inúmeros desafios da contemporaneidade:

> O desafio atual é administrar de forma eficaz negócios diferentes que se sobrepõem – e até mesmo concorrem entre si – dentro de uma empresa única, com enfoque estratégico. Mais do que isso, haverá necessidade cada vez maior de integrar padrões – *joint ventures*, alianças etc. – que ultrapassem as fronteiras empresariais tradicionais. (2000, p. 58)

Os autores alertam que, para projetar sua arquitetura organizacional, as organizações têm de considerar como elementos fundamentais o estudo e a análise ambiental e seu relacionamento recíproco com a estratégia. As contínuas mudanças que ocorrem constantemente no mundo dos negócios desafiam as premissas de qualquer desenho organizacional. "Historicamente, o objetivo das estruturas organizacionais era institucionalizar a estabilidade. Na empresa do futuro será institucionalizar as mudanças" (ib., p. 60).

Esse olhar para a realidade ambiental dará subsídios para que a projeção da arquitetura organizacional tenha mais armas estratégicas de estruturação, coordenação e administração das ações com vistas nos objetivos a serem alcançados.

Luís César G. de Araújo, fazendo referência a David A. Nadler, Marcs Gerstein e Robert B. Shaw (1994), destaca as duas perspectivas fundamentais enfatizadas por esses autores, para as organizações que querem projetar suas arquiteturas estruturais: "a) o binômio *arquitetura/estratégia*: isto é, como a arquitetura adotada permitirá à organização realizar sua estratégia; e b) o binômio *arquitetura/cultura*: ou seja, como a arquitetura se harmonizará com os indivíduos que trabalham na organização" (2001, p. 171). Além disso, Nadler, Gerstein e Shaw também destacam quatro elementos-chave – trabalho, pessoal, organização formal e organização informal – e a necessidade de uma congruência deles na arquitetura organizacional (1994, p. 43). Pode-se deduzir que as perspectivas e os elementos-chave são inseparáveis e se complementam. Qualquer projeto arquitetônico organizacional não pode prescindir de todas essas partes que integram sinergicamente o fazer das organizações.

Outro recorte interessante feito por Araújo (2001, pp. 174-6) diz respeito ao estudo realizado pela CTI – Corporate Transitions International (Organizational Architecture). As organizações voltadas para a abordagem da arquitetura organizacional possuem características denominadas "sete cês": confiança, comprometimento, co-criação, conexão, comunicação, celebração e correção do curso e clima bom.[18] Graficamente, essa arquitetura é assim apresentada:

Novos desenhos de arquitetura organizacional

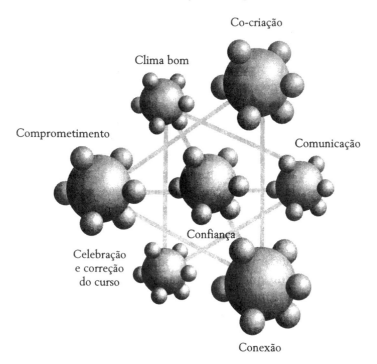

Fonte: CTI. The seven C's. <Http://www.ctiarch.com/7c.htm>.

---

18. Ver: CTI. The seven C's .http://www.citiarch.com/7c.html.

Cada "c" enunciado tem seu próprio significado e se integra no todo, criando as condições ideais para uma nova formatação e um projeto de visão do futuro. Para implementar o perfil dos "sete cês" e atingir a busca para excelência, a cooperação mencionada sugere dez passos ou degraus, que vão da introdução dos novos conceitos até a construção de um clima organizacional favorável.[19]

Por fim, outra alternativa sugerida no tocante à nova arquitetura organizacional é a do Sistema de Trabalho de Alto Desempenho (STAD).[20] É um sistema que permite reunir congruentemente pessoas, trabalho e os sistemas formais e informais das organizações. Suas características básicas estão na reflexão sobre a organização, nos princípios para projeção, no processo de aplicação dos princípios, no preparo dos projetos e na variedade de características dos projetos organizacionais específicos (Luís Araújo, 2001, pp. 176-8).

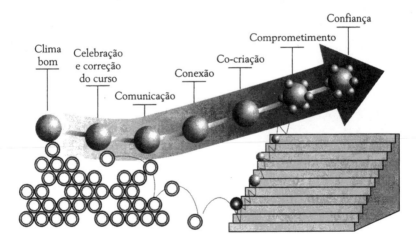

Fonte: CTI. The CTI steps to optimum <http://www.ctiarch.com/steps.html>.

---

19. Ver: CTI. The CTI steps to optimum. http://www.ctiarch.com/steps.html.
20. Trata-se da tradução da sigla de origem inglesa HPWS – High-Performance Work Systems.

Nossa principal preocupação, ao tentarmos descrever as características organizacionais e a nova arquitetura estrutural, foi demonstrar como é importante, para pensar e planejar estrategicamente a comunicação, conhecer antes como se caracteriza uma organização. Qual é o seu desenho? É uma organização mecanicista ou orgânica? Não adianta querermos implantar uma comunicação participativa numa gestão autoritária e verticalizada. Primeiro teremos de trabalhar para uma nova arquitetura organizacional.

Com isso, chegamos ao final deste capítulo, no qual abordamos pontos que consideramos essenciais para a compreensão do real significado das organizações no sistema social global. Trata-se, a nosso ver, de tópicos fundamentais para a elaboração de planos e programas de comunicação nas organizações modernas.

2

A COMUNICAÇÃO NAS ORGANIZAÇÕES

Interdependentes, as organizações têm de se comunicar entre si. O sistema organizacional se viabiliza graças ao sistema de comunicação nele existente, que permitirá sua contínua realimentação e sua sobrevivência. Caso contrário, entrará num processo de entropia e morte. Daí a imprescindibilidade da comunicação para uma organização social.

Sistema e funcionamento da comunicação

Lee O. Thayer coloca a comunicação como elemento vital no processamento das funções administrativas. "É a comunicação que ocorre dentro [da organização] e a comunicação entre ela e seu meio ambiente que [a] definem e determinam as condições da sua existência e a direção do seu movimento" (1976, p. 120).

A dinâmica segundo a qual se coordenam recursos humanos, materiais e financeiros para atingir objetivos definidos desenvolve-se por meio da interligação de todos os elementos integrantes de uma organização, que são informados e informam ininterruptamente, para a própria sobrevivência da organização. Assim, o sistema comunicacional é fundamental para o processamento das funções administrativas internas e do relacionamento das organizações com o meio externo. Esse é o primeiro aspecto a ser considerado quando se fala em comunicação nas organizações. Além disso, é preciso ver como ela funciona, identificando-se a sua direção e a sua rede de transmissão. Ou seja, segundo Thayer, é preciso levar em conta "todos os fluxos de dados que são coadjuvantes, de algum modo, dos processos de comunicação e intercomunicação da organização" (op. cit., p. 122). Daniel Katz e Robert L. Kahn afirmam que "as organizações sociais precisam também de suprimentos renovados de energia de outras instituições, de pessoas, ou do meio ambiente material. Nenhuma estrutura social é auto-suficiente ou autocontida" (1978, p. 35). A interdependência das organizações em si as leva ao relacionamento e à integração com as demais e de cada uma em si com seu mundo interno e externo. E isto só se dará, como dissemos, por meio da comunicação e na comunicação.

Um processo comunicacional interno, que esteja em sintonia com o sistema social mais amplo, propiciará não apenas um equilíbrio como o surgimento de mecanismos de crescimento organizacional. De acordo com F. Gaudêncio Torquato do Rego, as informações trazidas e trocadas dos sistemas sociopolítico, econômico-industrial e o sistema inerente ao microclima interno das organizações permitem ao processo comunicacional estruturar as convenientes ligações entre o microssistema interno e o macrossistema social, estudar a concorrência e analisar as pressões do meio ambiente, gerando as condições para o aperfeiçoamento organizacional (1984, p. 114).

Todos esses aspectos fazem com que a comunicação, segundo Richard Hall, "seja extremamente importante nas organizações e nos segmentos organizacionais que precisam lidar com a incerteza, que são complexos e que têm uma tecnologia que não permite uma rotinização fácil. Tanto as características externas quanto as internas afetam a centralidade da comunicação" (1984, p. 133).

Processo comunicativo nas organizações

Quando nos referimos ao processo comunicacional das organizações, subentendemos aqueles elementos básicos que o constituem: fonte, codificador, canal, mensagem, decodificador e receptor, já bastante conhecidos nos estudos de teorias da comunicação.[1] Agora, um dos pontos a considerar é como o aspecto relacional da comunicação afeta o processo. Diz Hall:

> as relações sociais que ocorrem no processo de comunicação envolvem o emissor, o receptor e seus efeitos recíprocos um no outro à medida que se comunicam. Quando um emissor é intimidado por seu receptor durante o processo de envio de uma mensagem, a própria mensagem e a interpretação dela serão afetadas. (1984, p. 133)

Ou seja, trata-se de um processo relacional entre indivíduos, departamentos, unidades e organizações. Se analisarmos profundamente esse aspecto relacional da comunicação do dia-a-dia nas organizações, interna e externamente, perceberemos que elas sofrem interferências e condicionamentos variados, dentro de uma complexidade difícil até de ser diagnosticada, dado o volume e os diferentes tipos de comunicações existentes, que atuam em distintos contextos sociais.

Quando fazemos referências aos contextos, aos aspectos relacionais etc., queremos enfatizar que a comunicação organizacional tem de ser pensada numa perspectiva da dinâmica da história contemporânea. Ou seja, segundo Jean-François Chanlat, "os contextos são modos de leitura da situação. São as *estruturas de interpretação, os esquemas cognitivos* que cada pessoa possui e utiliza para compreender os acontecimentos que ocorrem e, em particular, compreender o que nos interessa" (1996, p. 49; grifos nossos).

Nesse sentido, queremos lembrar que tudo o que já foi pesquisado e analisado sobre a evolução das correntes dos estudos teóricos da comunicação se aplica na prática do processo comu-

---

1. Para mais detalhes sobre conceitos e o processo de comunicação, consultar autores que tratam das origens e da evolução das teorias da comunicação, como, entre outros: Wolf (1987); Marques de Melo (1977); Mattelart (1999); Berlo (1972); Fiske (1993); Miège (2000); Pasquali (1978); Bougnoux (1999); Santos (1992), Lozano Rendón (1996).

72 PLANEJAMENTO DE RELAÇÕES PÚBLICAS NA COMUNICAÇÃO INTEGRADA

nicativo nas organizações. Se fizermos um recorte, por exemplo, da "teoria da agulha hipodérmica" ou da "teoria da bala mágica"[2] para compreendermos o paradigma de Harold Lasswell, dos efeitos imediatos de reação do ato comunicativo na comunicação de massa, veremos que ele se aplica à realidade organizacional.

As organizações em geral, como fontes emissoras de informações para seus mais diversos públicos, não devem ter a ilusão de que todos os seus atos comunicativos causam os efeitos positivos desejados ou são automaticamente respondidos e aceitos da forma como foram intencionados. É preciso levar em conta os aspectos relacionais, os contextos, os condicionamentos internos e externos, bem como a complexidade que permeia todo o processo comunicativo. Daí a necessidade de ultrapassarmos a visão meramente mecanicista da comunicação para outra mais interpretativa e crítica.

Para os estudiosos,[3] o modelo mecanicista é o que tem predominado na comunicação organizacional, sobretudo nas décadas de 1960, 1970 e 1980. Este paradigma considera e avalia a comunicação sob o prisma funcionalista e da eficácia organizacional. Parte da premissa de que o comportamento comunicativo pode ser observável e tangível, medido e padronizado. Preocupa-se com as estruturas formais e informais de comunicação e com as práticas em função dos resultados, deixando de

---

2. Pode-se consultar, por exemplo, Wolf (1987), entre outros estudiosos das teorias da comunicação.

3. As análises dos pesquisadores norte-americanos possibilitaram identificar os paradigmas centrados principalmente nas múltiplas perspectivas: mecanicista (funcionalista-funcional), interpretativa e crítica. Especificamente Linda Putnam et al. (1982), Charles Redding e Philip Tompkins (1988) denominam as diferentes formas de conceber e entender a comunicação organizacional a partir das perspectivas mecânica, psicológica, interpretativa e de interação de sistemas. Tom D. Daniels, Barry Spiker e Michael J. Papa (1997) referem-se aos mesmos paradigmas, mas enfatizam também a perspectiva crítica, como resultado de uma visão dialética. Já Eric M. Eisenberg e H. L. Goodall (1997) apresentam cinco paradigmas: transferência de informação, processo transacional, estratégia de controle, equilíbrio entre criatividade e constrangimento/coação/sujeição e esforço de diálogo.

lado as análises dos contextos sociais, políticos, econômicos, tecnológicos e organizacionais.

Acredita-se que as organizações, em pleno início do século XXI, não mudaram muito seu comportamento. Várias vezes elas têm uma retórica moderna, mas suas atitudes e ações comunicativas são ainda impregnadas por uma cultura tradicional e autoritária do século XIX. A abertura de canais e a prática da "comunicação simétrica" requerem uma nova filosofia organizacional e a adoção de perspectivas mais críticas, capazes de incorporar atitudes inovadoras e coerentes com os anseios da sociedade moderna.

Vale também acrescentar que não é pelo fato de existir uma comunicação formalizada ou sistematizada que todos os problemas de uma organização estão ou serão resolvidos. Seria uma solução simplista. É necessário estudar todos os fenômenos intrínsecos e extrínsecos do que constitui um agrupamento de pessoas (organizações) que trabalham coletivamente para atingir metas específicas, relacionando-se ininterruptamente, cada uma com sua cultura e seu universo cognitivo, exercendo papéis e sofrendo todas as pressões inerentes ao seu ambiente interno e externo, além de terem de enfrentar as barreiras que normalmente estão presentes no processo comunicativo.

Segundo Charles E. Redfield,

> indivíduos que trabalham são personalidades integrais, mas suas posições na administração ocupam apenas fragmentos de suas personalidades [...]. Por estar a comunicação relacionada com as interações individuais, isoladamente ou em grupos, este assunto está impregnado de semântica, sociologia, antropologia, psicologia e administração. (1980, p. 7)

Para compreender a complexidade do ato comunicativo, um dos caminhos é estudar alguns elementos ou aspectos relevantes presentes na gestão do processo comunicativo nas organizações: as barreiras, os níveis de análise, as redes, os fluxos, os meios e as diversas modalidades comunicacionais existentes, como veremos nos próximos itens.

Barreiras na comunicação

No âmbito organizacional, além das barreiras gerais ou comuns no processo comunicativo, encontraremos outras específicas, aplicadas mais à comunicação organizacional.

Barreiras gerais

Barreiras são os problemas que interferem na comunicação e a dificultam. São "ruídos" que prejudicam a eficácia comunicativa. As barreiras gerais ou comuns podem ser de natureza mecânica, fisiológica, semântica ou psicológica.

As barreiras *mecânicas ou físicas* estão relacionadas com os aparelhos de transmissão, como o barulho, ambientes e equipamentos inadequados que podem dificultar ou mesmo impedir que a comunicação ocorra. A comunicação é bloqueada por fatores físicos.

As barreiras *fisiológicas* dizem respeito aos problemas genéticos ou de malformação dos órgãos vitais da fala. A surdez, a gagueira e não-articulação fonética são exemplos possíveis.

As barreiras *semânticas* são as que decorrem do uso inadequado de uma linguagem não comum ao receptor ou a grupos visados. Isto é, os códigos e signos empregados não fazem parte do repertório do conhecimento em determinado ambiente comunicacional.

As barreiras *psicológicas* são os preconceitos e estereótipos que fazem com que a comunicação fique prejudicada. Estão relacionadas com atitudes, crenças, valores e a cultura das pessoas. São percepções equivocadas de acordo com determinadas experiências e distintos marcos de referência.

Barreiras na comunicação organizacional

Existem muitas maneiras de classificar as barreiras que se colocam à comunicação nas organizações. Não só os pesquisadores da comunicação se encarregam de considerá-las, como

A COMUNICAÇÃO NAS ORGANIZAÇÕES 75

também autores que se dedicam aos estudos das organizações e do comportamento organizacional.[4] No caso específico da presente obra, limitar-nos-emos a analisar quatro classes de barreiras mais gerais no âmbito organizacional: as pessoais; as administrativas/burocráticas; o excesso e a sobrecarga de informações; e as informações incompletas e parciais.

No ambiente organizacional as pessoas podem facilitar ou dificultar as comunicações. Tudo irá depender da personalidade de cada um, do estado de espírito, das emoções, dos valores e da forma como cada indivíduo se comporta no âmbito de determinados contextos. São as *barreiras pessoais*.

As barreiras *administrativas/burocráticas* decorrem das formas como as organizações atuam e processam suas informações. Thayer destaca quatro condições, que se imbricam uma na outra: a distância física; a especialização das funções-tarefa; as relações de poder, autoridade e *status*; e a posse das informações (1976, pp. 216-8).

O *excesso de informações* é outra barreira bastante presente na atualidade. A sobrecarga de informações de toda ordem e nas mais variadas formas, a proliferação de papéis administrativos e institucionais, reuniões desnecessárias e inúteis, um número crescente de novos meios impressos, eletrônicos e telemáticos, tudo isso tem causado uma espécie de saturação para o receptor. A falta de seleção e de prioridades acaba confundindo o público em vez de propiciar uma comunicação eficaz. É impossível as pessoas observarem e assimilarem todas as mensagens com que são bombardeadas no seu ambiente social e nas organizações onde trabalham.

---

4. Para mais detalhes, consultar: Thayer (1976); Flores Gortari e Orozco Gutiérrez (1990); Davis e Newstrom (1996); Hall (1984); Wagner e Hollenbeck (1999); Robbins (1998); Bowditch e Buono (1992); entre outros. Em 2000, Felipe Chibás Ortiz defendeu, sob minha orientação, no Programa de Pós-Graduação em Integração da América Latina – Prolam, da Universidade de São Paulo, sua dissertação de mestrado *Barreiras à comunicação e criatividade organizacional: um estudo de caso em hotéis brasileiros e cubanos*. Seu foco central foi posto exatamente em como as barreiras à comunicação afetam a criatividade organizacional, tendo sua pesquisa comprovado de que forma essas barreiras podem prejudicar a comunicação nas organizações.

Por fim, as *comunicações incompletas e parciais* constituem mais uma barreira na comunicação organizacional. São encontradas nas informações fragmentadas, distorcidas ou sujeitas a dúvidas, nas informações não transmitidas ou sonegadas etc.

Façamos menção, ainda, a outras barreiras, destacadas por James L. Gibson, John M. Ivancevich e James H. Donnelly Jr. (1981, pp. 325-31): audição seletiva; juízo de valor; credibilidade da fonte; problemas da semântica; filtragem; linguagem intragrupal; diferença de *status*; pressões de tempo; e sobrecarga nas comunicações. Esses tipos se assemelham aos já mencionados, mas é importante considerá-los, ainda que sinteticamente, pois estão muito presentes no dia-a-dia das organizações.

Ao recebermos informações, podemos fazer uma *audição seletiva*, bloqueando informações que contrariam as percepções preconcebidas e aquelas que acreditamos como verdadeiras a partir de nossas crenças e nossos valores. Diversas mensagens de ordem administrativa e mesmo institucional muitas vezes são ignoradas e desprezadas exatamente por isso.

Numa situação comunicativa, o conhecimento prévio que o receptor tem da fonte emissora pode induzir a julgamentos precipitados, mesmo antes de se receber a comunicação total. Seriam os *juízos de valor*, que são baseados naquilo que o receptor pensa do comunicador, nas experiências prévias que ele teve com o comunicador ou no significado antecipado da mensagem.

A *credibilidade da fonte* pode ser uma barreira no processo comunicativo das organizações. O nível de credibilidade que o receptor atribui ao comunicador afeta diretamente suas reações em relação às palavras e às idéias do comunicador. Se ele não acreditar na fonte, naturalmente se armará e tenderá a reagir de forma negativa às mensagens recebidas. Ou seja, "a maneira pela qual os subordinados recebem a comunicação de seu gerente é afetada pelo que pensam dele".

Outro aspecto a considerar é como os públicos da organização compreendem os símbolos comuns utilizados na comunicação. *Problemas de semântica* advêm do fato de que as palavras e a simbologia empregadas podem significar coisas inteiramente diversas para as diferentes pessoas envolvidas no processo. "A compreensão está no receptor, e não nas palavras", dizem os autores.

Na comunicação organizacional, uma ocorrência freqüente é a *filtragem* da informação na comunicação ascendente. "Manipula-se" a informação para que esta seja percebida positivamente pelo receptor. É comum as bases esconderem informações desfavoráveis nas mensagens que chegam aos escalões dirigentes.

Os grupos, em virtude da coesão ou mesmo da auto-estima, às vezes criam um vocabulário específico, que só os seus membros entendem. É a chamada *linguagem intragrupal*, que, por não ser do domínio comum, mas apenas de determinado grupo operacional, profissional ou social, pode ser uma barreira na comunicação organizacional.

As *diferenças de* status, representadas por níveis hierárquicos e símbolos, podem ser barreiras à comunicação enquanto parecerem uma ameaça a alguém que está num nível hierárquico inferior. Essas diferenças contribuem para aumentar a competição entre pessoas e departamentos em torno do poder e para o hiato de comunicação entre os vários níveis, sobretudo entre superiores e subordinados.

Outra barreira muito comum na comunicação organizacional é a *pressão de tempo*, que impede um encontro mais freqüente entre chefes e subalternos. Esse "curto-circuito" no processo comunicativo pode gerar problemas com conseqüências mais amplas, comprometendo a eficiência e a eficácia da comunicação.

Por fim, uma última barreira à comunicação organizacional eficaz, ainda segundo Gibson, Ivancevich e Donnelly, é a *sobrecarga de comunicação*, nesta "era da informação", em que se ampliam as formas de comunicação e multiplicam os meios disponíveis. As organizações se vêem hoje submetidas a uma "avalanche de informações", não conseguindo os administradores absorver ou responder adequadamente a todas as mensagens a eles dirigidas.

Níveis de análise da comunicação

Os níveis de análise da comunicação nas organizações, dependendo de sua tipologia e de seus objetivos, são basicamente os que se referem ao indivíduo como receptor de informações, à organização e sua arquitetura funcional, ao ambiente e aos meios técnicos presentes no ato comunicativo. Ou seja, os níveis são o intrapessoal, o interpessoal, o organizacional (interdepartamental, interunidades e ambiental) e o tecnológico. Os autores que mais enfatizaram os estudos desses aspectos foram K. H. Roberts e outros (1974), além de Lee Thayer (1976).

K. H. Roberts, C. A. O'Reilly III, G. E. Bretton e L. W. Porter escreveram originalmente um artigo na revista *Human Relations*, no qual analisam os diferentes níveis de análise da comunicação, mostrando as variáveis individuais, organizacionais e ambientais relacionadas em cada nível de análise. Seus dados foram dispostos em duas tabelas, que aqui reproduzimos a partir de Richard H. Hall (1984). Como diz esse autor, as comunicações assumem muitas formas nas organizações: algumas são totalmente interpessoais; outras dizem respeito a assuntos internos da organização; e outras, ainda, se voltam para os vínculos entre a organização e seus ambientes.

Tipos de comunicação e influências primárias
na transmissão de informações

Contexto da comunicação	Tipo de comunicação (nível de análise)	Influências primárias na transmissão de informações
Independente da organização	▪ Interpessoal	▪ Fenômenos cognitivos e papéis e normas sociais.
Dentro da organização	▪ Interpessoal ▪ Interunidades	▪ Papéis e normas organizacionais mais as normas sociais aplicáveis. ▪ Relações interdepartamentais, efeitos conjuntos das informações trocadas.
Externo a uma organização específica	▪ Interorganizacional ▪ Organizacional-ambiental	▪ Relações entre as organizações. ▪ Componentes ambientais.

Fonte: Roberts *et al.* (apud Hall, 1984, p. 134).

Variáveis relacionadas em cada nível de análise

Contexto	Nível de análise	Variáveis			
		Comunicação	Individuais	Organizacionais	Ambientais
Independente da organização	Interpessoal	▪ Características da mensagem ▪ *Feedback* ▪ Sobrecarga de informações ▪ Credibilidade da fonte ▪ Processamento de informações ▪ Não-verbal	▪ Variáveis de personalidade ▪ Percepções ▪ Necessidades ▪ Papéis e normas sociais ▪ Metas sociais ▪ Atitudes		▪ Cultura ▪ Disposições espaciais
Dentro da organização	Interpessoal	▪ Características da mensagem ▪ *Feedback* ▪ Sobrecarga de informações ▪ Credibilidade da fonte ▪ Escolha da modalidade ▪ Controle de entrada ▪ Distorção ▪ Velocidade ▪ Direcionalidade ▪ Codificação ▪ Alinhamento da rede ▪ Nível de atividade ▪ Exatidão	▪ Regras, normas e metas organizacionais ▪ Autoridade do *status* ▪ Influência ▪ Expectativas ▪ Modalidade ▪ Satisfação	▪ Hierarquia ▪ Número de níveis ▪ Linha/*staff* ▪ Tamanho ▪ Organização ▪ Total ▪ Estrutura ▪ Mais estratificada/menos estratificada ▪ Centralizada/descentralizada ▪ Critérios de desempenho ▪ Estrutura de recompensas ▪ Tecnologia/fluxo de trabalho ▪ Formalização	

Variáveis relacionadas em cada nível de análise (*continuação*)

Contexto	Nível de análise	Variáveis			
		Comunicação	Individuais	Organizacionais	Ambientais
	Interunidades	• Efeitos conjuntos da informação pelos membros organizacionais sobre as variáveis acima	• Papéis de ligação	• Relações interdepartamentais • *Status* departamental • Relações no grupo de trabalho	
Externo à organização	Interorganizacional	• Informações conjuntas • Processamento • Mecanismo sensor • Absorção de incerteza • Regras • Ciclos		• Relações interorganizacionais • Dependência • *Status* e influência • Clima • Satisfação • Estilo de liderança	
	Organizacional-ambiental			• Estrutura • Hierarquia • Tecnologia • Critérios de desempenho • Maturidade organizacional	• Velocidade de trocas • Tecnologia • Mercado • Ambigüidade percebida do ambiente

Fonte: Roberts *et al.* (apud Hall, 1984, pp. 134-6).

A COMUNICAÇÃO NAS ORGANIZAÇÕES

Thayer estabelece quatro diferentes níveis de análise dos problemas da comunicação: o intrapessoal, o interpessoal, o organizacional e o tecnológico. No nível *intrapessoal* a preocupação maior é o estudo do que se passa dentro do indivíduo enquanto este adquire, processa e consome informações. Esta comunicação vai depender muito da capacidade de cada um, da suscetibilidade e do universo cognitivo do indivíduo. No nível *interpessoal* se analisa a comunicação entre os indivíduos, como as pessoas se afetam mutuamente e, assim, se regulam e controlam uns aos outros. No nível *organizacional* se trata das redes de sistemas de dados e dos fluxos que ligam entre si os membros da organização e esta com o meio ambiente. Por fim, no nível *tecnológico* o centro de atenção recai na utilização dos equipamentos mecânicos e eletrônicos, nos programas formais para produzir, armazenar, processar, traduzir e distribuir informações (1976, pp. 47-9; pp. 129-34).

F. G. Torquato do Rego reproduz esses mesmos níveis de Thayer, mas prefere chamar de grupal o nível organizacional (1986, p. 53). Por outro lado, classifica os tipos de comunicação em três dimensões: *comportamental* (níveis intrapessoal, interpessoal e grupal); *social*, que envolve a organização e o sistema social; e *cibernética*, que agrupa os circuitos de captação, armazenamento, tratamento e disseminação de informações no âmbito organizacional (p. 51).

Já Gary L. Kreeps nomeia quatro níveis hierárquicos da comunicação humana nas organizações: intrapessoal, interpessoal, de grupos pequenos e de multigrupos. Ou seja:

a comunicação *intrapessoal* é a forma mais extensa e básica da comunicação humana. Em nível intrapessoal pensamos e processamos a informação. A comunicação *interpessoal* se constrói sobre o nível intrapessoal, somando outra pessoa à situação comunicativa e introduzindo a dupla relação. A comunicação *de grupos pequenos*, por sua vez, se constrói sobre a interação interpessoal, utilizando vários comunicadores e somando as dimensões das dinâmicas grupais e relações interpessoais múltiplas para a situação de comunicação. A *comunicação de multigrupos* existe através da combinação dos outros três níveis de comunicação, ao coordenar um grande número de pessoas para cumprir os objetivos complexos compartidos. (1995, pp. 56-7; grifos nossos)

Qualquer organização, ao dispor de um sistema de comunicação, não deve em nenhum momento deixar de considerar esses níveis, tanto no seu contexto formal como no informal.

Redes formal e informal

O sistema de comunicação das organizações flui basicamente por meio de duas redes: a *formal* e a *informal*. Conforme Keith Davis e John Newstrom, "os planos e as políticas formais não podem resolver todos os problemas existentes em uma situação dinâmica, porque eles são preestabelecidos, em parte, inflexíveis. Algumas exigências podem ser mais bem atendidas através de relações informais, que podem ser flexíveis e espontâneas" (1996, p. 123). Nesse contexto as comunicações formal e informal convivem simultaneamente, e delas as organizações não poderão prescindir.[5]

O sistema formal de comunicação de toda organização – o conjunto de canais e meios de comunicação estabelecidos de forma consciente e deliberada – é suplementado, no decorrer de pouco tempo, por uma rede informal de comunicações, igualmente importante, que se baseia nas relações sociais intra-organizativas e é uma forma mais rápida de atender a demandas mais urgentes e instáveis.

Para Herbert A. Simon, "por mais detalhado que seja o sistema de comunicação formal estabelecido na organização, terá que ser sempre suplementado por canais informais, através dos quais fluirão informações, aconselhamentos e, inclusive, ordens" (1970, p. 164). Por ser muito mais tática e ágil, a comunicação informal pode vir a modificar a estrutura formal.

---

5. No campo específico da comunicação organizacional, autores como Daniels, Spiker e Papa (1997, pp. 112-31) e Kreeps (1995, pp. 225-51) trazem contribuições para maior aprofundamento sobre esse tema.

Comunicação informal

O sistema informal de comunicações emerge das relações sociais entre as pessoas. Não é requerida e contratada pelas organizações, sendo, neste caso, destacada a importância da formação de lideranças e comissões de trabalhadores, que, sem aparecer na estrutura formal, desempenham relevante papel dentro da organização. Herbert Simon considera ainda que a comunicação informal adquire maior importância ao se descobrir que o comportamento dos indivíduos se orienta não só para os objetivos propostos pela organização, mas para os objetivos pessoais que nem sempre são congruentes. Há diversas maneiras de encarar a comunicação informal. Pode-se tanto reconhecê-la como efetivamente presente quanto apenas ignorá-la ou até mesmo desestimulá-la (1970, p. 169). Keith Davis defende "o uso construtivo da rede informal de comunicações",[6] pois existe e veio para ficar, é parte normal da organização e oferece alguns benefícios.

De acordo com Gary Kreeps, "uma das razões básicas para o sistema de comunicação informal nas organizações é a necessidade de os membros obterem informação sobre a organização e como afetarão suas vidas as mudanças na mesma" (1995, p. 233). Isto explica por que as pessoas necessitam de informações confiáveis e seguras e, muitas vezes, os canais formais não proporcionam informações suficientes e claras para satisfazer suas curiosidades e dúvidas. Por isso, buscam fontes alternativas, como as comunicações informais, consideradas por Kreeps como vias clandestinas.

Um dos produtos mais conhecidos da rede informal é o boato ou rumor, que chega a constituir uma "rede de boatos", formada às vezes por interesses maldosos, mas em grande parte decorrente da ansiedade, da insegurança e da falta de informações. A conversa, a livre expressão do pensamento, as manifesta-

---

6. Keith Davis escreveu artigo com este título no livro *Comportamento humano na empresa* (Balcão e Cordeiro, 1979), em que detalha a rede informal de comunicação e seus benefícios.

ções dos trabalhadores sem o controle da direção administrativa são algumas expressões da rede informal, insertas no convívio natural das pessoas e dos grupos.

A internet, além da facilidade que as organizações têm de operar em redes como a intranet, possibilitou a formação de novos meios de comunicação informal, constituindo-se muitas vezes numa rede paralela à formal e de grandes proporções, a ponto de haver empresas que já criaram um monitoramento das suas redes internas para vigiar o correio eletrônico dos funcionários.[7]

A comunicação informal, em nossa opinião, tem de ser canalizada para o lado construtivo, ajudando as organizações a buscar respostas muito mais rápidas para as inquietudes ambientais e facilitando o convívio e a gestão das pessoas com vistas em uma administração participativa.

Comunicação formal

A comunicação formal é a que procede da estrutura organizacional propriamente dita, de onde emana um conjunto de informações pelos mais diferentes veículos impressos, visuais, auditivos, eletrônicos, telemáticos etc., expressando informes, ordens, comunicados, medidas, portarias, recomendações, pronunciamentos, discursos etc.

Trata-se da comunicação administrativa, que se relaciona com o sistema expresso de normas que regem o comportamento, os objetivos, as estratégias e conduzem as responsabilidades dos integrantes das organizações.

Fluxos comunicativos

Os fluxos mais comumente citados são os descendentes ou verticais, os ascendentes e os horizontais ou laterais. A esses

---

7. Ver artigo "Os fins justificam os e-mails", de Martha Cavalcanti (2001).

A COMUNICAÇÃO NAS ORGANIZAÇÕES

acrescentamos os fluxos transversal e circular. São esses fluxos que conduzem as mais diferentes comunicações dentro de uma organização, nas mais variadas direções.

Fluxos descendente, ascendente e horizontal

A comunicação *descendente ou vertical* liga-se ao processo de informações da cúpula diretiva da organização para os subalternos, isto é, a comunicação de cima para baixo, traduzindo a filosofia, as normas e as diretrizes dessa mesma organização. Caracteriza-se sobretudo como comunicação administrativa oficial.

Na comunicação *ascendente*, o processo é o contrário: são as pessoas situadas na posição inferior da estrutura organizacional que enviam à cúpula suas informações, por meio de instrumentos planejados, como caixa de sugestões, reuniões com trabalhadores, sistemas de consultas, pesquisas de clima organizacional e satisfação no trabalho. A intensidade do fluxo ascendente de informações irá depender fundamentalmente da filosofia e da política de cada organização.

No fluxo *horizontal ou lateral* a comunicação ocorre no mesmo nível. É a comunicação entre os pares e as pessoas situadas em posições hierárquicas semelhantes. A comunicação se processa entre departamentos, seções, serviços, unidades de negócios etc. Quando bem conduzida, pode criar condições bastante favoráveis a uma otimização de recursos e do desempenho organizacional. Essa comunicação, de acordo com A. Nogueira de Faria e Ney R. Suassuna, permite "que o administrador alcance a coordenação de esforços, capaz de proporcionar a imprescindível sinergia, e o controle, por meio de comunicações feitas por relatórios e gráficos da infra- para a superestrutura" (1982, p. 120).

Para Sergio Flores Gortari e Emiliano Orozco Gutiérrez, "o fluxo horizontal fomenta a coordenação das atividades de uma organização, a definição de objetivos, políticas e procedimentos, o intercâmbio de idéias, a tomada de decisões, a produção de recomendações, a familiarização com outros setores e unidades e, conseqüentemente, o incentivo do desenvolvimento de interesses mútuos" (1990, p. 96).

Fluxos transversal e circular

Uma tendência das organizações orgânicas e flexíveis é permitir que a comunicação ultrapasse as fronteiras tradicionais do tráfego de suas informações. Essas organizações, por incentivarem uma gestão mais participativa e integrada, criam condições para que as pessoas passem a intervir em diferentes áreas e com elas interagir. É o fluxo *transversal ou longitudinal*, que se dá em todas as direções, fazendo-se presente nos fluxos descendente, ascendente e horizontal nas mais variadas posições das estruturas ou da arquitetura organizacional. Trata-se da comunicação transversal,[8] que perpassa todas as instâncias e as mais diversas unidades setoriais.

Por último teríamos ainda o *fluxo circular*, da comunicação circular, que, segundo Flores Gortari e Orozco Gutiérrez, "abarca todos os níveis sem se ajustar às direções tradicionais e seu conteúdo pode ser tanto mais amplo quanto maior for o grau de aproximação das relações interpessoais entre os indivíduos" (1990, p. 67). O fluxo circular surge e se desenvolve muito mais nas organizações informais e favorece a efetividade no trabalho.

Para todos esses três fluxos usam-se os mais variados métodos, recursos e canais orais, escritos, audiovisuais, contatos pessoais, reuniões, telefone, memorandos, cartas, circulares, quadros de avisos, relatórios, caixas de sugestões, publicações, filmes institucionais e comerciais, entre outros, como veremos a seguir.

Meios de comunicação nas organizações

De que forma as organizações processam suas informações como fontes e como receptoras no seu ambiente interno e externo – comunicação interna (canais internos) e comunicação externa (canais externos)? Quais os meios/veículos capazes de

---

8. Consultar Costa (1999), que trabalha o tema de forma inovadora. Ver também Flores Gortari e Orozco Gutiérrez (1990, pp. 66-7).

viabilizar toda essa comunicação interna e externa? Como são classificados?

As organizações, para viabilizar a comunicação com os mais diferentes públicos, se valem de meios ou veículos orais, escritos, pictográficos, escrito-pictográficos, simbólicos, audiovisuais e telemáticos. É assim que, em síntese, podemos apresentar os meios disponíveis, com base na classificação de Charles Redfield (1980) e as devidas adaptações.

Os *meios orais* podem ser divididos em diretos e indiretos. Os diretos são: conversa, diálogo, entrevistas, reuniões, palestras, encontros com o presidente face a face; os indiretos: telefone, intercomunicadores automáticos, rádios, alto-falantes etc.

Os *meios escritos* dizem respeito a todo material informativo impresso, a saber: instruções e ordens, cartas, circulares, quadro de avisos, volantes, panfletos, boletins, manuais, relatórios, jornais e revistas.

Os *meios pictográficos* são representados por mapas, diagramas, pinturas, fotografias, desenhos, ideografias, entre outros.

Os *meios escrito-pictográficos* se valem da palavra escrita e da ilustração. São os cartazes, gráficos, diplomas e filmes com legenda.

Os *meios simbólicos* são insígnias, bandeiras, luzes, flâmulas, sirenes, sinos e outros sinais que se classificam tanto como visuais quanto auditivos.

Os *meios audiovisuais* são constituídos principalmente por vídeos institucionais, de treinamentos e outros, telejornais, televisão corporativa, clipes eletrônicos, documentários, filmes etc.

Com o avanço das novas tecnologias da comunicação, as organizações modernas também estão se valendo de *meios telemáticos*, que têm esse nome porque a informação é trabalhada e passada com o uso combinado da informática (computador) e dos meios de telecomunicação. Como exemplos temos a própria intranet, o correio eletrônico, os terminais de computador, os telões, os telefones celulares etc. São meios interativos e virtuais.

Por fim, ainda podemos registrar o uso do teatro nas organizações, como *meio presencial pessoal* ou de contato interpessoal direto. Graças aos recursos da dramatização, da interpretação e da demonstração, o teatro pode comunicar muitas mensagens e mesmo constituir-se numa excelente forma de comunicação participativa.

Este capítulo enfatizou aqueles pontos que julgamos fundamentais para um conhecimento, ainda que preliminar, sobre a comunicação nas organizações. Junto com os aspectos conceituais procuramos também trazer algumas reflexões que nos levam a concluir que, cada vez mais, as organizações em geral têm de se convencer de que a sua comunicação precisa ser trabalhada, gerenciada e conduzida por profissionais especializados e competentes. Caso contrário, estarão sempre improvisando e achando que estão se "comunicando" com o seu universo de públicos, quando na verdade estão apenas "informando". Evidentemente, essa não é a regra, e toda regra tem exceções. Não dá para planejar a comunicação organizacional sem esses fundamentos básicos.

3

RELAÇÕES PÚBLICAS NAS ORGANIZAÇÕES

Compreender a abrangência e a complexidade das organizações e, nesse contexto, o fenômeno comunicacional e a função da área de relações públicas não é tão simples como se possa imaginar. Daí nossa preocupação, nos dois primeiros capítulos, em apresentar alguns conceitos fundamentais sobre organizações, suas tipologias e características, além de uma visão sistêmica da comunicação como suporte para a prática das atividades de relações públicas no âmbito corporativo e institucional.

Qual deve ser a função de relações públicas nas organizações? Como se processam as mediações entre as organizações e os públicos? Em que fundamentos se sustentam teórica e tecnicamente suas atividades? Quais seriam as frentes de atuação possíveis? Situar as relações públicas no contexto das organizações e instituições, destacando seu papel no processo de gestão da comunicação com o universo de públicos existentes no ambiente organizacional e social, é um dos propósitos deste capítulo.

Abrangência das relações públicas

As relações públicas, como disciplina acadêmica e atividade profissional, têm como objeto as *organizações* e seus *públicos*, instâncias distintas que, no entanto, se relacionam dialeticamente.

É com elas que a área trabalha, promovendo e administrando relacionamentos e, muitas vezes, mediando conflitos, valendo-se, para tanto, de estratégias e programas de comunicação de acordo com diferentes situações reais do ambiente social. Philip Lesly, ao descrever a natureza e o papel das relações públicas, mostra bem a amplitude do universo de públicos com os quais as organizações podem se relacionar (1995, pp. 1-44). Essencialmente, o grande desafio para a área é conseguir gerenciar a comunicação entre as duas partes, mormente na complexidade da sociedade contemporânea.

Contribuir para o cumprimento dos objetivos globais e da responsabilidade social das organizações, mediante o desempenho de funções e atividades específicas, é outro desafio constante a ser considerado como meta das relações públicas. Como partes integrantes do sistema social global, as organizações têm obrigações e compromissos que ultrapassam os limites dos objetivos econômicos e com relação aos quais têm de se posicionar institucionalmente, assumindo sua missão e dela prestando contas à sociedade.

Para tanto, não poderão prescindir de uma comunicação viva e permanente, sob a ótica de uma política de relações públicas. Uma filosofia empresarial restrita ao marketing certamente não dará conta do enfrentamento dos grandes desafios da atualidade. As organizações têm de se valer de serviços integrados nessa área, pautando-se por políticas que privilegiem o estabelecimento de canais de comunicação com os públicos a elas vinculados. A abertura das fontes e a transparência das ações serão fundamentais para que as organizações possam se relacionar com a sociedade e contribuir para a construção da cidadania na perspectiva da responsabilidade social.

Nesse sentido, a comunicação organizacional deve constituir-se num setor estratégico, agregando valores e facilitando, por meio das relações públicas, os processos interativos e as mediações.

Relações públicas, como área profissional, se aplicam em qualquer tipo de organização. Tradicionalmente estavam mais centradas no âmbito empresarial e governamental. O mesmo acontecia com a literatura disponível e com a formação universitária, em que a ênfase se voltava mais para esses segmentos. Nas últimas décadas o panorama mudou. Com o fortalecimento da sociedade civil, a valorização do terceiro setor, o crescimento do número de organizações não-governamentais (ONGs), além da existência de inúmeras outras entidades com ou sem fins lucrativos, as possibilidades aumentaram muito.

Dessa forma, é bastante amplo o campo a ser explorado pelas relações públicas e, conseqüentemente, são bem vastas as exigências que lhe são postas. Dependendo do tipo, dos objetivos, da finalidade e da política da organização, é que se vai traçar um plano adequado a cada uma, o que requer, além do mais, um bom cabedal de conhecimento teórico e científico do executivo ou profissional responsável pela condução das atividades.

O gerenciamento da comunicação

Para entendermos a verdadeira função das relações públicas no que concerne à administração ou ao gerenciamento da comunicação entre as organizações e seus públicos, consideramos primordiais duas premissas: a primeira é a distinção entre relações públicas e marketing; a segunda, a importância que se deve dar aos fundamentos teóricos dessas duas áreas de conhecimento. São esses pressupostos que devem balizar a prática e o gerenciamento de relações públicas e de marketing nas organizações. Conhecendo a essência de suas teorias, evitar-se-iam confusões e equívocos acerca dos conceitos e da prática desses dois campos.

Relações públicas e marketing nas organizações

Como ponto de partida para compreendermos o real significado das relações públicas como disciplina acadêmica e área aplicada, é necessário incorporarmos uma cultura científica acerca do campo. Isto é, temos de romper com algumas barreiras, como preconceitos e idéias errôneas sobre a essência da sua teoria e da prática de suas atividades.

Na contemporaneidade, já dispomos de teorias de relações públicas com reconhecimento internacional, como, por exemplo, as que foram desenvolvidas sob a liderança de James Grunig,[1] nos Estados Unidos. Essas e outras precisam ser estudadas e compreendidas também por pesquisadores e profissionais de outras áreas. O desconhecimento e até a ignorância das possibilidades e da abrangência do campo das relações públicas dificultam um maior entendimento de sua importância e mesmo de sua eficácia no mundo corporativo.

William Ehling, John White e James Grunig, ao estabelecerem os princípios que diferenciam as atividades de marketing e de relações públicas, afirmam:

> Quando nos voltamos para a literatura de gerenciamento de marketing, especialmente os livros usados nas universidades, encontramos tentativas de assignar às relações públicas um papel técnico inferior, debaixo da administração de marketing. Uma das características gritantes de muitos livros de marketing é a falta de reconhecimento da vasta literatura básica encontrada sob a rubrica de relações públicas. Em vez de tomarem consciência dos resultados das pesquisas e das mais recentes conceituações sobre relações públicas, muitos autores de textos de marketing procedem como se estivessem livres para definir a função de relações públicas da forma que bem entendem. Não surpreende que o resultado em geral seja tão reducionista que confere à atividade de relações públicas, usualmente

---

1. A maior contribuição para os estudos sobre a teoria das relações públicas, em âmbito mundial, se encontra na obra *Excellence in public relations and communication management*, de James Grunig (1992), que resultou de uma ampla pesquisa financiada pela International Association of Bussiness Comunications (IABC). Consultar, a propósito: Dozier, Grunig, L. e Grunig, J. (1995); Vercic, D. Grunig, L. e Grunig, J. (1996, pp. 31-65); Botan, Carl H. e Halzleton Jr., Vicent (1989). Na tese de doutorado que, sob nossa orientação, defendeu na Escola de Comunicações e Artes da Universidade de São Paulo, Maria Aparecida Ferrari (2000) apresenta uma síntese das idéias desenvolvidas pela equipe de pesquisadores liderada por James Grunig (cf. Ferrari, 2000, pp. 25-35, 61-74). No Brasil um autor que se tem preocupado com a formatação de uma teoria para relações públicas é Roberto Porto Simões, que defende as relações públicas como uma função micropolítica da organização dentro da macropolítica da sociedade (cf. 1995 e 2001).

tratada como publicidade de produto ou uma vaga forma de promoção de vendas, um papel subordinado ao marketing. (1992, p. 376)

As exposições desses autores deixam claro como certos equívocos sobre a função das relações públicas nas organizações criam confusões e deturpam seu real significado como área acadêmica e profissional. Mas já se nota que hoje essa realidade está mudando. Especialistas de marketing estão reconhecendo que a atividade de relações públicas vai muito além da simples divulgação ou promoção de produtos, serviços e/ou organizações. O próprio Philip Kotler, na "edição do milênio" de sua obra clássica *Administração de marketing: a edição do milênio*, já considera as relações públicas de uma forma mais diferente e abrangente. Em vez de se referir às relações públicas como "enteada" de marketing ou uma simples ferramenta de divulgação, como fazia nas edições anteriores, agora destaca a importância que as organizações devem dar à construção de relacionamentos profícuos com todos os públicos interessados, além dos consumidores, fornecedores e revendedores (2000*b*, pp. 624-5). E, nesse contexto, cabe às relações públicas desenvolver programas de ação com todos os públicos, pois

> um público pode facilitar ou impedir a capacidade de uma empresa para atingir seus objetivos. Relações públicas têm sido freqüentemente tratadas, em marketing, como uma atividade, como uma importância secundária ao planejamento mais sério de promoção, mas a empresa sensata toma medidas concretas para administrar relações de sucesso com seus públicos-chave. (2000*b*, p. 624)

Ao abordar atividades possíveis de "relações públicas de marketing", Kotler deixa subentendida a importância dessa área nas organizações e de que forma ela pode apoiar a promoção corporativa ou de produtos e a construção de uma imagem positiva perante os públicos e a opinião pública. Mas é importante notar que, para Frank Corrado, esse conceito de "relações públicas de marketing", usado por Kotler, é restritivo, pois as relações públicas corporativas preocupam-se com o ambiente apenas para cativá-lo para vendas. Nesta época de consumidores mais conscientes, há ocasiões em que o marketing precisa ficar em segundo plano, abaixo dos interesses empresariais globais. A empresa que tem problemas em questões ambientais, como a questão golfinhos/atum, precisa tomar decisões estratégicas sobre práticas empresariais e, então, comunicá-las ao público de forma acreditável. As relações públicas de marketing precisam ocupar-se do problema. (Frank, 1994, p. 107)

As relações públicas desenvolvem atividades em parceria com o marketing e em apoio a ele, mas fica subtendido que elas têm funções distintas, na medida em que suas preocupações ultrapassam os limites do mercado e dos produtos. Seu terreno é muito mais amplo, pois trabalham com as organizações como um todo e seu universo de públicos no contexto do sistema social global.[2]

Frank Corrado, ao enfatizar o trabalho de relações públicas com o mercado como um diferencial do trabalho de marketing, afirma:

Algumas pessoas dizem que o componente de relações públicas das comunicações corporativas deve fazer parte do marketing. Outras afirmam o contrário. Algumas sugerem que ambas as atividades têm caminho próprio, mas devem se reunir quando necessário. Antes, cada função tinha responsabilidades distintas, que não eram percebidas como tendo interseção alguma, além da necessidade de publicidade do produto para apoiar as vendas. Entretanto, a sociedade de comunicações e informações de hoje, em que um público educado tem fortes interesses em questões como segurança dos produtos, relações inter-raciais, meio ambiente, valor dos produtos, serviço ao cliente etc., existe um ambiente que, com facilidade, pode tornar-se hostil ao marketing de produtos ou serviços que entrem em choque com essas preocupações, como, por exemplo, cigarros e cervejas. (1994, p. 107)

---

2. No livro *Relações públicas e modernidade: novos paradigmas na comunicação organizacional* (Kunsch, 1997a), abordei mais amplamente as distinções entre marketing e relações públicas (pp.126-8).

As relações públicas enfatizam o lado institucional e corporativo das organizações. Em síntese, como atividade profissional, elas:

- Identificam os públicos, suas reações, percepções e pensam em estratégias comunicacionais de relacionamentos de acordo com as demandas sociais e o ambiente organizacional.
- Supervisionam e coordenam programas de comunicação com públicos – grupos de pessoas que se auto-organizam quando uma organização os afeta ou vice-versa.
- Prevêem e gerenciam conflitos e crises que porventura passam as organizações e podem despontar dentro de muitas categorias: empregados, consumidores, governos, sindicatos, grupos de pressão etc.

São atribuições diferentes das que estão reservadas ao marketing, que põe ênfase no mercado, no produto ou no serviço, bem como na satisfação do consumidor. Ou seja,

> o foco social das relações públicas pode ser visto no uso do termo *publics* contrastando com o uso de mercado em marketing. A diferença essencial é que a organização cria mercados de uma população de consumidores em potencial. Eles (*publics*) criam um mercado identificando os consumidores para o produto ou serviços. *Publics* são da natureza social, eles se criam. Eles surgem em volta da conseqüência que as decisões feitas pelo gerenciamento de uma organização têm nas pessoas dentro ou fora da organização que tomaram a decisão. Uma vez que os *publics* se desenvolvem em volta destas conseqüências – ou problemas –, eles se organizam para criar assuntos com os quais as organizações devem lidar, por meio da comunicação e negociação. (Ehling, White e Grunig, 1992, p. 386)

O marketing, como área administrativa e estratégica, visa atingir o mercado. Para tanto:

- baseia-se em modelos de competitividade para atingir objetivos econômicos;

- objetiva persuadir o público-alvo e satisfazer os clientes/consumidores;
- identifica e cria mercados para os produtos e serviços das organizações;
- coordena e supervisiona os programas de comunicação mercadológica ou de marketing para criar e manter os produtos e serviços.

Para Kotler, "marketing é um processo social por meio do qual as pessoas e grupos de pessoas obtêm aquilo de que necessitam e o que desejam com a criação, oferta e livre negociação de produtos e serviços de valor com outros" (2000, p. 30). Ou, como diz o autor em outra fonte: "Seu objetivo é, na realidade, fazer com que a economia se ponha em movimento, que as pessoas desejem as coisas, utilizem parte de seus recursos limitados para desfrutar mais coisas" (2001, p. 120).

Ainda de acordo com Kotler

> uma das graves deficiências do marketing tem sido o fato de não falar a língua das finanças: valor para os acionistas, valor econômico agregado, retorno sobre ativos. Não estamos aqui para vender, mas, sim, para obter lucros para a empresa, "vendas rentáveis". (Id. p. 116)

Ou seja, o marketing precisa se ocupar de sua função principal e deixar para as relações públicas as muitas atividades com as quais está se envolvendo.

Concluindo, é importante destacar que ambas as áreas (marketing e relações públicas) exercem funções essenciais nas organizações modernas. Utilizam pesquisas e planejamentos para direcionar de forma mais eficiente, eficaz e efetiva as respectivas atividades, com vistas no alcance dos objetivos globais das organizações nas quais desempenham suas funções.

O gerenciamento de relações públicas

Como mencionamos, já dispomos, sobre relações públicas, de teorias e de uma literatura internacional capazes de subsidiar a prática da atividade nas organizações e fundamentar a pesquisa e o ensino no âmbito acadêmico. Não é objetivo deste livro fazer uma revisão bibliográfica de todas as correntes e teorias já desenvolvidas. Mencionaremos aquelas mais pertinentes ao tema que nos propusemos defender aqui – alguns pressupostos teóricos para o planejamento e a gestão estratégica das relações públicas nas organizações.

O gerenciamento de relações públicas nas organizações tem como fundamentos, de acordo com Ehling, White e Grunig (1992), quatro teorias essenciais: 1. teoria interorganizacional; 2. teoria de gerenciamento; 3. teoria da comunicação; e 4. teoria de conflitos-resoluções (p. 384). Para eles, são essas teorias que embasam as atividades de relações públicas nas organizações, diferenciando-as da área de marketing.

Evidentemente, para cada uma dessas teorias existem correntes, estudiosos e autores clássicos que já se dedicaram ao assunto e cujo pensamento se encontra na literatura das áreas envolvidas, sobretudo nas ciências sociais, políticas e da comunicação.

A *teoria interorganizacional*, ajudando a compreender os conceitos gerais e as interdependências entre indivíduos, grupos e organizações, trata das relações e interações no mundo da sociedade organizacional e no interior de cada organização. Quando vimos os níveis de análise da comunicação, no capítulo anterior, abordamos os aspectos relacionais e inter-relacionais possíveis entre indivíduos, grupos, subgrupos, unidades e/ou subunidades departamentais que estão sempre no ambiente corporativo.

No que se refere à *teoria de gerenciamento* ou administração, as aplicações são claras em todo o processo de planejamento, pois lidam com as incertezas, com tarefas e responsabilidades para a tomada de decisões e a implantação dos planos de ações.

A *teoria da comunicação* é outra esfera balizadora para o exercício das relações públicas. Como promover relacionamentos, fazer as mediações entre as organizações e os públicos sem conhecer os conteúdos fundamentais e as correntes do pensamento comunicacional daqueles que já se debruçaram sobre esse assunto? Os conteúdos conceituais disponíveis perpassam desde a estrutura, as funções, os processos, os elementos constituintes, aos estudos sobre os efeitos, à recepção e às transações simbólicas num contexto interpessoal, grupal, institucional e intercultural. Já a *teoria de conflitos-resoluções* lida com problemas gerados com crises, confrontos, disputas, controvérsias etc. e suas origens e seus impactos na sociedade e, em casos específicos, sobre determinados públicos e a opinião pública. É justamente nos pressupostos desta teoria que a área de relações públicas deve se basear para o trabalho de *issues management* – o gerenciamento de crises, conflitos ou controvérsias, a conhecida "administração da controvérsia pública", uma das funções básicas da área, amplamente tratada por C. Teobaldo de Souza Andrade em suas diversas obras.

Essas considerações sobre as quatro teorias mencionadas nos levam a concluir que a área de relações públicas tem de ser vista sob a ótica da interdisciplinaridade e, na prática, se vale simultaneamente do aporte do conjunto delas, ocorrendo apenas a predominância de uma sobre a outra segundo as especificidades de cada caso.

Com as aproximações dessas teorias e de muitas outras, que direta ou indiretamente se vinculam aos estudos das organizações e da comunicação na sociedade, procuramos descrever, na seqüência, as funções essenciais e as possíveis frentes de atuação das relações públicas no espaço organizacional corporativo, isto é, as dimensões de sua práxis na sociedade.

Relações públicas como subsistema organizacional

As organizações, do ponto de vista sistêmico, interagem com o ambiente e desempenham seu papel na sociedade mediante ação conjunta dos seus vários subsistemas.[3] Neste contexto a

---

3. A denominação dos subsistemas é bastante variada. Entenda-se que são aquelas unidades fundamentais para o funcionamento e a sobrevivência das organizações. As terminologias dependem da evolução das mudanças e das opções dos autores e mesmo das necessidades das organizações. Costumam ser considerados básicos os de produção, finanças, recursos humanos, comercial etc.

área de relações públicas constitui também um subsistema organizacional e exerce funções *essenciais* e *específicas*, apoiando e auxiliando os demais subsistemas, sobretudo nos processos de gestão comunicativa e nos relacionamentos das organizações com seu universo de públicos.

Portanto, as relações públicas não podem ser consideradas isoladamente. Primeiro, porque são parte integrante do sistema organizacional, como os muitos outros existentes e que operam no macrossistema ambiental. Segundo, porque, para sua atuação de fato contribuir para agregar valor e ajudar as organizações a cumprir sua missão e alcançar seus objetivos globais, não poderão prescindir da interação com as outras áreas, numa perspectiva de comunicação integrada.

Autores como James Grunig e Todd Hunt, ao defenderem as relações públicas como um subsistema administrativo de apoio, deixam claro como essa área pode auxiliar a alta direção e os subsistemas integrantes, abrindo canais de comunicação com os públicos internos e externos, ajudando-os a se comunicar entre si e às vezes apoiando-os em suas atividades (1984, pp. 8-9).

Roberto Porto Simões, valendo-se da teoria de sistemas abertos e referindo-se ao pensamento de Daniel Katz e Robert Kahn, afirma:

> Parece estar bem cristalina, nesses dois autores, a idéia de que, entre outros subsistemas de apoio, relações públicas é um deles, mesmo que esses autores possuam idéia restrita ou percepção da atividade de relações públicas calcada na cultura norte-americana. Contudo, está claro, também, que todo subsistema de apoio visa, em última instância, à institucionalização da organização. (Simões, 1995, p. 106)

Nesse sentido, como subsistema organizacional, a área de relações públicas deve ter como foco central fortalecer o sistema institucional das organizações, como dissemos quando tratamos do tópico de organizações e instituições, no primeiro capítulo. E, para tanto, terá de se valer de técnicas, instrumentos e estratégias de comunicação.

PLANEJAMENTO DE RELAÇÕES PÚBLICAS NA COMUNICAÇÃO INTEGRADA

Quais seriam as funções essenciais das relações públicas nas organizações? Esse assunto já foi por nós abordado em publicações anteriores, sobretudo no livro *Relações públicas e modernidade: novos paradigmas na comunicação organizacional* (1997a), quando enfatizamos a função estratégica, a de gerenciamento da comunicação entre a organização e seus públicos e a de relacionamento com o marketing e outras subáreas da comunicação social.

Podemos, na nossa percepção, aproveitar as quatro teorias mencionadas para indicar, como possíveis funções essenciais para o processo de planejamento e gestão das relações públicas nas organizações, as seguintes: a *função administrativa* (teoria interorganizacional), a *função estratégica* (teoria de gerenciamento), a *função mediadora* (teoria da comunicação) e a *função política* (teoria de conflitos-resoluções).

Função administrativa

Considerar as relações públicas como uma função administrativa não é algo novo, tanto por parte dos estudiosos e autores da literatura específica (tradicional e contemporânea), quanto dos profissionais e práticos da área. Ou seja, relações públicas desenvolvem uma função administrativa, assim com as outras áreas ou subsistemas que integram a organização.

Como função administrativa, as relações públicas, por meio de suas atividades específicas, visam atingir toda a organização, fazendo as articulações necessárias para maior interação entre setores, grupos, subgrupos etc.

James Grunig e Todd Hunt, ao focalizarem as relações públicas na administração, apresentam uma definição conclusiva de Rex Harlow:

> Relações públicas é a função de gerenciamento que ajuda a estabelecer e manter canais mútuos de comunicação, a aceitação e cooperação entre a organização e seus públicos; que envolve a administração de crises ou

controvérsias; que auxilia a administração a manter-se informada e a responder à opinião pública; que define e enfatiza a responsabilidade da administração em servir o interesse público; que ajuda a gerência a manter o passo com as mudanças e a utilizá-las efetivamente, funcionando como um sistema preventivo que permite antecipar tendências; e utiliza a pesquisa e técnicas sadias e éticas de comunicação como suas principais ferramentas. (Apud Grunig e Hunt, 1984, p. 7)

Outra definição que esclarece a função administrativa das relações públicas é encontrada em Raymond Simon: "As relações públicas constituem a função administrativa que avalia as atitudes do público, identifica as políticas e os procedimentos de uma organização com o interesse público e executa um programa de ação e comunicação para obter a compreensão e aceitação do público" (1994, p. 18).

É oportuno acrescentar aqui o que diz João A. Ianhez, ao escrever sobre relações públicas nas organizações:

Relações públicas é a comunicação na administração, no que diz respeito à sua visão institucional e à adequada utilização desta em todas as áreas da estrutura organizacional. Ela deve buscar a conscientização de todos, dentro da organização, do papel e da responsabilidade que têm pelo seu conceito. Ela apóia, orienta e assessora todas as áreas da organização no tocante à forma mais adequada de conduzir suas relações com o público. (1997, p. 155)

Ressaltem-se aqui os estudos relacionados com a teoria de relações públicas que, nas duas últimas décadas, sob a liderança de James Grunig, da Universidade de Maryland, foram desenvolvidos por um grupo de pesquisadores dessa e de outras instituições. Nos departamentos de relações públicas considerados "excelentes", eles identificaram dez princípios genéricos e cinco variáveis de contexto que comporiam uma teoria geral de relações públicas. Entre os princípios, um é o que diz respeito à função administrativa, apresentada por Dejan Vercic, Larissa

102 PLANEJAMENTO DE RELAÇÕES PÚBLICAS NA COMUNICAÇÃO INTEGRADA

Grunig e James Grunig (Vercic, 1996; Grunig, J., 1998)[4] como função separada de outras funções administrativas, a exemplo da administração de marketing, de recursos humanos, jurídica e de finanças. Concluíram que, quando a função de relações públicas está subordinada a outras funções, não pode ser administrada estrategicamente nem pode mover recursos comunicacionais de um público estratégico para o outro, como uma função integrada de relações públicas poderia (p. 38).

Com essas acepções – que julgamos ilustrativas, pois existem inúmeras outras semelhantes na bibliografia corrente –, podemos deduzir que cabe às relações públicas gerenciar o processo comunicativo dentro das organizações.

Na prática, as relações públicas buscam criar e assegurar relações confiantes ou formas de credibilidade entre as organizações e os públicos com os quais elas se relacionam. Evidentemente, isso exige tempo, pesquisas, auditorias, diagnósticos (para avaliar o grau de relacionamento da organização com os seus públicos), planejamento, participação programada, implementação e avaliação de resultados.

O Acordo do México deixa bem claros dois pontos importantes quando dá a definição operacional de relações públicas – a comunicação e o planejamento:

---

4. Os dez princípios genéricos destacados pelos autores são: 1. Envolvimento de relações públicas na administração estratégica; 2. Participação das relações públicas na alta administração, nas decisões estratégicas da organização; 3. Função integrada de relações públicas; 4. Relações públicas como função administrativa, separada de outras funções; 5. Unidade de relações públicas coordenada por um "administrador" mais do que por um "técnico"; 6. Uso do modelo simétrico de duas mãos; 7. Uso de um sistema simétrico de comunicação interna; 8. Profundo conhecimento do papel de um administrador e de relações públicas simétricas; 9. Diversidade em todos os papéis desempenhados pelo profissional de relações públicas; 10. Contexto organizacional para a excelência. E as variáveis de contexto são: 1. Sistema político e econômico; 2. Contexto cultural (os autores falam da influência da cultura nacional; não estão se referindo às características da cultura organizacional); 3. A extensão do ativismo; 4. Os níveis de desenvolvimento; 5. O sistema de mídia. Nas fontes citadas os autores descrevem cada um desses dez princípios e cada uma das cinco variáveis mencionadas, relatando também como foi desenvolvida a pesquisa quantitativa e qualitativa, além de exemplificação da aplicação desse estudo na Eslovênia. Essa temática é abordada por Ferrari (2000, pp. 31-5).

O exercício profissional de relações públicas requer ação planejada, como apoio na pesquisa, na comunicação sistemática e na participação programada, para elevar o nível de entendimento, solidariedade e colaboração entre uma entidade e os grupos sociais a ela ligados, num processo de interação de interesses legítimos, para promover seu desenvolvimento recíproco e da comunidade a que pertence. (Apud Andrade, 1993, p. 46)

Assim, é imprescindível planejar o processo de inter-relacionamento das organizações com seus públicos, adotando estratégias e técnicas apropriadas e utilizando instrumentos adequados para cada segmento de público que se quer atingir.

Função estratégica

Numa perspectiva moderna, as relações públicas precisam demonstrar sua contribuição também como um valor econômico para as organizações. Isto é, suas atividades têm de apresentar resultados e ajudar as organizações a atingir seus objetivos, cumprir sua missão, desenvolver sua visão e cultivar seus valores.

Para as relações públicas, exercer a função estratégica[5] significa ajudar as organizações a se posicionar perante a sociedade, demonstrando qual é a razão de ser do seu empreendimento, isto é, sua missão, quais são os seus valores, no que acreditam e o que cultivam, bem como a definir uma identidade própria e como querem ser vistas no futuro. Mediante sua função estratégica, elas abrem canais de comunicação entre a organização e os públicos, em busca de confiança mútua, construindo a credibilidade e valorizando a dimensão social da organização, enfatizando sua missão e seus propósitos e princípios, ou seja, fortalecendo seu lado institucional.

Nesse sentido, os estrategistas de relações públicas assessoram os dirigentes, identificando problemas e oportunidades relacio-

---

5. No livro *Relações públicas e modernidade*, procuramos demonstrar a importância da função estratégica de relações públicas nas organizações no contexto da sociedade contemporânea (1997a, pp. 120-2).

nados com a comunicação e a imagem institucional da organização no ambiente social, avaliando como o comportamento dos públicos e da opinião pública pode afetar os negócios e a própria vida da organização. Diz Waldyr Gutierrez Fortes:

> As relações públicas estratégicas destacam o inter-relacionamento entre escopo de mercado e os públicos, identificando as oportunidades e ameaças. No dia-a-dia, as relações públicas baseiam as suas ações numa série de decisões, de caráter interno e externo, necessárias diante de possíveis contingências ambientais. Tenta-se introduzir no processo administrativo novas variáveis que permitam uma análise abrangente, mesmo em termos conceituais, para imprimir dinamismo aos procedimentos de troca. (1999, p. 119).

Assim, como função estratégica, as relações públicas devem, com base na pesquisa e no planejamento, encontrar as melhores estratégias comunicacionais para prever e enfrentar as reações dos públicos e da opinião pública em relação às organizações, dentro da dinâmica social. Lidam com comportamentos, atitudes e conflitos, valendo-se de técnicas e instrumentos de comunicação adequados para promover relacionamentos efetivos. Administram percepções para poder encontrar saídas estratégicas institucionalmente positivas. Enfim, como atividade profissional, as relações públicas trabalham com as questões que dizem respeito à visibilidade interna e externa, ou seja, à identidade corporativa das organizações.

Evidentemente, o desempenho da função estratégica dependerá do posicionamento que a área ocupa na estrutura organizacional e da formação e capacitação do executivo responsável pela comunicação. O aproveitamento do que nos ensina a teoria de gerenciamento e decisões também é outro imperativo nessa direção.

A questão da função estratégica de relações públicas está intrinsecamente ligada ao planejamento e à gestão estratégica da comunicação organizacional. O setor deve atuar em conjunto com outras áreas da comunicação, numa capitalização sinérgica dos objetivos e esforços globais da organização. Trata-se de participar da gestão estratégica da organização, assessorando a direção na viabilização de sua missão e de seus valores.

O envolvimento de relações públicas na administração estratégica e sua participação nas decisões estratégicas da organização também foram destacados como uns dos primeiros princípios genéricos da teoria geral das relações públicas, como já mencionamos. Isto é, unidades de "relações públicas excelentes" se engajam no processo de planejamento estratégico, ajudando a organização a reconhecer partes do ambiente, os chamados públicos estratégicos, que afetam a missão e os objetivos da organização, e participam das decisões estratégicas da cúpula diretiva (Grunig, J.; Vercic e Grunig, L., 1998, p. 37).

Função mediadora

Fazer as mediações entre as organizações e seus públicos é uma função precípua de relações públicas, que não podem prescindir da comunicação e do uso de todos os seus meios possíveis e disponíveis. A comunicação é um instrumento vital e imprescindível para que as relações públicas possam mediar relacionamentos organizacionais com a diversidade de públicos, a opinião pública e a sociedade em geral.

Uma organização somente terá condições de atingir os vários públicos se forem utilizados diferentes meios de comunicação, massivos e dirigidos, que lhes possibilitem conhecer as suas propostas e realizações, bem como os seus esforços de integração com eles. Para Sarah Chucid da Viá, "a comunicação é um processo social básico" e "não pode existir interação entre indivíduos, ou entre grupos humanos, sem intercâmbio de informações entre seus elementos constitutivos" (1977, p. 15).

Não se trata, no caso da função mediadora, simplesmente de informar, prestar informações, mas de praticar a comunicação no seu verdadeiro sentido etimológico. Isto é, "comunicar significa tornar comum, estabelecer comunhão, participar da comunidade, através de intercâmbio de informações" (Marques de Melo, 1977, p. 14). É nesse sentido que se deve estabelecer a comunicação entre as organizações e os públicos, isto é, numa perspectiva de troca, de reciprocidade e de comunhão de idéias. Como diz C. Teobaldo de Souza Andrade, "relações públicas, em uma empresa, não têm em mira, unicamente, informar os seus públicos, mas, precisamente, conseguir estabelecer com eles uma verdadeira comunhão de idéias e de atitudes, por intermédio da comunicação" (1993, p. 104).

O verdadeiro trabalho de relações públicas é aquele que, além de informar, propicia o diálogo. E isso só é possível na "comunicação bidirecional", aquele processo pelo qual, conforme Raymond Simon e outros, primeiro, "uma organização se certifica [de] ou experimenta as atitudes, [o] sentimento e a opinião do público e, em segundo lugar, [...] transmite a seus vários públicos suas atitudes, sentimentos, significados de ações e opiniões" (1972, p. 290). Na prática do dia-a-dia das organizações, será possível, para as relações públicas, fazer as mediações com os públicos nessa perspectiva do verdadeiro sentido da comunicação? O que a história e os teóricos da área nos ensinam?

O estudo dos quatro modelos de relações públicas identificados por James Grunig e Todd Hunt[6] revela que, além de diferentes formas de as organizações se relacionarem com os seus públicos ao longo da história, praticar uma comunicação efetiva não é tão simples como se pode pensar. Vejamos ligeiramente esses modelos, que são os de imprensa/propaganda, de informação pública, assimétrico de duas mãos e simétrico de duas mãos.

No primeiro modelo, *de imprensa/propaganda*, a ênfase está na divulgação propagandística da organização e dos seus produtos ou serviços. Ele atua numa perspectiva publicitária. Não há intercâmbio, sendo a comunicação unilateral.

O segundo modelo, *de informação* pública, objetiva basicamente organizar as informações sobre a organização com vistas em sua difusão e disseminação para os públicos. Preocupa-se

---

6. Cf. Grunig e Hunt (1984); Grunig, J. (1992); Hunt e Grunig (1994). Para mais detalhes sobre esse assunto, além dessas fontes originais, consultar, na bibliografia brasileira: Kunsch (1997*a*, pp. 109-12; 1997*b*, pp. 29-31); e Ferrari (2000, pp. 61-74).

RELAÇÕES PÚBLICAS NAS ORGANIZAÇÕES 107

em prestar informações, mas por meio de uma comunicação de mão única.

No modelo *assimétrico de duas mãos*, as mediações são feitas com base em pesquisas e métodos científicos. A organização procura conhecer o perfil dos seus públicos e suas aspirações em relação a ela, mas não estabelece uma base de troca e de diálogo com esses públicos. Utiliza as informações obtidas para persuadi-los. Portanto, os efeitos são assimétricos, beneficiando somente a organização, e não os públicos.

Já no modelo *simétrico de duas mãos*, as relações públicas buscam o equilíbrio entre os interesses das organizações e os de seus públicos. Esse modelo também inclui, como no assimétrico de duas mãos, o uso de pesquisas e de métodos científicos. Buscam-se entendimento e compreensão mútua entre a organização e seus públicos. Trata-se de um relacionamento considerado ideal, ético e justo. É o modelo capaz de propiciar a excelência da comunicação nas organizações, mas o mais difícil de ser praticado na sua essência.

Os estudos desses quatro modelos, protagonizados por Grunig e Hunt, serviram de parâmetros para os pesquisadores avaliarem como as relações públicas eram praticadas nos departamentos internos de organizações de diversos países. Os resultados demonstraram que o modelo de comunicação simétrica de duas mãos não foi muito bem compreendido, tendo sido considerado utópico e de difícil aplicação na sua forma "pura", sem a junção ou mescla com os demais modelos, sobretudo com o assimétrico de duas mãos. Verificou-se ainda que as organizações praticavam os modelos que apresentavam as melhores soluções para elas. Considerou-se também, nesse contexto, a importância de levar em conta a teoria da contingência para compreender por que e quando as organizações praticavam um ou determinado modelo.

Surgiu daí a proposta de Patricia Murphy (1991), de um quinto modelo, chamado por ela de *modelo de motivos mistos*, que prevê a combinação do modelo assimétrico de duas mãos com o simétrico de duas mãos. Sua base está na negociação e na teoria dos jogos, em que se busca o equilíbrio satisfatório, ainda que não tão ideal, entre os interesses das organizações e os de seus públicos, como mostra James Grunig (2000).[7] Podemos dizer, em síntese, que, no modelo de motivos mistos, as mediações das relações públicas visam harmonizar os interesses, ainda que antagônicos, entre as organizações e seus públicos, valendo-se, para tanto, da persuasão científica, da negociação, dos princípios éticos e da justiça.

Descrevemos assim as cinco maneiras possíveis de as relações públicas, por meio da comunicação, fazerem as mediações entre as organizações e seus públicos.

Destaque-se ainda que, em sua função mediadora, as relações públicas têm a responsabilidade de fazer a leitura do ambiente, por meio de uma auditoria social, intermediando as relações das organizações com a sociedade. Merton Fiur demonstra como isso é possível:

> As relações públicas são o gerenciamento de funções primariamente responsáveis por moldar e implementar programas de mediação entre os interesses sociais, políticos e econômicos capazes de influenciar o crescimento e/ou a sobrevivência básica da organização. Para este fim, a função de relações públicas tem também a responsabilidade de identificar as forças e os efeitos das mudanças no ambiente da organização de potencial de mediação e informar antecipadamente todas as outras atividades da organização. Somente criando um novo paradigma para si mesmo [sic] as relações públicas vão sair da sua condição atual para se tornar a principal parte da comunicação de origem. (1988, p. 339)

As organizações, por serem agrupamentos humanos que interagem entre si, em face da dependência mútua para sua sobre-

---

7. James Grunig esteve no Brasil em março de 2000, a convite especial da Associação Brasileira de Comunicação Empresarial (Aberje). Em seminário avançado sobre a administração das relações públicas "excelentes", na Escola de Comunicações e Artes da Universidade de São Paulo, abordou as pesquisas que foram realizadas a esse respeito, disponibilizando um artigo com o título de "Two-way symmetrical public relations: past, present and future" (2000). A proposta de Patricia Murphy também é mencionada por Ferrari (2000, p. 66). Esse mesmo antigo de Grunig foi publicado no *Handbook of public relations* (Heat, 2001, pp. 11-30).

RELAÇÕES PÚBLICAS NAS ORGANIZAÇÕES109

vivência, têm como fator fundamental a comunicação, que aglutina seus elementos e permite o intercâmbio com o mundo externo, como descrevemos nos dois primeiros capítulos. É preciso lembrar que, no dizer de Antônio de Lisboa Mello e Freitas, "seria impossível entender o funcionamento das organizações sem levar em conta o papel da comunicação. Ela decorre da própria dependência do homem que, como animal gregário, necessita, permanentemente, comunicar-se com seus semelhantes" (1985, p. 56).

As relações públicas, por meio da comunicação, viabilizam o diálogo entre a organização e seu universo de públicos, sendo essa mediação uma de suas funções essenciais. No próximo capítulo, ao discorrermos sobre as relações públicas no contexto da comunicação integrada nas organizações, a dimensão e a importância dessa função serão reforçadas de forma ainda mais ampla.

Função política

Como função política, as relações públicas lidam basicamente com as relações de poder dentro das organizações e com a administração de controvérsias, confrontações, crises e conflitos sociais que acontecem no ambiente do qual fazem parte.

No primeiro capítulo, quando abordamos as tipologias e as características das organizações, a questão do poder e suas relações no contexto organizacional foram contempladas a partir sobretudo do pensamento de Amitai Etzioni e Max Weber.

Para o desempenho da função política de relações públicas, é fundamental compreender como se processam as relações de poder no interior das organizações e sua influência nas relações com o ambiente externo. As organizações são interdependentes e estão sujeitas às forças do controle externo.

Conforme Henry Mintzberg,

as organizações nem sempre adotam as estruturas pedidas pelas suas condições impessoais – sua idade e dimensões, o sistema técnico que utilizam e a estabilidade, complexidade, diversidade e hostilidade de seus ambientes. Um certo número de fatores de poder também entra no delineamento da estrutura, principalmente a presença de controles externos à organização, as necessidades pessoais de seus diversos membros e a moda do dia, interiorizada na cultura na qual a organização se encontra (na verdade, o poder das normas sociais). (1995, p. 148)

Esses fatores de poder, destacados pelo autor, provocam condicionamentos e impactos nas relações das organizações com seus públicos e, muitas vezes, precisam ser administrados e mediados pelas relações públicas. Pois, conforme Rosa Krausz, "o poder está presente em qualquer relacionamento e, para melhor compreender suas manifestações e conseqüências, é preciso considerar o contexto social e as características das pessoas envolvidas no processo de influenciar e ser influenciado" (1991, p. 16).

Assim, no contexto das organizações, devem ser considerados dois aspectos, aos quais já aludimos: o poder que ocorre no interior das organizações (poder micro) e aquele advindo do controle externo e das forças sociais (poder macro). Para Henry Mintzberg, Bruce Ahlstrand e Joseph Lampel,

o poder micro trata de indivíduos e grupos dentro da organização. O poder macro, comparativamente, reflete a interdependência de uma organização com seu ambiente. As organizações precisam lidar com fornecedores e compradores, sindicatos e concorrentes, bancos de investimentos e reguladores governamentais, para não mencionar uma lista crescente de grupos de pressão que podem visar uma ou outra das suas atividades. A estratégia de uma perspectiva de poder macro consiste, em primeiro lugar, do gerenciamento das demandas desses agentes e, em segundo, de se fazer uso seletivo dos mesmos em benefício da organização. (2000, p. 183)

Cabe às relações públicas, no exercício da função política e por meio da comunicação, gerenciar problemas de relacionamentos internos e externos, surgidos ou provocados pelo comportamento de determinados públicos e/ou por certas decisões das organizações. E é no âmbito do poder micro e macro que tudo isso ocorre. São instâncias que permeiam todo o processo de negociação e da busca de solução numa dimensão pública.

A Public Relations Society of America (PRSA), ao adotar, em sua assembléia de 1982, um posicionamento oficial quanto às relações públicas (*official statement on public relations*), ressaltou a tarefa de resolver problemas de gerenciamento público como uma função de relações públicas (cf. Cutlip, Center, Broom, 1985, p. 5). Roberto Porto Simões justifica a função política de relações públicas com base no fato de que

> todas as ações dessa atividade se reportam às implicações que as decisões da organização poderão gerar junto aos públicos e às conseqüências que as decisões dos públicos poderão causar aos objetivos organizacionais. O fator comunicação, processo, resultante e instrumentos participam do cenário como coadjuvantes. O exercício do poder é realizado através do processo de comunicação com os instrumentos de comunicação. (1995, p. 84)

A propósito, o autor considera que administrar a função política da organização é a "essência" da atividade de relações públicas, enquanto administrar a comunicação é a "aparência" e administrar o conflito é a "circunstância" (1995, pp. 84-5). Ele atribui, portanto, valor mais acentuado à função política do que às demais funções.

O *issues management* ou gerenciamento de crises pode ser considerado uma função política de relações públicas? Com base nos fundamentos teóricos propostos por Ehling, White e Grunig (1992) para o gerenciamento de relações públicas nas organizações e, especificamente, na teoria de conflitos-resoluções, acreditamos que administrar disputas, desacordos, crises etc. constitui uma função essencial de relações públicas. É uma função política, pois pressupõe negociações, estratégias de comunicação e ações concretas para encontrar soluções de problemas que as organizações possam ter no relacionamento com os públicos no ambiente social.

Para esses mesmos autores, os executivos de relações públicas,

> em seus papéis gerenciais, devem calcular a seriedade e, conseqüentemente, a ruptura e custos atuais e conflito em potencial (disputas, desacordos,

controvérsias ou confrontação). Eles devem fazer isso sabendo, geralmente por meio de pesquisas, a natureza da colocação social e a rede de integração das organizações e instituições que interagem em qualquer corporação, quando os conflitos se tornam declarados ou deflagrados. Ao mesmo tempo eles devem determinar quando a comunicação do tipo negocial se torna apropriada e o meio principal (tipo de ação, estratégia) para mediar ou abrandar conflitos na procura de pontos para chegar a um acordo e cooperação. (1992, pp. 384-5)

Na verdade, trata-se de uma função das relações públicas que acentua sua diferença em relação ao marketing nas organizações. A literatura da área trabalha há cinco décadas com essas questões. Howard Chase, consultor de relações públicas e fundador da Issues Management Association, foi quem, desde 1976, procurou dar às relações públicas a dimensão de *issues management*, ou seja, de administração ou gerenciamento de questões, propondo para isso alguns passos básicos.

No desenvolvimento de um processo de administração de questões controversas, primeiramente se deve fazer a identificação dos problemas, trabalho a ser realizado, conjuntamente, por todas as gerências dos setores da organização, sob a coordenação do diretor ou gerente de relações públicas. Depois, analisam-se os problemas nos setores onde eles ocorrem. Por fim, procede-se ao levantamento de opções de mudança de estratégias e a seguir aos programas de ação, sempre de acordo com Chase (1983).

No Brasil, já em 1979, C. Teobaldo de Souza Andrade publicava o artigo "Administração de controvérsia pública", no qual expôs a idéia do gerenciamento de questões por meio de relações públicas. Afirmava então que "a controvérsia e a sua análise constituem o determinante inicial e decisivo para o desenvolvimento do processo gerador de públicos e da opinião públicas", acrescentando que "é tarefa dos profissionais de relações públicas – urgente e indeclinável – tentar conscientizar os administradores para a importância dessa atividade" (1979, p. 6).

Administrar problemas, conflitos ou questões controversas pressupõe todo um processo de planejamento e de gerenciamento de programas de ações a serem levadas a efeito.

Evidentemente, esses problemas deverão estar situados no campo de relações públicas, tendo como referencial a organização ante os públicos e a opinião pública. Às vezes, um produto de má qualidade, lançado no mercado, poderá ocasionar sérias controvérsias públicas e obrigará o envolvimento de vários setores de uma empresa na busca de soluções. Uma greve prolongada de trabalhadores afetará não só todos os setores de organização, como também a sociedade, tendo, portanto, implicações diversas. São inúmeros os problemas existentes, que, se fossem devidamente encaminhados, talvez tivessem soluções mais eficazes. Nesse caso, o papel de relações públicas é justamente o de intermediar a solução dos conflitos entre a organização e seus públicos, por meio de uma co-participação de todos os seus departamentos. Trata-se de uma função significativa e complexa.

Nemércio Nogueira diz que "o conceito de *issues management* pode ser de grande importância prática, pois permite estabelecer uma 'ponte' bastante clara entre os problemas que a empresa precisa resolver e a participação direta da área de relações públicas em sua solução" (1984, s.p.). O autor defende essa proposta como uma forma de dar maior relevância às relações públicas.

Ronán Senac, referindo-se a Chase sobre essa mesma questão, apenas a admitindo como "administração de controvérsia pública", afirma que "esta posição altamente relevante das funções de relações públicas oferece uma definida dimensão à profissão e nos permite aplicar validamente a tese que consagra uma verdadeira 'auditoria social'" (1984, s.p.).

Cândido Teobaldo de Souza Andrade escreve que "a administração de controvérsia pública abre novas perspectivas para as relações públicas, pois ela criará condições para que os profissionais de relações públicas possam participar de modo permanente e mais significativo no processo decisório dos altos escalões das empresas". (1979, s.p.)

De acordo com ele, esse novo campo das relações públicas possibilita aos seus profissionais melhor desempenho de assessoria e pesquisa, transformando-os de meros executantes em administradores das relações públicas.

E Howard Chase, em palestra proferida em São Paulo, em 1983, lançou o desafio:

> Proponho a vocês – e aí eu me incluo – que o nosso campo de ação se transfira das comunicações hábeis para o mundo bem maior, de direção de processos ou sistemas sobre questões ligadas ao interesse público. Não fomos criados para ser apenas as trombetas das decisões tomadas ontem pelos executivos. Nós também temos potencialidade para ajudar a tomar as decisões de amanhã. (1983, p. 18)

Numa perspectiva mais moderna, todo esse trabalho de administração de problemas ou questões controversas, que em tese deve ser desenvolvido pelas relações públicas, assume crescente importância tanto na produção acadêmica do campo, quanto no mercado profissional.

No meio científico-acadêmico a temática passou a ser objeto de pesquisa no âmbito das relações públicas e da comunicação corporativa. A literatura disponível nos oferece obras específicas, que contemplam distintos aspectos, desde as definições de crises, suas características, tipologias, *cases* bem-sucedidos etc., até orientações de como as organizações e os estrategistas de comunicação devem agir na prevenção e no gerenciamento desses acontecimentos que podem causar danos irreparáveis à própria manutenção e sobrevivência das organizações.[8] Pois, conforme Otto Lerbinger, a crise é "um evento que traz ou tem potencial para trazer à organização uma futura ruptura em sua lucratividade, seu crescimento e, possivelmente, sua própria sobrevivência" (1997, p. 4).

---

8. Cite-se o livro *The crisis manager: facing risk and responsibility*, de Otto Lerbinger (1997), e capítulos de livros que dão conta do assunto, por exemplo, "La gestion de las crises", de Sam Black (1993, pp. 169-83); "Comunicación de crises", de Justo Villafañe (1994, pp. 294-308); "Comunicações de crises", de Frank Corrado (1994, pp. 177-99); "La comunicación corporativa de la gestión de crises", de José L. Piñuel Raigada (1997, pp. 205-13); "La ciencia de las relaciones públicas en situaciones de crisis", de José Daniel Barquero Cabrero (2001, pp. 175-219); "Best practices in crisis communication", de vários autores (in Heath, ed., 2001, pp. 479-513).

Em relação ao mercado profissional, a prática das atividades de relações públicas no trabalho de prevenção e gerenciamentos de crises é freqüente nos departamentos internos e nas assessorias ou empresas prestadoras de serviços de comunicação e relações públicas, constituindo mesmo uma unidade de negócios, sobretudo nas de maior porte e estrutura mais completa.

Uma das questões fundamentais a considerar é a necessidade de um trabalho preventivo em relação à crise. Isto é, o planejamento para as crises tem de fazer parte da gestão organizacional estratégica. As crises são inevitáveis, achando-se os riscos e as ameaças presentes nas empresas, nos produtos, nos escritórios, nas regulamentações, na legislação, no próprio comportamento da organização, dos empregados e dos consumidores, entre muitos outros segmentos.

Para Lerbinger, podemos encontrar sete tipos de crises, distribuídas ao longo de três grandes categorias: a) crises do mundo físico: as *crises naturais* (terremotos, inundações, tempestades, deslizamentos de terra etc.) e as *crises tecnológicas* (acidentes aéreos ou industriais, problemas com medicamentos etc.); b) crises do clima humano: as *crises de confrontação* (passeatas, manifestações, grupos de pressão etc.) e as *crises de malevolência* (espionagem industrial, envenenamento, terrorismo, boatos, violência etc.); c) crises de fracasso gerencial – quando a administração das organizações não está correspondendo às expectativas e obrigações sociais e ambientais ou seus valores se acham distorcidos, em virtude de uma preocupação excessiva com o lucro e o interesse dos acionistas: a *crise da decepção* (as empresas ignoram a repercussão negativa de seu produto e escondem informações de seus consumidores) e a *crise de conduta gerencial* (os administradores são responsáveis por atos ilegais, não-éticos, por meio de um comportamento criminoso e corrupto) (cf. 1997, pp. 10-8).

Vê-se que as organizações estão sujeitas a muitos tipos possíveis de crises, sendo necessário que contem com estratégias para prevenir-se contra elas ou saná-las de forma eficiente, caso ocorram.

Normalmente, a área de relações públicas é chamada para "consertar o problema" ou "apagar o incêndio", quando deveria fazer parte da gestão desenvolver um planejamento proativo, para contornar maiores problemas e minimizar danos incontroláveis. Javier Puig, perito no assunto, afirma, em entrevista à revista da Aberje,[9] que "lidar com uma crise é como descobrir o fogo. Há que se conhecê-lo porque ele traz benefícios, mas deve-se saber principalmente como controlá-lo, já que é perigoso" (2001, p. 6).

Mencione-se aqui o moderno conceito de *administração da agenda pública*, que para Rogene Bucholz é "um esforço sistemático e organizado da empresa para responder efetivamente às questões públicas que afetam seu ambiente externo de atuação" (apud Davenport, 1998, p. 275). Thomas Davenport destaca a importância da proatividade nesse contexto, mediante ações de relações públicas:

> A maneira mais comum para influenciar o ambiente externo tem sido recorrer a relações públicas que possam ativamente cultivar a imagem e a percepção da empresa ou de suas marcas.
>
> Esse tipo de relação com o ambiente externo pode ter um valor inestimável, particularmente nas empresas cuja sobrevivência depende de serem reconhecidas em mercados de massa ou da aprovação governamental em decisões estratégicas. Um vasto setor de empresas de relações públicas encontra-se disponível, obviamente, para dar conta dessas atividades.
>
> Em algumas empresas, entretanto, o setor de relações públicas limita-se a "apagar incêndios": só entra em ação quando se torna pública alguma conseqüência negativa das ações – que podem incluir desde uma aquisição ou fusão de negócios até o envolvimento em práticas trabalhistas ilegais em países em desenvolvimento. Mas o papel do setor de relações públicas pode ser consideravelmente melhorado se for redefinido pela empresa em termos proativos, como administrador da agenda pública. (1998, p. 275)

---

9. Ele esteve no Brasil a convite da Aberje e foi um dos conferencistas do III Congresso Internacional de Comunicação Empresarial e Corporativa, promovido pela entidade. A edição da revista trata do tema "Comunicação de crise com depoimentos de outros especialistas no assunto".

Todas essas ponderações nos levam a reafirmar que cabe às organizações se antecipar sempre, prevenindo-se contra as crises e administrando-as se acontecerem. Para tanto, elas não poderão prescindir das relações públicas, às quais cabe pensar estrategicamente, a partir de dados de pesquisa, como as organizações devem se relacionar com os públicos e com a mídia, antecipando situações de risco e mesmo fazendo com que saiam fortalecidas da crise pelas quais porventura tenham de passar.

Assim, as relações públicas, na sua função de gerenciamento ou administração de questões controversas e crises, poderão ter um papel de destaque no composto da comunicação integrada das organizações, facilitando o diálogo entre as várias áreas e, por meio da ação conjugada, ajudar a encontrar as soluções certas para os problemas surgidos. E, para alcançar tudo isso, seu melhor instrumento será a comunicação, que deverá ser planejada estrategicamente.

Isso, mais uma vez, nos leva a considerar que as funções essenciais de relações públicas aqui tratadas – a administrativa, a estratégica, a mediadora e a política – não são instâncias separadas uma da outra. Na prática, o exercício pleno da atividade requer a soma de todas, numa interpenetração que ajude as organizações não só a resolver seus problemas de relacionamentos, mas também a se situar de forma institucionalmente positiva na sociedade.

Concordamos com Ehling, White e Grunig quanto à afirmação de que a atividade de relações públicas tem suas raízes no contexto social, onde a cooperação e a coordenação não ocorrem facilmente:

> Elas requerem comunicação, negociação e outros tipos de estratégias de mediação na qual as diferenças são resolvidas, interesses são reconciliados, desacordos e conflitos são minimizados e uma tentativa de acordos são executáveis. Essas atividades compõem um processo no qual velhas uniões são desintegradas e novas são formadas, velhas alianças abandonadas e novas feitas, velhos relacionamentos alterados e novos construídos. (1992, p. 386)

Como conseguir fazer tudo isso sem a integração das funções administrativa, estratégica, mediadora e política de relações públicas?

Dimensões da práxis

Falar sobre as dimensões da prática de relações públicas nas organizações implica abordar o mercado profissional e suas frentes de atuação, as funções específicas, as atividades e as habilidades que normalmente são requeridas para o pleno exercício profissional.

Mercado e frentes de atuação

O mercado para o profissional de relações públicas é bastante amplo. Uma primeira frente está nas próprias organizações, especificamente nos departamentos de comunicação social, marketing e recursos humanos de empresas públicas e privadas, prefeituras, secretarias de governo, hospitais, universidades, escolas, cooperativas, emissoras jornalísticas, radiofônicas e televisivas, ONGs etc., onde ele cuida, sobretudo, da comunicação institucional com os diferentes públicos. Outra frente é a de prestação de serviços externos, em empresas e assessorias de comunicação, de imprensa e de relações públicas, às quais o profissional pode se vincular como empregado ou como sócio e empresário. Uma terceira frente é a da atuação independente em nível de consultoria e assessoria de comunicação, perante as mais diversas entidades da indústria, do comércio, da agricultura, dos serviços e do terceiro setor.

Concretamente, as oportunidades se encontram nas organizações existentes no mercado, compreendendo empresas comerciais e prestadoras de serviços, indústrias em geral, áreas governamentais, sindicatos e associações patronais, sindicatos de trabalhadores, cooperativas, casas de agricultura, escolas e universidades, agências de propaganda e publicidade, hospitais, clínicas médicas, hotéis, empresas de turismo, restaurantes, emissoras de rádio e televisão, empresas jornalísticas, editoras, assessorias de comunicação e marketing, assessorias de imprensa e relações públicas, assessorias de serviços integrados de comunicação, empresas organizadoras de eventos, microempresas, partidos políticos e serviços autônomos.

No âmbito desse universo organizacional, as atividades de relações públicas podem ser delineadas com finalidades institucionais específicas ou então em apoio a áreas como a de recursos humanos e a de marketing, no que se refere à comunicação com o público interno, os clientes e os consumidores.

Finalidades institucionais

Já destacamos que, pela sua natureza, as relações públicas trabalham na sua essência com os aspectos institucionais das organizações, mediante o desempenho de atividades específicas e o uso de grande número de instrumentos e meios.

O trabalho institucional, segundo James Derriman, visa basicamente criar uma "personalidade" para a organização, por meio de alguns instrumentos e certos mecanismos que possam propiciar sua divulgação como um todo e em si mesma (1968, p. 53). Para dar a uma organização essa personalidade, facilmente identificável pela opinião pública, existem inúmeros caminhos, mas se trata de um trabalho de longo prazo que exige a construção de bases sólidas.

Há de se explorar, por exemplo, o nome e o símbolo da organização, utilizando-os em todos os lugares possíveis, como correspondências, publicações, viaturas, anúncios, instalações etc. É preciso criar ocasiões oportunas, como eventos, e aproveitar todos os momentos para fixar a marca e a identidade corporativa, que deverá ser resultante de um estudo completo em torno daquilo que a organização quer traduzir, ou seja, uma expressão de sua cultura e dos valores que incorporam sua personalidade organizacional/institucional.

Os programas de divulgação constituem um dos instrumentos utilizados pelas relações públicas para transmitir a personalidade de uma organização ao público em geral. Trata-se da publicidade/propaganda institucional.

Outro meio é a promoção de atividades de interesse público, como projetos sociais e culturais. São exemplos possíveis: o patrocínio de publicações institucionais, esportes amadores e trabalhos científicos e culturais; o desenvolvimento de campanhas de utilidade pública; a criação de concursos e prêmios; a elaboração de filmes institucionais e educacionais; a confecção de calendários que tratam de temas socioculturais; a realização de eventos (congressos, simpósios, seminários etc.); o fomento do intercâmbio com escolas, por meio de concessão de bolsas de estudos, visitas, palestras etc. É um trabalho de promoção da cultura e um excelente meio para as relações públicas se valerem das estratégias do que se convencionou chamar de *marketing cultural* e se posicionarem bem, politicamente.

Com relação aos projetos e às ações sociais que as organizações vêm desenvolvendo em benefício de segmentos ou setores da sociedade, sobretudo aos menos favorecidos, abrem-se possibilidades promissoras para o campo das relações públicas. São atividades de interesse público e vinculadas ao âmbito corporativo e institucional. As relações públicas poderão coordenar projetos; fazer as mediações para promover parcerias entre os poderes públicos, a iniciativa privada e o terceiro setor; desenvolver campanhas internas para incentivar o trabalho voluntário dos empregados; colaborar com iniciativas da comunidade local, entre muitas outras possibilidades.

Como se pode ver, são inúmeras as atividades possíveis nessa linha de atuação. Elas contribuem sobremaneira para um posicionamento institucional positivo da organização, atingindo uma gama variada de públicos – o consumidor, o governo e os demais poderes públicos, as escolas, a comunidade local, a mídia e as organizações em geral. E as empresas estão se valendo cada vez mais desses recursos, como mostram os *cases* que anualmente são premiados por diversas entidades de classe ou por institutos criados para promover e multiplicar essas iniciativas.

O relacionamento com a mídia, um público multiplicador de opinião importantíssimo para as organizações, constitui também uma das formas de fazer relações públicas, com finalidades institucionais. Ele se dá mediante contatos diretos, eventos, entrevistas coletivas, *press-releases* e *press-kits*, além de outros serviços de informações. Isso permitirá estabelecer um canal de comunicação da organização com a sociedade, sempre que for necessário divulgar fatos que interessem à opinião pública, bem como esclarecer algum assunto controverso.

Relações públicas em apoio a recursos humanos

Outra área que pode valer-se das relações públicas é a que lida com recursos humanos, especificamente das relações da organização com os empregados, o chamado público interno, que é um público estratégico e multiplicador dos mais importantes de uma organização. Ele necessita de uma comunicação mais consistente e contínua, deixando-se de lado aquela linguagem costumeira, subjetiva e rotulada dos manuais. Os tempos de hoje exigem que as organizações tratem seus empregados de forma mais realista e transparente. Diz Luiz Tostes que "a politização crescente e a discussão mais aberta e ampla dos problemas regionais e nacionais provocam a necessidade de se criarem canais de comunicação mais ágeis, mais objetivos, com procedimentos de *feedback* sensíveis às expectativas e variações nos anseios do público interno" (1985, s.p.).

Por isso, não se pode mais pensar numa comunicação interna fechada e restrita ao universo institucional, mas composta de um conteúdo que leva em conta as interferências do ambiente externo. O setor de relações públicas poderá trabalhar de forma integrada com o departamento de recursos humanos ou de gestão de pessoas, por meio de parcerias e no desenvolvimento de atividades específicas de comunicação interna com os empregados, valendo-se de diversos meios e instrumentos.

Trata-se sobretudo da criação de programas especiais, da coordenação de produção de mídias impressas, audiovisuais, telemáticas/interativas e multimídias, do desenvolvimento de telejornais radiofônicos e televisivos, da encenação de peças teatrais, da organização de eventos especiais e confraternizações, do apoio aos treinamentos, da montagem de programas de visitas e de *open house* para familiares, da contribuição para o incremento das atividades de associações desportivas, da implantação e do controle de caixas de sugestões, da coordenação de campanhas internas, concursos, da emissão de circulares personalizadas e de muitas outras atividades que estimulem a participação, a integração e o interesse do funcionário na organização, tornando-o um co-participante ativo de sua vida.

Para Antonio Vasconcelos,

uma das grandes preocupações das relações públicas, na sua tarefa junto ao público interno, é a de conscientizá-lo, independentemente do cargo ou da função que cada um desempenha na organização, que é por ele representada, tanto interna como externamente, cabendo-lhe, desta forma, uma fração de responsabilidade pelo grau de influência que é exercido por todos no conjunto e através de cada um individualmente, perante a opinião que outros públicos e a própria comunidade, como um todo, venham a ter a respeito da empresa. (s.d., mimeo)

Qualquer organização tem de ter uma política definida e justa com relação aos funcionários. Estes devem ser considerados não como números e máquinas geradoras de lucros, mas como pessoas que passam o maior tempo de suas vidas no trabalho e, por isso, merecem o melhor tratamento, salários justos, participação nos lucros e muitas coisas mais. Do contrário, de nada adiantará investir em extensos programas de relações públicas, tentando conscientizar os empregados de que são partes da organização, se os sentimentos deles não corresponderem à realidade. Seria fachada e uma apropriação dos direitos dos funcionários de se manifestarem livremente, mesmo porque só se podem fazer relações públicas fundamentadas na verdade e com responsabilidade social.

Segundo C. Teobaldo de S. Andrade,

o profissional de relações públicas deve funcionar como agente catalisador dentro da empresa, em presença da administração e dos empregados, procurando ativar e manter a compreensão e a confiança que deve reinar em toda a organização. Cabe a ele estimular e facilitar a comunicação em ambos os sentidos, entre administração e os empregados, para conseguir um clima de entendimento. (1994, p. 65)

As relações públicas, em seu apoio à área de recursos humanos, podem desenvolver um interessante trabalho integrado, sem que uma área interfira nas especificidades da outra. A maior beneficiada será a organização como um todo, que se valerá de técnicas apropriadas para melhor atingir os objetivos propostos, numa concepção sistêmica e integrada, aberta e eficaz, tendo em vista o alvo maior que é a sociedade.

Relações públicas em apoio a marketing

Quando abordamos as diferenças entre as funções das duas áreas nas organizações, já destacamos como as relações públicas podem apoiar a promoção corporativa e dos produtos ou serviços.

Trata-se de uma temática que já vem sendo objeto de atenção dos estudiosos há vários anos, tendo Nemércio Nogueira sido talvez o primeiro a acentuá-la no Brasil. "O inter-relacionamento entre relações públicas e marketing foi uma bandeira levantada por mim em 1975", diz ele em obra publicada treze anos depois. Ali, no capítulo 14 (1987, pp. 157-71), preconiza a integração harmônica das duas áreas em benefício da empresa, depois de ter dedicado os três capítulos anteriores à contribuição que as relações públicas podem dar ao marketing. O título do capítulo 11, "Relações públicas, arma de marketing" (p. 117), chegou a se tornar mesmo uma espécie de *slogan* no meio.

Anote-se, aliás, que o autor, no mencionado capítulo 14, também desenvolve o pequeno entretítulo "Marketing, arma de RP", em que sugere a "aplicação de princípios de marketing ao trabalho de relações públicas" (p. 169), para, no final, insistir em sua tese de colaboração recíproca entre as duas áreas: "O que eu gostaria que todos sentissem [...] é a importância, a necessidade e a possibilidade prática da concretização de uma maior integração entre marketing e relações públicas, uma maior integração entre relações públicas e marketing" (p. 171).

O trabalho de relações públicas nesse contexto visa agregar valor econômico e ajudar na consecução dos objetivos mercadológicos das organizações. Ele se realiza por meio de inúmeras atividades, como: pesquisa de opinião pública para medir as reações dos diversos públicos em relação à organização e a seus produtos ou serviços; implantação de centrais de atendimento e defesa do consumidor; estabelecimento de relações com acionistas, revendedores, fornecedores, instituições financeiras, consumidores e imprensa especializada; lançamentos de produtos; elaboração de relatórios; e tudo o que contribuir para criar e consolidar um conceito positivo das organizações perante seus públicos e a opinião pública.[10]

Segundo Hebe Wey,

> as atividades de relações públicas se traduzem por influências discretas, não vendedoras, mas cujas conseqüências são valiosíssimas sobre o desejo de compra do consumidor. São atividades que dão suporte ao esforço da propaganda e de *merchandising*, conseguindo-lhes uma dimensão maior. Relações públicas desenvolvem certas atividades que, associando nomes e marcas de produtos, conferem o prestígio da empresa ao produto e, atualmente, essa maneira de agir é indispensável para um moderno esforço de vendas. (1986, p. 78)

No início da década de 1980, a Aberp – Associação Brasileira das Empresas de Relações Públicas dizia em uma de suas publicações:

> Numa economia em crise, como a nossa, relações públicas é uma alternativa para maximizar o retorno dos investimentos em comunicação. A mobilização de públicos multiplicadores, em benefício da empresa, ou de um produto, é de um custo bem mais baixo do que concentrar toda a verba numa campanha publicitária. Todo o arsenal de relações públicas pode muito bem ser colocado a serviço do *marketing* comercial, somando positivamente dentro da área de comunicação. (1984, p. 12)

A propósito, é pertinente registrar aqui o que diz Philip Kotler a respeito da oportunidade de praticar "relações públicas

---

10. Philip Kotler destaca várias possibilidades de programas de relações públicas em apoio à área de marketing (2000, pp. 624-8). Frank Corrado detalha como as relações públicas de marketing atuam em benefício dos produtos e/ou serviços das organizações, exemplificando com possíveis atividades e casos de sucesso (1994, pp. 94-109). David Wragg mostra como harmonizar as atividades de relações públicas, marketing e vendas nas empresas (1989).

de marketing", em virtude não apenas dos méritos das atividades em si, mas também do alto custo do uso da propaganda:

> À medida que o poder da propaganda de massa enfraquece, os gerentes de marketing estão se voltando mais para a atividade de relações públicas de marketing. [...] As atividades de relações públicas mostraram-se mais vantajosas em termos de custo do que a propaganda. No entanto, essa atividade deve ser planejada em conjunto com a propaganda. A atividade de relações públicas de marketing precisa de um orçamento maior, e o dinheiro pode ter que vir da propaganda. [...] Obviamente, ações criativas de relações públicas podem afetar a conscientização do público por uma fração do custo da propaganda. [...] As relações públicas de marketing têm mais credibilidade que a propaganda. Alguns especialistas dizem que os consumidores são cinco vezes mais propensos a serem influenciados pela mensagem editorial do que pela propaganda. (2000a, p. 625)

Sidinéia Gomes Freitas tem a seguinte posição acerca desse contexto:

> Relações públicas é uma importante especialização da comunicação social, pois define, no plano estratégico das organizações, a política de negócios. Analisa a organização na sua totalidade e não significa apenas espaços nos jornais. Entende que a imagem e o conceito da organização dependem primeiramente de seus empregados, pois sabe que verbas publicitárias fantásticas podem significar perda de investimentos se o público interno dissemina informações negativas e tem atividades erradas perante o público externo. (1995, p. 66)

Todas essas referências aqui expostas nos permitem dizer que as relações públicas, por meio de um planejamento adequado às necessidades de cada organização, poderão contribuir para agregar valor aos objetivos econômicos das organizações.

Podemos resumir nossas considerações dizendo que, em função das características, das finalidades e dos objetivos das organizações, as relações públicas desenvolverão programas puramente institucionais ou apoiarão o marketing comercial e, ainda, a área de recursos humanos, se não for o caso de lidar com as três subáreas simultaneamente. O leque de possibilidades é muito grande. Depende só de estabelecer prioridades e de sistematizar uma ação programada e eficaz, de acordo com os interesses da organização, dos públicos e da sociedade.

Atividades profissionais

O desempenho das funções essenciais e específicas de relações públicas se materializa por meio da realização das correspondentes atividades profissionais. Essas atividades são inerentes ao processo de relacionamento das organizações com seus públicos e ao campo da comunicação organizacional, dentro da especificidade da comunicação institucional e da comunicação interna.

No Brasil, o Conselho Federal de Profissionais de Relações Públicas (Conferp), por meio do documento *Conclusões do Parlamento Nacional de Relações Públicas*,[11] definiu como funções específicas de relações públicas: 1. Diagnosticar o relacionamento das entidades com seus públicos; 2. Prognosticar a evolução da reação dos públicos diante das ações das entidades; 3. Propor políticas e estratégias que atendam às necessidades de relacionamento das entidades com seus públicos; 4. Implementar programas e instrumentos que assegurem a interação das entidades com seus públicos.

E, para a aplicação dessas funções específicas, enumerou como atividades de relações públicas: I. Realizar: a) pesquisas e auditorias de opinião e imagem; b) diagnósticos de pesquisas e

---

11. Esse documento é resultante de um trabalho coordenado pelo Conferp de 1992 a 1998. Trata-se dos debates realizados por todos os conselhos regionais, por meio de fóruns, nas principais capitais do país, com os profissionais da área, tendo como objetivo revisar e atualizar o conteúdo da Lei nº 5.377, de 11/12/67, que regulamentou a profissão. O documento "permitiu a todos quantos interessava a adequação da profissão à sociedade que está sendo construída pelo povo brasileiro para se inserir no moderno mundo globalizado", bem como dar pistas para um projeto de lei de reformulação da profissão pelo Congresso Nacional. Sua íntegra se encontra no *site* www.conferp.com.br.

de auditoria de opinião e imagem; c) planejamento estratégico de comunicação institucional; d) pesquisa de cenário institucional; II. Estabelecer programas que caracterizem a comunicação estratégica para criação e manutenção do relacionamento das instituições com seus públicos de interesse; III. Planejar, coordenar e executar programas de: a) interesse comunitário; b) informação para a opinião pública; c) comunicação dirigida; d) utilização de tecnologia de informação aplicada à opinião pública; e) esclarecimento de grupos, autoridades e opinião pública sobre os interesses da organização; IV. [Dedicar-se] ao ensino de disciplinas de teoria e técnicas de relações públicas; V. Avaliar os resultados dos programas obtidos na administração do processo de relacionamento das entidades com seus públicos.

A proposta básica do documento do Conferp é demonstrar, "com suficiente clareza e ênfase, um novo foco para as relações públicas, onde sua atividade/fim é o papel de administrador dos relacionamentos necessários à consecução de objetivos, posicionando a comunicação e seus instrumentos como atividade/meio" (Conferp, 1997). No mesmo sentido está a orientação para a formação superior em relações públicas, podendo-se citar que as "Diretrizes curriculares da área de Comunicação Social e suas habilitações",[12] aprovadas pelo Ministério de Educação em 4/7/2001, incorporaram praticamente na íntegra o conteúdo principal das funções e atividades específicas daquele documento do Conferp.

O que expusemos sobre as funções essenciais de relações públicas – administrativa, estratégica, mediadora e política – e sobre o seu papel nas organizações, no contexto da sociedade contemporânea, encontra eco no delineamento proposto pelo Conferp para as funções e atividades específicas de relações públicas.

Muitas dessas atividades, não raramente, são realizadas sob outras terminologias, como endomarketing, marketing de relacionamento, marketing institucional, marketing cultural, marke-

---

12. Esse documento pode ser consultado no *site* do Ministério da Educação ou no *Diário Oficial da União* (9/7/2001, p. 50).

ting social, assessoria de imprensa, relações corporativas, assuntos públicos, relações institucionais etc. São termos e conceitos que se usam nas organizações, mas na essência dizem respeito a tarefas de relações públicas.

No dia-a-dia, o profissional de relações públicas realiza, em síntese, as seguintes atividades: serviço de consultoria de alto nível; planejamento, organização e execução de eventos; relações com a mídia/assessoria de imprensa; coordenação de publicações institucionais – jornais, revistas, livros especiais, relatórios, boletins etc.; pesquisa de opinião pública; pesquisa institucional; auditoria de opinião; auditoria de imagem; auditoria de comunicação organizacional; organização e acompanhamento de visitas programadas; edição e distribuição de publicações institucionais; realização de projetos culturais; programas especiais para o público interno; projetos e ações sociais – balanço social; relatórios de responsabilidade social; serviço de atendimento ao consumidor; atividades em apoio a marketing; propaganda institucional; organização de *mailing* e relações de públicos estratégicos; marketing político; marketing de relacionamento; marketing cultural; marketing social.

Para que o profissional cumpra sua missão e realize plenamente suas funções, são requeridas habilidades como: domínio da língua portuguesa; conhecimento de pelo menos um idioma estrangeiro; cultura geral e humanística; conhecimentos de administração, marketing, publicidade e jornalismo; visão estratégica de negócios; saber planejar e planejar-se; capacidade administrativa e de articulação política; equilíbrio emocional.

O profissional realmente qualificado é aquele que busca uma reciclagem permanente e procura estar sintonizado com a sociedade contemporânea, tendo como meta promover uma comunicação simétrica de mão dupla, que atenda aos interesses tanto das organizações quanto dos seus públicos, norteando-se por normas e princípios balizados pela ética.

Evidentemente, é uma área mais complexa que a do jornalismo, da editoração, da multimídia, do rádio, da televisão e da propaganda. Fazer um jornal, criar campanhas e anúncios publicitários ou produzir programas radiofônicos e televisivos são atividades concretas e pontuais, facilmente tangíveis. Daí talvez a grande incompreensão da verdadeira finalidade da área e o desconhecimento de suas possibilidades por parte de muitos segmentos da sociedade.

Relações públicas e responsabilidade social

Na atualidade, fala-se mais do que nunca em responsabilidade social das empresas, balanço social, cidadania empresarial ou corporativa, programas de voluntariado etc. Mas a exploração dessa temática pelos estudiosos não é tão nova. Renomados pioneiros das relações públicas já preconizavam, há muitas décadas, a função social da atividade de relações públicas.

Edward Bernays, por exemplo, um dos papas da área, defendia, em 1920, que a base consistente para a prática de relações públicas corretas e eficientes estava nas ciências sociais e na sociedade democrática. Harwood Childs salientava, em 1940, que o problema básico da atividade é o relacionamento de uma organização com a sociedade, cumprindo ela sua missão quando compreende as implicações de uma prática voltada especificamente para esse fim. No Brasil, C. Teobaldo de Souza Andrade, em 1970, em sua tese de doutorado na ECA-USP, depois publicada no livro *Psicossociologia das relações públicas* (1989), pregava uma maior convergência entre os interesses públicos e privados, chamando a atenção para a necessidade de maior conscientização quanto à responsabilidade social das organizações.

Para muitos, tais considerações não passavam, a princípio de uma questão teórica e romântica, sem muito eco. As iniciativas que existiam nessa direção, no mercado profissional e empresarial, eram isoladas e, na maioria, revestidas de um cunho assistencialista. Não havia uma preocupação com um trabalho mais cooperativo e engajado. Dava-se o peixe e não se ensinava a pescar...

A propósito, é oportuno considerarmos que, embora vigore hoje uma nova mentalidade, muitos comportamentos empresariais são ainda guiados mais por uma percepção filantrópica do que por um engajamento ou compromisso social. Financiam-se projetos, campanhas ou ações sociais para atender às demandas, mas não há um envolvimento com as causas propriamente ditas. Há diferenças entre filantropia e compromisso social:

Filantropia	Compromisso social
• Motivação humanitária	• Sentimento de responsabilidade
• Participação reativa	• Participação proativa
• Doador	• Ações integradas
• A ação é por opção pessoal do dirigente	• Incorporada na cultura da empresa, a ação envolve todos os colaboradores.
• Resultados: gratificação pessoal	• Resultados: preestabelecidos
• Sem preocupação em associar imagem da empresa e ação social	• Transparência na atuação e busca por multiplicar iniciativas
• Sem preocupação em relacionar-se com o Estado	• Complementa-se a ação do Estado, numa relação de parceria e controle

Fonte: Gaebin (2002).

Hoje o indivíduo, mais consciente de seus direitos e deveres, percebe que pode e deve participar do processo de construção de uma sociedade mais justa, sabedor de que o Estado sozinho não dá conta de cumprir sua missão. E as organizações, por sua vez, são convidadas a exercer novos papéis na construção da cidadania, sendo muito grande o número de programas ligados a projetos sociais e a parcerias com o terceiro setor.

No Brasil, essa prática está em pleno florescimento. Empresas, universidades, ONGs, institutos, fundações e o Estado se unem para definir estratégias e desenvolver ações conjuntas. A expansão do trabalho voltado para o social pode ser verificada em várias vertentes, que permitem sinalizar o quanto se avançou nos últimos anos, tanto na esfera pública quanto no setor privado, no tocante a iniciativas nesse sentido.

No âmbito empresarial, dados de pesquisa e a criação de fundações ou institutos para orientar e promover ações conjuntas das empresas com diferentes segmentos da sociedade civil demonstram uma nova realidade do pensamento empresarial brasileiro.

Pesquisas realizadas pelo Instituto de Pesquisa Econômica Aplicada (Ipea) têm revelado que os investimentos das empresas brasileiras em projetos sociais estão crescendo. Dados da última pesquisa realizada, publicados no jornal O *Estado de S. Paulo* no dia 16 de abril de 2002, registram que, de 1.800 empresas nas diversas regiões do país, 59% investem no social e só na Região Sudeste dois terços destinam algum dinheiro para esse fim, o que representa 0,6% do PIB nacional.

O Instituto Ethos,[13] criado para promover e disseminar práticas empresariais socialmente responsáveis, tem elaborado guias de responsabilidade social com indicadores para agregar os dados na empresa, necessários para a elaboração do Relatório Anual de Responsabilidade Social Empresarial.

Essa entidade tem como missão disseminar a prática da responsabilidade social empresarial ajudando as empresas a: compreender e incorporar de forma progressiva o conceito do comportamento empresarial socialmente responsável; implementar políticas e práticas que atendam a elevados critérios éticos, contribuindo para alcançar sucesso econômico sustentável a longo prazo; assumir suas responsabilidades com todos aqueles que são impactados por suas atividades; demonstrar aos seus acionistas a relevância de um comportamento socialmente responsável para retorno a longo prazo sobre seus investimentos; identificar formas inovadoras e eficazes de atuar em parceria com as comunidades na construção do bem-estar comum; prosperar, contribuindo para um desenvolvimento social, econômico e ambientalmente sustentável.

---

13. Mais informações sobre o Instituto Ethos e suas frentes de atuação podem ser obtidas em sua página na internet (www.ethos.org.br) e em suas publicações (2000, 2001 *a, b, c,* e 2002).

Em 2001, o Instituto Ethos promoveu, em conjunto com o jornal *Valor Econômico*, a primeira edição do Concurso Nacional para Estudantes Universitários sobre Responsabilidade Social nas Empresas, que confere o prêmio Ethos-Valor. Foram inscritos 105 trabalhos de graduação, provenientes de 156 candidatos de todo o país, envolvendo 57 instituições de ensino. Os doze finalistas tiveram seus textos publicados pela entidade, com os nomes dos respectivos professores-orientadores. A obra (Ethos, 2002), de 408 páginas, constitui uma contribuição significativa para a temática, tendo nascido "de uma iniciativa inédita no Brasil [...]: a de estimular a comunidade acadêmica e os futuros profissionais a participarem ativamente da construção da responsabilidade social empresarial no país" (p. 5).[14]

Outro organismo que surgiu para agrupar empresas preocupadas com a questão social é o Grupo de Institutos, Fundações e Empresas (Gife), que tem como missão "aperfeiçoar e difundir os conceitos e práticas do uso de recursos privados para o desenvolvimento das condições de vida do cidadão brasileiro, por meio de ações eficazes e de longo alcance". Atua como um centro de disseminação de informações e tecnologia de ponta no terceiro setor (*Mercado Global*, 2000, pp. 57-69).

Com relação às iniciativas universitárias, duas instituições se destacam no Brasil com centros e projetos específicos e voltados para o terceiro setor: a Fundação Getúlio Vargas, com o Centro de Estudos do Terceiro Setor da Fundação Getúlio Vargas (CETS-FGV), surgido em 1994; e a Universidade de São Paulo, por meio da Faculdade de Economia e Administração, que possui o Centro de Estudos em Administração do Terceiro Setor (Ceats), criado em 1997.

---

14. Os doze trabalhos distribuem-se em três partes ligadas com a idéia central da responsabilidade social: conceitos e práticas; comunicação e marketing; meio ambiente e desenvolvimento sustentável. A segunda parte inclui o texto "Relações públicas e a comunicação na empresa cidadã", de Fábio Risério Moura de Oliveira (2002, pp. 195-228), da Universidade Estadual Paulista (Unesp), desenvolvido sob a orientação da professora Célia Retz Godói dos Santos.

Esses centros possuem finalidades semelhantes e têm levado a efeito intenso trabalho de capacitação para profissionais que já atuam ou desejam atuar em gestão de fundações, ONGs, cooperativas etc., desenvolvendo trabalhos de consultoria e realizando pesquisas voltadas para esse segmento, entre outras atividades.

Esses e muitos outros exemplos[15] mostram que está se formando e consolidando uma nova consciência do empresariado brasileiro. As organizações descobrem que sua missão não é apenas produzir e prestar serviços em função de um balanço contábil/econômico, mas que têm de pensar também no balanço social. Em torno disso já movimentam volumosos recursos em projetos sociais. Os investimentos feitos certamente estão dando grande retorno em termos de aperfeiçoamento do conceito institucional e de construção de uma identidade corporativa mais forte e perene. E muitos segmentos sociais antes esquecidos pelo poder público e pelo econômico passam a ser vistos com novos olhos, não como destinatários de mero assistencialismo, mas como agentes do processo de construção da cidadania.

Deixando simplesmente de cobrar, a sociedade civil organizada passou a contar com o apoio financeiro do segundo setor, executando ações de interesse público, pois, seguindo uma tendência mundial, uma gama maior de empresários passou a investir mais e mais em projetos de cunho social e cultural, criando a chamada "cidadania empresarial" (Sina e Souza, 1999, p. 184). Mencione-se, muito a propósito, um artigo de Joelmir Betting, "Empresas cidadãs", que traz este parágrafo denso e substancioso:

> Entenda-se por responsabilidade social das empresas o exercício pleno da forma superior do capitalismo: respeito ao consumidor, ao trabalhador, ao fornecedor, ao distribuidor, ao investidor, à comunidade, ao meio ambiente, aos encargos fiscais e aos programas sociais. Combinação refertilizadora do segundo setor (recursos privados para fins privados) com o terceiro setor (recursos privados para fins públicos). (2000, p. B2)

---

15. A revista *Exame* publica anualmente o *Guia de boa cidadania corporativa*, em que relaciona os projetos sociais de destaque realizados por diversas empresas. Cf. *Exame* (2000 e 2001).

E as relações públicas em todo esse contexto? Qual seria o seu papel como área de conhecimento e como parte integrante do mercado profissional? Vale lembrar que, em sua essência, os pressupostos teóricos da área, que tem como objeto de estudo as organizações e os públicos, com ênfase nos aspectos institucionais e no gerenciamento da comunicação institucional, são válidos também no âmbito dos trabalhos voltados para as causas sociais. O mesmo se pode dizer das técnicas e dos instrumentos disponíveis, mudando apenas a forma, os recursos e a maneira de empregá-los.

Já na década de 1980 destacávamos a necessidade de as relações públicas ultrapassarem as fronteiras de uma prática voltada exclusivamente para o setor privado ou governamental e atuar numa nova dimensão, pondo-se a serviço também das comunidades locais e das organizações sem fins lucrativos. Publicamos artigos que ilustram tais preocupações: "Relações públicas: como servir aos interesses populares" (1981); "Relações públicas comunitárias: um desafio" (1984); e "Propostas alternativas de relações públicas" (1987). Na primeira edição do presente livro (1986), também já enfatizávamos as relações públicas em função da responsabilidade social das organizações, expondo conceitos que permanecem válidos até hoje e por isso mantemos aqui. Evidentemente, nossos trabalhos somavam-se aos de outros autores que também se preocupavam com essa temática, principalmente Cicilia M. Krohling Peruzzo, que, com sua dissertação de mestrado sobre as relações públicas no modo de produção capitalista, defendida em 1981 e publicada no ano seguinte, incitou o meio acadêmico e profissional a fazer uma nova reflexão sobre as relações públicas (cf. Peruzzo, 1986).[16]

Em que consistem a responsabilidade social, o balanço social e a chamada "cidadania empresarial"? Muitos são os conceitos e pontos de vista de autores a respeito dessa temática. Vejamos apenas alguns recortes, pois a literatura corrente já dispõe de muitas obras nesse sentido, sem falar, ainda, da fonte inesgotável

---

16. Cicilia também produziu textos sobre relações públicas comunitárias (cf., por exemplo, Peruzzo, 1989; 1999). Consultem-se também os artigos de Regina Escudero César sobre essa temática (César, 1987; 1999).

de informações que é a rede mundial de computadores, com inúmeros *sites* relacionados com essa temática.[17]

Responsabilidade social

O termo "responsabilidade social", que hoje assume grande relevância no contexto das organizações, foi objeto de reflexão de muitos autores em décadas passadas, como já mencionamos. Burt Scanlan, em 1979, escrevia que a responsabilidade social

pode ser definida como uma obrigação da parte da empresa para com a sociedade. Tais obrigações podem ser muito complexas e estão em debate contínuo atualmente. As obrigações podem ser: serviço comunitário e governamental, doações – educacionais e filantrópicas ou controle ambiental. (1979, p. 52)

O autor deixava subentendidas a complexidade do tema e a necessidade do debate no contexto da dinâmica da história.

Na mesma época, Richard Eels (apud Lopes, 1978, p. 52) afirmava que

a sujeição da responsabilidade social por parte da empresa poderá fazê-la incorrer em risco de "entrar em eclipse", sofrendo conseqüências imprevisíveis se não acompanhar e atender as inquietudes e as exigências da sociedade livre. Há, por isso, nas últimas décadas, uma crescente tomada de consciência das empresas, que procuram se direcionar para órbitas socialmente orientadas, como participação política, apoio educacional, relações com a comunidade etc. (1978, p. 17)

Como se vê, há mais de duas décadas já se defendia que as organizações devem deixar de ser meras unidades econômicas,

---

17. Cf., por exemplo: Institute of Social and Ethical Accountability (http://www.accountability.org.uk); Instituto Brasileiro de Análises Sociais e Econômicas (http://www.ibase.org.br); Global Reporting Initiative (http://www.globalreporting.org).

voltadas apenas para a obtenção de lucros, e se assumir como unidades sociais, destacando os aspectos humanos inerentes a seus objetivos gerais e específicos. E, na atualidade, é crescente o número de obras que tratam dessa temática, sobretudo nas ciências sociais aplicadas. Peter Wright, Mark J. Kroll e John Parnell (2000), por exemplo, acentuam a necessidade de que "as empresas operem de modo consistente com os interesses da sociedade":

> A responsabilidade social refere-se à expectativa de que as empresas ajam de acordo com os interesses públicos. Sem dúvida, sempre se esperou que as empresas oferecessem empregos para as pessoas e bens e serviços aos clientes. Mas a responsabilidade social implica mais que isso. Hoje em dia, a sociedade espera que as empresas ajudem a preservar o ambiente, vendam produtos seguros, tratem bem seus funcionários com igualdade, sejam verdadeiras com seus clientes e, em alguns casos, cheguem até mais longe, oferecendo treinamento aos desempregados, contribuindo para educação e as artes e ajudando a revitalizar áreas urbanas onde há também concentrações e favelas. (p. 117)

Essa mentalidade se manifesta também, cada vez mais, no campo da vivência prática, como mostra Oded Grajew,[18] salientando que "as empresas – e seus líderes – têm um papel determinante na construção de um futuro melhor". Diz ele:

> É preciso entender o conceito de responsabilidade social como o compromisso de cada um com a qualidade de vida, com a preservação da natureza e com uma sociedade mais justa. Também é fundamental que cada líder assuma seu papel como cidadão e como dirigente empresarial, cuidando para que os valores, políticas e práticas da organização se orientem por uma política de responsabilidade diante de toda a sociedade. (2000, p. 31)

> A responsabilidade social das empresas ultrapassa a geração de empregos, o pagamento de impostos, a implantação de ações filantrópicas isoladas, muitas vezes paliativas, mas ainda assim importantes em uma sociedade profun-

---

18. Oded Grajew é presidente do Instituto Ethos e do conselho de administração da Fundação Abrinq pelos Direitos da Criança.

damente marcada pela desigualdade e que privilegia o capital em detrimento da dignidade humana. Para o Brasil de hoje, a grande contribuição das empresas é colaborar para a construção de uma sociedade mais justa e ambientalmente sustentável. (2000b, p. 30)

Consideramos que essas definições permitem uma reflexão mais abrangente, na medida em que expressam a necessidade de uma consciência do indivíduo como cidadão e agente social nos processos de construção de uma sociedade mais justa e humana. Portanto, responsabilidade social das organizações ultrapassa as fronteiras das ações sociais isoladas e descomprometidas com as pessoas, com a natureza, o ambiente e com a sociedade em geral.

Nesse sentido, é oportuno registrar também a concepção trabalhada por Francisco Paulo de Melo Neto e César Froes: "A responsabilidade social é vista como um compromisso da empresa com relação à sociedade e à humanidade em geral e uma forma de prestação de contas de seu desempenho, baseada na apropriação e uso de recursos que originariamente não lhe pertencem" (1999, p. 82).

Isto é, de acordo com esses autores, as organizações têm o dever de restituir à sociedade tudo aquilo de que usufruem, já que os recursos por elas utilizados são provenientes da sociedade. Portanto, só fabricar produtos e comercializar serviços não é suficiente. É preciso desenvolver ações sociais concretas para minimizar e resolver os problemas que afligem a humanidade.

Francisco Gaudêncio Torquato do Rego anota que,

dentro deste mundo, os dirigentes de empresa começam a perceber que os objetivos de suas empresas não são apenas o lucro. Eles tentam identificar outros fatores e situações, das quais dependem suas organizações. Passam a verificar que são tributários do meio ambiente, de consumidores que podem eventualmente contestar o tipo de produto fabricado, seja por causa da poluição que a fábrica gera, seja pelas finalidades dos produtos. Eles passam a verificar que sua existência e a de sua empresa estão ligadas a aspectos fundamentais da vida: a destruição da natureza ou da paisagem, as condições de vida do meio ambiente, a urbanização das cidades, os meios de pressão e de persuasão da opinião pública. (1986, p. 162)

João Alberto Ianhez também chama a atenção para esses aspectos:

> A responsabilidade social das organizações está sendo e será, cada vez com mais ênfase, questionada. No futuro, mais próximo do que podemos imaginar, as organizações não serão medidas apenas pelas suas performances em vendas, lucros e produtividade, mas sim pelas suas contribuições à sociedade, pelos compromissos que têm com o bem comum. Estarão destacadas dentro dessas contribuições suas atuações sociais, não apenas a benemerência. Esta área exigirá cada vez menos das empresas, pela concentração das ações governamentais, em todo o mundo, nas áreas de educação, saúde, saneamento básico, amparo à infância e à velhice. O destaque para a ação social da empresa estará na sua contribuição para a qualidade de vida nas comunidades e nações em que atua, políticas e práticas ambientais, políticas e práticas de relações com os funcionários, defesa de valores e princípios éticos. (1997, p. 159)

Numa perspectiva moderna, a responsabilidade social passa a fazer parte da gestão das organizações, conforme posicionamento do Instituto Ethos:

> Cada vez mais as empresas estão percebendo o quanto a responsabilidade social é um tema que não está restrito somente às ações sociais desenvolvidas pela organização na comunidade. Implica também práticas de diálogo e interação com os demais públicos da empresa, como colaboradores, consumidores e clientes, fornecedores, meio ambiente e governo e sociedade. Para que a empresa trabalhe o tema da responsabilidade social numa perspectiva sistêmica e abrangente, é preciso que o tema seja incorporado nos processos de gestão e, portanto, seja tratado como parte das estratégias de negócio e do sistema de planejamento. Além disso, é importante utilizar instrumentos adequados de acompanhamento e monitoramento das práticas de responsabilidade social. (2001b, p. 7)

Balanço social

Um dos instrumentos mais reconhecidos para acompanhamento e monitoramento das práticas de responsabilidade social é o balanço social.

Já na década de 1970, Ernesto Lima Gonçalves mencionava o "balanço social" como um novo instrumento de gestão empresarial (1979, pp. 73-83). Para ele, a empresa tem duas realidades: uma econômica e outra humana e social, devendo ambas funcionar simultaneamente. Mais do que pelos estoques acumulados ou pelos lucros contabilizados, ela vale pelas pessoas que a integram. Por analogia com o balanço financeiro, propõe-se hoje um conjunto de instrumentos para avaliar, objetiva e quantificadamente, o desempenho da empresa no campo humano e social que permita também organizar o processo de planejamento de atuação nesses mesmos campos.

Também C. Teobaldo de Souza Andrade aborda esse determinante humano, que, esquecido nos tempos da industrialização, começa a tomar novo vigor e a condicionar as atividades sociais:

> Esta tomada de consciência de todas as organizações, públicas ou privadas, reflete uma mudança em todos os domínios, no sentido de estabelecer e manter a maior compreensão entre pessoas e grupos sociais. Essa forma primeira de entendimento se traduz pelo desejo de chegar-se ao "universo de discurso", para que o diálogo se torne realidade, nesse mundo da comunicação tecnológica e da incomunicação. (1984, p. 118)

Assim o balanço social[19] constitui um instrumento capaz de demonstrar, por meio de indicadores sociais, o montante de investimentos das organizações em ações empreendidas em benefício do público interno, da cultura, da comunidade local e da sociedade com um todo. Trata-se de uma prática adotada na França desde a década de 1970, fazendo parte até mesmo da legislação desse país (Lei nº 77.769, de 1997).

---

19. A respeito de balanço social sugerimos consultar as seguintes obras, que tratam de forma detalhada sobre o tema, desde o histórico e a implantação em vários países até como se faz esta contabilidade social: Tinoco (2001), Silva e Freire (2001), Kroetz (2000), Gonçalves (1980) e Melo Neto e Froes (1999, pp. 121-40), entre outras fontes e obras que tratam do assunto, como o *site* do Instituto Ethos: www.balançosocial.org.br.

No Brasil, a iniciativa pioneira na elaboração de indicadores para formatar o balanço social foi lançada pelo Ibase – Instituto Brasileiro de Análises Sociais e Econômicas,[20] organização não-governamental fundada em 1981, pelo ícone da luta pela cidadania e contra a fome no país, Herbert de Souza, o Betinho, que, ao morrer em 1997, já havia conseguido disseminar a idéia por muitas empresas que até hoje o adotam como parâmetro.

O Instituto Ethos produz documentos especiais de orientação sobre como elaborar um balanço social ou o Relatório e Balanço Anual de Responsabilidade Social Empresarial, detalhando não só a parte estrutural, mas também como se deve trabalhar o conteúdo, relacionando dados sobre a empresa, o negócio, os impactos econômicos e sociais, o público interno, os fornecedores, os consumidores/clientes, a comunidade, o governo e a sociedade e os aspectos ambientais.[21]

Apesar de toda a veracidade das informações contidas nos relatórios anuais de responsabilidade social, não podemos deixar de considerar que muitas organizações têm em mente, antes de tudo, o retorno de imagem institucional e financeira e/ou mercadológica. São argumentos convincentes para decisões estratégicas de negócios, sobretudo em empresas cuja filosofia se orienta basicamente pelo lucro.

Cidadania empresarial

Há controvérsia acerca do uso dos termos "empresa cidadã", "cidadania corporativa", "cidadania empresarial".[22] São apropriações

---

20. Sobre o Ibase, consultar o *site* www.ibase.org.br.

21. No guia de elaboração do Relatório e Balanço Anual de Responsabilidade Social Empresarial o Instituto Ethos recomenda o uso do modelo de balanço social do Ibase e o inclui como anexo na sua publicação.

22. Sugerimos a leitura do livro *Cultura organizacional: identidade, sedução e carisma*, de Maria Ester de Freitas (1999, pp. 52-70). A obra *Democratizar a democracia: os caminhos da democracia participativa* organizada por Boaventura de Sousa Santos (2002), contém o artigo "Empresas e responsabilidade social: os enredamentos da cidadania no Brasil", de Maria Célia Paoli (2002, pp. 373-418), que trata dessa temática de forma abrangente e crítica.

que merecem ser questionadas quando as organizações colocam os interesses comerciais acima dos sociais. Maria Ester de Freitas é bastante crítica a respeito dessas apropriações:

> Cidadania é um estatuto entre uma pessoa natural e uma sociedade política, portanto privativo do indivíduo e de seus direitos e deveres civis. Um sistema artificial, como uma empresa, uma associação ou qualquer tipo de pessoa jurídica, pode ter uma nacionalidade, mas jamais uma cidadania. As empresas falam em seu nome de seus interesses, e o primeiro deles é não perder. Falam em nome de categorias e de setores da economia com interesses específicos e particulares. No entanto, pretendem ser o porta-voz de todos. Querem mostrar-se inatacáveis e falam como se suas ações, enquanto "cidadãs", fossem resultado de uma "consciência" do bem geral e não visassem retornos – traduzidos em mais recursos, mercados, dividendos políticos, legitimação e consolidação de imagem, isso para não irmos muito longe. (1999, p. 60)

Jean-François Chanlat enfatiza qual deve ser o papel das empresas e de qualquer organização nesse contexto: "Ser socialmente responsável é avaliar os efeitos de suas ações sobre a comunidade próxima. É agir enquanto 'cidadã', isto é, no respeito às regras instituídas pela sociedade". Fazendo referências a outros autores, ele afirma que a noção de empresa cidadã é problemática, motivo por que usa a expressão entre aspas. Destaca que as empresas precisam se preocupar com seus atos e suas conseqüências sobre a sociedade, considerar todos os que têm direitos, e não apenas os acionistas das organizações. Em síntese, devem recusar-se a "ganhar fazendo perder toda a sociedade". Quanto à preservação ambiental, ser socialmente responsável "é preocupar-se com os efeitos de suas atividades produtivas sobre o equilíbrio ecológico a fim de assegurar que se legará um planeta onde se possa viver para as futuras gerações" (1999, p. 77).

Este tema faz cada vez mais parte da pauta de discussões, sendo equacionado sobretudo por cientistas sociais e políticos. Maria Célia Paoli aborda a questão das parcerias entre o público e o privado, descrevendo "a inédita ocupação, pelo empresariado brasileiro, do espaço 'público não-estatal' de ação social aberto pelo encolhimento, admitido pelo próprio governo, das garantias e [dos] direitos legais".

Uma parcela desse empresariado, diante do aumento das desigualdades sociais e da pobreza no país, lança-se ativamente no campo social, chamando seus pares à responsabilidade para com o contexto no qual desenvolvem seus negócios, e nesse movimento redefine o sentido e o modo de operar da velha filantropia, aproximando-a da noção de cidadania. Ao retorno, redefinido, da idéia e da prática de "filantropia" é acrescentada a palavra "solidária", demarcada agora como abertura voluntária das empresas privadas ao extravasamento da imensa carência dos pobres brasileiros, ligada, portanto, à prevenção do futuro e respondendo às demandas da reinserção social. Isto pode ser visto através do privilégio dado aos temas da infância, da família e da educação como áreas da responsabilidade social empresarial diante da crescente deterioração da vida coletiva. Uma outra palavra agrega-se quando se trata de definir um alvo de classe amplo e, no contexto brasileiro, ambicioso: o de criar "consciência de cidadania" entre o empresariado, o que significa consciência humanitária ativa do contexto no qual atuam, embora a grande maioria do empresariado silencie, deste ângulo, sobre as fontes de produção da miséria e não intervenha no debate sobre a atual política econômica. Mesmo assim, todas essas palavras, juntas, parecem configurar um apelo à responsabilidade dos empresários sobre a própria base social da vida pública, algo realmente inédito na história do país. (2002, pp. 385-6)

Nesse sentido vale lembrar que a responsabilidade social e a "cidadania corporativa", tão presentes no discurso empresarial, não podem ser vistas tão-somente como instrumentos a serviço de ganhos mercadológicos e de imagem institucional. Nem, muito menos, como mais um modismo ou uma bandeira de luta. As organizações devem mostrar que assumem de fato prática responsável e comprometida com a melhoria da qualidade de vida das pessoas e a diminuição das desigualdades sociais. As relações públicas têm um papel importante nesse contexto. Só assim estarão cumprindo sua função social, ao lado de outras funções estratégicas.

As relações públicas devem ajudar as organizações a se conscientizar de sua responsabilidade para com a sociedade. Elas têm de se lembrar disso e cumprir seu papel social, não se isolando do contexto onde se inserem, nem querendo usufruir da comunidade apenas para aumentar seus lucros.

O ponto de partida para estabelecer uma política de relações públicas, segundo Harwood Childs, é uma cuidadosa análise do nosso comportamento pessoal e empresarial à luz da mudança social em geral. "Sem o conhecimento das tendências básicas, econômicas, culturais e sociais de nossos dias, não podemos avaliar, e muito menos antecipar, as implicações públicas daquilo que estamos fazendo..." (1972, p. 71).

A dimensão social e o cultivo dos valores democráticos devem permear a prática das relações públicas nas organizações no contexto da sociedade contemporânea. Walter Ramos Poyares, ao defender esses valores democráticos e um Brasil com menos desigualdades sociais, propõe:

> Em muitos casos, os profissionais de relações públicas poderiam agir como verdadeiros *ombudsmen*, canalizando a vontade do povo em causas por seu bem-estar. Tudo isso, porém, deveria obedecer à metodologia mais moderna de comunicação, pesquisa, avaliação, usando equipamento informatizado. Reconheço que há vários problemas a examinar na montagem de mecanismos de ação pelos profissionais de comunicação e relações públicas. A meta a perseguir é o re-equilíbrio da sociedade, a redução dessas disparatadas diferenças e desníveis. Refazendo-se o tecido social, estabiliza-se a democracia. Permitam os companheiros que este profissional de longa vivência e algum acervo de realizações os convoque para a missão de despertar a consciência de cidadania e combater a deterioração crescente do caráter nacional. Não podemos suportar mais a imagem de um país de espertos, corruptos e ladravazes. Os profissionais de relações públicas são artífices da compreensão e podem, nessa qualidade, arregimentar para recoser esse tecido, em mil partes rompido, e através de milhares de pequenos movimentos ou organizações trabalhar fecundamente para a transformação em realidade dos fundamentos que definem o regime democrático brasileiro de direito: I. A soberania; II. A cidadania;

III. A dignidade da pessoa humana; IV. Os valores sociais do trabalho e da livre iniciativa; V. o pluralismo político. (1998, pp. 175-6)

Um trabalho voltado para essa ótica tem de ser guiado por alguns princípios. Primeiro, que o profissional, como indivíduo e cidadão, tem de cultivar conscientemente a solidariedade humana e ajudar a construir uma sociedade mais justa, minimizando os problemas dos grupos sociais excluídos. Em segundo lugar, que ele precisa ter a ética como um princípio balizador, evitando envolver-se com projetos e programas que visem pura e simplesmente a retornos mercadológicos e egoístas.

Relações públicas e o terceiro setor

No contexto da temática da responsabilidade social das organizações, outro aspecto relevante a considerar é o trabalho que vem sendo desenvolvido pelo terceiro setor. As relações públicas poderão contribuir no sentido de facilitar as parcerias e as mediações com o primeiro e o segundo setor.

É necessário que se reconheça a força e o poder da sociedade civil, nos processos de participação cidadã, mediante a atuação dos movimentos organizados e das ONGs. Sua função é, sobretudo, exercer um papel influenciador da mudança do status quo, do poder do Estado e do mercado, no atendimento das demandas emergentes – locais, nacionais, regionais e globais – no campo dos direitos à cidadania e aos valores sociais. Diz Núria Grau a propósito:

> O desenvolvimento da sociedade moderna não está marcado pela separação entre o Estado e a Sociedade e, com isto, entre as esferas pública e privada. O que é fundamental é que esta separação não é definitiva, à medida que é no âmbito privado mercantil que a coisa pública encontra originalmente sua verdadeira expressão. (1998, p. 25)

Uma contribuição significativa nessa direção é a tese *A relação do Estado, da sociedade e do mercado na construção da cidadania: o papel das relações públicas*, de Maria José da Costa Oliveira,

RELAÇÕES PÚBLICAS NAS ORGANIZAÇÕES

defendida na Escola de Comunicações e Artes da Universidade de São Paulo, em 2001. Destaca a autora que

> o papel que a área de relações públicas pode desenvolver na construção da cidadania é múltiplo, pois deve incluir, em especial, a integração entre governo, empresas e terceiro setor, analisando os contrapontos, ou seja, as áreas de maior conflito, buscando uma maior aproximação e debate, que possibilitem amenizar os pontos de maior divergência e o alcance de um consenso. (2001, p. 225)

Exatamente no trabalho de parceria entre o público e o privado é que a área de relações públicas poderá fazer, via terceiro setor, as necessárias mediações, repensando o conteúdo, as formas, as estratégias, os instrumentos, os meios e as linguagens das ações comunicativas com os mais diferentes grupos envolvidos, a opinião pública e a sociedade como um todo.

São inúmeras as possibilidades dessas mediações. Elas estão presentes no primeiro e no segundo, mas, sobretudo, no terceiro setor, que compreende um vasto campo de atuação: ONGs; fundações; associações e institutos que se dedicam a melhorar a vida das pessoas, a atender crianças, adolescentes e idosos desprotegidos, portadores de deficiência, famílias carentes ou em situação de risco, refugiados, presos, minorias raciais e muitos outros grupos esquecidos pelo poder e pela sociedade em geral.

Nos últimos anos, o número de ONGs tem crescido de forma impressionante no país. Dados de 1999 registravam mais de 250 mil entidades cadastradas, que atuavam nas mais diferentes frentes e empregavam cerca de 2 milhões de pessoas (Sina e Souza, 1999, p. 51).

Já mencionamos iniciativas empresariais e universitárias que se destacam com projetos voltados para o terceiro setor, desenvolvendo trabalhos de consultoria e realizando pesquisas voltadas para esse segmento, entre muitas outras atividades.[23]

---

23. Mais informações sobre o terceiro setor podem ser encontradas nos seguintes *sites*: www.abong.org.br, que é o *site* das ONGs; www.fgvsp.br/cets/cetshome.htm; www.rits.org.br; www.fea.usp.br/fia/ceats/. E, ainda, em obras especializadas sobre o assunto. Ver também Sina e Souza (1999, pp.178-81).

A expansão do terceiro setor no Brasil tem impulsionado a realização de interessantes estudos acadêmicos que vêm sendo publicados, enfatizando não apenas aspectos conceituais, comparativos, mas registro de experiências que permitem democratizar os conhecimentos já destacados sobre o assunto e incentivar novas iniciativas nos setores públicos e privados.

Toda essa produção, felizmente já disponível no mercado editorial (Coelho, 2000),[24] vai contribuir não só para o debate sobre a importância do terceiro setor na sociedade contemporânea, como também para que os gestores e profissionais de relações públicas tenham melhores subsídios para repensar suas estratégias de comunicação nos projetos sociais realizados pelas empresas e pelas instituições públicas onde trabalham.

Vale mencionar aqui, como base para uma visão mais aprofundada dessa temática, um texto de Antonio Teixeira de Barros, que, tomando como base a teoria da ação comunicativa, de Jürgen Habermas, analisa algumas possibilidades de atuação diferenciada do profissional de relações públicas (2000, pp. 129-44).

Para o autor, em síntese dele feita em artigo de Waldemar Luiz Kunsch (2000, pp. 125-6), as relações públicas se desenvolveram no âmbito do *mundo sistêmico*, relegando a segundo plano o *mundo vivido*. Com a globalização da sociedade, muitas organizações, como sindicatos, instituições culturais e folclóricas e até mesmo grandes empresas governamentais ou comerciais mais conscientes de suas obrigações sociais, estão se preocupando também com os aspectos comunitários inerentes à sua missão.

Essa nova tendência, segundo Teixeira, abre "uma janela de oportunidades para a atuação do profissional de relações públicas no universo do *mundo vivido*", conceito que, aplicado ao caso do artigo em questão, incorpora também elementos da comuni-

---

24. A obra de Simone Coelho reproduz sua pesquisa de doutorado realizada no Curso de Ciência Política da Faculdade de Filosofia, Letras e Ciências Humanas da Universidade de São Paulo. Seu estudo traz uma revisão bibliográfica completa do que foi produzido sobre o assunto no país até então. Consultar também Miguel Oliveira (1999), Sina e Souza (1999), Melo Neto e Froes (1999), Rubem Fernandes (1994), Hudson (1999), entre outros.

cação popular, como festas e celebrações, manifestações típicas do campo da folkcomunicação.

O texto de Teixeira, como salienta Waldemar, constitui uma reflexão de muita densidade crítica sobre uma tradicional preocupação dos profissionais de relações públicas. É notório que estes geralmente se limitam a ser agentes de uma esfera que compreende o universo das relações normativas e regulamentadas, quando, mesmo dentro do mundo sistêmico, poderiam ter uma atuação mais voltada para a esfera sociocultural. Estariam assim contribuindo, em palavras de Teixeira, "para manter a identidade social e cultural dos indivíduos e das comunidades, ao favorecer o compartilhamento de valores, a livre expressão de idéias, a comunicação de natureza mais popular e menos institucional" (2000, p. 131).

As relações públicas, como já destacamos, possuem por si mesmas um caráter social, que jamais pode ser deixado de lado. Daí a obrigação a elas reservada de contribuir para que as organizações norteiem sua dinâmica pela temática humana. Faz-se mister que as ações sejam conduzidas por um planejamento adequado e coerente com as características, o ambiente social, as necessidades, a realidade propriamente dita dessas organizações. E, sobretudo, que se considerem e cultivem os valores humanos, tendo as pessoas como centro de referência e não perdendo a perspectiva do "mundo vivido" na complexa sociedade em que estamos vivendo.

4

RELAÇÕES PÚBLICAS E A FILOSOFIA DA COMUNICAÇÃO INTEGRADA

Quando abordamos, no Capítulo 3, as relações públicas no contexto das organizações, enfatizamos a idéia de que elas devem ser vistas sob a ótica da interdisciplinaridade, como um subsistema de apoio, ao lado dos muitos outros subsistemas que compõem uma organização. No composto da comunicação organizacional, cabe a elas exercer seu papel específico, numa interação com todos os outros ramos da comunicação social ou áreas afins.

Comunicação organizacional

A comunicação organizacional, como objeto de pesquisa, é a disciplina que estuda como se processa o fenômeno comunicacional dentro das organizações no âmbito da sociedade global. Ela analisa o sistema, o funcionamento e o processo de comunicação entre a organização e seus diversos públicos.

"Comunicação organizacional", "comunicação empresarial" e "comunicação corporativa" são terminologias usadas indistintamente no Brasil para designar todo o trabalho de comunicação levado a efeito pelas organizações em geral.

Fenômeno inerente aos agrupamentos de pessoas que integram uma organização ou a ela se ligam, a comunicação organizacional configura as diferentes modalidades comunicacionais que permeiam sua atividade. Compreende, dessa forma, a comunicação institucional, a comunicação mercadológica, a comunicação interna e a comunicação administrativa.

Vemo-la assim no sentido amplo e abrangente, conforme conceitos e práticas que, aos poucos, vêm sendo assimilados no contexto da realidade brasileira. Trata-se, na verdade, da comunicação "corporativa", que no Brasil, em grande parte, ainda se chama de comunicação "empresarial". A nosso ver, o termo comunicação "organizacional", que abarca todo o espectro das atividades comunicacionais, apresenta maior amplitude, aplicando-se a qualquer tipo de organização – pública, privada, sem fins lucrativos, ONGs, fundações etc., não se restringindo ao âmbito do que se denomina "empresa".

Comunicação integrada

Entendemos por comunicação integrada uma filosofia que direciona a convergência das diversas áreas, permitindo uma atuação sinérgica. Pressupõe uma junção da comunicação institucional, da comunicação mercadológica, da comunicação interna e da comunicação administrativa, que formam o *mix*, o composto da comunicação organizacional.

Esta deve constituir uma unidade harmoniosa, apesar das diferenças e das peculiaridades de cada área e das respectivas subáreas. A convergência de todas as atividades, com base numa política global, claramente definida, e nos objetivos gerais da organização, possibilitará ações estratégicas e táticas de comunicação mais pensadas e trabalhadas com vistas na eficácia.

O diagrama da página seguinte ilustra essa nossa concepção.

Como mostramos no quadro, as grandes áreas da comunicação organizacional integrada são a comunicação institucional, a comunicação mercadológica, a comunicação interna e a comunicação administrativa. São essas formas de comunicação que permitem a uma organização se relacionar com seu universo de públicos e com a sociedade em geral. Por isso, não se devem mais isolar essas modalidades comunicacionais. É necessário que haja uma ação conjugada das atividades de comunicação que formam o composto da comunicação organizacional.

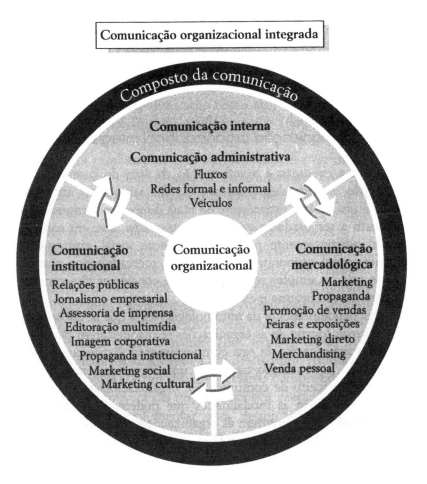

Fonte: Margarida Kunsch.

"Não acreditamos que haja, na área de comunicação, um profissional ecumênico", dizia a Aberp em 1984, salientando: "Acreditamos na comunicação integrada, ou seja, na atuação conjugada de todos os profissionais da área. Não há conflitos entre as diversas atividades: há somatória em benefício do cliente" (1984, p. 12).
Segundo Jaurês Palma,

> quando tratamos da comunicação planejada na empresa ou qualquer instituição, queremos ir além da independência linear, cronológica, que se

possa admitir entre relações públicas, jornalismo e publicidade e propaganda. Queremos crer nas múltiplas possibilidades e necessidades de interposição, de fusão e de reescalonamentos circunstanciais, na aplicação das funções das três atividades. (1983, p. 19)

Comunicação organizacional integrada

Com a evolução e a sofisticação da área de comunicação, sobretudo nas grandes empresas, ela foi assumindo um novo *status* e um caráter estratégico. As mais diferentes terminologias passaram a ser usadas para designar essa área, que era caracterizada indistintamente por adjetivos como social, empresarial, organizacional, corporativa, institucional, mercadológica, quando não se caía no simples reducionismo de considerar tão-somente a comunicação interna e externa.

Independentemente da terminologia básica que se adote, existem diversas formas de as organizações se manifestarem por meio de sua comunicação, de seu comportamento institucional. Sua arquitetura, por exemplo, também é uma forma de comunicação. Em nosso conceito de comunicação "organizacional", como dissemos, se incluem as modalidades que podemos considerar as mais impulsivas e permitem às organizações estabelecer relações confiantes com seus públicos. Desenvolvemo-las a seguir.

Comunicação administrativa

Comunicação administrativa é aquela que se processa dentro da organização, no âmbito das funções administrativas; é a que permite viabilizar todo o sistema organizacional, por meio de uma confluência de fluxos e redes.

Administrar uma organização consiste em planejar, coordenar, dirigir e controlar seus recursos, de maneira que se obtenham alta produtividade, baixo custo e o maior lucro ou resultado, por meio da aplicação de um conjunto de métodos e técnicas. Isso pressupõe um contínuo processo de comunicação para alcançar tais objetivos. E o que se organiza de fato é o fluxo de informações, que permitirão à organização sobreviver, progredir e manter-se dentro da concepção de sistema aberto.

Tudo o que desenvolvemos com base na teoria de sistemas nos leva a privilegiar a comunicação como algo fundamental no processo das entradas (*inputs*), transformações (*throughputs*) e saídas (*outputs*). O fazer organizacional, no seu conjunto, transforma os recursos em produtos, serviços ou resultados. E para isso é fundamental e imprescindível valer-se da comunicação, que permeia todo esse processo, viabilizando as ações pertinentes, por meio de um contínuo processamento de informações. É a comunicação administrativa que faz convergir todas essas instâncias.

Ela pode ser definida como o "intercâmbio de informações dentro de uma empresa ou repartição, tendo em vista sua maior eficiência e o melhor atendimento ao público" (Andrade, 1996, p. 34). Segundo Charles Redfield, a comunicação administrativa se compõe de cinco elementos: "Um comunicador (locutor, remetente, editor), que transmite (diz, expede, edita) mensagens (ordens, relatórios, sugestões) a um destinatário (público, respondente, audiência), a fim de influenciar o comportamento deste, conforme comprovará sua resposta (réplica, reação)" (1980, p. 6).

Podemos complementar essa definição de comunicação administrativa com a análise feita por Lee O. Thayer. Para este autor, é "o sistema de comunicação que serve (ou poderia servir) àqueles que preenchem as funções administrativas da organização" (1976, p. 121). Dizendo isso, ele passa a se referir aos processos comunicativos relacionados às funções administrativas da organização. Entende a comunicação administrativa como "aquela que altera, explora, cria ou mantém relações situacionais entre funções-tarefas, pelas quais é responsável, ou entre sua subseção e qualquer outra da organização global" (1976, p. 122).

Como já mencionamos, a comunicação administrativa relaciona-se com os fluxos, os níveis e as redes formal e informal de comunicação, que permitem o funcionamento do sistema organizacional. Como tal, não se confunde com a comunicação interna nem é substituída por ela.

Comunicação interna

A comunicação interna não substitui o que falamos no Capítulo 2 sobre o funcionamento da comunicação no sistema organizacional, por meio de seus fluxos, níveis e de suas redes (formal e informal). Ela seria um setor planejado, com objetivos bem definidos, para viabilizar toda a interação possível entre a organização e seus empregados, usando ferramentas da comunicação institucional e até da comunicação mercadológica (para o caso do endomarketing ou marketing interno). Portanto, a comunicação interna corre paralelamente com a circulação normal da comunicação que perpassa todos os setores de organização, permitindo seu pleno funcionamento.

Evidentemente, na medida em que ela se desenvolve no conjunto de uma comunicação integrada, com políticas globais estabelecidas, estratégias delineadas e programas de ação voltados prioritariamente para todo o pessoal interno, tenderá a ser muito mais eficiente e eficaz. Será pensada, planejada e avaliada de forma constante, não ocorrendo simplesmente de forma fortuita.

Uma boa conceituação de comunicação interna é a que trazia o Plano de Comunicação Social elaborado pela Rhodia há cerca de duas décadas: "A comunicação interna é uma ferramenta estratégica para compatibilização dos interesses dos empregados e da empresa, através do estímulo ao diálogo, à troca de informações e de experiências e à participação de todos os níveis" (Rhodia, 1985).

Vale ainda um esclarecimento sobre o conceito de endomarketing, que muitos tendem a identificar, indevidamente, com a comunicação interna. Esse termo, criado e registrado por Saul F. Bekin em 1995, refere-se a:

> ações de marketing voltadas para o público interno da empresa, com o fim de promover entre os seus funcionários e departamentos valores destinados a servir o cliente. [...] Sua função é integrar a noção de cliente nos processos de estrutura organizacional, para propiciar melhorias substanciais na qualidade de produtos e serviços. (1995, pp. 2 e 34)

Nesta mesma direção, a análise de Medeiros Brum considera que o objetivo principal do endomarketing é "fazer com que todos os funcionários tenham uma visão compartilhada sobre o negócio da empresa, incluindo itens como gestão, metas, resultados, produtos, serviços e mercados nos quais atua" (1998, p. 15).

Ela o avalia ainda sob outro ângulo, "como um conjunto de ações utilizadas por uma empresa (ou determinada gestão) para vender a sua própria imagem a funcionários e familiares" (Ib, p. 16).

Assim, o endomarketing limita-se a ver os funcionários como "clientes internos". Enquanto isso, defendemos, para o relacionamento com o público interno, uma política de relações públicas numa perspectiva muito mais ampla. É preciso considerar que, antes de ser um empregado, o indivíduo é um ser humano e um cidadão. Portanto, não pode ser visto apenas como alguém que vai "servir ao cliente". Ele atua num ambiente organizacional formado por pessoas que buscam interagir em virtude da consecução dos objetivos gerais das organizações. Não é, portanto, um espaço de mercado.

A propósito, diz Piñuel Raigada que a comunicação interna é assunto de "comunicação corporativa". Por conseguinte, "os interlocutores definem as relações sociais de produção e não as de consumo; pois os públicos internos da organização compartilham uma mesma identidade social" (1997, p. 94).

Ricardo Fasti, em artigo intitulado "Esqueçam o endomarketing", discorda da aplicação desse conceito" pura e simplesmente para o trabalho de motivação do público interno. Entre outros argumentos, considera que

> endomarketing é um conceito artificial. Marketing é um conceito único relacionado a mercado e trocas; a resultados relacionados a lucro e participação de mercado pelo atendimento eficaz de um grupo de consumidores. O ambiente interno de uma empresa não pode ser caracterizado como um mercado, mas como um organismo vivo que necessita de organização conduzida por impulsos nervosos de significado universal, de sorte que todos os órgãos compreendam seus papéis e ajam em prol de sua perpetuação. (1999, p. 7)

Também Mitsuru H. Yanaze discorda da confusão que se faz entre marketing e comunicação e do uso do termo "marketing" para as mais diferentes práticas, como marketing de relacionamento, marketing promocional, marketing de incentivo, endomarketing etc.). Para o autor, isso leva a confundir o marketing, inadequadamente, com atividades de comunicação e de relações públicas. Com isso, o termo está cada vez mais desgastado, fazendo-se necessário resgatar o verdadeiro conceito do marketing e sua essência como ferramental do planejamento estratégico das organizações (2000, pp. 89-92).

A primeira constatação que podemos fazer é a necessidade de considerarmos a comunicação interna como uma área estratégica, incorporada no conjunto da definição de políticas, estratégias e objetivos funcionais da organização. Deve existir total assimilação da idéia por parte da cúpula diretiva, dos profissionais responsáveis pela implantação e dos agentes internos envolvidos. Caso contrário, os programas a serem levados a efeito correrão o risco de ser parciais e paliativos.

Compatibilizar os interesses entre capital e trabalho é um dos grandes desafios da empresa hoje, sobretudo se levarmos em conta a realidade brasileira, em que ainda encontramos setores empresariais e sindicais dominados por uma ortodoxia anticidadã e antinação. É preciso sair do capitalismo individualista e corporativista para um comunitário. Como a comunicação poderá ajudar nesse processo de mudanças de cultura e promover um diálogo construtivo entre empresários e trabalhadores?

Primeiro, faz-se necessária a conscientização de que, com o fim da Guerra Fria, o mundo mudou. O enfrentamento ideológico-militar foi substituído pelo econômico. Lester Thurow afirma:

> A competição econômica entre o comunismo e o capitalismo acabou, mas outra competição entre duas formas distintas de capitalismo já eclodiu. Usando uma distinção feita pela primeira vez por George C. Lodge, professor da Escola de Administração da Harvard, a forma de capitalismo individualista anglo-saxão britânico-americano se defrontará com as variantes do capitalismo comunitário alemão e japonês. [...] A diferença

essencial entre as duas formas de capitalismo é a sua ênfase nos valores individualistas como roteiro para o sucesso econômico. (1993, p. 33)

No contexto da realidade brasileira, podemos dizer que, em grande parte das organizações, o capitalismo individualista é predominante. Não se cultivam os valores comunitários. A forte tendência é no sentido de se buscarem vantagens próprias e o sucesso econômico sem se pensar coletivamente no âmbito da nação.

Tal análise é fundamental se pretendermos realmente implantar uma comunicação interna participativa e de coerência entre o discurso e a prática do dia-a-dia das organizações. De nada adiantarão programas maravilhosos de comunicação se os empregados não forem respeitados nos seus direitos de cidadãos e nem considerados o público número um, no conjunto de públicos de uma organização.

Discordo, portanto, de Brum quando afirma que "um programa de endomarketing bem feito é capaz de tornar o funcionário um ser comprometido com a nova postura da empresa e com a modernidade, cada um em sua área de atuação e através do seu trabalho" (1998, p. 17). As coisas não são tão simples assim. Lidamos com pessoas e o ambiente interno é também de interlocutores sociais e de conflitos.

A cultura empresarial individualista privilegia a concentração e o aumento dos lucros em detrimento da maioria, desfazendo-se facilmente de um corpo funcional estabelecido com o tempo e pagando baixos salários. Essa mentalidade ortodoxa tem impedido o desenvolvimento econômico e social do Brasil nos últimos anos. Por outro lado, os trabalhadores não devem considerar a empresa uma inimiga, mas como um agrupamento social intencionalmente constituído para alcançar objetivos específicos e comuns.

Por conseguinte, um projeto de comunicação interna pressupõe também mudanças nessa direção, para que se consigam compatibilizar os interesses dos empregados com os da organização.

As mudanças que estão ocorrendo no mundo atingem, em nível macro, países, regiões e continentes e, conseqüentemente, em nível micro, as organizações em geral. Não há como fugir:

todo o sistema social global e a vigência da democracia influenciam direta e indiretamente a vida das organizações, provocando novas atitudes e reações.

Em outros tempos, todas as justificativas da importância das relações públicas para o público interno e seu enaltecimento, contidos nos manuais, não passavam de uma retórica sem eco no âmbito organizacional. Os investimentos da área eram prioritariamente voltados para a comunicação externa. Os empregados eram os últimos a saber dos negócios e dos acontecimentos da empresa, e mesmo assim por meio de outras fontes. Não havia uma política e um compromisso de comunicação da cúpula com os funcionários. Era uma comunicação fria, alienada e verticalizada, representada, sobretudo pelos antigos *house organs*.

A abertura política e democrática do país propiciou grandes mudanças comportamentais, tanto dos trabalhadores quanto dos dirigentes. O trabalhador saiu da passividade conformista imposta pela ditadura para uma consciência coletiva/sindical mais viva. Os dirigentes empresariais não tiveram outra saída. Tinham de buscar novas formas para negociar e encontrar uma comunicação adequada para fazer frente à rapidez e à eficiência da comunicação sindical veiculada diariamente nas portas das fábricas.

Outro aspecto a considerar é o avanço das inovações tecnológicas que revolucionaram as comunicações, permitindo maior acesso à informação e o uso dos seus benefícios. O desenvolvimento por que passam telecomunicações, imprensa, rádio, computadores, fac-símiles, transmissões via satélite impele a sociedade a um novo comportamento e, conseqüentemente, a um novo processo comunicativo social, que é vivido em grande parte dentro das organizações.

A comunicação, considerada o quarto poder da República, pela força que a mídia exerce sobre a sociedade, passa a ser incorporada também como poder dentro das organizações. Assim, a comunicação interna deixa de ser um fetiche para ocupar uma posição estratégica e pragmática.

A importância da comunicação interna pode ser analisada do lado dos empregados e do lado das organizações.

Como vimos, o indivíduo, antes de ser um empregado, é um ser humano, um cidadão que merece ser respeitado e considerado. A comunicação interna deve contribuir para o exercício da cidadania e para a valorização do homem. Quantos valores poderão ser acentuados e descobertos mediante um programa comunicacional participativo! A oportunidade de se manifestar e comunicar livremente canalizará energias para fins construtivos, tanto do ponto de vista pessoal quanto profissional. Se considerarmos que a pessoa passa a maior parte do seu dia dentro das organizações, os motivos são muitos para que o ambiente de trabalho seja o mais agradável possível. E um serviço de comunicação tem muito a ver com a integração entre os diferentes setores.

Do ponto de vista da organização, os investimentos a serem feitos são vantajosos e relevantes. O público interno é um público multiplicador. Na sua família e no seu convívio profissional e social, o empregado será um porta-voz da organização, de forma positiva ou negativa. Tudo dependerá do seu engajamento na empresa, da credibilidade que esta desperta nele e da confiança que ele tem em seus produtos ou serviços. A comunicação interna permitirá que os colaboradores sejam bem informados e a organização antecipe respostas para suas necessidades e expectativas. Isso ajudará a mediar os conflitos e a buscar soluções preventivas.

Uma comunicação interna participativa, por meio de todo o instrumental disponível (murais, caixa de sugestões, boletins, terminais de computador, intranet, rádio, teatro etc.), envolverá o empregado nos assuntos da organização e nos fatos que estão ocorrendo no país e no mundo. Com um olhar para dentro e outro para fora, ele acompanhará de forma consciente a dinâmica da história. E será considerado não um mero número do cartão eletrônico que registra suas entradas e saídas, mas alguém que exerce suas funções em parceria com a organização e em sintonia com a realidade social vigente.

A importância da comunicação interna reside sobretudo nas possibilidades que ela oferece de estímulo ao diálogo e à troca de informações entre a gestão executiva e a base operacional, na busca da qualidade total dos produtos ou serviços e do cumprimento da missão de qualquer organização.

A comunicação interna não pode ser algo isolado do composto da comunicação integrada e dos conjuntos das demais atividades da organização. Sua eficácia irá depender de um trabalho de equipe entre as áreas de comunicação e recursos humanos, a diretoria e todos os empregados envolvidos. Em face dessa complexidade, ela dependerá fundamentalmente de um planejamento adequado e consistente. Este, por sua vez, tem de buscar subsídios nas informações obtidas com a realização do planejamento estratégico, a fim de que os programas a serem desenvolvidos correspondam às exigências das demandas do ambiente externo.

Alguns aspectos devem ser considerados para que a comunicação interna alcance seus objetivos precípuos. Eles estão relacionados com políticas, estratégias, qualidade, conteúdo e linguagem, pessoal responsável e uso das novas mídias com adequação das inovações tecnológicas.

As políticas e as estratégias têm de ser definidas e transparentes, abandonando-se a "política do avestruz". Isso significa manter um diálogo aberto entre a direção e os empregados e possibilitar a existência de canais livres e eficientes de comunicação. Os fatos negativos devem fazer parte das publicações internas. Em muitas empresas brasileiras os antigos *house organs* estão sendo substituídos por jornais realistas em que o trabalhador tem até mesmo espaço para suas reivindicações e para notícias sobre greves, acidentes de trabalho etc. Isto é, buscam-se os fatos que realmente afetam o dia-a-dia do funcionário.

A qualidade da comunicação interna passa pela disposição da direção em abrir as informações; pela autenticidade, usando a verdade como princípio; pela rapidez e competência; pelo respeito às diferenças individuais; pela implantação de uma gestão participativa, capaz de propiciar oportunidade para mudanças culturais necessárias, pela utilização das novas tecnologias; pelo gerenciamento de pessoal técnico especializado, que realize efetivamente a comunicação de ir-e-vir, numa simetria entre chefias e subordinados.

O conteúdo e a linguagem devem se adequar aos novos tempos. Como já mencionamos, os simples interesses internos individualistas devem ser suplantados pelos interesses maiores da coletividade. O profissional de comunicação encarregado de produzir os veículos de comunicação interna deve não só estar voltado para o que ocorre internamente, mas sobretudo estar atento aos acontecimentos políticos, econômicos e sociais que acontecem lá fora. Trazê-los para dentro da organização significa contribuir para o debate dos grandes temas nacionais e para o exercício da cidadania.

Os efeitos da comunicação interna devem beneficiar simetricamente tanto os empregados como a organização, sendo, assim, relevante para ambas as partes.

Finalmente, para que a comunicação possa cumprir o seu papel nas organizações, ela necessita ser valorizada e compreendida por todos os integrantes, desde a cúpula diretiva até os funcionários que exercem as funções mais simples. Segundo Keith Davis e John Newstrom,

comunicação é a transferência de informação e compreensão de uma pessoa para outra. É uma forma de atingir os outros com idéias, fatos, pensamentos, sentimentos e valores. Ela é uma ponte de sentido entre as pessoas, de tal forma que elas podem compartilhar aquilo que sentem e sabem. Utilizando esta ponte, uma pessoa pode cruzar com segurança o rio de mal-entendidos que muitas vezes as separa. (1996, p. 4)

Ou seja, comunicação é um ato de comunhão de idéias e o estabelecimento de um diálogo. Não é simplesmente uma transmissão de informações.

A eficácia da comunicação nas organizações passa pela valorização das pessoas como indivíduos e cidadãos. Os gestores da comunicação devem desenvolver uma atitude positiva em relação à comunicação, valorizar a cultura organizacional e o papel da comunicação nos processos de gestão participativa. Devem se planejar conscientemente para a comunicação e desenvolver confiança entre emissores e receptores. Esses são alguns dos pré-requisitos que Davis e Newstrom destacam (1996).

Fazendo uma alusão aos "sete cês",[1] que mencionamos na nova arquitetura organizacional (Capítulo 1), esses se aplicam e devem realmente caracterizar o verdadeiro papel da comunicação nas organizações: estabelecer confiança; possibilitar a co-criação, por meio da participação do público receptor; contribuir para um clima favorável e propício no ambiente de trabalho; fazer as conexões com todas as modalidades comunicacionais; envolver as pessoas para buscar um comprometimento consciente; celebrar e fazer as correções e os ajustes necessários; e comunicar sempre as ações e os programas que serão levados a efeito.

Comunicação mercadológica

A comunicação mercadológica é responsável por toda a produção comunicativa em torno dos objetivos mercadológicos, tendo em vista a divulgação publicitária dos produtos ou serviços de uma empresa. Está vinculada diretamente ao marketing de negócios.

É a área de marketing que deve estabelecer os parâmetros e fornecer os subsídios necessários para toda a criação e organização da comunicação mercadológica. A propaganda, a promoção de vendas e todas as outras ferramentas que compõem o *mix* da comunicação de marketing têm de ser abastecidas com informações colhidas com pesquisas de mercado e do produto, que normalmente estão a cargo do departamento ou setor de marketing das organizações.

Assim como as relações públicas devem gerenciar a comunicação institucional, fazendo todas as articulações necessárias com as outras subáreas afins, o marketing tem a seu cargo a coordenação e a direção da comunicação mercadológica. E, no desenvolvimento do seu processo, deve definir a utilização de todo o *mix* de comunicação que o compõe e convém em cada caso.

---

1. Disponível em http://www.citiarch.com/7c.html.

Os livros clássicos de marketing, como os de Philip Kotler (2000*a*) e Richard J. Semenik e Gary J. Bamossy (1995), entre muitos outros, bem como de publicidade e propaganda, trabalham exaustivamente todos esses componentes do *mix* da comunicação mercadológica ou de marketing (propaganda, promoção de vendas, merchandising, feiras e exposições, marketing direto, vendas pessoais ou forças de vendas etc.). Tradicionalmente, a publicidade/propaganda foi a arma mais poderosa para a divulgação de produtos e serviços e a conquista de consumidores e mercados-alvo. A comunicação mercadológica tem, hoje, uma amplitude bem maior e utiliza muitos meios e técnicas para atingir tais propósitos.

Para Gaudêncio Torquato do Rego, a comunicação mercadológica

> objetiva promover a troca de produtos e/ou serviços entre produtor e consumidor, [procurando] atender aos objetivos traçados pelo plano de *marketing* das organizações, cujo escopo fundamentalmente se orienta para a venda de mercadorias destinadas aos consumidores, num determinado espaço de tempo: apóia-se a publicidade comercial, na promoção de vendas e pode, também, utilizar-se, indiretamente, das clássicas atividades da comunicação institucional. (1985, pp. 183-4)

Daniel dos Santos Galindo atribui ao termo "comunicação mercadológica" uma melhor adequação para designar o complexo do *mix* de comunicações de marketing. Define a comunicação mercadológica como uma modalidade que

> compreenderia toda e qualquer manifestação comunicativa gerada a partir de um objetivo mercadológico, portanto, a comunicação mercadológica seria a produção simbólica resultante do plano mercadológico de uma empresa, constituindo-se em uma mensagem persuasiva elaborada a partir do quadro sociocultural do consumidor-alvo e dos canais que lhes servem de acesso, utilizando-se das mais variadas formas para atingir os objetivos sistematizados no plano. (1986, p. 37)

A comunicação mercadológica ou de marketing se encarrega, portanto, de todas as manifestações simbólicas de um *mix* integrado de instrumentos de comunicação persuasiva para conquistar o consumidor e os públicos-alvo estabelecidos pela área de marketing.

Comunicação institucional

No composto da comunicação organizacional integrada, a comunicação institucional é a responsável direta, por meio da gestão estratégica das relações públicas, pela construção e formatação de uma imagem e identidade corporativas fortes e positivas de uma organização.

A comunicação institucional está intrinsecamente ligada aos aspectos corporativos institucionais que explicitam o lado público das organizações, constrói uma personalidade creditiva organizacional e tem como proposta básica a influência político-social na sociedade onde está inserta.

Uma definição objetiva e simples de comunicação institucional é a de Abílio da Fonseca, professor e especialista em relações públicas de Portugal, que a designa "como conjunto que é de procedimentos destinados a difundir informações de interesse público sobre as filosofias, as políticas, as práticas e os objetivos das organizações, de modo a tornar compreensíveis essas propostas" (1999, p. 140).

Os conceitos que trabalhamos no Capítulo 1, sobre organizações e instituições e como as organizações devem caminhar para proceder ao processo de sua institucionalização na sociedade, fundamentam a compreensão e a prática da comunicação institucional.

Para Gaudêncio Torquato do Rego, "a comunicação institucional objetiva conquistar simpatia, credibilidade e confiança, realizando, como meta finalista, a influência político-social"; utiliza, para tanto, "estratégias de relações públicas, tanto no campo empresarial como no governamental, de imprensa, publicidade, até as técnicas e práticas do *lobby*". Conclui o autor:

O programa de comunicação institucional distingue-se, portanto, do programa de comunicação mercadológica, apesar de poder-se estabelecer entre eles efetiva relação, na medida em que um bom conceito é vital para a organização, integrando-se na estratégia global dos negócios e promovendo e respaldando a sinergia comercial. (1985, pp. 183-4)

A comunicação institucional, por meio das relações públicas, enfatiza os aspectos relacionados com a missão, a visão, os valores e a filosofia da organização e contribui para o desenvolvimento do subsistema institucional, compreendido pela junção desses atributos.

Pascale Weil, especialista e estudiosa dessa área na França, destaca que a comunicação institucional das empresas ficava muito centrada nas comunicações de marca e de produtos. Havia uma tendência em definir a comunicação institucional por meio de mensagens, sem uma atenção maior ao emissor, quer dizer ao sujeito do discurso que é a instituição (1992, p. 29). Para ela, "a empresa é vista hoje como uma pessoa moral e sujeito pensante de sua produção, senão também como coletividade consciente que se dirige em torno do seu ambiente" (ib., p. 21).

Essa mesma autora avalia uma progressão da comunicação institucional na medida em que, para anunciar sua política, traduzir sua missão, cumprir seus objetivos, a empresa não pode se restringir como uma "emissora de marcas". Deve recorrer a outras instâncias, a outra voz que estabeleça uma relação diferente e vá além do registro puramente comercial: a instituição. A empresa revela uma tomada de consciência. Vê-se agora como um sujeito pensando e dirigindo sua produção (id., ib., p. 28).

Essas percepções asseguram que fazer comunicação institucional implica conhecer a organização e compartilhar seus atributos (missão, visão, valores, filosofia e políticas), e não uma simples divulgação institucional e de marcas. Portanto, é algo complexo, e as organizações terão de se valer de estratégias e políticas bem definidas de comunicação, delineadas e planejadas estrategicamente pela área de relações públicas, numa perspectiva de comunicação integrada.

Instrumentos da comunicação institucional

No diagrama que apresentamos para dimensionar a comunicação integrada, a modalidade da comunicação institucional é formada pelas subáreas ou pelos instrumentos que convergem para formatar uma comunicação da organização em si, como sujeito institucional, perante seus públicos, a opinião pública e a sociedade em geral.

Esses instrumentos são: as relações públicas, às quais cabe delinear e gerenciar essa comunicação, o jornalismo empresarial, a assessoria de imprensa, a publicidade/propaganda institucional, a imagem e a identidade corporativa, o marketing social, o marketing cultural e a editoração multimídia.

Relações públicas

No decorrer desta obra, já enfatizamos, por diversas vezes, qual deve ser o papel das relações públicas nas organizações e todas as possibilidades de aplicação dessa área, sobretudo no contexto institucional. Por tudo o que foi dito e exemplificado, acreditamos que não há dúvidas de que cabe às relações públicas administrar estrategicamente a comunicação das organizações com seus públicos, atuando não de forma isolada, mas em perfeita sinergia com todas as modalidades comunicacionais.

No tocante à comunicação institucional, é evidente que, por sua natureza, as relações públicas são responsáveis, em conjunto com as demais subáreas, pela construção da credibilidade e pela fixação de um posicionamento institucional coerente e duradouro das organizações. Para concretizar tais metas, é necessário valer-se, além das relações públicas, também do marketing social, do marketing cultural, do jornalismo empresarial, da assessoria de imprensa, da propaganda institucional e da editoração multimídia, mediante ações que devem ser sedimentadas na verossimilhança entre o discurso e a prática.

Não se pode separar a alma do corpo vivo. Assim, não podemos conceber a comunicação institucional como algo estanque e isolado da comunicação mercadológica, da interna e da administrativa. São áreas específicas, mas atuando conjuntamente para uma só organização, que cada vez mais precisa conseguir a aceitação e adesão dos públicos.

As organizações modernas não podem se limitar apenas à divulgação dos seus produtos ou serviços. Necessitam se identificar perante um público consumidor cada vez mais exigente. A comunicação institucional deve agregar valor ao negócio das organizações e contribuir para criar um diferencial no imaginário dos públicos.

Evidentemente, a estratégia para direcionar tudo isso é saber planejar a comunicação organizacional integrada, abrir canais de diálogo com os públicos e ouvir a opinião pública, auscultando seus anseios e suas necessidades. A propósito, Vera Giangrande chamava a atenção para a necessidade de uma melhor identificação de nossos interlocutores (públicos):

> Com quem estamos falando? Qual sua cultura? Como decodifica nossas mensagens? Não basta que construamos adequadamente a estratégia de abordagem, a mensagem em si, e que busquemos os canais para transmiti-la. Hoje, o sucesso estará com as empresas que buscarão uma interação com seus públicos, medindo o entendimento e a aceitação de suas atitudes passo a passo. Para isto e por isto esta postura moderna de abertura de canais facilitadores e dinamizadores do *feedback*. (1997, p. 190)

Portanto, esse é um trabalho de relações públicas via comunicação institucional, que busca conhecer os públicos numa perspectiva da dinâmica do ambiente, levando em conta as contingências, as ameaças e as oportunidades advindas desse universo social e organizacional.

Apresentaremos, a seguir, algumas conceituações relativas aos demais instrumentos que integram a comunicação institucional – marketing social, marketing cultural, imagem corporativa, identidade corporativa, propaganda institucional, jornalismo empresarial, assessoria de imprensa e editoração multimídia. Faremos apenas considerações mais gerais, pois a maioria deles já foi objeto de livros específicos, muitos dos quais referenciamos no decorrer desta obra, sobretudo quando abordamos os aspectos sociais e culturais e as possibilidades para a prática das relações públicas. O tópico da assessoria de imprensa será tratado com uma ênfase um pouco maior.

O que queremos destacar é que não importam muito as terminologias das ferramentas usadas, mas sim a essência, o conteúdo. Um trabalho que se caracterize como sendo de marketing social, voltado para os interesses da sociedade, para as causas sociais, ou de marketing cultural, que traz contribuições para preservação da cultura ou da memória cultural do país, certamente ajuda na construção de uma imagem favorável e na identidade corporativa de uma organização. Essa manifestação pública, por meio de uma atitude, é uma das expressões da comunicação institucional.

Jornalismo empresarial

O jornalismo empresarial, uma subárea significativa e pioneira da comunicação organizacional, forma, com relações públicas e propaganda, o tripé clássico que organiza os fluxos de irradiação das informações sobre as organizações.

Tendo começado um dia como simples boletins e passando às sofisticadas revistas produzidas por muitas organizações na atualidade, com abordagens diversificadas e mesmo especializadas, as publicações empresariais constituem hoje ferramenta de primeira grandeza das organizações, nos Estados Unidos, na Europa, em todo lugar, e mesmo nos países socialistas.

O jornalismo empresarial é um subsistema do sistema jornalístico, que se insere no macrossistema da comunicação social. Deve, pois, ser visto como proposta especializada da atividade jornalística, e não como função menor e sem importância da grande imprensa.

Na verdade, o jornalismo empresarial se apropria da teoria e dos modelos paradigmáticos do jornalismo como área de conhecimento e do mercado profissional. Trata-se de uma especialização jornalística que vem crescendo em nível de qualidade técnica e de conteúdo.[2]

---

2. Sobre jornalismo empresarial, sugerimos consultar, entre outras, obras de autores como: Torquato do Rego (1984); Palma (1983); Rosa e León (1992).

Assessoria de imprensa

A área de assessoria de imprensa pode ser considerada uma das principais frentes de atuação no mercado da comunicação empresarial/organizacional no Brasil, da mesma forma que a área de eventos pode ser vista como uma das principais portas de entrada para outros serviços no campo da comunicação.

No contexto da comunicação institucional, a assessoria de imprensa é uma das ferramentas essenciais nas mediações das organizações com o grande público, a opinião pública e a sociedade, via mídia impressa, eletrônica e internet. Seu processo e sua aplicação se dão por meio de estratégias, técnicas e instrumentos pensados e planejados com vistas na eficácia, como veremos no item "Comunicação massiva", na página 189, quando abordarmos o tema de forma mais abrangente e reflexiva.

Editoração multimídia

Outra subárea fundamental que tem de ser considerada no conjunto da comunicação institucional é a de editoração multimídia. Todos os produtos comunicacionais, sejam impressos, eletrônicos, digitais etc., têm de receber um tratamento técnico-profissional que esta área propicia. Isso vale, concretamente, para livros impressos e eletrônicos, revistas, encartes especiais institucionais, CD-ROMs, manuais, *sites*.

A apropriação dos modelos de produção editorial tradicional pelos da moderna multimídia permite criar uma comunicação ágil e interessante aos olhos dos públicos.

A editoração multimídia é uma especialidade que transita e interage nas várias esferas do campo das comunicações, contando com amplas perspectivas de crescimento também no âmbito da comunicação organizacional integrada, em face dos avanços das tecnologias.

Imagem corporativa

O termo imagem, assim como o de identidade, faz parte do repertório do mundo corporativo. Freqüentemente destacamos que uma das finalidades da área de relações públicas é cuidar da imagem de uma organização e/ou contribuir para a construção de sua identidade corporativa.

Na literatura corrente, encontramos obras que trazem esses termos em seus títulos. Na verdade, em sua essência, elas tratam da comunicação corporativa e da função de relações públicas, apesar da ênfase nas questões da imagem e da identidade corporativa.[3]

Quais seriam as diferenças básicas entre imagem e identidade corporativa? No dia-a-dia usam-se indistintamente essas palavras, como se fossem sinônimas, não havendo uma clareza capaz até de nortear de forma mais objetiva as ações da comunicação organizacional integrada.

Imagem é o que passa na mente dos públicos, no seu imaginário, enquanto *identidade* é o que a organização é, faz e diz.

Diz Luiz Carlos de Souza Andrade: "Identidade corporativa não é imagem corporativa (identidade, no caso, significa aquilo que uma organização é e como deseja ser percebida – nos limites do que ela é e tem –, enquanto imagem é como tal organização é percebida por todos os públicos de interesse)" (1997, p. 15).

Imagem tem a ver com o imaginário das pessoas, com as percepções. É uma visão intangível, abstrata das coisas, uma visão subjetiva de determinada realidade.

Cees van Riel, especialista e estudioso da comunicação corporativa, utiliza a definição de imagem de G. R. Dowling, a saber: "Uma imagem é um conjunto de significados pelos quais chegamos a conhecer um objeto e por meio do qual as pessoas o descrevem, recordam e relacionam. É o resultado da interação de crenças, idéias, sentimentos e impressões que sobre um objeto tem uma pessoa" (apud Riel, 1995, pp. 73-4).

---

3. Sobre imagem e identidade corporativa, sugerimos consultar, entre outros: Costa (1977, 1995, 1999 e 2001); Villafañe (1993 e 1999); Chaves (1994); Riel (1995). Luiz Carlos A. Iasbeck defendeu na PUC-SP tese de doutorado intitulada *A Administração da identidade: um estudo semiótico da comunicação e da cultura nas organizações* (1997), na qual estuda a identidade das organizações empresariais diante de seus públicos como fator emergente nas relações produtivas entre discurso e imagem.

Esses conceitos podem ser aplicados no caso específico da imagem corporativa ou institucional. Isto é, podem significar: visão subjetiva da realidade objetiva (organização), instrumento intangível de gestão, conhecimento subjetivo, soma de experiências que alguém tem de uma organização, representação de dada realidade, e de que modo a organização é vista pelos públicos. A imagem representa o que está na cabeça do público a respeito do comportamento institucional das organizações e dos seus integrantes, qual é a imagem pública, interna, comercial e financeira que passa pela mente dos públicos e da opinião pública sobre as mesmas organizações.

Joan Costa, um dos grandes especialistas internacionais no assunto, assim define imagem corporativa: "A imagem de empresa é a representação mental, no imaginário coletivo, de um conjunto de atributos e valores que funcionam como um estereótipo e determinam a conduta e opiniões desta coletividade" (2001, p. 58).

Ainda na percepção desse autor, a imagem corporativa pode ser resultante de efeitos de razões diversas, ou seja:

> A imagem de empresa é um efeito de causas diversas: percepções, induções e deduções, projeções, experiências, sensações, emoções e vivências dos indivíduos, que de um modo ou outro – direta ou indiretamente – são *associadas entre si* (o que gera o significado da imagem) e *com a empresa*, que é seu elemento indutor e capitalizador. (Ib.)

Para Justo Villafañe, imagem corporativa "é a integração na mente dos seus públicos de todos os *inputs* emitidos por uma empresa em sua relação ordinária com eles" (1999, p. 30). Isto é, a imagem se constrói na mente dos públicos e os *inputs* constituem uma grande variedade de manifestações das organizações, por meio dos seus atos e da comunicação.

Conhecer e administrar a questão da imagem das organizações, pelo fato de esta ser de natureza intangível, é algo complexo, constituindo sempre, para a área de relações públicas, um desafio saber conduzi-la no contexto da comunicação institucional.

Identidade corporativa

A identidade corporativa reflete e projeta a real personalidade da organização. É a manifestação tangível, o auto-retrato da organização ou a soma total de seus atributos, sua comunicação, suas expressões etc. De acordo com Joan Costa, ela "se define por dois parâmetros: o que a empresa é e o que ela faz" (2001, p. 214).

Assim, a identidade corporativa consiste no que a organização efetivamente é: sua estrutura institucional fundadora, seu estatuto legal, o histórico do seu desenvolvimento ou de sua trajetória, seus diretores, seu local, o organograma de atividades, suas filiais, seu capital e seu patrimônio. E, também, no que ela faz: todas as atividades que movem o sistema relacional e produtivo, compreendendo técnicas e métodos usados, linhas de produtos ou serviços, estruturas de preços e características de distribuição, num conjunto que está sancionado em forma de resultados comerciais e financeiros (id., ib., pp. 214-5).

Para Costa, estes dois parâmetros constituem o lado racional, a face objetiva da identidade. Mas existe também o outro lado da moeda, o que corresponde à face subjetiva da identidade corporativa, que emerge dos públicos e da interpretação destes sobre o que é e faz a organização.

Em outras palavras, a identidade corporativa refere-se aos valores básicos e às características atribuídas às organizações pelos seus públicos internos e externos. Além do que ela é e faz, a identidade corporativa se origina de três níveis de comunicação: o que a organização diz, o que ela realmente faz e o que dizem e acham dela seus públicos.

Cees van Riel considera a identidade a forma de uma organização se apresentar aos seus públicos, isto é, a "auto-apresentação da empresa". Analisa a identidade corporativa como a manifestação de um conjunto de características que formam uma espécie de concha ao redor da organização, mostrando sua personalidade (1995, p. 35).

Para esse autor, as organizações se apresentam aos públicos, mediante uma identidade corporativa, que se desenvolve por um conjunto de: 1. Comportamento – que é o meio mais importante

RELAÇÕES PÚBLICAS E A FILOSOFIA DA COMUNICAÇÃO INTEGRADA 173

e efetivo, a partir do qual a identidade corporativa é criada, pois os públicos julgam as organizações por seus atos; 2. Comunicação – como instrumento mais flexível e com o uso dos mais diferentes signos; 3. Simbolismo – que compreende todos os elementos visuais: nomes, logos, fotos de passagem, a marca, enfim, todos os meios possíveis, capazes de expressar a personalidade da organização; e 4. Personalidade – seria a manifestação da autopercepção. Esta engloba as intenções da organização e a maneira pela qual reage a estímulos vindos do ambiente externo. A comunicação, o comportamento e o simbolismo de uma organização são, de fato, formas concretas pelas quais a sua personalidade se cristaliza (id., ib., pp. 32-3).

Em síntese, identidade corporativa é uma manifestação tangível da personalidade da organização.

Para Gaudêncio Torquato do Rego, as organizações

> têm uma identidade que pode ser clara, confusa, difusa e até uma "identidade não-identificável", na medida em que ninguém percebe o que ela faz, apenas sabe que existe. Por identidade, portanto, deve-se entender a soma das maneiras que uma organização escolhe para identificar-se perante seus públicos. (1986, p. 97)

Essa "soma das maneiras" para a identificação de uma organização é representada por símbolos, que podem ser dos mais aperfeiçoados, tecnicamente, no que se refere ao *design*, à escolha dos tipos gráficos e das cores etc. E deve levar em conta ainda "aspectos e valores como o moderno, preciso, simples, sério (que possa ser permanente), original e facilmente favorável" (id., ib., p. 98).

A propósito da identidade das organizações, é bom salientar, de acordo com Torquato, a diferença entre a apresentação simbólica (imagem) e a identidade verdadeira de todo o composto de uma organização (valores culturais, negócios, produtos, serviços etc.) perante a sociedade. Segundo ele, "por identidade queremos dizer a natureza verdadeira, própria, dos negócios, o perfil técnico e cultural da empresa. Por imagem deve-se entender aquilo que passa, que se transfere, simbolicamente, para a opinião pública"

(1985, p. 12). Neste contexto, as relações públicas têm de trabalhar com bases reais, e não simplesmente fazer "imagens".

Para C. Teobaldo de Souza de Andrade, a atividade de relações públicas consiste na execução de uma política e um programa de ação que objetivam conseguir a confiança para as empresas, públicas ou privadas, de seus públicos, de modo a harmonizar os interesses em conflito. Para isso, não se deve tentar estabelecer meras falácias (imagens), mas, por meio de conceitos e idéias, alcançar, honestamente, atitudes e opiniões favoráveis para as organizações em geral (1989, p. 98).

Com isso queremos dizer que a construção de uma imagem positiva e de uma identidade corporativa forte passa por uma coerência entre o comportamento institucional e a sua comunicação integrada, por meio de ações convergentes da comunicação institucional, mercadológica, interna e administrativa.

Assim, enganam-se as organizações que acham que sua imagem e sua identidade se resumem à sua apresentação visual mediante seus logotipos, nomes criativos, luminosos em pontos estratégicos etc. Elas são muito mais complexas, decorrendo da junção de vários fatores e diversas percepções para a formatação de uma personalidade com diferencial e que seja reconhecida como verdadeira pelos públicos.

Propaganda institucional

Outro instrumento utilizado pelas relações públicas, integrante da comunicação institucional, que visa divulgar as realizações das organizações, transmitir sua personalidade e fixar conceitos construtivos do seu fazer e ser, é a propaganda institucional. Esta, em definição de Robert Leduc, é

uma forma de propaganda que se caracteriza por dois pontos importantes: o primeiro é que age mais freqüentemente sobre a sociedade e não sobre os produtos, embora o fato não seja absoluto; o segundo é que tira sua forma da informação redacional. Assim, ela se assemelha à propaganda na sua exploração, pois paga espaços ou tempos para se expressar. Mas se assemelha às relações públicas no que tange às suas intenções e no seu tom muito cordial: é propaganda da informação. (1977, p. 167)

A propaganda institucional é considerada uma publicidade de prestígio, cujo objetivo principal é a fixação de um conceito institucional, como diz Francisco Gracioso:

A propaganda institucional consiste na divulgação de mensagens pagas e assinadas pelo patrocinador, em veículos de comunicação de massa, com o objetivo de criar, mudar ou reforçar imagens e atitudes mentais, tornando-as favoráveis à empresa patrocinadora. A publicidade institucional ganha cada vez mais espaço, exercendo muitas vezes um papel estratégico na construção de uma "marca" e de um conceito institucional. (1995, pp. 23-4)

A propaganda institucional é, assim, um instrumento que deverá ser planejado e se caracterizar como algo criativo e cujo conteúdo deve ser o mais informativo possível.

Marketing social

O termo "marketing social" vincula-se às questões sociais. Vale-se dos conceitos de marketing propriamente dito para trabalhar com o produto social. Este pode ser a adoção de uma idéia ou causa de saúde pública, proteção ao meio ambiente, educação etc., que tem como alvo a sociedade em vez do mercado, e como interesse, não o particular, mas o público. Visa a mudanças de uma prática social.

A definição de Philip Kotler e Eduardo L. Roberto fundamenta essas considerações:

O termo "marketing social" apareceu pela primeira vez em 1971, para descrever o uso de princípios e técnicas de marketing para a promoção de uma causa, idéia ou comportamento social. Desde então, o termo passou a significar uma tecnologia de administração da mudança social, associada ao projeto, à implantação e ao controle de programas voltados para o aumento da disposição de aceitação de grupos de adotantes escolhidos como alvo. Recorre a conceitos de segmentação de mercado, pesquisa de consumidores, desenvolvimento e teste de conceitos de produtos, comunicação direta, facilitação, incentivos e teoria da troca, para maximizar a resposta dos adotantes como alvo. A instituição patrocinadora persegue os objetivos de mudança na crença de que eles contribuirão para o interesse dos indivíduos ou da sociedade. (1992, p. 25)

O marketing social, de acordo com Gaudêncio Torquato do Rego, em sua tese de livre-docência,

surge no bojo das transformações para emprestar uma nova dimensão às políticas de comunicação dentro de realidades mais competitivas com as necessidades sociais, governamentais e organizacionais. Em termos mais concretos, procura essa modalidade de marketing promover uma idéia que se encaixe consensualmente na escala de valores da sociedade em busca de uma atitude por parte do público, diferentemente, portanto, da propaganda comercial, que vende produtos e/ou serviços, da propaganda política, que difunde uma ideologia, e da propaganda eleitoral, centrada em candidatos e partidos. (1983, p. 149)

J. A. Mazzon identifica, entre as correntes de pensamento dedicadas ao marketing social, "aquele em que os benefícios e práticas de marketing podem ser aplicados não somente a produtos e serviços lucrativos, mas também na promoção de idéias, causas e programas sociais" (1981, p. 9).

Isto posto, uma questão que se coloca é: a quem cabem as atividades de marketing social numa organização?

Mazzon faz uma distinção entre o "especialista em marketing social" e o "especialista em comunicação social", explicando, mas sem definir quais seriam esses dois especialistas, concluindo apenas que "comunicação social é tão-somente um elemento do marketing social" (1981, pp. 10-1).

A nosso ver, é preciso deixar mais claras as colocações. Assim, poderíamos dizer que compete à área de comunicação social, particularmente à comunicação institucional, por meio das relações públicas, desenvolver atividades específicas à consecução dos objetivos de marketing social, ficando para a área de comunicação mercadológica as atividades relacionadas com a promoção de troca de produtos e/ou serviços entre a empresa e o consumidor.

A Rhodia, no Plano de Comunicação Social implantado em 1985, ao estabelecer as atribuições do Departamento de Marketing Social, subordinado à Gerência de Comunicação Social, não deixava muito explícito até que ponto as atividades desenvolvidas por seus núcleos de pesquisa de mercado, de publicidade e de valorização do consumidor não interferiam no trabalho próprio de áreas da comunicação mercadológica (1985, pp. 41-52). De qualquer forma, ela colocava o trabalho de marketing social sob a responsabilidade do setor de comunicação institucional.

E, dentro desse setor, qual seria o elemento qualificado para exercer as atividades de marketing social?

Para nós, parece não haver dúvidas de que é o profissional de relações públicas. A "promoção de campanhas de alto cunho social" (Torquato do Rego), a "promoção de idéias, causas e programas que procuram aumentar a aceitação de uma idéia ou prática social num grupo-alvo" (Kotler), utilizando "conceitos de segmentação de mercado, de pesquisa de consumidores, de configuração de idéias, de comunicações, de facilitação de incentivos e a teoria da troca, a fim de maximizar a reação do grupo-alvo" (Kotler) são objetivos do marketing social que se confundem com os de relações públicas.

Isso conta com o amparo não só da legislação brasileira sobre relações públicas, como também da prática vigente, encontrando-se diversos casos de programas de relações públicas (campanhas de consciência ecológica, saúde, educação etc.) que visam justamente difundir a aceitação social e a defesa das causas de interesse público. Muito do que escrevemos no Capítulo 3, ao focalizarmos a responsabilidade social das organizações e o papel de relações públicas no contexto, fundamenta essa nossa posição.

Reafirmando, o marketing social se volta para a idéia, o produto social, tendo como alvo a sociedade e o interesse público. A expressão do marketing social se dá por meio de campanhas públicas, como as de saúde, proteção ao meio ambiente, segurança, educação etc., que visam ajudar a minimizar os grandes problemas sociais e conscientizar a sociedade quanto a determinada causa social.

Marketing cultural

O termo "marketing cultural" está relacionado com a produção e o patrocínio da cultura. É uma estratégia de comunicação institucional que visa promover, defender, valorizar a cultura e os bens simbólicos de uma sociedade, que se materializam na produção de obras de literatura, artes, ciências etc.

Para Roberto Muylaert, marketing cultural "é o conjunto das ações de marketing utilizadas no desenvolvimento de um projeto cultural" (1993, p. 27). Gaudêncio Torquato do Rego destaca que o marketing cultural "realça o papel de uma organização enquanto agente sociocultural" (1986, p. 93), assumindo uma dimensão política, social e econômico-comercial (edição de obras culturais, livros históricos, edição de produtos fonográficos e de multimídias, eventos culturais etc). Enfim, todas as iniciativas das organizações em torno da promoção, produção e defesa da cultura em geral e da memória cultural de um país.

Trata-se de uma área que está em franco crescimento no país, graças sobretudo às leis de incentivo fiscal,[4] que vêm beneficiando institucionalmente as empresas que delas fazem uso e permitindo maior oferta cultural.

Por uma filosofia de comunicação integrada

Conceber a prática das relações públicas nas organizações na perspectiva da filosofia de uma comunicação integrada tem sido uma preocupação nossa desde que iniciamos nossa pós-gradua-

---

4. Sobre a elaboração de projetos culturais e as leis de incentivo, sugerimos consultar, entre outros, Malagodi e Cesnik (1999), Brant (2001) e Muylaert (1993), assim como os *sites* do Ministério da Cultura e as secretarias estaduais e municipais de Cultura.

RELAÇÕES PÚBLICAS E A FILOSOFIA DA COMUNICAÇÃO INTEGRADA   179

ção em Ciências da Comunicação na Escola de Comunicações e Artes da Universidade de São Paulo, em 1979. Os primeiros estudos, realizados no mestrado, resultaram na primeira edição da presente obra, em 1986, à qual se seguiram, em 1992 e 1997, outros dois livros que salientam essa idéia da sinergia entre as diversas áreas da comunicação organizacional, que foram produtos da tese de doutorado e de livre-docência defendidas na mesma instituição universitária.[5]

Nosso intuito sempre tem sido demonstrar que a comunicação integrada precisa ser entendida como uma filosofia capaz de nortear e orientar toda a comunicação que é gerada na organização, como um fator estratégico para o desenvolvimento organizacional na sociedade globalizada. Outra proposta é considerar que as relações públicas têm de atuar no contexto dessa comunicação integrada.

Dentro dessa perspectiva de uma filosofia de comunicação integrada, a comunicação organizacional compreenderia o conjunto das diferentes modalidades comunicacionais que ocorrem dentro das organizações, a saber: a comunicação institucional, a comunicação mercadológica ou de marketing, a comunicação interna e a comunicação administrativa, como já dissemos anteriormente.

Por filosofia da comunicação integrada entendemos as orientações que as organizações, por meio dos seus departamentos de comunicação, devem dar à tomada de decisões e à condução das práticas de todas as suas ações comunicativas. Isto é, aliada às políticas de comunicação estabelecidas, a filosofia deverá nortear os melhores caminhos para o cumprimento da missão e da visão,

---

5. A dissertação de mestrado – O planejamento de relações públicas em função da comunicação integrada nas organizações sociais (Kunsch, 1985) – foi publicada com o título Planejamento de relações públicas na comunicação integrada, achando-se na terceira edição (Kunsch, 1995) e recebendo agora uma quarta edição, totalmente revista, atualizada e complementada. A tese de doutorado Universidade e comunicação na edificação da sociedade (Kunsch, 1991) foi publicada com o mesmo título (Kunsch, 1992). A tese de livre-docência em Políticas e Processos de Comunicação Institucional, Relações públicas e as interfaces com a comunicação no Brasil (Kunsch, 1996), foi publicada com o título Relações públicas e modernidade: novos paradigmas na comunicação organizacional (Kunsch, 1997a), achando-se agora na terceira reimpressão.

o cultivo dos valores e a consecução dos objetivos globais da organização. Trata-se uma visão macro e estratégica, pois as ações táticas de comunicação ficarão a cargo de cada subárea específica.

Sabemos que, na prática, todas essas modalidades comunicacionais se manifestam de forma única, pois as fronteiras são tênues entre uma área e outra. A propósito, diz Wilson Bueno:

> Particularmente, os executivos da área estão convictos de que os limites entre as chamadas comunicação institucional ou corporativa e a comunicação dita mercadológica, antes consideradas como conceitualmente distintas, são cada vez mais tênues e difusos. Ou seja, a marca passa a definir-se efetivamente como uma *commodity* e há uma relação indissolúvel entre imagem (ou reputação) da empresa e a sua posição no mercado. Em outros termos, não há espaço para comunicação empresarial que não esteja focada no negócio. Ao mesmo tempo, não é possível imaginar-se uma organização que não esteja comprometida com o seu cliente e com a sociedade em que se insere. (1999, p. 14)

A importância da comunicação organizacional integrada reside principalmente no fato de ela permitir que se estabeleça uma política global, em função de uma coerência maior entre os diversos programas comunicacionais, de uma linguagem comum de todos os setores e de um comportamento organizacional homogêneo, além de se evitarem sobreposições de tarefas. Com um sistema integrado, os vários setores comunicacionais de uma organização trabalham de forma conjunta, tendo ante os olhos os objetivos gerais e ao mesmo tempo respeitando os objetivos específicos de cada setor. Trata-se de uma gestão coordenada e sinérgica dos esforços humanos e organizacionais com vistas na eficácia.

A comunicação organizacional integrada deve expressar uma visão de mundo e transmitir valores intrínsecos, não se limitando à divulgação dos produtos ou serviços da organização. Deve contribuir, por meio de uma sinergia da comunicação institucional, mercadológica, interna e administrativa, para a construção de uma identidade corporativa forte e sintonizada com as novas exigências e necessidades da sociedade contemporânea.

RELAÇÕES PÚBLICAS E A FILOSOFIA DA COMUNICAÇÃO INTEGRADA 181

Para fins de nosso trabalho, o que queremos deixar acertado é que o importante, para uma organização é a integração de suas atividades de comunicação, em função do fortalecimento de seu conceito institucional, mercadológico e corporativo perante todos os seus públicos, a opinião pública e a sociedade, cabendo nisso uma missão importante às relações públicas, como temos defendido.

Em 1983, numa edição especial do Caderno de Marketing do *Diário Popular*, de São Paulo (1983, pp. 2-19), que tratou especificamente da comunicação integrada, focalizaram-se opiniões de diversos profissionais sobre essa questão. Vera Giangrande dizia que a comunicação integrada é fruto de uma constatação de mercado: "Não se pode dissociar a imagem do produto do conceito de empresa". Para Paulo Altman, a comunicação integrada é fundamental, principalmente nos dias de hoje, quando se exige versatilidade e deve "extrair de cada canal o máximo possível para chegar ao seu público final". Tanto Valentim Lorenzetti como José Roberto Buitson viam a comunicação integrada como uma exigência do novo consumidor, que procura na comunicação a racionalidade, um maior volume de informações, o máximo de qualidade dos produtos e serviços e identidade de quem coloca algo no mercado. Valentim, contudo, fazia questão de frisar que, embora se constituam comitês integrados de planejamento da comunicação, cada profissional deve fazer só o que lhe cabe, sem interferir em campo alheio.

Leonel Pavão falava da "comunicação de marketing", uma das variáveis do composto mercadológico: "Esta palavra tão ampla, 'comunicação', nos fornece o elo para unir disciplinas as mais variadas: a propaganda, o merchandising, a promoção de vendas, as relações públicas e a organização de eventos promocionais". João de Simoni via na idéia de comunicação integrada algo de platônico:

> O ideal é realmente se ter sempre uma comunicação integrada, com todas as áreas de comunicação falando uma mesma linguagem. Mas na prática a teoria é outra, porque a especialização de cada área faz com que elas tenham linguagens específicas. No caso, a propaganda é temática e a promoção, esquemática, e as atividades de relações públicas estão quase

sempre mais voltadas para a institucionalidade da marca. Em promoção se vende mais a oferta, enquanto a propaganda vende os atributos do produto, e o *merchandising* no ponto de venda deve ser uma extensão da campanha temática ou esquemática.

Gilberto de Barros, ainda na mesma edição especial daquele Caderno de Marketing, acreditava que um grupo de empresas coligadas atuando conjuntamente em favor do cliente é a solução ideal, em função de uma linguagem coerente por parte do anunciante, o que é difícil quando entram em jogo agências e assessorias diferentes.

Vê-se que é possível encarar de diversas maneiras a comunicação integrada, que, em síntese, constitui um somatório dos serviços de comunicação feitos, sinergicamente, por uma ou por várias organizações, tendo em vista, sobretudo, os públicos a serem atingidos e a consecução dos objetivos propostos.

Quer-nos parecer que

> o trabalho integrado de profissionais especializados nos diferentes campos da comunicação, em favor de um mesmo cliente, apresenta já à primeira vista uma vantagem notável: coerência maior na linguagem adotada por esse cliente, nos diversos programas de comunicação usados pela sua empresa para atingir adequadamente o intrincado universo de públicos que compõem seu campo de atuação. (Romildo Fernandes, 1983)

As opiniões que reproduzimos, sobre a comunicação integrada, datadas da década de 1980, também têm sentido na atualidade, quando tanto as assessorias de imprensa e relações públicas quanto as agências de comunicação estão sendo desafiadas a ser capazes de fornecer serviços integrados de comunicação e a fazer alianças estratégicas para ter condições de atender às demandas dos seus clientes. Também os departamentos internos de comunicação das organizações têm de atuar numa perspectiva integrada, apesar das especificidades. Portanto, não só as assessorias, empresas terceirizadas de comunicação e de relações públicas e as agências de propaganda estão se preocupando em oferecer um *mix* de serviços de comunicação. As organizações também estão montando estruturas voltadas para isso, mesmo valendo-se de uma gama variada de terceirização de serviços de comunicação.

O exemplo paradigmático neste sentido foi a experiência da Rhodia,[6] com o Plano de Comunicação Social que implantou em 1985. Nele se adotava uma estrutura de comunicação integrada, administrada por uma Gerência de Comunicação Social composta das divisões de Imprensa (assessoria de imprensa e publicações), Relações Públicas (projetos institucionais e comunitários) e Marketing Social (publicidade, valorização do consumidor e pesquisa de mercado). A essa gerência cabia coordenar as atividades da empresa com vistas em uma ação integrada da comunicação. O que se pretendia era

> evitar a duplicidade de esforços e a dispersão de recursos humanos e materiais; uniformizar valores e conceitos; unificar e consolidar a cultura da Rhodia; solicitar a imagem corporativa da empresa; fortalecer a defesa da organização no contexto, social, que tende a enfrentar pressões de toda ordem; ampliar o "poder de fogo" da empresa num mercado cada vez mais competitivo. (Rhodia, 1985, p. 8)

Lia-se no plano que "a comunicação, para a Rhodia, deixa de ser apenas uma guardiã de sua boa imagem [...] para se tornar um composto de ações permanentes e integradas na vanguarda de sua mensagem institucional, mercadológica e corporativa" (id., ib., p. 5).

A iniciativa da Rhodia, liderada pelo jornalista e relações-públicas Walter Nori, com total apoio do então presidente da empresa, Edson Vaz Musa, não deixou de representar um marco na história da comunicação no Brasil, tendo contribuído para valorizar o campo da comunicação organizacional no país.

Acreditamos que só com o planejamento estratégico da comunicação integrada será possível direcionar com eficiência e eficácia as ações comunicativas das organizações. Infelizmente,

---

6. Esta experiência e os resultados obtidos foram registrados no livro *Portas abertas*, de Walter Nori e Célia Valente (1990).

no Brasil, apesar de uma grande maioria das organizações já haver despertado para a importância de um sistema organizado de comunicação, nem todas o adotam na prática. Encontramos ainda muitas organizações privadas, públicas, entidades de classe, ONGs etc. fazendo uma comunicação parcial, fragmentada, contando tão-somente com uma assessoria de imprensa, sem a preocupação de estabelecer uma política global de comunicação, ou, então, contratando uma agência de propaganda apenas para criar, produzir e veicular anúncios, sem uma proposta definida de comunicação para seus públicos.

No contexto da realidade brasileira, a nosso ver, temos três realidades distintas. Há aquelas organizações que atribuem à comunicação um elevado valor estratégico, fazendo nela grandes investimentos e valendo-se de profissionais realmente competentes. Outras vêem a comunicação apenas na esfera tática, fazendo, sim, sua divulgação – por meio de assessoria de imprensa, de jornais, revistas, boletins, vídeos, folhetos etc. próprios –, mas sem uma perspectiva mais clara quanto a diretrizes e estratégias. Uma terceira realidade é a daquelas organizações em que a comunicação é improvisada, feita "por qualquer um", sem valorizar o profissional da área. Temos no mercado excelentes produtores e executores da comunicação. Mas, em geral, ainda carecemos de mais "estrategistas". Faltam profissionais – diretores, gerentes etc. – que, dotados de sólida formação especializada, sejam gestores daquilo que, desde 1985, defendemos como "comunicação organizacional integrada".

Relações públicas e comunicação integrada

As relações públicas, no composto da comunicação integrada, desenvolvem principalmente o que diz respeito à formação de públicos e ao seu relacionamento com as organizações. Para isso, valendo-se de todas as técnicas disponíveis e enfrentando as diversas fases do processo de planejamento, buscam as melhores estratégias para cercar todos os públicos, complementando muitas vezes até mesmo a atividade da propaganda, que procura atingir o público-alvo de forma massiva.

O trabalho de relações públicas consiste muito mais em multiplicar as informações por meio dos líderes de opinião. Segundo Valentim Lorenzetti, ouvir corretamente esses líderes e mantê-los informados é uma das principais funções do profissional de relações públicas (1984, p. 24). Isso se torna possível graças a programas especiais de ação, insertos num planejamento global da comunicação integrada, em que os objetivos têm de estar muito bem delineados.

Uma das vantagens que as relações públicas oferecem, no contexto mercadológico, é, segundo Paul Adams, a de poderem "dizer o que se deseja em maior profundidade, com mais tempo e espaço disponível, por mais recursos e através de mais veículos". Para o autor, ao contrário da propaganda, as relações públicas não sofrem as "restrições de um anúncio de uma página ou um comercial de trinta segundos" (1985, p. 47). A possibilidade que elas têm, de fornecer informações mais amplas, por meio de textos, dos meios de divulgação ou de entrevistas, propicia maior credibilidade por parte do consumidor.

Considere-se, a propósito, que existem ainda muitos outros instrumentos de comunicação à disposição do profissional. Seu uso dependerá da organização em que trabalha, de suas finalidades, de seus objetivos etc. Se, por exemplo, se vai introduzir no mercado determinado artigo ou produto esportivo, pode-se, além do trabalho de relações públicas com a imprensa e do programa institucional de lançamento, promover concursos, patrocinar atividades esportivas amadoras, emitir folhetos institucionais sobre a importância do esporte e criar outros meios de divulgação. Tudo isso, bem planejado e integrado com o que deve ser feito por outras áreas da comunicação, só pode dar bons resultados.

As relações públicas, graças ao papel que lhes cabe de lidar com públicos multiplicadores e ao planejamento que essa função exige, têm muito a contribuir para a eficácia da comunicação integrada nas organizações, justamente por sua capacidade de se dirigir diretamente a vários segmentos de públicos, usando comunicação específica.

Uma das características das relações públicas é que elas envolvem uma forma administrativa de agir, levando a acionar as forças e a coordenar adequadamente os trabalhos em torno dos objetivos propostos e das necessidades organizacionais, atentando-se sempre para as reações dos públicos e da opinião pública, mediante um planejamento adequado das ações.

A comunicação nas atividades de relações públicas

Quando falamos sobre a função mediadora das relações públicas, no Capítulo 3, já destacamos a importância da comunicação e sua necessidade para a prática da atividade. Por diversas vezes enfatizamos que essa área tem como meta finalista gerenciar a comunicação das organizações com o seu universo de públicos.

Para que esse gerenciamento aconteça efetivamente na prática, as relações públicas terão de se valer de dois tipos básicos de comunicação: a dirigida e a massiva.

Comunicação dirigida

É a comunicação direta e segmentada com os públicos específicos que queremos atingir.

Paralelamente ao avanço tecnológico dos meios de comunicação massiva, existe uma busca de meios alternativos de comunicação direta, cuja seleção é feita pelo próprio homem, que avalia e escolhe o que mais lhe interessa. É o que Alvin Toffler chamou de "desmassificação dos meios de comunicação de massa" (1980, pp. 161-73).

As relações públicas, pelo fato de trabalharem com uma grande variedade de públicos, sentem a necessidade de usar uma comunicação dirigida a cada um deles. Dependendo do público, usaremos determinado veículo, com linguagem apropriada e específica. Assim, o jornalista é um público, como o são o governo, a comunidade, o estudante etc.

Segundo Antonio Vasconcelos e Celso Oliveira,

a comunicação dirigida é uma forma de comunicação humana destinada a propiciar maior interação entre pessoas e grupos, pois quanto mais direta for, melhor será o resultado de qualquer comunicação. Na comunicação dirigida comunicador e receptor se identificam. O código empregado é o mais adequado para ambos, o conteúdo é destinado a perdurar no tempo e as mensagens são programadas para atingir toda a audiência. (1979)

Para Waldir Ferreira,

à comunicação dirigida cabe a elaboração da mensagem eficiente, eficaz e apta a produzir os efeitos desejados no público receptor. Evidentemente, sob este enfoque, enquadram-se todos os requisitos e elementos essenciais que integram e caracterizam a comunicação dirigida. A fonte produtora da mensagem é o órgão, o setor, o profissional, enfim, a unidade administrativa de relações públicas; o receptor é o público que se pretende constituir e estimular por via do "veículo" escolhido. (1997, p. 73)

Como quaisquer veículos, os de comunicação dirigida também supõem um emissor que transmite a mensagem e um receptor que responde a ela. Na comunicação dirigida, o emissor, dirigindo-se a um receptor (público) restrito e determinado, usa, além disso, um código (linguagem) adequado a ele, facilmente decifrável por ele. Transmitida de forma apropriada, a mensagem tem também um retorno (*feedback*) apropriado, tornando-se eficiente.

Podemos aplicar de diversas maneiras a comunicação dirigida, que, segundo C. Teobaldo de Souza Andrade (1993, pp. 129-44), é de quatro tipos: escrita, oral, auxiliar e aproximativa.

A comunicação dirigida *escrita* está presente na correspondência (carta, ofício, memorando, telegrama, *e-mail*, cartão-postal etc.), na mala-direta (folheto, circular etc.) e nas publicações (jornais e revistas internos, e externos, relatórios, manuais, folhetos institucionais, *folders* etc.). Uma das preocupações fundamentais na elaboração desses veículos escritos diz respeito à linguagem, que deve ser específica a cada público. Na criação e produção de todos esses veículos, devem-se levar em conta sempre objetivos definidos pela organização, coerentes também com a política de comunicação estabelecida.

A comunicação dirigida *oral* é feita por meio de discursos, alto-falantes, telefones, conversas face a face, reuniões, colóquios etc. dialogais (informativas ou questionadoras; seminários, fóruns, painéis, simpósios, conferências, mesas-redondas, assembléias etc.). Todas essas modalidades de comunicação oral envolvem técnicas apropriadas. Um discurso tem de ser muito bem elaborado, em função do público que se quer atingir. O telefone constitui um veículo muito importante de comunicação; tão intensamente empregado pelas organizações, esquece-se muitas vezes que ele é um instrumento de ligação com os públicos. Daí a necessidade de se treinarem as telefonistas que lidam com o público externo. Um departamento de relações públicas deve ter a preocupação de sugerir que a área de recursos humanos oriente as pessoas que trabalham com o público externo, de forma que se impeça a transmissão de impressões negativas. As reuniões informativas, quando bem planejadas e dirigidas segundo técnicas de dinâmica de grupo, tendem a dar resultados satisfatórios e propiciam um melhor aproveitamento do tempo. As reuniões de discussão, que se revestem de formas diversas e complexas, cada uma com sua técnica específica, são muito usadas em congressos, simpósios, conferências, seminários etc.

No âmbito da comunicação dirigida *auxiliar*, que, tradicionalmente, fica centrada nos recursos ou veículos da comunicação audiovisual (vídeos, filmes, videojornal etc.), hoje se incluem também todos os meios digitais e telemáticos surgidos graças à revolução das novas tecnologias da informação e da comunicação. A rede mundial de computadores (*world wide web*) e suas aplicações revolucionaram completamente o mundo das comunicações, tanto as dirigidas quanto as massivas. Assim, o uso da internet, da intranet, do CD-ROM, do DVD e de todos os recursos possíveis, que poderão "auxiliar" a comunicação das organizações com seus públicos, nas mais diferentes formas e ocasiões, é incontável e se processa numa continuidade em que se incorporam incessantemente novos produtos e inovações tecnológicas, permitindo uma comunicação interativa virtual.

A comunicação dirigida *aproximativa* é aquela que traz os públicos para junto da organização. Isso pode dar-se por meio de visitas às suas instalações e de eventos (datas especiais, comemorativas, feiras, exposições, lançamento de produtos, inaugurações etc.). Existem ainda outras formas de provocar um contato direto dos públicos com a organização, como, por exemplo, a simples cessão de seu auditório para determinado evento, cultural ou não. A comunicação dirigida aproximativa caracteriza-se pela presença física e pelo contato direto e pessoal dos públicos com a organização. Trata-se, portanto, de uma comunicação interativa presencial.

Comunicação massiva

Para que as organizações atinjam um grande número de pessoas, terão de usar, necessariamente, os veículos de comunicação de massa (jornais, revistas, rádio, televisão, cinema e *outdoors*), a internet e mídias segmentadas ou alternativas disponíveis na contemporaneidade.

Para Charles Wright, "comunicação de massa é um tipo especial de comunicação, envolvendo condições de operações distintas, entre as quais está em primeiro lugar a natureza da audiência, da experiência comunicadora e do comunicador" (1978, p. 174). Natureza da audiência refere-se à grande massa, heterogênea e anônima, que é bombardeada por um elevado número de informações procedentes dos veículos de comunicação. Natureza da experiência comunicadora diz respeito à transitoriedade, à rapidez e ao caráter público da comunicação de massa. E, quanto à natureza do comunicador, ela está na complexidade organizacional que produz e emite as mensagens, ou seja, nos órgãos responsáveis por emiti-los e reproduzi-los, que são as empresas jornalísticas, as estações de rádio, as emissoras de televisão, as produtoras de cinema e as editoras.

Como fazer para que outras organizações possam também se valer desse tipo de comunicação com o grande público? Aqui entra o trabalho de relações públicas, que é justamente o de mediar as informações entre a organização e os meios de comunicação para atingir os públicos, a opinião pública e a sociedade em geral.

Para isso, devem-se desenvolver atividades especiais com os jornalistas, um público multiplicador e líder de opinião considerado da maior importância para a extensão das informações que se pretende levar à sociedade como um todo. Esse trabalho, que consiste, basicamente, em estabelecer "relações com a imprensa", é oriundo da área de relações públicas e mais conhecido como "assessoria de imprensa".

a) Relacionamento com a mídia

As organizações em geral, compreendendo as mais diferentes e amplas tipologias (empresas públicas ou privadas, sindicatos, escolas, hospitais, ONGs etc.), atribuem grande importância ao trabalho desenvolvido pelos departamentos internos de comunicação e pelas assessorias ou empresas que prestam serviços de comunicação de relacionamento com a mídia.

No Brasil usam-se os termos "imprensa" e "mídia" como sinônimos. Isto é, não se restringe o termo "imprensa" apenas aos veículos impressos, mas englobam-se nele também os meios eletrônicos. "Mídia" vem do latim *media*, plural de *medium* – meio. Já é usual, no país, o uso de "a mídia" no singular e no gênero feminino, em vez de "os *medias*", para designar o conjunto de meios ou veículos de comunicação: jornais, revistas, rádio, televisão etc. Em outros países, normalmente se utiliza o plural, por exemplo, em Portugal, que adota "os *medias*", ou nos Estados Unidos, onde se usa "*the media*", do plural latino.

Para Alberto Dines, a palavra "mídia" está hoje generalizada e tem uma função:

> Qual é a função da mídia? É fazer a mediação, a intermediação, entre a realidade mutante, cada vez mais mutante, e a sociedade, que, graças ao direito da cidadania, precisa ser informada, para tomar as suas decisões e mesmo escolher seus representantes. Temos assim a definição clara de uma função social para a imprensa, a mídia. Ela é, realmente, um instrumento de mutação, de desenvolvimento da sociedade. E tem essa função a partir do seu próprio nome, explicitamente. (1999, p. 39)

RELAÇÕES PÚBLICAS E A FILOSOFIA DA COMUNICAÇÃO INTEGRADA 191

O aparato hoje existente, no que se refere à assessoria de imprensa, é uma constatação da importância e da necessidade atribuídas a um trabalho profissional com a imprensa em geral. São demonstrações disso os serviços oferecidos por empresas ou assessorias de comunicação e relações públicas com setores especializados nesse ramo ou por departamentos especializados das próprias organizações. Devem ser destacados os eventos culturais que tratam especificamente do assunto.

O assessor de imprensa, no dizer do Wilson Bueno,

> é, hoje, um elemento fundamental na política de comunicação das empresas. É ele quem intermedeia as relações entre o *staff* das organizações e o público externo: atende os jornalistas, facilitando-lhes o trabalho; exerce uma estratégia sadia de *lobby* junto às comunidades de interesse da empresa; assessora diretores e presidência; alimenta áreas estratégicas com informações que coleta no ambiente exterior; interpreta climas, analisa oportunidades e contribui para o processo de tomada de decisões. (1984, p. 4)

Uma das razões principais do crescimento e da intensidade das relações entre as organizações e a imprensa é a necessidade de aquelas se comportarem como sistemas abertos e, portanto, sensíveis ao ambiente externo e aos anseios da sociedade. Com as mudanças no mundo político, econômico e social, as organizações, sejam de que tipo forem, precisam estar sintonizadas com todo esse processo, pois, do contrário, não subsistirão. Assim, pelo que já dissemos nos capítulos anteriores, as organizações, mais do que nunca, têm de ter uma macrovisão de suas políticas e atitudes, não se fechando em seu mundo individual e em torno da vontade de ter lucros. Para efetivar sua responsabilidade social, não poderão prescindir de um trabalho sistematizado de comunicação, capaz de fornecer subsídios para um relacionamento eficaz com seus públicos, que se atingem eficientemente só pelos meios de comunicação massivos.

No mundo dos negócios, a busca da cobertura jornalística passou a ser uma constante, sem as nuances do passado. De acordo com Mauro Salles, "houve época em que a imprensa acreditava que toda notícia empresarial positiva equivalia a propaganda e toda notícia negativa era sinônimo de ciúmes ou campanha escusa. Isso acabou" (1983, p. 80).

O trabalho de assessoria de imprensa consiste, basicamente, na utilização de técnicas apropriadas de relacionamento e no uso de certos instrumentos (*press-release, press-kit,* coletiva de imprensa etc.).

Como toda atividade de relações públicas, também as relações com a imprensa devem ser planejadas de forma adequada. Ao fazê-lo, deve-se começar com o mapeamento de todos os órgãos de divulgação, classificando-os por ordem de importância para a organização, elaborando um *mailing list* completo, a ser periodicamente atualizado, e mantendo um arquivo específico. Este arquivo deve conter os nomes dos veículos de comunicação, dos diretores, dos editores, dos chefes de redação e dos jornalistas especializados, endereço eletrônico, telefone, fax etc.

Para acompanhar e controlar o trabalho com a mídia impressa e eletrônica, é importante que se arquivem também cópias de todo material enviado e os recortes (*clipping*) de assuntos publicados e veiculados nos meios eletrônicos que tenham interesse para a organização.

Outro ponto a ser considerado, no relacionamento com a imprensa, é que se siga uma política de imparcialidade com todos os meios de comunicação, tratando-se todos de forma igual, sejam grandes ou pequenos. Além disso, deve-se fomentar a prática da verdade na transmissão das informações, organizando as fontes sob princípios éticos.

Contatos pessoais, visitas de assessores de imprensa às redações, em horários apropriados, e de jornalistas às instalações da organização, para entrevistas com dirigentes e com outras fontes, organização de eventos especiais, constituem ótimos meios para estreitar e manter o relacionamento entre as organizações e a imprensa.

Quanto aos instrumentos normalmente usados e sobejamente conhecidos, como o *press-release,* o *press-kit* e a entrevista coletiva, ressaltamos que devem predominar o bom senso, o caráter público da notícia e sua utilidade social. Daí a necessidade de só se enviar às empresas jornalísticas e emissoras de rádio e televisão material vinculado a um contexto muito maior,

RELAÇÕES PÚBLICAS E A FILOSOFIA DA COMUNICAÇÃO INTEGRADA   193

de política global de comunicação da organização, deixando-se de lado a tentação de só noticiar o que possa promover a organização e determinadas pessoas. Segundo a Aberp,

> a definição da oportunidade de veicular uma informação, o que dizer e sua adequação não só ao interesse do receptor, mas também ao do emissor da mensagem (cliente), é atribuição que transcende a visão puramente jornalística, devido a implicações de várias naturezas: políticas, administrativas ou empresariais, mercadológicas, jurídicas etc. Além disso, essa informação deve estar subordinada a objetivos corporativos mais amplos que o interesse de noticiar. (1984, p. 5)

A tônica do comunicado que se envia à imprensa é a informação, porém nunca se deve pretender ver nele a notícia acabada, mas apenas a matéria-prima que o jornalista trabalhará e aprofundará. Diz Miguel Jorge que, "quando se trata de uma notícia importante, a empresa tem obrigação de fazer um contato direto" (1983, p. 80). É, portanto, mais uma evidência da necessidade de que o material enviado à imprensa deve ser notícia.

Ao profissional, tanto de jornalismo como de relações públicas, cabe o importante papel de intermediar a comunicação entre as organizações e a mídia impressa e eletrônica, que multiplicará as informações para toda a sociedade. Por isso, ele deve ter sempre em vista a responsabilidade social dos seus atos e os interesses da opinião pública.

C. S. Steinberg, referindo-se às relações públicas, afirma que

> praticadas como aspecto integrante da comunicação de massa e auxiliar dos meios de massa, as relações públicas responsáveis são, implicitamente, um aspecto das ciências sociais, fundamentado em seus descobrimentos e disciplinas. De nenhuma outra maneira poderão elas procurar compreender, informar e influenciar a opinião pública, seu propósito e objetivo finais. Mas as relações públicas e os meios de massa podem fazer mais do que compreender e influenciar a opinião pública. Através da sadia consideração pela verdade, podem ajudar a tornar operativa e inteligente a opinião pública. E, dessa maneira, contribuir para o papel efetivo de articulador da opinião pública numa sociedade democrática. (1972, p. 512)

b) O poder da mídia e seus efeitos

Muito já se falou sobre o poder da mídia. Ela parece estar dotada de um fascínio que impregna as pessoas e as organizações. Estamos até cansados de ouvir expressões como: o poder da mídia, estar presente na mídia, ocupar espaço na mídia, a cobertura da mídia... O caso mais concreto é que a mídia constitui um público estratégico dos mais cobiçados e visados pelos poderes público e econômico.

As organizações investem muito para criar estruturas ágeis e eficientes de forma a melhorar seu relacionamento com a mídia. Principalmente as grandes empresas e os órgãos públicos, que, mediante aparatos internos e contratação de serviços de terceiros, sofisticam cada vez mais suas ações de comunicação e, também, de marketing com a imprensa. Isso se deve, sobretudo, ao poder que ela representa de formar e manipular a opinião pública. Quem não gosta de ocupar positivamente espaços na mídia e não tem medo de cair na desgraça de ser mal interpretado, ver seu nome envolvido negativamente em escândalos e denúncias?

São aspectos bastante vivenciados, que já mereceram editoriais, artigos, livros e muitos debates. Quem não se lembra do caso da Escola Base, em São Paulo, dos inúmeros fatos ligados a crises vividas por empresas, de personalidades do poder político envolvidas em corrupções etc.? Alguns títulos de livros são elucidativos, como, entre outros: *Mídia: o segundo deus*, de Tony Schwartz (1985); *A culpa é da imprensa!*, de Yves Mamou (1991); *Caso Escola Base: os abusos da imprensa*, de Alex Ribeiro (2001); *Imagem pública: glória para uns, ruína para os outros*, de Walter Poyares (1998); *Em crise com a opinião pública*, de Lawrence Susskind e Patrick Field (1997); *Quem tem medo da imprensa? Como e quando falar com os jornalistas*, de Regina Vilela (1998); *Quem tem medo de ser notícia? Da informação à notícia – a mídia formando ou "deformando" uma imagem*, de Marilene Lopes (2000).

Essas obras abordam exatamente questões ligadas ao poder da mídia e às suas conseqüências, e como o cidadão, o profissional que faz as relações midiáticas, e as organizações, como fontes de informação, devem proceder em relação a esse "quarto poder" da República.

Octávio Ianni, em *Enigmas da modernidade-mundo* (2000), reflete sobre o poder da mídia na sociedade contemporânea, usando a metáfora do "príncipe eletrônico". Ele estabelece uma relação entre o príncipe de Maquiavel e o moderno príncipe de Gramsci. Para ele, na sociedade midiática o "príncipe eletrônico" é o arquiteto da "ágora eletrônica",

> na qual todos estão representados, refletidos, defletidos ou figurados, sem o risco da convivência nem da experiência. Aí, as identidades, alteridades ou diversidades não precisam desdobrar-se em desigualdades, tensões, contradições, transformações. Aí, tudo se espetaculiza e estetiza, de modo a recriar, dissolver, acentuar e transfigurar tudo o que pode ser inquietante, problemático, aflitivo. (2000, p. 155)

O poder da mídia é uma realidade incontestável, e as organizações, como fontes de informação, para se relacionar com o seu universo de públicos e a sociedade, dela não podem prescindir.

O experiente jornalista Marco Antonio Rocha diz:

> A questão fundamental é a seguinte: nenhuma empresa, por maior, mais bem estruturada e mais poderosa que seja, é capaz de criar embaraços ou danos graves para a imprensa. Mas também esta – mesmo um pequeno jornal de bairro – pode causar prejuízos insanáveis e perturbações definitivas a qualquer grande empresa. A imprensa leva a vantagem, mesmo que a empresa seja poderosa. (1966, p. 155)

Essas ponderações nos levam a considerar que a mídia, pelo poder que exerce sobre a opinião pública, sempre leva vantagens e, na prática, o princípio da eqüidade, os valores éticos e o direito de resposta do atingido nem sempre são levados em conta.

c) As negociações entre as fontes e a mídia: o papel das assessorias

O primeiro aspecto a considerar é que as organizações, pelo papel que exercem na sociedade, são fontes importantes de informações e têm o dever e o direito de prestar contas de suas ações perante os públicos e a opinião pública. O trabalho, portanto, de relacionamento com a mídia não deve se restringir à divulgação dos seus produtos e serviços, mas elas devem ter um compromisso e uma responsabilidade pública como fontes de informações. Nesse sentido, vale relembrar que hoje as organizações estão repensando sua postura e sua função como partes integrantes do sistema social global. Para Miguel Jorge,

> parece óbvio, mas seria importante a participação decisiva das empresas no desenvolvimento de um país, como fontes geradoras de riquezas, de emprego e de renda, e por seu peso na vida social e cultural da comunidade. Por tudo isso, e mesmo que as excluíssemos, as empresas têm o direito e o dever de divulgar suas informações, seus pontos de vista, suas atividades e suas reivindicações, até por um princípio democrático. (1999, p. 12)

Partindo, portanto, do pressuposto de que as organizações têm obrigação de dar informações e prestar contas à sociedade, como se dá o processo das relações e negociações com a mídia na prática do dia-a-dia? Como são produzidas e gerenciadas essas informações? Que estratégias são usadas em busca da eficácia e de resultados? Quais são os principais agentes envolvidos? Quais são as técnicas e os instrumentos utilizados? Como é feito o *clipping* impresso e eletrônico? Como são produzidos os relatórios de imprensa? São questões presentes no cotidiano dos departamentos internos e das assessorias ou empresas que prestam serviços de relações públicas e de imprensa. Muitos estudiosos e profissionais já se ocuparam dessa área, produzindo publicações, debatendo e sistematizando suas experiências práticas.[7]

---

7. A bibliografia brasileira das ciências da comunicação dispõe de muitas obras nacionais e traduzidas, caracterizadas como manuais práticos e instrumentais que ensinam como devem proceder os profissionais de relações públicas, jornalistas e as assessorias de imprensa em relação à mídia. Além, é claro, de um grande volume de artigos em jornais, revistas técnicas e científicas da área. Assim, mais detalhes poderão ser consultados em autores como, entre outros: Lima (2000), Kopplin e Ferraretto (1996), Chaparro (1989), Valente e Nori (1990), Sobreira (1993), Dias (1994), Vilela (1998), Nogueira (1999), Tapparelli (1999), Lopes (2000), Banco do Brasil (2001), Duarte (2001).

O Sindicato dos Jornalistas Profissionais do Estado de São Paulo publicou recentemente um livro com as conclusões e recomendações de *workshops* e de pesquisa em que participaram jornalistas e assessores de imprensa de São Paulo (Tapparelli et al., 1999). No prefácio, o presidente do Sinjoesp, Everaldo Gouveia, aludindo ao "tema tão rico, polêmico e ao mesmo tempo apaixonante que é o contato diário e conflituoso entre jornalistas de assessoria de imprensa e de redações", escreve:

> São duas áreas distintas que, por suas próprias características, costumam, no dia-a-dia, assumir posições antagônicas, mas que, por força das novas formas de organização do trabalho e também devido ao dinamismo da informação, têm se tornado cada vez mais interdependentes, necessitando uma da outra, cada vez mais. (p. 9)

Diferente dos manuais brasileiros, que são muito centrados nos aspectos instrumentais dessa área, é o estudo *A negociação entre jornalistas e fontes*, de Rogério Santos (1997). Esse trabalho analisa, com bases teóricas, os processos das ligações jornalista-fonte, sustentados por autores da sociologia da notícia e com uma pesquisa de campo sobre as rotinas produtivas de ambas as partes (empresas e assessorias) em Portugal. O autor analisa também a notícia como negócio e a construção social da realidade.

Acredita-se que esse tema tem de passar por mais reflexões teóricas, discutindo-se aspectos ideológicos dos processos e das implicações dos bastidores da política e do poder econômico. Trata-se, na verdade, de analisar como se dá a negociação entre jornalistas e fontes. Em pesquisa que realizamos com as assessorias de comunicação, relações públicas e imprensa, em 1999,[8] apresentamos um estudo em que se pode perceber claramente que há, por parte da mídia, uma aceitação pura e simples de matérias prontas, sem qualquer busca investigativa. Isto é, os

---

8. A pesquisa, intitulada *Os grupos de mídia no Brasil e as mediações das assessorias de comunicação, relações públicas e imprensa*, foi realizada na ECA-USP, tendo contado com o apoio do Conselho Nacional de Desenvolvimento Científico e Tecnológico (CNPq) e da Fundação de Amparo à Pesquisa do Estado de São Paulo (Fapesp).

assessores de imprensa estão substituindo aquilo que deveria ser a essência do jornalismo investigativo, interpretativo e opinativo. Em que pese a qualidade do material enviado. Ocorre que não há uma percepção eqüitativa do procedimento das assessorias *versus* o das redações jornalísticas. Há sempre uma tendência de condenar as fontes e as assessorias de imprensa como meras interessadas em negócios mercadológicos e como antijornalismo etc.

Humberto Manera Filho analisa bem essa questão um tanto quanto controversa:

> A polêmica sobre a atuação das assessorias de imprensa é tão antiga quanto o surgimento da primeira agência criada com essa finalidade. Embora a atividade seja relativamente nova no Brasil, o estigma de representante maior do *marketing* da informação teima em acompanhar um segmento que, preconceitos à parte, tem procurado se firmar como elo confiável entre as empresas e a mídia. De maneira geral, questiona-se se as assessorias prestam serviços de relevância na divulgação das ações de seus clientes ou se apenas praticam o comércio da notícia. As duas alternativas parecem apontar para um mesmo ponto. O que não quer dizer que, em uma economia aberta, a atividade seja mais ou menos idônea do que qualquer outra no mercado de comunicação – incluindo agências de publicidade, escritório de relações públicas e os próprios meios de comunicação. Por que, afinal, a atividade de assessoria é sempre colocada em xeque? Porque a credibilidade começa a fazer diferença. E há serviços de qualidade duvidosa prestados por muitas agências. A crítica não só tem fundamento como é o próprio calcanhar-de-aquiles do setor, marcado pela heterogeneidade e pelo crescimento desordenado alimentado pelo grande contingente de profissionais sem espaço nos meios de comunicação e pela falta de regulamentação adequada para a atividade. (1998, p. 18).

Concordamos com a constatação de Manuel C. Chaparro:

> Estão velhos e superados, portanto, os hábitos e as crenças jornalísticas que se apóiam numa ética organizada em fronteiras profissionais, como se de um lado (o da redação) só houvesse santos e do outro (o das assessorias), só pecadores. A questão é outra. Como não há jornalismo sem fontes,

podemos admitir que, quanto melhor a qualidade das fontes, melhor a qualidade do resultado jornalístico. Assim, é legítimo e fundamental que as fontes se organizem e não apenas para distribuir notícias e sugestões de pauta, mas também para garantir atendimento adequado, eficaz às solicitações das redações – desde que tenham a qualidade essencial de ser instituições ou pessoas aptas para a produção de decisões, bens, serviços, atos, falas e saberes que construam, alterem ou expliquem a atualidade. (1996, pp. 137-8)

Normalmente a mídia se coloca numa situação privilegiada em relação às organizações e às assessorias que intermedeiam as informações. Passa-se uma imagem de veracidade e de ética bem diferentes da realidade. Seus manuais de procedimentos e exigências deveriam ser mais questionados. Grande parte dos jornalistas e de vários meios de comunicação aproveita muito bem as benesses e mordomias de eventos milionários patrocinados por empresas multinacionais de porte que são dirigidos especialmente aos jornalistas. Basta lembrar, por exemplo, os lançamentos de carros da indústria automobilística que já passaram por Aruba, Barcelona, Paris e muitas outras cidades com fortes atrativos turísticos.

De acordo com Chaparro,

qualquer pesquisa aplicada aos jornais de hoje revelará que a esmagadora maioria dos conteúdos jornalísticos oferecidos à opinião pública são relatos ou análises de acontecimentos planejados e controlados por instituições ou pessoas que decidiram promovê-los, sabiam como fazê-lo e tinham competência e credibilidade para isso. A quantidade e a qualidade desses acontecimentos mobilizam de tal forma as energias e os espaços do jornalismo, que se tornaram raras, na imprensa diária, as reportagens de desvendamento do atual. E, dos acontecimentos não previstos e não programados, só as grandes tragédias ainda conquistam espaços e posições de destaque na imprensa diária não-sensacionalista. (1996, p. 134)

Conclui-se, portanto, que as organizações em geral, por intermédio de suas assessorias de comunicação, ditam a pauta nas redações das empresas jornalísticas e das emissoras de rádio e televisão. Segundo R. V. Ericson e outros, referenciados por Rogério Santos,

> essas fontes de informação, quer as governamentais, quer as do setor privado, orientam-se para manifestações e relações públicas, em que segregam uma imagem – conjunto de mitos, ritos, interpretações e significados usados pelos membros dessa organização para criar a ideologia institucional. (Ericson et al., apud Santos, 1997, p. 98)

E, no processo de negociação com a mídia,

> as fontes enquanto protagonistas produzem publicitação, segredo, censura, confidência e operam segundo as variáveis de dominação ou subordinação. As fontes consideram importantes as imagens positivas das suas organizações, de modo a manterem um bom lugar na hierarquia da credibilidade social. O papel de intermediário pode, por exemplo, recobrir a dificuldade de as fontes "divergentes" (associações ambientalistas, grupos de cidadão) acederem às organizações noticiosas. À medida que cresce o prestígio de um grupo "divergente", o seu papel de intermediário ou mesmo de árbitro aumenta de poder interventivo. (Santos, 1997, p. 189)

Isto é, as organizações se valem de inúmeras e diferentes estratégias e técnicas para criar fatos planejados e com isso conseguir espaços na mídia.

Assim, mesmo que de uma forma panorâmica, destacamos o papel que as assessorias de imprensa normalmente exercem nos processos de negociação entre as organizações e a mídia. São relações complexas, se considerarmos a importância, o poder e o valor do universo da informação.

Muitos outros aspectos poderiam ser abordados sobre a questão das relações das organizações com a imprensa ou a mídia. Optamos aqui por trazer algumas reflexões, sem a pretensão de esgotar o assunto. É um tema que merece ser mais bem estudado e pesquisado nos cursos de pós-graduação em comunicação no Brasil, já que o mercado profissional é considerado um dos mais sofisticados e avançados, se comparado com os demais países do Primeiro Mundo.

Com este capítulo, mostramos a importância que a comunicação assume nas organizações na atualidade e como deve ser considerada na perspectiva integrada e dinâmica. O estágio avançado em que se encontra hoje teve um percurso que se iniciou com a Revolução Industrial.

A comunicação nas organizações teve de se dinamizar com o surgimento da Revolução Industrial, quando as relações entre patrões e empregados passaram a ser formais e se colocou a necessidade de superar a dicotomia entre o artesanato, livre de horários, normas e regulamentos, e o funcionalismo, sujeito a todos esses condicionamentos. O homem deixou de ser ele mesmo e passou a ser conhecido como um número e um cartão de ponto. Foi preciso, então, sistematizar a comunicação com meios capazes de superar as barreiras do anonimato e fomentar a integração do homem no seu ambiente de trabalho.

Gaudêncio Torquato do Rego descreve bem como se processou essa mudança cultural:

> A automatização e o crescimento das indústrias determinaram uma ruptura de relações entre empregados e empregadores. Em conseqüência, os contatos pessoais, familiares e paternalistas que até então prevaleciam nas atividades industriais cederam seu passo para relações contratuais, impessoais e, até certo ponto, indiferentes. A partir dessa época, a divisão do trabalho tornou-se mais complexa, devido à crescente especialização de fábricas e equipamentos. (1984, p. 18)

E, com o avanço industrial e tecnológico e o aperfeiçoamento dos meios de comunicação de massa, apareceram, no início do século XX e com mais intensidade depois da Segunda Guerra Mundial, as relações públicas, que contribuíram decisivamente para ampliar a aproximação dos públicos com as organizações e propiciar a introdução de formas variadas de comunicação (jornais, revistas, comunicados à imprensa, boletins, folhetos, reuniões, murais etc.).

Na contemporaneidade, o papel mediador das relações públicas assume novas formas, utiliza novos meios e se submete a contínuos desafios em face das grandes transformações mundiais ocorridas no final do último século e no início deste terceiro milênio, cujas conseqüências são visíveis na sociedade.

A complexidade dos tempos atuais, decorrente do fenômeno da globalização e da revolução tecnológica da informação, exige das organizações um novo posicionamento e uma comunicação estrategicamente planejada. Só assim elas poderão fazer frente a mercados difíceis e, sobretudo, atender a uma sociedade cada vez mais exigente.

A modernização da comunicação das organizações, tanto no âmbito interno quanto no externo, vai depender de políticas de relações públicas adequadas aos novos tempos. Por isso, é preciso repensar não só as práticas, mas também os conceitos dessa área, que, como qualquer outra, passa por grandes transformações ante a nova conjuntura que estamos vivendo.

Nesse sentido, o emprego puro e simples do planejamento tático, das técnicas e dos instrumentos midiáticos não será suficiente para o desempenho da função mediadora. As exigências da sociedade, a globalização e a "guerra" da competitividade do mercado impulsionam as organizações a agir de forma muito mais estratégica e com bases científicas. E as relações públicas terão de seguir o mesmo caminho.

Neste capítulo, procuramos tratar especificamente do papel de relações públicas no composto da comunicação integrada nas organizações. Ressaltamos a importância da comunicação para o desenvolvimento das relações públicas e as formas principais de comunicação que se processam no dia-a-dia das organizações.

Uma questão relevante, em todo esse contexto da comunicação, que envolve os meios e seu uso pelas relações públicas, é a necessidade de planejá-la de forma adequada. Apenas com planejamento se consegue pensar e administrar estrategicamente a comunicação organizacional e realizar ações táticas coerentes com as necessidades organizacionais e buscar a efetividade, a eficiência e a eficácia dos programas de comunicação.

5

PLANEJAMENTO

Quando se fala em planejamento, muitas idéias e concepções vêm à mente. Das aplicações adjetivas aos mais diferentes tipos de planejamento e suas derivações, até as rotulações e os mitos que comumente são ligados a essa terminologia. É preciso, pois, deixar claro o real conceito do ato de planejar e desmistificar certos equívocos que normalmente perpassam as percepções ligadas a ele como área aplicada nas mais diversas modalidades e nos mais diferentes contextos econômicos e sociais.

Natureza do planejamento

Antes de apresentar definições do planejamento, é preciso considerá-lo, sobretudo, como um ato de inteligência, um modo de pensar sobre determinada situação ou realidade, enfim, como um processo racional-lógico, que pressupõe estudos, questionamentos, diagnósticos, tomadas de decisões, estabelecimento de objetivos, estratégias, alocação de recursos, curso de ações etc.

Planejar não significa simplesmente fazer previsões, projeções e predições, solucionar problemas ou preparar mecanicamente planos e projetos, porque, conforme Djalma Oliveira, essas acepções não conferem o real significado do que seja planejar. *Previsão* corresponde mais a uma percepção provável do que possa ocorrer; *projeção* tende a se basear em situações do passado para prognosticar o futuro; *predição* diz de um futuro diferente para determinada situação, mas não há elementos de controle para isso; a *solução de problemas* tem um caráter imediatista e transitório; e *planos e projetos* são instrumentos materiais do processo do planejamento, como veremos (2002, p. 35).

Para José Maria Dias, "o planejamento pressupõe imagens do futuro e a definição que a organização deve seguir no contexto desse futuro, ao passo que a solução de problemas é imediatista e visa simplesmente corrigir descontinuidades entre a organização e seu ambiente" (1982, p. 19).

Há ainda muitas outras concepções errôneas e mitos acerca do ato de planejar. Como o de que o planejamento reduz a flexibilidade, de que é uma perda de tempo administrativo, de que se trata de uma palavra mágica para todas as soluções, de que pode eliminar mudanças e impedir a tomada de decisões futuras etc. Essas afirmações deturpam o entendimento correto da função de planejamento em qualquer instância socioeconômica e política.

Conceituação básica

Perpassando a vasta literatura sobre planejamento, encontraremos inúmeras definições e maneiras próprias de os autores tratarem desse tema. Os enfoques mudam de acordo com a formação e a experiência profissional de cada um, passando das dimensões do nível macro – como planejamento econômico e social – às dimensões mais específicas – como planejamento de relações públicas, de marketing etc. Os conceitos fundamentais de uma teoria aplicada, no entanto, são semelhantes, variando apenas em função das especificidades e finalidades de cada tipo de planejamento.

O planejamento constitui um processo complexo e abrangente. Possui dimensões e características próprias, implica uma filosofia e políticas definidas e é direcionado por princípios gerais e específicos. Não é algo "solto" e isolado de contextos. Está sempre vinculado a situações e a realidades da vida de pessoas, grupos e das mais diversas organizações e instituições da esfera pública e privada. Acontece em nível macro, quando é orientado para países e regiões, e em nível micro, quando se destina às organizações individualizadas.

O planejamento é inerente ao processo de gestão estratégica e, para compreender sua natureza essencial, de acordo com Harold Koontz e Cyril O'Donnell (1982, pp. 86-7) e Djalma Oliveira (2002, pp. 37-8), é preciso levar em consideração quatro princípios: a *contribuição aos objetivos* – o planejamento desempenha um papel fundamental na obtenção dos objetivos totais; a *função de precedência* – o planejamento precede as demais funções administrativas (organização, direção e controle), pois, embora essas funções se interpenetrem, o planejamento é que estabelece os objetivos e os parâmetros para o controle de todo o processo administrativo; a *abrangência* – o planejamento exerce influência generalizada em todas as atividades da organização, provocando modificações necessárias no que tange aos recursos que estão sendo empregados (humanos, técnicos e tecnológicos) e no sistema funcional como um todo; e a *eficiência* dos planos para atingir os objetivos com o mínimo de problemas e de conseqüências indesejáveis.

Nesse contexto se incluem, além do princípio de eficiência, também o de eficácia e o de efetividade, que no conjunto possibilitam maximizar os resultados e minimizar as deficiências. *Eficiência* significa fazer bem-feito, de maneira adequada, com redução de custos, desempenho competente e rendimento técnico. *Eficácia* liga-se a resultados – em função dos quais é preciso escolher alternativas e ações corretas, usando para tanto conhecimento e criatividade para fazer o que é mais viável e certo. *Efetividade* relaciona-se com a permanência no ambiente e a perenidade no tempo, no contexto da obtenção dos objetivos globais. Esses três vocábulos representam princípios fundamentais no processo de planejamento.

Russell L. Ackoff conceitua o planejamento como "algo que fazemos antes de agir, isto é, tomada antecipada de decisão" (1978, p. 2). Essa tomada antecipada de decisão implica todo um processo, levando-nos a entender o planejamento também como algo dinâmico, em contínua mudança, que se processa por meio de pesquisas, estudos, questionamentos, construção de diagnósticos e análises de decisões acerca do que fazer, como fazer, por que fazer, quem deve fazer etc.

Horácio Martins de Carvalho apresenta dois passos para a conceituação do planejamento: "o primeiro, que exprime a noção do planejamento como um processo ou conjunto de subprocessos; o segundo, que insere esse processo no contexto conceitual do sistema" (1979, p. 35). O conjunto de subprocessos a que o autor se refere diz respeito ao conhecimento da realidade, às decisões, à ação e à crítica. São, segundo ele, as fases do processo de planejamento, desenvolvidas de forma sistêmica e não desordenadamente (1979, p. 57), como explicitaremos ainda neste capítulo.

Para José Maria Dias, o processo é uma das características básicas do planejamento,

> que se inicia com a identificação da própria razão de ser organização. Define estratégias, planos, detalhamento com indicações de programas e projetos orientados para sua implementação. Adicionalmente, o processo de planejamento inclui mecanismos de avaliação de desempenho e sistemas de retroalimentação que garantem o seu dinamismo. Planejamento é, assim, uma função organizacional contínua, porque o ambiente encontra-se em mutação permanente. (1982, p. 19)

Nota-se que a palavra "processo" está sempre presente quando se procura explicar a função do planejamento. Também Djalma Rebouças de Oliveira reforça tal concepção com ênfase no âmbito das empresas:

> O propósito do planejamento pode ser definido como o desenvolvimento de processos, técnicas e atitudes administrativas, as quais proporcionam uma situação viável de avaliar as implicações futuras de decisões que facilitarão a tomada de decisão no futuro, de modo mais rápido, coerente, eficiente e eficaz. Dentro deste raciocínio, pode-se afirmar que o exercício sistemático do planejamento tende a reduzir a incerteza envolvida no

processo decisório e, conseqüentemente, provocar o aumento da probabilidade de alcance dos objetivos e desafios estabelecidos para a empresa. (2002, p. 36)

Trabalhando o planejamento numa dimensão social, Myrian V. Baptista, ao abordar sua racionalidade, afirma:

> O termo "planejamento", na perspectiva lógico-racional, refere-se ao processo permanente e metódico de abordagem racional e científica de questões que se colocam no mundo social. Enquanto processo permanente supõe ação contínua sobre um conjunto dinâmico de situações em um determinado momento histórico. Como processo metódico de abordagem racional e científica, supõe uma seqüência de atos decisórios, ordenados em momentos definidos e baseados em conhecimentos teóricos, científicos e técnicos. (2000, p. 13)

Tais considerações demonstram que o planejamento não se restringe ao que fazer, de que modo e com que recursos. É um processo complexo que exige conhecimentos, criatividade, análises conjunturais e ambientais, além de aplicativos instrumentais técnicos.

O planejamento, por ser um processo intelectual, pelo qual se determinam conscientemente os cursos de ação, faz com que as decisões tenham sempre como referência os objetivos, os fatos e que as estimativas sejam estudadas e analisadas (Koontz e O'Donnell, 1982, p. 85).

Essencialmente o planejamento é uma das funções administrativas, e das mais importantes, que permite estabelecer um curso de ações para atingir objetivos predeterminados, tendo em vista, sobretudo, a futuridade das decisões presentes, a fim de interferir na realidade para transformá-la. Ou seja, conforme Danilo Gandin, "planejar é o processo de construir a realidade com características que se deseja para a mesma. É interferir na realidade para transformá-la numa direção claramente indicada" (2000b, p. 34).

Tal análise possibilita selecionar, dentre os alternativos cursos de ação, o mais adequado, permitindo também uma base para decisões correntes e, de outro lado, presume que causas, efeitos e impactos essas decisões podem provocar no futuro. Assim, segundo Paulo de Vasconcellos Filho, "planejar é, antes de tudo, assumir uma postura de antecipação e prospecção do comportamento das variáveis em cenários futuros" (1983, p. 25).

Características e dimensões gerais

Tendo como referência as exposições de Jorge Miglioli (1983) e Mário M. Pera (1991), podemos relacionar resumidamente, dentre outras possíveis, as seguintes características que permeiam todo o processo de planejamento:

- Futuro – Ele é sempre voltado para o futuro. Tomam-se decisões no presente, que no entanto podem causar impacto no futuro.
- Sujeito – Implica a existência de um sujeito, que pode ser uma pessoa ou um conjunto de pessoas, órgãos e organizações que intervêm no processo de planificação. Atua basicamente em três instâncias: política, técnica e de execução.
- Objeto – Possui como objeto uma realidade que será submetida à ação do sujeito, sendo essa variável e adaptável a situações concretas em função do nível de abrangência e âmbito de atuação.
- Objetivos – Visa a objetivos determinados que expressam resultados formulados e previstos pelo sujeito.
- Estratégias – Pressupõe definição de estratégias, que expressam um conjunto de caminhos e/ou linhas gerais, que orientam as ações com vistas na otimização de resultados, bem como a escolha de caminhos alternativos.
- Meios – Envolve a necessidade de aplicação de meios ou recursos (financeiros, humanos, materiais e técnicos) para sua viabilização e implementação.

PLANEJAMENTO 209

- Decisão – Exige vontade política e disposição consciente para planejar e executar um curso de ações, ou seja, um "querer" consciente e determinado.
- Eficácia – Busca a maior eficácia possível para os objetivos pretendidos.
- Ação – Desenvolve-se ao longo de uma seqüência de ações lógicas e empreendidas de modo organizado.
- Tempo – Tem uma dimensão temporal, isto é, a duração dos planos pode ser programada em termos de prazo. Carlos T. Lopes (1990, p. 25; 1978, pp. 24-37), considera o curto prazo (um ano), o médio prazo (quatro a cinco anos) e o longo prazo (acima de dez anos). Frederico Lima e Paulo Teixeira afirmam, por exemplo, que "o conceito de planejamento a longo prazo, que até a década passada era considerado uma antevisão dos próximos dez anos, tem que se adequar a um conceito que o limita a um ou, no máximo, dois anos, mesmo assim sujeito a reanálise, oriunda das contingências observadas no mercado" (2000, p. 14).

É bom que se diga que na contemporaneidade, diante das contínuas mudanças mundiais, as organizações necessitam se adaptar e não pode haver uma fixação rígida de número de anos. Portanto, o limite de anos para os diversos prazos varia de acordo com as percepções dos especialistas sobre o assunto e com as decisões das organizações em função das demandas ambientais provocadas pelas mudanças na sociedade e das novas exigências dos mercados globalizados e setorizados.

Essas dimensões ou características correspondem de alguma forma às fases do processo do planejamento, como veremos mais adiante.

Características e dimensões específicas

A caracterização apresentada trata do planejamento em geral, sendo válida para qualquer tipo e aplicação. Quando se relaciona diretamente com as organizações, outras dimensões ou características poderão estar presentes ou ser levadas em consideração quanto ao planejamento, segundo José Maria Dias:

- Abrangência – O planejamento deve envolver a organização como um todo.
- Integração – Deve integrar todos os setores organizacionais.
- Temporalidade – Deve orientar-se para o futuro, assumindo um caráter de longo prazo.
- Processo – Deve ocorrer mediante uma sucessão de fases interconectadas e contínuas.
- Flexibilidade – Deve ser flexível, para se adaptar às constantes mudanças do ambiente organizacional.
- Filosofia – Deve pautar-se por princípios orientadores que direcionem suas atividades, dentro de um clima favorável para sua operacionalização. Muito mais importante que os instrumentos usados para o planejamento é a atitude dos dirigentes de uma organização que faz um planejamento; ou seja, o primeiro passo a ser dado na direção de um planejamento adequado consiste na criação de um clima apropriado dentro da organização (1982, pp. 19-20).

Por planejamento organizacional entende-se aquele planejamento corporativo que integra e envolve todo o conjunto de unidades interdependentes da organização, facilitando e unificando as suas tomadas de decisões.

De acordo com James C. Emery, "o planejamento proporciona a base fundamental de coordenação dentro da organização e os planos representam as mensagens por meio das quais o sistema se comunica com as unidades da organização" (1972, p. 128).

Em todo esse contexto corporativo/organizacional, um dos aspectos relevantes a considerar é a dimensão política do planejamento, em que estão implícitas as relações de poder que, fatalmente, condicionam todo o processo.

Myrian Baptista, ao analisar o planejamento como processo político, afirma:

Tradicionalmente, ao se tratar de planejamento, a ênfase era dada aos seus aspectos técnico-operativos, desconhecendo-se, no seu processamento, as tensões e pressões embutidas nas relações dos diferentes sujeitos políticos em presença. Hoje, tem-se a clareza de que, para que o planejamento se efetive na direção desejada, é fundamental que, além do conteúdo tradicional de leitura da realidade para o planejamento da ação, sejam aliados à apreensão das condições subjetivas do ambiente em que ela ocorre: o jogo de vontades políticas dos diferentes grupos envolvidos, a correlação de forças, a articulação desses grupos, as alianças ou as incompatibilidades existentes entre os diversos segmentos. (2000, p. 17)

Quando mencionamos que o planejamento não se resume apenas a uma operação mecânica e instrumental do que fazer, como fazer etc., queríamos justamente enfatizar que se trata de um processo complexo e, além de ser uma função administrativa e técnico-racional, é, sobretudo, uma função política, pois nada poderá ser feito sem vontade e decisão política. O estudo das características e dimensões do planejamento nos ajuda a compreender melhor todos esses aspectos.

Filosofias do planejamento

Três são as filosofias que direcionam e orientam o planejamento, segundo Russell L. Ackoff: as da satisfação, da otimização e da adaptação (1978, p. 4).

Satisfação

Filosofia da satisfação é aquela que adota uma atitude mais conservadora. Procura fazer o mínimo de esforços para atingir os objetivos. Contenta-se com a política da "arte do possível". Não se interessa em buscar desafios e atirar em novos alvos. Preocupa-se mais com o planejamento dos recursos financeiros. A tendência é enfrentar o futuro com base no passado. Como afirma Ackoff, não é de se surpreender que um planejamento satisfatório raramente leve a uma mudança radical do passado. Ele geralmente produz planos conservadores que dão continuidade de maneira confortável à maioria das políticas atuais, corrigindo apenas deficiências obrais. Tal tipo de planejamento, portanto, interessa a organizações que estão mais preocupadas com sobrevivência do que com desenvolvimento e crescimento". (Ib., p. 6)

Otimização

Na filosofia da otimização predomina o uso de modelos matemáticos e estatísticos no processo do planejamento. Há uma preocupação constante com a quantificação dos objetivos e com o equilíbrio entre os custos e os benefícios. Vale-se da utilização de recursos computadorizados para auxiliar nos sistemas de planejamento e no controle, a fim de detectar e corrigir erros nos procedimentos para um desempenho adequado, por meio de métodos, técnicas e instrumentos científicos (Ackoff, 1978, pp. 7-10).

Na atualidade, os recursos tecnológicos advindos da informática são inúmeros, de *programas* e *softwares* simples aos mais complexos. Há, por exemplo, o chamado ERP (Enterprise Resource Planning), um *software* de planejamento dos recursos empresariais, que se propõe integrar as diferentes funções de uma empresa com vistas na maior eficiência nas operações em áreas como montagem ou entrega de produtos.[1]

Adaptação

A característica determinante da filosofia de adaptação é a inovação. Isto é, há uma preocupação com as incertezas e as mudanças sistêmicas e ambientais. Busca-se para isso estudar alternativas e planejar também para contingências. Segundo Ackoff, o planejamento de adaptação baseia-se em três pressupostos:

---

1. Para mais detalhes, consultar artigo "Por um ERP eficaz", de Buckhout, Frey e Nemec (1999, pp. 30-6).

Baseia-se na crença de que o principal valor do planejamento não está nos planos que ele produz, mas sim no processo de produzi-lo;

Quase toda a necessidade atual do planejamento provém da falta de administração e controles eficazes. É o próprio homem que produz a maior parte da confusão que o planejamento tenta eliminar ou evitar;

Nosso conhecimento do futuro pode ser dividido em três tipos: certeza, incerteza e ignorância; cada um requer tipos diferentes de planejamento: compromisso, contingência e adaptação. (op. cit., pp. 10-1)

Evidentemente, nos dias de hoje, em pleno início do terceiro milênio, qualquer planejamento não pode deixar de levar em conta o que nos ensina a filosofia da adaptação. Certamente Ackoff, quando escreveu sobre isso em 1970,[2] não poderia imaginar por quantas turbulências ambientais as organizações passariam ao longo desses últimos trinta anos. Por isso ele enfatizava na época que ainda não era uma prática muito utilizada.

Por fim, essas três filosofias não acontecem na sua forma pura, ou seja, é impossível planejar só com uma dessas modalidades. Na prática ocorre a mistura das três, pois "quanto mais o planejamento empresarial passa do enfoque satisfatório para o adaptável, maior a necessidade de métodos, técnicas e instrumentos científicos" (Ackoff, 1978, p. 14).

Compreender a importância dessas filosofias é um passo fundamental para quem se propuser empreender um planejamento como um todo nas organizações.

Tipos *versus* níveis hierárquicos

Se quiséssemos considerar os possíveis tipos de planejamento aplicados às mais diversas áreas e derivações, não daríamos conta de enumerá-los todos, dada a grande diversidade existente.

---

2. Sua obra original foi publicada em inglês em 1970, depois traduzida e editada no Brasil pela LTC, em 1974, 1976 e 1978.

Por isso, o enfoque, aqui, está restrito ao âmbito e aos níveis hierárquicos das organizações, ou seja, aos três tipos essenciais de planejamento: estratégico, tático e operacional. Apresentaremos, a seguir, definições gerais e relativas de cada uma dessas modalidades. Elas serão mais bem trabalhadas no decorrer dos próximos capítulos e no contexto aplicado do planejamento de comunicação e relações públicas.

Planejamento estratégico

O planejamento estratégico ocupa o topo da pirâmide organizacional. É responsável pelas grandes decisões estratégicas que envolvem as organizações como um todo. Caracteriza-se como de longo prazo e em constante sintonia e interação com o ambiente.

O planejamento estratégico visa buscar as melhores formas para gerenciar as ações estratégicas das organizações, tendo por base as demandas sociais e competitivas, as ameaças e as oportunidades do ambiente, para que a tomada de decisões no presente traga os resultados mais eficazes possíveis no futuro.

Planejamento tático

O planejamento tático atua numa dimensão mais restrita e em curto prazo. Restringe-se a certos setores ou a áreas determinadas das organizações. É, portanto, mais específico e pontual, buscando dar respostas às demandas mais imediatas, por meio de ações administrativas e técnicas eficientes. Serve de meio ou instrumento para implementação do plano estratégico, mediante a correta utilização dos recursos disponíveis com vistas na obtenção dos objetivos propostos ou prefixados. Ocupa na hierarquia organizacional um nível inferior ou intermediário à base operacional. Faz, portanto, a integração entre os planejamentos estratégico e operacional.

Planejamento operacional

O planejamento operacional é responsável pela instrumentalização e formalização, por meio de documentos escritos, de todo o processo do planejamento, bem como das metodologias adotadas. Controla toda a execução e procura corrigir os desvios em relação às propostas sugeridas. Permite visualizar as ações futuras num contexto operacional em termos de hierarquia funcional.

Evidentemente, esses três tipos de planejamento coexistem e são interdependentes nas organizações. Todos são necessários e se complementam. Ackoff, ao fazer distinção entre planejamento tático e estratégico, afirma: "eles são como 'cara' e 'coroa' de uma moeda: podemos examiná-las separadamente, podemos até discuti-las separadamente, mas não podemos separá-las de fato" (1978, p. 3). Portanto, são indispensáveis e acontecem conjuntamente, tendo como referência fundamental os objetivos globais estabelecidos pelas organizações com vistas em sua sobrevivência no mercado e no cumprimento da sua missão na sociedade.

Essa integração entre os três níveis do planejamento é muito bem ilustrada por Martinho I. de Almeida (2001), que demonstra que aquilo que é planejado em nível tático é, também, para o operacional, conforme quadro demonstrativo a seguir, observando apenas que o autor usa a palavra "entidade" no lugar de organização.[3]

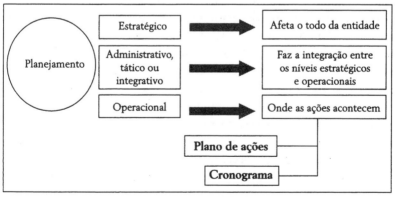

Fonte: Almeida (2001, p. 39).

---

3. Para esse exemplo preferimos adotar, em vez de "entidade", organização, pois entidade tem outras conotações semânticas, embora não deixe de ser também organização.

Importância do planejamento

O planejamento é importante para as organizações porque permite um redimensionamento contínuo de suas ações presentes e futuras. Possibilita conduzir os esforços para objetivos preestabelecidos, por meio de uma estratégia adequada e uma aplicação racional dos recursos disponíveis.

Sem planejamento, as decisões organizacionais ficariam à mercê do acaso, com soluções aleatórias de última hora. Portanto, o planejamento evita a improvisação. É ainda, de acordo com Koontz e O'Donnell, um excelente meio de controle, pois seu processo operacional tem condições de indicar os desvios do curso de ações e os mecanismos de correção em tempo hábil. Sua importância está também no fato de ele minimizar os custos, pois quando há planejamento se prevê com mais cuidado o quanto se vai e pode gastar. O planejamento, além disso, substitui as atividades isoladas, individuais e fragmentadas pelo esforço equilibrado, incentivando mais o trabalho em equipe e contornando julgamentos improvisados por decisões mais conscientes (1982, pp. 96-8).

Podemos, com base em José Maria Dias, sintetizar cinco vantagens da utilização do planejamento nas organizações: propicia a coordenação de esforços e a maximização de recursos escassos; faz com que a organização tome consciência de sua razão de ser, por meio de uma sistematização estratégica de seu desempenho; permite aferir se está perseguindo os resultados propostos nos objetivos; aumenta o nível de interação entre as pessoas que compõem a organização; e "amplia o horizonte dos dirigentes, orientando-os na prospecção do ambiente em que a organização irá operar, bem como lhes suscita novas idéias sobre oportunidades a serem exploradas" (1982, p. 22).

A atividade de planejar evita que ações das organizações sejam executadas ao acaso, sem qualquer preocupação com a eficiência, a eficácia e a efetividade para o alcance dos resultados.

Por todas essas razões, conclui-se que o planejamento é realmente imprescindível, para que uma organização possa delinear-se para o futuro e ser uma força ativa constante, já que ele permite um revigoramento contínuo das atitudes do presente. Quem planeja está atento e acompanha tudo. Isso permite à organização maior integração com o seu universo ambiental, dando-lhe mais condições de sobrevivência e vitalidade como um sistema organizacional aberto.

Processo de planejamento

No decorrer deste capítulo já foi enfatizado que planejamento é um processo sistematizado que acontece por meio de sucessivas partes ou etapas. Existem aquelas que poderíamos considerar instâncias básicas, presentes em qualquer ato de planejar, e as mais específicas, expressas normalmente nos planos e projetos aplicados em determinadas áreas e setores especializados. Qual é o pensamento dos estudiosos a esse respeito?

Nos próximos capítulos as fases do processo serão vistas em sua aplicação à comunicação organizacional e às relações públicas. Vejamos aqui apenas, a título de ilustração, como alguns autores de diferentes áreas sintetizam o processo.

Uma visão abrangente

Ackoff, por exemplo, destaca cinco partes essenciais do processo: especificação de objetivos e metas; definição de políticas, programas e procedimentos; determinação dos recursos necessários; escolha de procedimentos para tomada de decisões e implantação; e estabelecimento de formas de controle (1978, p. 4).

Ao descrever o processo lógico do planejamento como um "ato de pensar da mente saudável e disciplinada", Robert M. Randolph enumera as sete fases seguintes: definir a situação, analisá-la, desenvolver alternativas, tomar uma decisão com base na melhor alternativa, agir no sentido de fazer com que a decisão se concretize, justificar a decisão (saber a razão por que se decidiu), apresentar uma nova definição da situação quando as mudanças exigem (1977, p. 53).

Para Danilo Gandin, a organização ou o grupo que pretende dar um sentido mais científico, global e participativo à organização e consolidação de um processo de planejamento deve levar em conta as etapas de: preparação; elaboração do plano global de médio prazo (com o marco referencial, o diagnóstico, a programação e a revisão geral); elaboração de planos globais de curto prazo; e elaboração de planos setoriais (2000*b*, p. 64).

A decisão de planejar requer, de acordo com Myrian V. Baptista (2000, p. 28), um movimento de reflexão, decisão e ação que, concomitantemente, ocorre na dinâmica do processo de planejamento, mediante as seguintes etapas ou aproximações: construção e reconstrução do objeto, estudo de situação, definição de objetivos para a ação, formulação e escolha de alternativas, montagem de planos/programas e projetos, implantação, controle de execução, avaliação do processo e da ação executada, e retomada do processo em um novo patamar.

Pelas descrições apresentadas, podemos perceber que, embora os roteiros propostos pelos autores sejam diferentes, o conteúdo é muito semelhante. Isto é, o ato de planejar passa por um processo em que algumas etapas estão sempre presentes. Não se planeja sem vinculação com determinada realidade. É preciso estudo, análise e reflexão para tomar decisões e escolher caminhos viáveis e coerentes com a situação trabalhada.

As fases do processo

Em nossa concepção, são doze as etapas de um processo de planejamento em qualquer área ou situação. Trazemos aqui só considerações gerais do conjunto de todas elas, preparando de alguma forma sua aplicação à comunicação organizacional e às relações públicas, como faremos nos capítulos posteriores. Trata-se das seguintes fases:

- Identificação da realidade situacional
- Levantamento de informações
- Análise dos dados e construção de um diagnóstico
- Identificação dos públicos envolvidos

PLANEJAMENTO 219

- Determinação de objetivos e metas
- Adoção de estratégias
- Previsão de formas alternativas de ação
- Estabelecimento de ações necessárias
- Definição de recursos a serem alocados
- Fixação de técnicas de controle
- Implantação do planejamento
- Avaliação dos resultados

Didaticamente, costumam se demonstrar formas lógicas e lineares para explicar as fases do processo de planejamento. Mas é importante lembrar que, na prática, isso não é tão fácil assim. A interdependência e as conexões entre essas fases não se dão de forma cronologicamente rígida. Decorrem, sim, de ações encadeadas e ordenadas, mas dentro de contextos que exigem flexibilidade e adaptações.

Na primeira fase, de *identificação da realidade situacional*, pressupõe-se que já ocorreu uma decisão política para desencadear o processo e já há certo conhecimento do objeto. Nesse sentido, é preciso saber qual é a real situação. Trata-se de uma decisão, de uma necessidade ou de um problema? Quais são os fatores condicionantes que podem interferir no processo?

O *levantamento de informações* é um procedimento técnico e científico imprescindível para o planejador, pois ele fornecerá os dados que, devidamente *analisados*, levarão à *construção de um diagnóstico* correto da realidade que estará sendo objeto de um planejamento.

A quem se destina o que está sendo planejado? A *identificação dos públicos* que serão atingidos, como se caracterizam, quais suas reações etc., são questões-chave do planejamento.

Outra fase fundamental para o planejamento é a *determinação de objetivos*. Objetivos são os resultados que pleiteamos alcançar. Para fixá-los, temos de partir de um diagnóstico realista e definir exatamente o que pretendemos fazer, estabelecendo mesmo as prioridades. Portanto, os objetivos têm de ser realizáveis e devem servir de referencial para todo o processo de planejamento, tanto na fase de elaboração como na de implantação, havendo como que um comprometimento de quem planeja com quem executa.

Façamos aqui uma diferenciação entre objetivos e metas. Segundo Ackoff, "situações ou resultados desejados são objetivos. Metas são objetivos designados para serem atingidos durante o período para o qual se planeja" (1978, p. 27). Isto é, metas são os resultados a serem alcançados em datas preestabelecidas. Diferentemente dos objetivos, elas têm uma data para serem alcançadas. Exemplificando, diríamos que uma organização tem como objetivo mudar sua política de recursos humanos: é o resultado a que quer chegar. Ela estabelece que vai fazer isso dentro de seis meses: é a meta preestabelecida. As metas favorecem muito o processo de controle, pois permitem avaliar e comparar o que foi feito entre o planejado e o efetivamente organizado.

Para David R. Hampton, os objetivos, diferentemente dos simples desejos, são o produto de um pensamento específico e concreto. Comprometem as pessoas e as organizações quanto ao cumprimento de realizações verificáveis (1980, p. 114).

Traçados os objetivos, quando já foram delineados os propósitos ou as pretensões, parte-se, então, para o estabelecimento da melhor maneira de alcançá-los. Isso pode ser definido como a *adoção de estratégias*. Por estratégia entende-se uma linha-mestra, ou seja, um guia de orientação para as ações. É a melhor forma encontrada para conseguir realizar os objetivos. É aquilo que o planejador arma para atender às proposições estabelecidas.

H. Igor Ansoff considera a estratégia como o conjunto de "regras de decisão e diretrizes" para auxiliar a organização na orientação do seu crescimento, pois só o estabelecimento de objetivos não é suficiente (1977, p. 87). E William H. Newman diz que a estratégia é "usada para significar o ajuste de um plano às reações antecipadas daqueles que serão afetados pelos planos" (1981, p. 86). O conceito originou-se historicamente no meio militar, tendo sido adotado depois pela área de administração.

As estratégias a serem escolhidas vão depender muito do que se pretende fazer, da filosofia e da política da organização, não sendo, portanto, jamais incompatíveis com estas. Ao se traçarem as estratégias, devem-se prever também *formas alternativas de ação* que podem ser utilizadas em casos inesperados.

Uma vez definida a melhor estratégia a seguir e estabelecidas as *ações necessárias*, é preciso fazer a *definição de recursos* a serem alocados para a realização das ações sugeridas. O planejamento envolve, basicamente, três tipos de recursos: materiais, humanos e financeiros. É necessário fazer uma previsão adequada em termos de quantidade, além de providenciar uma análise qualitativa. Todos são fundamentais e devem ser planejados de forma criteriosa. Tradicionalmente a preocupação maior era com os recursos financeiros e materiais. Hoje as organizações estão mais conscientes de que é preciso valorizar e compreender a importância da gestão das pessoas para consecução dos seus objetivos globais. E, nessa perspectiva, muitos investimentos estão sendo feitos na qualificação profissional.

Antes de se pôr em prática o planejamento montado, ainda é preciso fixar *técnicas de controle* que permitam verificar e corrigir possíveis desvios em tempo hábil. Só então se procede à *implantação do planejamento*, colocando-se em prática aquilo que foi planejado, efetivando as ações que foram delineadas no processo do planejamento.

A *avaliação dos resultados* fecha o conjunto das principais etapas do planejamento. Embora seja colocada como a última das fases, ela deve acompanhar todo o processo de planejamento. Por meio da avaliação é possível comparar os resultados obtidos com o que foi planejado e organizado, a partir de parâmetros e indicadores previamente estabelecidos.

Instrumentos e operacionalização

O planejamento, como um processo intelectual que ocorre a partir de todos os pressupostos e pré-requisitos já mencionados, depende do uso de instrumentos formais escritos para a real efetivação das ações programadas. Esses instrumentos constituem a materialização do ato de pensar de todo o processo do planejamento. Integram o âmbito do planejamento operacional, permitindo visualizar a futuridade das ações num contexto aplicado, buscando as alternativas mais eficazes possíveis, traduzidas nos planos de ação, nos programas e nos projetos.

Plano, projeto e programa

Segundo Horácio M. de Carvalho, "o planejamento é um processo sistematizado, sendo o plano, o programa e o projeto documentos [desse processo]" (1979, p. 38). A elaboração desses documentos permitirá condensar tudo o que foi pensado, numa visão conjunta de todas as fases do planejamento, isto é, nos possibilitará ordenar o processo, de modo a facilitar não só as tomadas de decisões, como também a realização do que foi planejado.

Na prática, há, muitas vezes, certa confusão na montagem de planos, programas e projetos, não se atendendo à especificidade de cada um. Para Carvalho,

> o plano difere do projeto essencialmente no que se refere à amplitude do objeto. Enquanto o plano procura reunir um conjunto de elementos de decisão necessários para caracterizar racionalmente a conduta de um grupo humano ou de um conjunto de unidades de produção, o projeto objetiva o estudo mais racional dos recursos econômicos (escassos) para a produção de um bem ou de um serviço em todos os detalhes econômicos e técnicos. [...] O programa, no contexto do planejamento, seria o resultado final da fase (na prática, consubstanciado em documentos) de tomada de decisões, tendo em vista o melhor uso dos recursos econômicos para atendimento das necessidades e aspirações dos indivíduos, grupos humanos ou unidades produtivas (empresas). (1979, pp. 39-41)

Todas essas três modalidades de instrumentos do planejamento normalmente contêm os dados essenciais, que especificam o que fazer, como fazer, por que fazer, quem vai fazer, onde, quando e com que recursos. Quando, no Capítulo 9, falarmos da elaboração de planos, projetos e programas de relações públicas, detalharemos melhor conceitualmente cada um deles. Agora, com o intuito de colocar apenas os pontos principais, mais generalizados, podemos, no caso de um programa, sintetizá-los numa tabela como esta:

Programa de ação

Objetivo O quê?	Justificativa Por quê?	Estratégia Como?	Ações O que fazer?	Responsável Quem?	Data Quando?	Local Onde?	Recursos Por que meios?

Na elaboração de planos, projetos e programas, é importante estabelecer alternativas e prioridades, pois, segundo Robert Randolph, "visto que sempre são possíveis algumas alterações, é de bom alvitre que se elaborem planos de ação alternativos (planejamento para situações inesperadas). Depois pode ser acionado rapidamente um método alternativo de ação que fora previamente preparado" (1977, p. 79). Em relação às prioridades, esse mesmo autor fala que, como são raros os recursos para realizar o que se quer, torna-se indispensável priozar objetivos e elabor formulários indicativos por ocasião da operação, verificando qual a ordem de prioridades (ib., p. 80).

Não resta a menor dúvida de que a preparação, por escrito, de projetos, planos de ação e programas propicia condições mais eficazes de implantação do que foi planejado. Mas existem outros instrumentos de controle valiosos e operacionalmente utilizados, como, por exemplo, fluxogramas, formulários especiais, planilhas e quadros de controle. Com os recursos informatizados disponíveis, esses e outros poderão ser criados em forma de programas e *softwares* específicos.[4] O instrumental tecnológico, se utilizado adequadamente, poderá contribuir para facilitar o trabalho de planejamento nos três níveis – estratégico, tático e operacional.

Instrumentos de controle

Na seqüência, arrolamos alguns modelos de cronograma, um instrumento imprescindível para controle de toda a operacionalização das ações planejadas.

Cronograma, de acordo com David Hampton, "é um plano que especifica os períodos de tempo nos quais as atividades têm que ser executadas" (1980, p. 127). Podemos dizer que, por meio de um cronograma, se prevêem graficamente o início e o término das diversas fases de um planejamento operacional. Na

---

4. Martinho R. Almeida, na obra *Manual de planejamento estratégico: desenvolvimento de um plano estratégico com a utilização de planilhas Excel*, demonstra de forma didática e simples como é possível elaborar planos valendo-se de sistemas informáticos e de uso geral, como no caso o *software* Excel.

PLANEJAMENTO   225

prática diária, costumamos usar cronogramas bastante simplificados, que facilitam o acompanhamento e o controle na realização das ações planejadas, como, por exemplo, o reproduzido no quadro da página seguinte.

Para controlar o conjunto de atividades do ano, podemos utilizar um quadro como o da p. 227, "onde as linhas configuram as tarefas ou atividades e as colunas definem os períodos de tempo, geralmente dias ou meses. Os traços horizontais significam a duração das tarefas ou atividades, com início e término bem definidos, conforme sua localização nas colunas" (Chiavenato, 1982, pp. 261-2).

Um tipo de cronograma bastante utilizado é o "gráfico de Gant", conhecido também como diagrama de barras (ver p. 228). Em sua elaboração, primeiramente, devem ser levantadas todas as atividades necessárias para a realização de um projeto ou programa, com as respectivas durações. Depois são ordenadas as atividades, estabelecendo-se uma seqüência entre elas, mostrando o que se faz a cada momento (cf. Prado, 1998, pp. 25-6).[5]

Se formos produzir, por exemplo, um folheto institucional para determinada organização, podemos listar as seguintes tarefas ou atividades como apresentado na página 228.

Outro modelo empregado é o cronograma Pert/CPM – Program of evaluation and review technique (técnica de avaliação e revisão de programa) e Critical path method (método do caminho crítico). Segundo Schonberger, "é um sistema lógico baseado em cinco elementos principais: a rede, alocação de recursos, considerações de tempo e de custo, rede de caminhos, e o caminho crítico" (apud Chiavenato, 1982, p. 263). É um modelo que, talvez mais utilizado em outras áreas, como a de construção, não tem tanta aplicabilidade no planejamento da comunicação organizacional, principalmente por ser bastante complexo.[6]

---

5. Para mais detalhes sobre o gráfico de Gant (origem, procedimentos a serem seguidos e uso de *software* apropriado), consultar Prado (1998, pp. 25-9).

6. Sobre Pert/CPM, pode-se consultar, por exemplo, Prado (1998).

Programa de ação

Providências	Detalhes	Responsabilidade	Datas		Observações
			Início	Fim	

Cronograma de atividades

Tarefa	Jan	Fev	Mar	Abr	Maio	Jun	Jul	Ago	Set	Out	Nov	Dez

Gráfico de Gant – Folheto institucional

Duração

Nº	Atividades	1	2	3	4	5	6	D	8	9	10	11	12	13	D	15	16	17	18	19	20	D	22	23	24	25
1	Esboço da idéia (*rough*)	■	■																							
2	Redação do texto			■	■																					
3	Elaboração do leiaute					■	■																			
4	Realização das fotos								■	■																
5	Digitalizar fotos										■	■														
6	Diagramação final												■	■												
7	Impressão de fotolitos															■										
8	Elaboração de provas																	■	■							
9	Impressão																			■	■					
10	Distribuição																						■	■	■	■

——— Previsto
·········· Realizado

Em relação aos gráficos de processamento, o fluxograma representa a seqüência normal de qualquer trabalho, produto ou documento. É, portanto, um gráfico de rotina e se vale de símbolos e formulários para representação dos passos de um processo. Segundo Antonio Cury, é por excelência o mais utilizado para trabalhos de análise administrativa (2000, p. 330).[7]

Quadros sintéticos, planilhas e formulários especiais são instrumentos simples que poderão ser criados de acordo com as necessidades e a criatividade daqueles que se ocupam com a atividade de planejar. Na prática, funcionam como facilitadores em todo o processo de decisão e execução.

Os instrumentos apontados constituem formas de controle que facilitam muito a implantação correta do que foi planejado, pois não adianta fazer grandes planos, projetos e programas no papel sem uma aplicação adequada.

---

7.   Para mais detalhes, consultar obras sobre organizações e métodos da área de administração. Ver, por exemplo, Cury (2000, pp. 329-50), Luís Araújo, (2001, pp. 219-20) e Matos (1978, pp. 342-53).

6

PLANEJAMENTO ESTRATÉGICO DIRECIONADO PARA A COMUNICAÇÃO ORGANIZACIONAL

Compreender o real significado do planejamento estratégico, sua evolução conceitual, a necessidade de uma simbiose deste com a gestão ou administração estratégica e o pensamento estratégico, para a efetiva implementação do seu processo nas organizações contemporâneas, é um dos propósitos deste capítulo.

Trata-se de um tema que tem sido tratado em profusão no campo acadêmico e profissional da área de administração, na forma de livros e artigos em revistas especializadas e de negócios, sendo, também, constantemente equacionada a viabilidade concreta de sua aplicação nas organizações.

De que forma a área de relações públicas poderá apropriar-se dos ensinamentos, dos conceitos e do processo do planejamento estratégico e da gestão estratégica para planejar e gerenciar a comunicação organizacional? É outro objetivo que queremos atingir com este capítulo.

Evolução do planejamento estratégico

O planejamento estratégico surgiu em fins da década de 1950 e início da de 1960, como uma resposta das organizações para fazer frente aos novos desafios ambientais e às mudanças que vinham ocorrendo na época no macroambiente social.

Origens

Igor Ansoff, um dos autores clássicos da área de administração estratégica, analisa cinco estágios de turbulência ambiental que impulsionaram mudanças, revisão e evolução dos paradigmas dos sistemas administrativos ou de gestão no século XX, tendo como cenário os Estados Unidos e, conseqüentemente, ditaram as formas de como as organizações deveriam ser planejadas: estável, reativo, proativo, exploratório e criativo.[1] Diz ele:

> À medida que os níveis de turbulência se alteravam, a administração ia desenvolvendo enfoques sistemáticos, visando lidar com os níveis crescentes de imprevisibilidade, novidade e complexidade. À medida que o futuro se tornava cada vez mais complexo, diferente e menos previsível, os novos sistemas passavam a ser mais sofisticados, complementando e adicionando-se aos anteriores. (1993, p. 35)

Assim, de acordo com o autor, de 1990 a 1930, o nível de turbulência era estável e as mudanças eram lentas e superficiais, permitindo às organizações agir dentro de certa previsibilidade dos fatos que ocorriam, por meio de uma gestão por controle. De 1930 a 1950, o período de turbulência era reativo; as mudanças já eram mais rápidas, mas o futuro ainda podia ser previsto com base no passado. O estágio de 1950 a 1960 se caracteriza como antecipatório ou proativo; as organizações planejavam mudanças e se antecipavam a elas; ou seja, era uma gestão por previsão de mudanças.

De 1970 a 1980, o nível de turbulência ambiental foi exploratório e de grandes e intensas mudanças, exigindo das organizações um múltiplo planejamento e gestão estratégica, por meio de respostas rápidas e flexíveis. A partir da década de 1990 passou a ser considerado criativo, provocando a administração da

---

1. Para mais detalhes, consultar Ansoff (1993, pp. 35-99). Marco A. Oliveira (1988) analisa esses estágios ou níveis de turbulência ambiental ao abordar como tema de seu livro a cultura organizacional.

surpresa ou de surpresas estratégicas. Isto é, as mudanças são súbitas e urgentes, criando problemas novos que precisam ser administrados sob parâmetros diferentes dos procedimentos normais até então adotados (1993, pp. 35-49), exigindo soluções rápidas e criativas ou, em outras palavras, que se administrem surpresas. Diz Ansoff a respeito das surpresas estratégicas:

1. A questão surge repentina e *inesperadamente*. 2. Cria problemas *novos*, com os quais a empresa possui experiência anterior e muito limitada. 3. A falta de reação leva a uma *importante perda financeira* ou à perda de uma grande oportunidade. 4. A necessidade de reação é *urgente* e a reação não pode ser empreendida com rapidez adequada pelos sistemas e procedimentos normais. (1993, p. 45)

De fato, se recordamos todas as grandes transformações mundiais que ocorreram na sociedade na década de 1990 e as influências que tiveram sobre as organizações, temos de concordar com o autor. É preciso saber administrar surpresas, também no início deste terceiro milênio, quando a incerteza global é uma constante e quase uma regra. Só as organizações criativas e inovadoras sobrevirão.

Com essa breve retrospectiva dos estágios ou ciclos de turbulência ambiental, queremos demonstrar que o planejamento estratégico passou por uma evolução conceitual ao longo das cinco últimas décadas. Como instrumento e metodologia gerencial, ele abrange toda a organização e vincula-se ao que acontece no meio ambiente social. É no macroambiente que as organizações buscam os subsídios para formulação e implantação do seu processo.

Evolução conceitual

A evolução do planejamento, de acordo com Mauro Calixta Tavares (2000), teve como primeira fase o planejamento financeiro, na década de 1950. A ênfase estava em cumprir o orçamento anual. Planejava-se com base na disponibilidade financeira.

Era uma visão míope e restrita ao ambiente interno da organização. Não havia uma preocupação com as demandas e com os impactos do ambiente.

A segunda fase foi a do planejamento de longo prazo, na década de 1960. O foco era posto em projetar o futuro e verificar tendências, a partir de indicadores do presente e do passado. Projetava-se onde a organização deveria chegar, numa perspectiva realista e com ênfase nos objetivos de longo prazo. Não se previam mudanças e descontinuidades.

O planejamento organizacional de longo prazo logo assim entendido demonstrou ser limitado e incapaz, pois não levava em conta os impactos que as mudanças ambientais poderiam causar nas organizações. Por isso, ele assume novas características, voltando-se para a busca de caminhos que dessem um direcionamento às decisões organizacionais, com base nas mudanças do ambiente e dos fatos que estão ocorrendo no mercado. Nesse sentido, preocupa-se em como fazer para atender às demandas ambientais. É o planejamento estratégico, ao qual se começa a dar atenção na década de 1970 (Tavares, 2000, pp. 23-6).

Uma das técnicas adotadas para fazer a análise ambiental externa e interna é a chamada *swot*. As organizações a empregam no processo do planejamento estratégico para analisar e avaliar suas condições competitivas em relação ao ambiente. Isto é, identificam quais seus pontos fortes (*strengths*) e fracos (*weakness*) no contexto do seu ambiente interno. E, como fatores externos, buscam descobrir quais são as oportunidades (*opportunities*) e as ameaças (*threats*).

Esse modelo básico de análise ou técnica *swot*,[2] denominado por Henry Mintzberg, Bruce Ahlstrand e Joseph Lampel de escola do *design*, "propõe um modelo de formulação de estratégia que busca atingir uma adequação entre as capacidades internas e as possibilidades externas" (2000, p. 28).

---

2. A análise *swot* foi basicamente desenvolvida por um grupo de estudiosos de administração da Harvard Business School, tendo como expoente, entre outros, os autores Kenneth Andrews e Roland Christensen. Ver, para mais detalhes, Andrews, K. R. (1980), Christensen, C. R. et al. (1982) e Mintzberg, H. et al. (2000, pp. 28-42).

A partir de então o planejamento estratégico passou a ser muito formalizado e começou a existir um hiato entre o processo de elaboração ou formulação e a sua implantação. Ou seja, faltava uma integração entre a concepção de estratégia e sua operacionalização. Esse fato passou a ser objeto de equacionamento e críticas entre estudiosos e práticos, resultando em inúmeros artigos em revistas especializadas e livros a esse respeito.

Os debates e questionamentos giraram em torno não só da falta de aplicabilidade e da formalização excessiva do planejamento, mas também do distanciamento entre os planejadores, consultores e aqueles que o executavam. Outro aspecto foi a nítida falta de conexão entre o planejamento estratégico, a administração estratégica e o pensamento estratégico, entre outros aspectos.

Quais foram as alternativas encontradas pelos administradores, pesquisadores e consultores? Como resolver e tratar os novos sintomas ambientais que condicionavam a eficácia da implementação do planejamento estratégico? Como usar a flexibilidade no processo do planejamento estratégico e na sua implementação? Como desenvolver novas maneiras para administrar esses problemas? Foram questões que alimentaram o debate e impulsionaram novas formas de condução e proposições, como veremos a seguir.

Mintzberg, em artigo publicado na revista *Exame*, defendeu a urgente necessidade da inserção do pensamento estratégico para contrabalançar a rigidez dos planos:

> Três décadas de experiência com planejamento estratégico nos ensinaram sobre a necessidade de afrouxar o processo de elaboração de estratégias em vez de tentar selá-lo com formalizações arbitrárias. Aprendemos o que não é planejamento e o que não se deve deixar acontecer. Mas também aprendemos o que é planejamento e o que ele pode fazer e, talvez de mais utilidade, o que os planejadores podem fazer por meio do planejamento. A história do planejamento estratégico, em outras palavras, nos ensinou não somente técnicas, mas também como as organizações funcionam e o que os administradores fazem (ou não) para pactuar com esse funcionamento. Mais significativo, nos ensinou alguma coisa sobre como nós, seres humanos, pensamos, e que nós, às vezes, paramos de pensar. (1994, p. 72)

Outro artigo ilustrativo, também publicado pela revista *Exame*, em 1998, foi o de Dárcio Crespi, que enfatizava a necessidade de o planejamento estratégico mudar de rumo, não se admitindo mais um planejamento feito simplesmente por "planejadores estratégicos profissionais externos" sem vinculação com quem o executa. Não basta apenas planejar. A melhor estratégia é aquela colocada em prática. É preciso comunicar, identificar pontos de ruptura, reconhecer e reforçar o trabalho dos implementadores, construir consenso e criar mecanismos para capturar o conhecimento emanado do processo em si (1998, p. 92).

Para suprir essas lacunas e dar uma nova direção ao planejamento estratégico, os estudiosos e especialistas do assunto desenvolveram, a partir da década de 1980, novas propostas,[3] como: a necessidade da conexão com a administração estratégica e o pensamento estratégico; outras alternativas para análise ambiental, como as vantagens competitivas, as competências essenciais para o futuro, a cultura organizacional ante as mudanças, a incorporação das inovações tecnológicas; a necessidade do monitoramento ambiental constante; a absorção dos conceitos de missão, visão e valores organizacionais, entre outros aspectos relevantes.

Escrevem Aldery Silveira Júnior e Guilherme Antônio Vivacqua:

> Os estudiosos chegaram à conclusão de que, além do planejamento estratégico, dever-se-ia trabalhar outros fatores: os aspectos comportamentais, a cultura voltada para a mudança na organização e para a estratégia, ou seja, as pessoas e o monitoramento ambiental. Em suma, a administração estratégica passa a ser vista como um processo interativo entre a fixação e o monitoramento ambiental e sua avaliação. (1996, p. 18)

---

3. A literatura especializada dispõe de muitas obras que tratam do assunto. Ver Ansoff (1981 e 1993) e outros. Em *Safári de estratégia* (2000) Henry Mintzberg, Bruce Ahlstrand e Joseph Lampel analisam todas as escolas que criaram para descrever o pensamento dos autores sobre a formação de estratégias e a evolução do planejamento estratégico. Tais como: as escolas do design, do planejamento, de posicionamento, empreendedora, cognitiva, de aprendizado, de poder, cultural, ambiental e de configuração. Sobre vantagens competitivas, consultar seu idealizador, Michael Porter (1989). Ver também a coletânea *Gestão estratégica de negócios: evolução, cenários, diagnóstico e ação*, organizada por Marly Cavalcanti (2001).

Trata-se, portanto, de um tema abrangente e sujeito à dinâmica ambiental, aos constantes debates e à necessidade de aperfeiçoamento, pois se ocupa com algo vital para a sobrevivência das organizações: a escolha das técnicas, de direções acertadas para a tomada de decisões estratégicas com vistas nos resultados e na consecução de objetivos organizacionais corporativos.

Pelas considerações apresentadas, podemos deduzir que o planejamento estratégico permite às organizações encontrar o melhor caminho para o direcionamento de suas atividades, tendo por base as oportunidades e as ameaças detectadas no ambiente externo, o reconhecimento de suas competências essenciais, vantagens competitivas internas e externas e a sua capacidade de planejar, pensar criticamente e administrar a implementação das decisões e ações elaboradas para o alcance dos resultados, cumprimento da missão e da visão.

Enfim, o planejamento estratégico constitui uma atividade bastante abrangente, tanto no nível organizacional (toda a organização) como na dimensão temporal. Está fortemente relacionado com a ambiência, com as questões políticas, sociais e econômicas da sociedade, sendo, portanto, muito mais dinâmico que aquele planejamento formal de longo prazo, embora se caracterize também como de longo prazo. Nesse sentido, pode ser visto como arma que orienta e guia as tomadas de decisões, em face das incertezas, dos conflitos e dos riscos que as organizações têm de enfrentar.

Planejamento estratégico e administração estratégica

Já destacamos que uma das saídas que as organizações encontraram para implementar o processo de formulação de estratégias ou o planejamento estratégico foi incorporar o conceito de administração estratégica. Esta prevê maior flexibilidade, implica mudanças de atitudes dos dirigentes e do corpo funcional, integração de processos e recursos, e busca integrar as estratégias delineadas com a organização. Destaca Mauro Calixta Tavares:

A gestão estratégica procura reunir planejamento estratégico e administração em um único processo. Assegura as mudanças organizacionais necessárias para sua implementação e a participação em vários níveis organizacionais envolvidos em seu processo decisório. Corresponde, assim, ao conjunto de atividades planejadas e intencionais, estratégicas e organizacionais, que visa integrar a capacidade interna ao ambiente externo. (2000, p. 33)

Igor Ansoff, um dos primeiros autores a introduzir o conceito de administração estratégica, a define como "um processo de gestão do relacionamento de uma empresa com o seu ambiente. Compreende planejamento estratégico, planejamento de potencialidades e gestão de mudanças" (1993, p. 553). Em outras palavras, de acordo com ele:

A atividade de administração estratégica se preocupara com o estabelecimento de objetivos e metas para a organização e com a manutenção de um conjunto de relações entre a organização e o ambiente, (a) que lhe permitiram perseguir seus objetivos, (b) sejam compatíveis com as potencialidades organizacionais e (c) lhe possibilitam continuar a ser sensível às exigências do ambiente. (1993, p. 289)

A administração estratégica é vista por Djalma de Pinho Rebouças de Oliveira como

uma administração do futuro que, de forma estruturada, sistêmica e intuitiva, consolida um conjunto de princípios, normas e funções para alavancar harmoniosamente o processo futuro desejado da empresa como um todo e seu posterior controle perante os fatores ambientais, bem como a organização e direção dos recursos empresariais de forma otimizada com a realidade ambiental, com a maximização das relações interpessoais. (1995, p. 28)

Como podemos observar, a administração estratégica, na percepção do autor, é abrangente e fundamental para a implementação do planejamento estratégico.

PLANEJAMENTO ESTRATÉGICO DIRECIONADO...

O uso da flexibilidade na administração estratégica foi um dos aspectos destacados por Pierre Tabatoni e Pierre Jarniou:

A administração estratégica é entendida como um sistema escolhido de administração que enfatiza sua própria flexibilidade, isto é, que provoca o aparecimento de programas estratégicos inovadores, que busca a mudança da própria política, que analisa mais o desenvolvimento do potencial para mudanças futuras do que o desempenho a curto prazo e que entende os fundamentos do poder e das características culturais dentro da organização porque aí estão os principais geradores de sua própria flexibilidade. (1981, p. 45)

A tônica dessas definições está no fazer-acontecer; na perseguição dos objetivos; no desenvolvimento das potencialidades organizacionais mediante a valorização de uma cultura corporativa, do uso da flexibilidade, do poder da inovação e da criatividade; e na visão estratégica da importância de atender e levar em conta às demandas do ambiente externo. Para tanto, a administração estratégica não pode prescindir do planejamento estratégico e vice-versa. Luis Gaj apresenta algumas diferenças básicas entre planejamento estratégico e administração estratégica (1987, p. 23):

Planejamento estratégico	Administração estratégica
Estabelece um posicionamento em relação ao ambiente	Acresce capacitação estratégica
Lida com fatos, idéias, probabilidades	Incorpora aspirações em gente, com mudanças rápidas da organização
Termina com um plano estratégico	Termina com um novo comportamento
Sistema de planejamento	Sistema de ação

As diferenças propostas pelo autor acentuam a interdependência entre as funções de planejar e as de administrar. Portanto,

Pensamento estratégico

Qual seria o papel do pensamento estratégico em todo esse contexto? Em que consiste? O pensamento estratégico é um processo intuitivo e criativo que orienta para uma visão mais dinâmica do processo de planejamento estratégico e a flexibilidade e adaptações inovadoras para sua implementação. Para Henry Mintzberg, o pensamento estratégico, em contraponto com o planejamento estratégico, "se refere à *síntese*. Envolve intuição e criatividade. O resultado do pensamento estratégico é uma perspectiva integrada do empreendimento, uma visão de direção que nem sempre é precisamente articulada" (1994, p. 70).

O pensamento estratégico não se prende à rigidez dos quadros ou diagramas e busca descobrir novas e várias alternativas, isto é, não se prende a dar uma única resposta ou a resposta certa, mas levanta questões e equaciona o estabelecido formalmente.

O planejamento e a gestão estratégicos não podem se restringir aos enfoques formais e limitados do passado, conforme já destacamos. Deve-se considerar o "impacto da cultura organizacional e das atividades de política interna da formulação e implementação das estratégias", segundo Ralph Stacey (1998, p. 22). Daí a necessidade não só de fazer o planejamento estratégico, mas de utilizar a administração estratégica e de não se prescindir da incorporação do pensamento estratégico. Citando Noel Zabriskie e Alan Huellmantel, Stacey reproduz o que pensam estes dois estudiosos sobre o pensamento estratégico:

> Os quadros executivos pensam de forma estratégica especificamente quando visualizam aquilo em que querem que a sua organização se transforme; são capazes de reposicionar os seus recursos para competirem nos mercados futuros; avaliam os riscos, os proventos e os custos que as alternativas estratégicas disponíveis implicam; refletem sobre e identificam as questões às quais pretendem que o plano estratégico responda; refletem de

forma lógica e sistemática sobre as etapas de planejamento e sobre o modelo que irão utilizar para implementar o seu pensamento estratégico na operação da empresa. (Zabriskie e Huellmantel, apud Stacey, 1998, p. 22)

A existência do pensamento estratégico depende de algumas premissas, segundo Djalma de Pinho Rebouças de Oliveira: "Consolidação de uma visão aberta, sistêmica e voltada para frente (interativa); o constante exercício mental da busca de questões estratégicas; bem como a estruturação do processo decisório" (1995, p. 194).

Na nossa percepção, a visão abrangente, o valor da diversidade presente no conjunto das pessoas que conduzem todo esse processo, a atenção e a sensibilidade, por meio de monitoramento do que acontece no ambiente social, a criatividade e a ousadia para inovar são alguns ingredientes que não podem faltar ao pensamento estratégico, além de todo o conhecimento da real situação da organização ante tudo isso.

Com isso queremos dizer que pensamento estratégico não é só intuição, proposição de idéias criativas ou inovadoras. Requer também conhecimento da organização e de suas condições e aspirações e aportes técnicos e tecnológicos para aplicá-las na prática e intervir no processo de planejamento e gestão estratégica das organizações.

Além da absorção dos conceitos de pensamento estratégico e de administração estratégica, para uma maior efetividade do planejamento estratégico e mesmo para compreensão do seu processo nas organizações, as concepções de missão, visão e valores são também incorporadas e constituem, na contemporaneidade, palavras-chave que estão presentes tanto no debate acadêmico quanto na gestão cotidiana das organizações.

A missão compreende o conceito da organização em si, sua razão de ser, de existir. Já a visão representa o posicionamento futuro que ela quer assumir, isto é, como quer ser vista aos olhos dos públicos a ela vinculados. E os valores traduzem as convicções filosóficas dos principais dirigentes e os atributos que acreditam que a organização deva ter como princípio para direcionar

242 PLANEJAMENTO DE RELAÇÕES PÚBLICAS NA COMUNICAÇÃO INTEGRADA

suas atividades. Quando abordarmos o plano estratégico de comunicação organizacional, retomaremos esses conceitos.

Processo de formulação do planejamento estratégico

Existem vários passos até se chegar a estabelecer uma proposta definida de planejamento estratégico para uma organização.

A seqüência do processo é mesmo vista de forma diferente pelos autores. Isto é, eles encontram maneiras próprias de propor possíveis metodologias para o desenvolvimento e a estruturação da formulação estratégica. No entanto, não fogem dos aspectos ligados ao conteúdo básico de que tratam as etapas ou fases essenciais desse processo, como veremos mediante alguns exemplos, a seguir.

Paulo de Vasconcellos Filho propõe as seguintes etapas: definição do âmbito de atuação da organização; análise ambiental; definição de macropolíticas; políticas funcionais; filosofia de atuação; formulação da macroestratégia; formulação das estratégias funcionais; definição dos objetivos funcionais; definição dos macroobjetivos; elaboração de planos de ação; checagem da consistência do plano estratégico; e preparação de quadros financeiros (1982, p. 31). Depois, apresenta uma versão mais simplificada: definição do negócio; definição da missão; análise do ambiente; elaboração do plano contingencial, da filosofia de atuação, das políticas, dos objetivos e das metas; formulação de estratégias; checagem da consistência do plano; e implementação (1985, pp. 35-65).

Uma perspectiva diferente para sistematizar o que chamou de "uma metodologia de elaboração e implementação do planejamento estratégico nas empresas" foi a adotada por Djalma de Pinho Rebouças de Oliveira. Ele o estruturou em quatro fases básicas, com suas respectivas partes, a saber: Fase I – Diagnóstico estratégico: a) identificação da visão; b) análise externa; c) análise interna; d) análise dos concorrentes. Fase II – Missão da empresa: a) estabelecimento da missão da empresa; b) estabelecimento dos propósitos atuais e potenciais; c) estruturação e debate de cenários; d) estabelecimento da postura estratégica. Fase III –

PLANEJAMENTO ESTRATÉGICO DIRECIONADO...

Instrumentos prescritivos e quantitativos: os prescritivos correspondem a: a) estabelecimento de objetivos, desafios e metas; b) estabelecimento de estratégias e políticas funcionais; c) estabelecimento dos projetos e planos de ação; os quantitativos estão relacionados com as projeções econômico-financeiras do planejamento orçamentário. Fase IV – Controle e avaliação: envolve todos os aspectos que dizem respeito aos processos de controle e de avaliação de desempenho real do que foi delineado no planejamento, bem como quais foram os critérios e parâmetros adotados para esse fim (2002, pp. 63-82).

Adotando a terminologia de gestão estratégica, em vez de planejamento, Mauro Calixta Tavares[4] descreve as seguintes etapas do desenvolvimento do processo de formulação de estratégias: delimitação do negócio; formulação da visão, da missão e o inventário das competências distintivas; análise macroambiental; análise do ambiente competitivo e dos tipos de relacionamentos da organização; explicitação dos valores e das políticas; análise do ambiente interno; formulação das estratégias; definição de objetivos; elaboração do orçamento; definição dos parâmetros de avaliação e controle; e formulação de um sistema de gerenciamento e de responsabilidades (2000, p. 162).

Como último exemplo, citamos a proposta de Martinho Ribeiro de Almeida (2001). Trata-se de um modelo simples e singular, em relação aos mencionados anteriormente, seja pela inovação, seja pelo fato de sua metodologia já ter sido testada e aplicada por mais de duzentas vezes em diferentes empresas.[5] O projeto, que utiliza a aplicação de planilhas de Excel, criadas para desenvolver todo o plano estratégico para pequenas empresas, é objeto de pesquisas por parte do autor e de sua tese de doutorado, defendida na Faculdade de Economia e Administração da Universidade de São Paulo.

---

4. O autor Mauro Calixta Tavares tem um livro sobre planejamento estratégico (1991), mas preferimo-nos valer de outra obra sua, sobre a gestão estratégica (2000), pois nesta se nota uma versão já mais atualizada adotada pelo mesmo autor.

5. Para mais detalhes, consultar a fonte original (Almeida, 2001). O disquete acompanha o livro.

O processo de desenvolvimento do plano estratégico sugerido por ele contém quatro atividades principais: análise dos aspectos internos; análise do ambiente; comparação da missão ou vocação com o campo de atuação; e estabelecimento da estratégia vigente. O autor considera que primeiro se deve discutir qual a missão ou vocação da organização, pois é ela que deverá nortear e orientar as quatro atividades (2001, pp. 14 e 42).

O pensamento desses autores demonstra, também, que somente com conhecimento técnico-científico será possível, para uma organização, desenvolver a formulação estratégica com resultados satisfatórios. O planejamento estratégico, tendo em vista sua abrangência, as inúmeras implicações contingenciais do ambiente social, as responsabilidades da tomada de decisões estratégicas e os riscos de uma implantação inadequada, constitui um desafio para aqueles que ousam encará-lo para valer e fazê-lo acontecer para intervir nas organizações, numa perspectiva integrada com o pensamento e a administração estratégica.

Os exemplos das propostas apresentadas evidenciam que etapas como definição da missão, análise ambiental, campo de atuação, estabelecimento das estratégias, entre outras, podem ser consideradas essenciais no processo do planejamento estratégico e constituem, portanto, pontos de referência para todo o seu desenvolvimento e sua implantação.

Um dos aspectos que chamam a atenção é a inexistência da área de comunicação nos diagramas do processo do planejamento estratégico, tanto dos autores aqui citados, quanto de outros, não referenciados. Há uma preocupação com as macropolíticas e/ou macroestratégias para as outras áreas, como marketing, recursos humanos, finanças, produção etc., mas não constam diretrizes e orientações para a comunicação organizacional.

É comum a afirmação de que a comunicação tem uma função estratégica de resultados. Isto é, tem de agregar valores e ajudar as organizações a cumprir sua missão e concretizar sua visão. No entanto, nem sempre sua importância é reconhecida e valorizada como deveria. Muitos dossiês resultantes de aprimorados planejamentos estratégicos apontam como um dos pontos fracos da organização justamente a sua comunicação.

Na tentativa de direcionar os ensinamentos que nos proporcionam os estudos sobre planejamento, gestão e pensamento estratégicos, vamos, a seguir, aplicá-los, na medida do possível, à comunicação organizacional.

Planejamento e gestão estratégicos da comunicação organizacional

Os conceitos desenvolvidos sobre o planejamento, a gestão e o pensamento estratégicos podem ser aplicados, com as devidas adaptações, à área de comunicação nas organizações.

As organizações modernas, para se posicionar perante a sociedade e fazer frente a todos os desafios da complexidade contemporânea, precisam planejar, administrar e pensar estrategicamente a sua comunicação. Não basta pautar-se por ações isoladas de comunicação, centradas no planejamento tático, para resolver questões, gerenciar crises e gerir veículos comunicacionais, sem uma conexão com a análise ambiental e as necessidades do público, de forma permanente e estrategicamente pensada. Para tanto, elas não poderão prescindir de políticas, estratégias e ações de relações públicas.

Para viabilizar todo um planejamento estratégico de comunicação organizacional, propomos quatro princípios que, a nosso ver, devem ser levados em conta.

- Primeiro, a organização deve ter consciência da importância de fazer o planejamento estratégico como uma metodologia gerencial ou técnica administrativa capaz de direcionar suas atividades com vistas em resultados eficazes que correspondam às demandas e às necessidades do ambiente. E que ele realmente seja utilizado em determinados períodos, para redimensionar a organização como um todo. Se não existir uma cultura de valorização do planejamento estratégico, para provocar mudanças e vontade política no sentido de redefinir a organização no seu conjunto, não adianta querer fazer um plano estratégico de comunicação isoladamente.

246 PLANEJAMENTO DE RELAÇÕES PÚBLICAS NA COMUNICAÇÃO INTEGRADA

- Em segundo lugar, a área de comunicação/relações públicas precisa ocupar um espaço estratégico na estrutura organizacional. Isto é, deve estar subordinada à cúpula diretiva e participar da gestão estratégica. Pois, se for apenas uma área de suporte ou apoio para atender às necessidades de comunicação, executando tarefas e produzindo veículos comunicacionais, dificilmente conseguirá planejar, pensar e administrar estrategicamente a comunicação numa perspectiva macro, empreendedora e em consonância com a missão, a visão e os valores organizacionais.

- Um terceiro princípio está relacionado com a capacitação do executivo principal, responsável pela comunicação, e da equipe que conduzirá o processo. Estes precisam estar preparados e deter conhecimentos técnico-científicos sobre planejamento estratégico, sobre o campo das ciências da comunicação e, especificamente, sobre relações públicas e marketing, para inserir os aspectos institucionais e mercadológicos no plano estratégico da comunicação organizacional.

- Por fim, a valorização de uma cultura organizacional corporativa, em que se crie possibilidade efetiva de participação das pessoas, envolvendo-as no processo de formulação do planejamento estratégico, dando-lhes oportunidade de criar, pensar estrategicamente, equacionar as causas dos pontos fracos e dos fortes do ambiente interno e da comunicação organizacional integrada, constitui também um princípio relevante que necessita ser levado em consideração pelas organizações modernas.

Plano estratégico de comunicação organizacional

O ponto de partida para a elaboração[6] de um plano estratégico de comunicação organizacional é que sejam considerados primeiro os princípios que acabamos de destacar.

---

6. No livro *Obtendo resultados com relações públicas* (1997, pp. 32-5) já havíamos proposto um guia de como se pode elaborar um plano estratégico de comunicação organizacional. Aqui o reproduziremos em parte, com alterações e ajustes.

A elaboração de um plano estratégico de comunicação deve ser pensada a partir de uma tomada de decisão das autoridades da organização, após ouvir especialistas no assunto, profissionais de comunicação que atuam internamente e os oriundos das empresas, assessorias e agências de comunicação que prestam serviços externos ou, melhor ainda, essas fontes juntas. Para que um plano dessa natureza obtenha os resultados desejados, é fundamental existir vontade política dos dirigentes com relação aos esforços a serem empreendidos para esse fim.

Faz-se necessário sensibilizar a alta administração da organização e conseguir seu comprometimento com a comunicação; conceber a comunicação como fator estratégico na divulgação da missão e dos valores da organização perante todos os seus públicos; considerar a comunicação como um setor integrado nos processos internos de gestão estratégica, demonstrando seu papel eficaz nas relações interpessoais, interdepartamentais e interorganizacionais, na busca da sinergia organizacional para a consecução dos objetivos globais, a criação de valores, o cumprimento da missão, o estabelecimento da visão, a melhoria de desempenho etc.

Nossa proposta, aqui, é aproveitar os conceitos já produzidos sobre a metodologia de elaboração e implementação do planejamento estratégico nas organizações e aplicá-los, na medida do possível, para formatar um plano estratégico de comunicação organizacional.

Como já foi mencionado no decorrer desta obra, plano é um instrumento do planejamento. É um documento escrito do resultado de todo o processo do ato de planejar. Trata-se da face tangível desse processo.

O plano estratégico de comunicação organizacional tem como proposta básica estabelecer as grandes diretrizes, orientações e estratégias para a prática da comunicação integrada nas organizações. Como um plano de marketing se preocupa com o negócio e todas as vertentes ligadas ao mercado, ao produto e ao consumidor, a área de relações públicas deve trabalhar para formatar todo um plano estratégico de comunicação institucional, administrativa e interna no âmbito da comunicação organizacional, tendo como alvo todos os públicos vinculados com a organização.

Quais seriam os passos para elaborar um plano estratégico de comunicação organizacional? Como aproveitar todo o instrumental metodológico já desenvolvido para realizar o planejamento estratégico adaptando-o, no caso específico, para o campo da comunicação nas organizações? Quais as fases ou etapas mais relevantes que precisam ser mais bem trabalhadas? Essas e outras questões serão equacionadas na abordagem da metodologia de elaboração de um plano estratégico de comunicação organizacional nos próximos itens.

Formulação do plano estratégico de comunicação

Partindo do pressuposto de que já existam uma vontade política e uma decisão da administração superior de fazer um plano estratégico de comunicação organizacional, consideramos que se devam levar em conta três etapas fundamentais, contendo todas uma ou mais fases correspondentes: 1. Pesquisa e construção de diagnóstico estratégico da organização; 2. Planejamento estratégico da comunicação organizacional; 3. Gestão estratégica da comunicação organizacional.

Pesquisa e construção de diagnóstico estratégico[7]

Essa etapa visa basicamente conhecer a organização para a qual será realizado o planejamento estratégico da comunicação: sua composição acionária, o que faz, sua missão, sua visão, seus valores, o ramo de atuação, capital, negócio, enfim, todos os

---

7. No Capítulo 7, sobre pesquisas e auditorias em relações públicas, detalhamos o que é pesquisa institucional. Suas técnicas e seus instrumentos podem ser aplicados também nesse caso.

dados gerais necessários para sua identificação. Além do conhecimento da organização como um todo, é preciso situá-la no contexto do ambiente onde está inserta. Por isso, nessa etapa, também daremos destaque ao estudo e à análise do ambiente. Nessa fase busca-se, por meio de levantamento de dados e aproveitamento das informações obtidas com o planejamento estratégico, conhecer a organização como um todo, reunindo elementos fundamentais que permitam sua identificação e apresentação geral.

a) Identificação da missão, da visão e dos valores

A missão, a visão e os valores podem ser considerados elementos focais e norteadores do planejamento estratégico. São vocábulos de alta significação para a vida das organizações que dão sentido à prática de suas atividades.

Identificar quais são a missão, a visão e os valores de uma organização, analisando o conteúdo dos seus enunciados, constitui uma tarefa muito importante para equacionar a pertinência, ou não, de tais enunciados e se eles estão coerentes com a prática institucional.

Missão

As organizações, mediante o estabelecimento de sua missão, orientam e delimitam suas ações e seu campo de atuação. A missão expressa a razão de ser de uma organização e o papel que ela exerce na sociedade e no mundo dos negócios. Explicita seus propósitos e suas realizações, descrevendo os produtos ou serviços que se empenha em produzir e oferecer.

Para Andrew Campbell, as definições e/ou os enunciados de missão geralmente estão muito centrados nos propósitos das organizações evidenciados no âmbito das realizações e nos aspectos relacionados aos negócios. Desse modo,

as declarações de missão e a estratégia de negócios sobrepõem-se pelo fato de ambas estarem relacionadas com o âmbito dos negócios. As duas são consideradas úteis porque empregam perspectivas diferentes. A missão está relacionada com o propósito: quais devem ser os objetivos da organização. A estratégia está relacionada com as vantagens competitivas: como poderá a firma suplantar as outras que apresentam propósitos semelhantes. (1998, p. 125)

Esse mesmo autor defende um novo conceito de missão e outra perspectiva, que está sendo valorizada de forma acentuada: acrescentar ao termo "missão" aspectos ligados à filosofia e aos valores. Isto é, "as declarações de missão incluem freqüentemente frases sobre a forma como a organização irá atingir os seus fins". Essas tornar-se-ão "muito mais vastas, combinando pensamentos sobre vantagens competitivas com princípios éticos, convicções e valores da organização" (1998, p. 126).

Nessa perspectiva, Andrew Campbell propõe um novo conceito de missão e cita como exemplo o modelo desenvolvido, por meio de pesquisas, do Ashridge Strategic Management Centre – "o diamante de missão de Ashridge", que contém quatro componentes: os valores, o propósito, a estratégia e os comportamentos, de acordo com a seguinte figura:

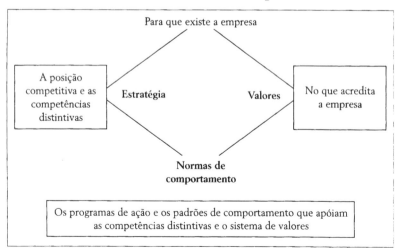

Fonte: Campbell (1998, p. 127).

Assim sendo, há uma preocupação em se dar um novo sentido à missão, que permita uma coincidência entre os valores individuais e os organizacionais. A base que sustenta essa nova concepção proposta por Campbell está, segundo ele, nos primeiros teóricos importantes dos estudos de liderança. Significa uma coerência entre a lógica comercial do negócio/das estratégias/vantagens competitivas, que fazem parte do lado racional (lado esquerdo do cérebro) e lógica emocional/ética/moral, ou seja, os valores do indivíduo – o lado emocional (lado direito do cérebro). Os estudos do Ashridge Strategic Management Center sobre missão revelaram como a estratégia e os valores constituem os hemisférios esquerdo e direito dos cérebros das empresas. Esta é base para o novo conceito de missão proposto por Campbell:

> Esta lógica comercial é a lógica do lado esquerdo do cérebro da empresa. Porém, os seres humanos são emotivos, e é mais freqüente serem motivados por razões do lado direito do cérebro do que pela lógica do lado esquerdo. Para captar a energia emocional de uma organização, a missão precisa fornecer uma base qualquer de comportamento lógica, filosófica ou moral para acompanhar a base lógica comercial. O que nos conduz ao elemento seguinte da nossa definição de missão. (1998, p. 131)

Por fim, ainda de acordo com Campbell, "indivíduos com sentido de missão sentir-se-ão satisfeitos e realizados no seu trabalho porque este tem significado. Vale a pena porque corresponde àquilo que eles consideram, pessoalmente, ser importante" (1998, p. 133).

Essas considerações apresentadas possibilitam uma nova perspectiva para a criação e a análise dos enunciados de missão das organizações. Nesse contexto, a área de marketing e relações públicas tem algo a cumprir. Enquanto o marketing deverá cuidar do lado racional/comercial (lado esquerdo do cérebro), a área de relações públicas deve zelar pelo lado institucional (lado direito do cérebro), que explicite os valores humanos dos indivíduos nas organizações, pois são eles que fazem as estratégias acontecer nas empresas, e sensibilize as organizações para sua responsabilidade social.

Um trabalho integrado dessas duas áreas certamente possibilitará às organizações tornar seu conceito de missão muito mais abrangente e sintonizado com os novos tempos. Portanto, a missão de uma organização não deve se restringir aos propósitos com vistas nas realizações de negócios e nas estratégias competitivas, mas deve contemplar os valores, a cultura corporativa, expressa em padrões e comportamentos dos indivíduos nas organizações. Só assim terá sentido e razão de existir.

Como se caracteriza o conceito de missão na organização para a qual está se desenvolvendo um planejamento estratégico da comunicação organizacional? O enunciado é claro e compreendido por todos os integrantes? É público e divulgado para todos os públicos estratégicos?

Visão

A visão de uma organização está relacionada com o futuro. É como ela deseja ser vista, considerada pelos seus públicos estratégicos, seus clientes, acionistas etc. Espelha-se no futuro para agir no presente. Conforme Mauro Calixta Tavares,

> a visão é uma intenção sobre onde desejamos que a organização esteja amanhã em seu ambiente e uma orientação sobre quais ações devemos adotar hoje para que isso ocorra. Em suma, visão refere-se a onde desejamos colocar a organização, dotando-a de uma forma que permita incorporar as inovações necessárias para seu atingimento. A visão inclui o cenário de atuação da organização. Inclui, ainda, intuição e imaginação. É semelhante a um sonho, ela diz respeito à realidade. A visão estabelece o foco na direção rumo ao futuro. (2000, p. 175)

Em outras palavras, trata-se de ver aonde a organização quer chegar, e como fará e que meios utilizará para alcançar esse objetivo.

Assim como a missão, as definições de missão devem ser claras, e apoiar-se em princípios e valores e motivar as pessoas.

Para Richard Allen, "uma visão pode fornecer um mapa da direção futura e gerar entusiasmo por essa direção. Pode estabelecer ordem no caos e fornecer critério para medição do futuro" (1998, p. 19). Fazendo referência a Warren Bennis, grande especialista em liderança, Allen afirma: "Uma visão é, em parte, racional (produto da análise) e, em parte, emocional (produto da imaginação, intuição e valores), envolve o *yin* e o *yan* da estratégia e do desempenho da organização" (ib., p. 20).

A área de relações públicas tem um papel importante no sentido de ajudar as organizações a contemplar todos esses aspectos no conceito de visão de uma organização, tornando-o público e convertendo-o em elo comprometedor para atingimento do que foi idealizado ou proposto.

Valores

A questão dos valores não aparece de forma freqüente nos manuais de planejamento estratégico. Estes enfatizam muito mais a visão e a missão. No entanto, consideramos que todas as organizações têm seus valores, quer estejam explícitos ou não. Eles estão impregnados na cultura organizacional. Conforme Andrew Campbell, "os valores são as convicções e os princípios morais que estão por trás da cultura da empresa. Os valores dão significados às regras e normas do comportamento da empresa" (1998, p. 131).

Os valores expressam as crenças, os atributos ou as convicções filosóficas dos fundadores e dirigentes das organizações. Ética, inovação, qualidade, segurança, proteção ao meio ambiente, diversidade cultural ou étnica, valorização das pessoas são exemplos possíveis de valores. Cada organização opta por determinados valores, de acordo com o pensamento e a filosofia do seu fundador. O importante é cultivá-los e fixá-los, tornando-os públicos para um maior comprometimento.

No processo de elaboração do plano estratégico de comunicação, é importante uma identificação clara desses princípios filosóficos ou valores organizacionais, a fim de que façam parte integral das estratégias de comunicação a serem delineadas posteriormente. A área de comunicação também necessita atribuir valores às suas práticas comunicativas.

b) Definição do negócio

Essa fase consiste em identificar e descrever o negócio em si, compreendendo o produto ou serviço. Trata-se do escopo de atuação e orientação específica das atividades produtivas de uma empresa e de sua relação com o mercado. É o foco da abrangência da área de marketing, que procura, por meio da comercialização dos produtos ou serviços, satisfazer as necessidades dos clientes ou consumidores.

Para Paulo de Vasconcellos Filho, a definição e a redefinição do negócio da empresa são vitais para sua sobrevivência. Pois "só assim é possível ter uma visão clara das oportunidades e das ameaças que afetam o destino da organização". O autor propõe um equacionamento que deve buscar respostas para direcionar uma postura estratégica e redefinir o negócio por meio de uma série de perguntas. Qual é o nosso negócio? Qual será o nosso negócio (se nenhum esforço de mudança for feito)? Qual deveria ser o nosso negócio? Quem é o nosso cliente? Quem será o nosso cliente? Quem deveria ser o nosso cliente? Que abrangência precisa ter o nosso negócio? Onde está o nosso cliente? Onde estará o nosso cliente? O que compra o nosso cliente? O que comprará o nosso cliente? (1985, pp. 37-8).

Nesse contexto, a área de relações públicas tem de participar, por meio da elaboração de um plano estratégico de comunicação, ajudando a área comercial a descobrir novos públicos e pensar em atividades que agreguem valor econômico às suas práticas institucionais.

c) Análise do ambiente externo, setorial e interno

O estudo do ambiente organizacional é uma das fases mais importantes na elaboração de um plano estratégico geral e específico de comunicação, pois é no ambiente que se buscarão as informações e os subsídios para o desenvolvimento do seu processo.

Assim, um dos pontos de partida para se iniciar o planejamento estratégico é realizar uma análise ambiental externa, setorial e interna. Trata-se de estudar o ambiente das organizações, tanto o geral, quanto o setorial ou relevante e o interno.

O ambiente externo ou macroambiente é constituído por um conjunto de variáveis ou fatores externos econômicos, sociais, políticos, legais, demográficos, tecnológicos, culturais e ecológicos que influenciam direta e indiretamente a vida das organizações.

É o ambiente geral, total, incontrolável por parte da organização. É o mais complexo para compreender e o que impulsiona as mudanças organizacionais. Deve ser considerado em três dimensões: internacional, nacional e regional.

O ambiente setorial, relevante ou operacional, como é chamado por muitos autores, constitui o ambiente mais próximo da organização. É onde acontecem os relacionamentos com os públicos estratégicos básicos, formados por clientes/consumidores, fornecedores, sindicatos, acionistas, concorrentes, grupos de pressão, agências reguladoras, instituições financeiras, poderes públicos, meios de comunicação, comunidade etc., vitais para a sobrevivência da organização.

Já o ambiente interno é formado pelo conjunto de elementos que constituem a organização em si – as pessoas, suas habilidades, suas competências e seus saberes, as condições institucionais de infra-estrutura física e de gestão. De acordo com Mauro Calixta Tavares, o ambiente interno abrange os seguintes níveis: diretivo, responsável pela busca e adoção de inovações com vistas no futuro da organização; técnico, responsável pela tradução da visão inovadora, estruturado em dois outros níveis – o operacional e o administrativo; e social, "responsável pela produtividade do capital intelectual orientada para o atingimento da visão e o cumprimento da missão" (2000, pp. 265-6).

Quando abordamos os aspectos conceituais das organizações e instituições (Capítulo 1), dissemos que elas fazem parte de um sistema social muito mais amplo e, por isso, são sistemas abertos e estão envolvidas com seu meio ambiente. Deixamos claro, também, que qualquer análise das organizações não pode limitar-se apenas à sua estrutura interna, mas deve compreender igualmente seu universo externo, que é o macroambiente.

As organizações, para sobreviver, precisam necessariamente relacionar-se com seu meio ambiente, não só influenciando e causando impacto sobre eles, mas sobretudo sendo influenciadas e sofrendo seus impactos. Principalmente na atualidade, com as inúmeras mudanças no campo político, tecnológico, econômico e social, o ambiente é uma força propulsora que ninguém pode desconhecer.

João Bosco Lodi, aludindo às mudanças que ocorriam na sociedade, dizia, na década de 1980:

> O importante é considerar que as grandes mudanças estão acontecendo fora da administração, na sociedade. A administração com a sua visão microssociológica foi reduzida, afinal, ao seu caráter secundário abaixo de uma visão histórica e humanística mais ampla. Hoje, ninguém apregoa, como Drucker, em 1954, que o fenômeno mais importante na administração é a revolução organizacional. Pelo contrário, pode-se dizer que hoje o fenômeno mais importante na administração é o que está acontecendo na sociedade. Não foram a política e a estratégia empresarial que criaram a consciência ecológica, nem foi o marketing que inventou a defesa dos direitos humanos. Também não foi a teoria da firma que inventou a responsabilidade social, nem foi a teoria dos estilos de liderança que inventou a ética. (1982, pp. 39-40)

As organizações mudam porque a sociedade impulsiona as mudanças e exige novas posturas institucionais.

A propósito da complexidade das transformações mundiais ocorridas no final do século XX, diz Peter Drucker:

> Nenhum século da história humana passou por tantas transformações sociais radicais como o século XX. Estas transformações podem vir a ser os eventos mais importantes de nosso século e seu legado duradouro. Nos países desenvolvidos e de mercados livres – que contêm um quinto da população do mundo, mas são um modelo para os restantes – o trabalho e a força de trabalho, a sociedade e a forma de governo são, na última década deste século, qualitativa e quantitativamente diferentes não só daquilo que eram nos primeiros anos deste século, mas também de tudo o que existiu em qualquer outro momento da história: em suas configurações, seus processos, seus problemas e suas estruturas. (1993, p. 189)

As mudanças radicais e contínuas do século passado provocaram toda espécie de cenários, cujas leituras foram objeto de análises de diferentes correntes acadêmicas nas mais diversas áreas do conhecimento. E, na visão pragmática do mundo dos negócios, renderam muitos dividendos para os especialistas, principalmente para os "gurus" estratégicos da administração e de marketing, que não se cansaram de apresentar cenários e prever tendências e nos quais as organizações se espelharam e debruçaram suas esperanças.

Nesse contexto, é evidente que estamos vivendo sob novos paradigmas, assunto bastante trabalhado pelo cientista Octávio Ianni (1996). A sociedade e os estados nacionais já passaram por grandes transformações, que não terminaram no fim do século XX, dados os efeitos permanentes do fenômeno da globalização e da revolução tecnológica da informação.

São esses dois fatores, entre muitos outros, que moveram e movem as grandes alterações contemporâneas, que possibilitam as transações mundiais geopolítico-econômicas, criando as condições para a existência de uma sociedade global.

Manuel Castells (1998, p. 27), ao tratar da "sociedade-rede", chama a atenção para a força da revolução tecnológica, que, centrada em torno das tecnologias da informação, está modificando a base material da sociedade em ritmo acelerado. Na conclusão dos seus três volumes sobre essa nova sociedade, ele reafirma o poder das inovações tecnológicas:

A revolução da tecnologia da informação motivou o surgimento do informacionalismo como a base material de uma nova sociedade. No informacionalismo, a geração de riqueza, o exercício do poder e a criação de códigos culturais passaram a depender da capacidade tecnológica das sociedades e dos indivíduos, sendo a tecnologia da informação o elemento principal dessa capacidade. A tecnologia da informação tornou-se ferramenta indispensável para a implantação efetiva dos processos de reestruturação socioeconômica. De especial importância foi seu papel ao possibilitar a formatação de redes como modo dinâmico e auto-expansível de organização da atividade humana. Essa lógica preponderante de redes transforma todos os domínios da vida social e econômica. (1999, p. 412)

E Milton Santos (1996), ao abordar o sistema técnico vigente no contexto da sociedade e do espaço geográfico, também enfatiza que a era da informação é a matéria-prima da revolução tecnológica.

Assim as organizações contemporâneas e as de qualquer período da história da humanidade sempre sofrerão os impactos da complexidade ambiental de cada era. Para tanto, elas precisam ter susceptibilidade bastante para enfrentá-la e tomar medidas eficazes, de forma que os condicionantes externos não prejudiquem seu crescimento ou sua própria sobrevivência. As organizações têm de se comportar flagrantemente como sistemas abertos.

Everett e Rogers Rekha dizem que "o enfoque do sistema aberto, para entender as organizações, necessita da importante consideração do seu ambiente. [...] A comunicação para este ambiente e a que dele procede afetam a organização" (1980, p. 80).

J. Thomas Peters e Robert H. Waternan afirmam que

> os teóricos da administração dos primeiros sessenta anos do século XX, em nítido contraste com as idéias dominantes da época, não se preocupavam com meio ambiente, competição, mercado ou qualquer outra coisa exterior à administração. Tinham uma concepção de mundo em termos de "sistema fechado". Essa concepção, que hoje nos parece míope, concentra-se no que deve ser feito para otimizar a aplicação de recursos, levando em conta, para isso, apenas o que se passava no interior da empresa. Nada disso mudou muito até cerca de 1960, quando os teóricos da administração começaram a reconhecer que a dinâmica interna da administração era moldada por acontecimentos exteriores. Ao levar em conta de maneira explícita os efeitos das forças exteriores sobre o funcionamento interno da organização, eles deram início à era do "sistema aberto". (1983, p. 101)

As organizações modernas se caracterizam como sistemas abertos principalmente pelo fato de se integrarem com o ambiente, tendo sensibilidade a pressões externas, e também por responderem a essas pressões. Ao contrário das organizações do passado, quando, segundo Paulo Roberto Motta, a concepção de organização como sistema fechado acentuava o seu crescimento e progresso em função do domínio e da eficiência das funções organizacionais internas, atualmente a nova concepção apresenta um quadro inteiramente novo, colocando a natureza das transações ambiente-organização como fator de peso para a sobrevivência e o desenvolvimento organizacionais. Apesar de se poder afirmar que essas pressões ambientais sempre existiram em todas as organizações, é nas organizações modernas que a transação ambiente-organização merece atenção especial. Isto se deve a dois fatores cada vez mais claros no mundo atual: a) à velocidade e descontinuidade das mudanças externas, que fazem com que a política organizacional já não possa ser formulada com base na evolução, continuidade ou adaptação natural ao novo ambiente; b) à complexidade interna atingida pelas organizações modernas, que diminui a sua sensibilidade aos problemas externos. (1982, pp. 6-7)

Hoje, mais do que nunca, qualquer organização tem de perceber que seus limites internos devem ser extrapolados, incorporando-se nessa concepção de sistema aberto, numa constante adaptação ao meio ambiente. Segundo Sérgio Zaccarelli, Adalberto Fischmann e Ruy Aguiar da Silva Leme, "a própria teoria da administração necessita estender-se além da empresa e, mediante o alargamento de suas fronteiras, solidificar mais os conhecimentos nas áreas tradicionais" (1980, p. 15).

Essas considerações sobre o ambiente são importantes para entendermos melhor todo o processo do planejamento estratégico, sobretudo na análise ambiental externa, quando se estudam as variáveis que influenciam enormemente as organizações, obrigando-as a se adaptar, a reagir e a inovar-se constantemente para poder acompanhar as mutações contínuas do macrossistema social.

Análise do ambiente externo

A análise ambiental externa consiste num levantamento de todos os fatores externos ou variáveis que podem interferir na vida da organização.

260 PLANEJAMENTO DE RELAÇÕES PÚBLICAS NA COMUNICAÇÃO INTEGRADA

É no ambiente externo que buscamos, também, descobrir quais são as oportunidades e as ameaças para a organização e, no caso específico, para a comunicação.

Quando fazemos um planejamento estratégico de comunicação organizacional, temos de verificar quais variáveis externas econômicas, políticas, sociais, legais, tecnológicas, culturais, demográficas e ecológicas são relevantes para a organização e podem exercer maiores influências para sua atuação e sobrevivência na sociedade.

É importante arrolar os indicadores[8] de cada variável ou força social para facilitar o trabalho de identificação e equacionamento. Vejamos, em síntese, alguns indicadores possíveis como exemplos.

- *Variáveis econômicas* – decorrem do sistema econômico do país e se compõem dos seguintes itens: nível e variação do PIB (Produto Interno Bruto), balanço de pagamentos, distribuição de renda, taxas de juros, inflação, políticas fiscais e tributárias, grau de industrialização, nível de desenvolvimento, competitividade.
- *Variáveis políticas* – relacionam-se com a política estabelecida pelos governos federal, estadual e municipal. São as estruturas políticas, ideológicas e de poder conduzidas pelos partidos e pelos poderes públicos (Legislativo, Judiciário e Executivo), a política internacional, monetária, de segurança nacional etc. Richard Hall chama a atenção para as influências que a situação política de um país exerce sobre as organizações, sobretudo nas unidades governamentais, à medida que há mudanças de comando, em decorrência de eleições e alternâncias no poder. Segundo ele, "em relação às organizações privadas, essas são menos diretamente afetadas do que as do setor público, mas, ainda assim, precisam manter-se sintonizadas com o

---

8. Nos livros sobre planejamento estratégico os autores apresentam uma série de indicadores para facilitar a análise das variáveis externas.

clima político" (1984, p. 163) e muitas vezes utilizam o *lobbying* para obter benefícios dos poderes Legislativo e Executivo.

- *Variáveis sociais* – estão vinculadas a situação socio-econômica dos segmentos populacionais, participação dos movimentos sociais, sindicais, organização da sociedade civil, violência, segurança pública, desigualdades sociais, emprego, relações de trabalho, cidadania, clima social, demanda de lazer.
- *Variáveis legais* – referem-se às leis que regulamentam e controlam as áreas tributárias, trabalhistas, criminalistas, comercial e todas as normas e portarias vigentes no país.
- *Variáveis tecnológicas* – em plena era da revolução tecnológica da informação, exercem grande poder sobre as organizações e são as responsáveis pela viabilização da economia global. Nenhuma organização consegue, hoje, escapar aos impactos causados pelas novas tecnologias. A não-adaptação poderá levá-la ao obsoletismo e à estagnação. Seus indicadores são informatização da sociedade; aquisição de tecnologia pelo país; industrialização e automação dos serviços; proteção de marcas e patentes; inovações tecnológicas; transmissão e recepção de informações; investimentos em pesquisas, ciência pura e ciência aplicada; ritmo de mudanças tecnológicas etc.
- *Variáveis culturais* – revestem-se de grande importância, sobretudo no mundo de hoje, quando as organizações, para bem se relacionar, devem, entender e falar a linguagem do seu universo. Elas precisam se adaptar, respeitar e corresponder às expectativas da comunidade local ou regional, que tem sua própria cultura. Os indicadores são: nível de escolaridade, estrutura educacional, indústria das comunicações e de entretenimento, diversidades culturais, nível de alfabetização, formas de gestão tradicional *versus* participação e co-gestão etc.
- *Variáveis demográficas* – dizem respeito a densidade populacional, mobilidade, taxa de crescimento, processo

migratório, crescimento, distribuição geográfica, distribuição etária, índice de natalidade etc.

- *Variáveis ecológicas* – nível de desenvolvimento ecológico; condições ambientais; índices de poluição sonora, atmosférica, hidrológica e visual; leis de proteção ambiental que regulamentam o uso do solo e do meio ambiente em geral etc.

Uma vez identificadas todas essas variáveis, o próximo passo é verificar quais são as oportunidades e as ameaças para a organização presentes nesse macroambiente, de acordo com a análise de *swot*.[9]

As oportunidades significam para a organização aspectos favoráveis para o seu desempenho estratégico, enquanto as ameaças representam aspectos desfavoráveis. Ambas são variáveis externas incontroláveis por parte da organização.

Essa análise das oportunidades (potencialidades) e das ameaças (fragilidades) depende, para uma correta percepção, da capacidade dos estrategistas de plantão. Pois, conforme Arthur Thompson Jr. e A. Strickland III, "os estrategistas vitoriosos procuram capturar as melhores oportunidades de crescimento da empresa e criar defesas fortes contra as ameaças externas" (2000, p. 129).

Esses mesmos autores afirmam que

as oportunidades e ameaças não somente afetam a situação de atratividade de uma empresa, mas indicam a necessidade de ação estratégica. Para ajustar-se adequadamente às circunstâncias da empresa, a estratégia deve (1) ser direcionada para a procura de oportunidades bem ajustadas com as capacidades da empresa e (2) proporcionar defesa contra ameaças externas. (Ib., p. 129)

---

9. A técnica de *swot* analisa os pontos fortes (*strengths*), os pontos fracos (*weaknesses*), as oportunidades (*opportunities*) e as ameaças (*threats*), conforme mencionamos no início deste capítulo.

Outro aspecto a considerar na análise ambiental externa é, ainda, a construção de cenários,[10] que, de acordo com Maurício Castelo Branco Valladares, são

> visões consistentes daquilo que o futuro poderia vir a ser. Podem estar assentados em projeções variadas de tendências históricas com os esperados efeitos de fatos concretos conhecidos ou, então, simplesmente, assentar-se em idealizações ou hipóteses consistentes para o comportamento da sociedade ou dos mercados. (2002, p. 23)

Para esse autor, os cenários são utilizados não só para identificar as ameaças e as oportunidades, mas também para oferecer aos dirigentes empresariais um conjunto de expectativas quanto ao futuro, sobre tendências, observações etc. que poderão ser exploradas em benefício da organização.

Agrícola Bethlem enfatiza a importância da elaboração de cenários para a tomada de decisões. Para ele, cenário

> é um texto escrito em que se apresentam seqüências hipotéticas de situações complexas, construídas com o propósito de concentrar a atenção nos processos causais e pontos de decisão e facilitar a decisão na situação de incerteza e ignorância em que se encontram os decisores. (1998, p. 183)

Assim sendo, a elaboração de cenários estratégicos possibilita às organizações reunir elementos para equacionar tendências, avaliar as variáveis ou forças sociais que possam favorecer ou vir a prejudicar seu crescimento e os resultados econômico-financeiros.

Pensar estrategicamente a comunicação organizacional implica, necessariamente, conhecer e fazer diferentes leituras do ambiente. No contexto da organização X, quais seriam as oportunidades e as ameaças que devem ser equacionadas no macroam-

---

10. Quanto à construção ou à elaboração dos cenários, consultar bibliografia especializada sobre planejamento e gestão estratégica.

biente e são vitais para a vida da organização? Como a área de relações públicas pode ajudar a fazer essas leituras e auxiliar as organizações a se posicionar institucionalmente perante todas essas questões?

Análise do ambiente relevante ou setorial

Como mencionamos, trata-se do ambiente de tarefa ou operacional, que é o meio ambiente específico da organização unida a outras organizações, como clientes, comunicadores, fornecedores, concorrentes, sindicatos, grupos de pressão, agências reguladoras, poderes públicos, instituições financeiras etc.

São os públicos relevantes com os quais ela se relaciona, se confronta por meio das "entradas" (*inputs*) e das "saídas" (*outputs*). O ambiente relevante, setorial ou de tarefa constitui, portanto, o cenário do desenvolvimento operacional das organizações, tendo como elementos-chave os públicos com os quais se relaciona para poder importar as energias e os recursos, transformá-los em produtos, serviços ou resultados, para depois exportá-los para o ambiente externo.

Nesse sentido, é fundamental fazer o mapeamento de todos os públicos relevantes e avaliar o nível de relacionamento existente entre eles e a organização. Podemos ilustrar isso com o seguinte diagrama:

Esses públicos estratégicos são os chamados *stakeholders*, que influenciam de forma significativa as organizações. Para cada um desses grupos, as áreas de marketing e de relações públicas deverão trabalhar as estratégias comunicacionais pertinentes e de acordo com os planos estratégicos estabelecidos. Para análise da concorrência, por exemplo, o modelo ideal a ser considerado é o do Michael Porter (1989), que estabeleceu cinco forças competitivas para verificar e avaliar a estrutura da indústria ou o ramo do negócio, que são: entrantes potenciais, compradores, substitutos e fornecedores, conforme a seguinte ilustração:

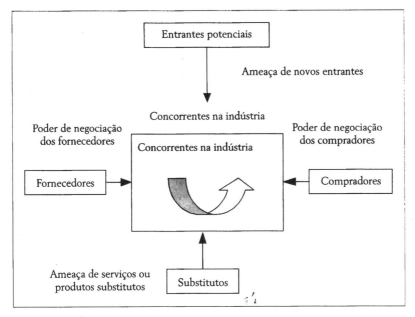

Fonte: Porter (1989, p. 4).

A tônica, nesse modelo, está na estratégia e nas vantagens competitivas: "A estratégia competitiva é a busca de uma posição competitiva favorável em uma indústria, a arena fundamental onde ocorre a concorrência. A estratégia competitiva visa estabelecer uma posição lucrativa e sustentável contra as forças que determinam a concorrência na indústria" (Porter, 1986, p. 1).

O estudo desses aspectos ou dos fatores do ambiente setorial ou relevante possibilitará, também, elaborar cenários desse ambiente econômico ou de negócios. Pois, segundo Martinho de Almeida, "para se projetar como será o futuro do ambiente operacional, deve-se usar uma técnica conhecida como elaboração de cenário, em que se projeta, pelas tendências conhecidas, como será o relacionamento operacional (2001, p. 27).

Como se pode perceber, este é um ambiente vital para a sobrevivência organizacional, e necessita ser analisado pelas áreas institucional e mercadológica. Para cada tipologia de público deve se pensar estrategicamente em como planejar e administrar os relacionamentos com vistas na eficácia organizacional.

Análise do ambiente interno

Ainda em termos de análise ambiental, deve-se fazer a do ambiente interno das organizações. Normalmente, inicia-se pela caracterização de seus públicos internos (empregados, diretoria e familiares). Depois parte-se para uma verificação de qual o seu produto ou serviço, quais os seus recursos, o mercado, a situação financeira, a estrutura organizacional, as atividades presentes e futuras, bem como quais os seus pontos fortes e os seus pontos fracos, além de muitos outros aspectos relevantes. É preciso mapear todos os elementos possíveis que compõem a organização internamente.

A análise do ambiente interno, conforme Mauro Calixta Tavares,

> terá que se basear nas atividades que se espera que a organização desenvolva, confrontadas com as que atualmente desenvolve, para atingir sua visão e cumprir sua missão. Dada a multiplicidade dessas atividades, esse tipo de análise comporta variadas amplitudes e formas de abordagens, todas apresentando vantagens e limitações. (2000, pp. 267-8)

Uma das técnicas para fazer a análise ambiental interna é, novamente, a técnica *swot*, isto é, analisar quais são os pontos fortes (*strengths*) e os pontos fracos (*weaknesses*), as oportunidades (*opportunities*) e as ameaças (*threats*) do posicionamento institucional e mercadológico e a capacidade competitiva de uma organização. Segundo Arthur Thompson Jr. e A. Strickland III, "a análise *swot* enfatiza o princípio básico de que a estratégia deve produzir um bom ajuste entre a capacidade interna da empresa (seus pontos fortes e fracos) e suas circunstâncias externas (refletidas em parte por suas oportunidades e ameaças) (2000, p. 125). Para esses mesmos autores,

> os pontos fortes internos de uma empresa geralmente representam ativos competitivos e seus pontos fracos internos, passivos competitivos. O problema é saber se os ativos em pontos fortes da empresa superam adequadamente seus passivos em pontos fracos (um balanço meio a meio definitivamente não é uma condição desejável!), como amalgamar os pontos fortes em uma estratégia atrativa e se há necessidade de mudanças internas para inclinar o balanço em direção aos ativos e afastar os passivos. (Id., ib., p. 126)

d) Diagnóstico estratégico da comunicação organizacional

No contexto de um trabalho de relações públicas, podemos, para uma construção de um diagnóstico estratégico da comunicação, elencar quais são os pontos fortes (potencialidades) e os pontos fracos (fragilidades) de todas as modalidades da comunicação organizacional integrada, conforme quadros que criamos para esse fim.

Diagnóstico da comunicação organizacional integrada

Organização:			
Comunicação/ Modalidades	Pontos fortes/ Potencialidades	Pontos fracos/ Fragilidades	Observações
Comunicação administrativa formal e informal			
Comunicação interna			
Comunicação institucional			
Comunicação mercadológica			

Diagnóstico de comunicação organizacional integrada

Organização:		
Comunicação administrativa		
Problemas	Causas	Propostas de soluções

Diagnóstico de comunicação organizacional integrada

Organização:		
Comunicação interna		
Problemas	Causas	Propostas de soluções

Diagnóstico de comunicação organizacional integrada

Organização:		
Comunicação institucional		
Problemas	Causas	Propostas de soluções

Diagnóstico de comunicação organizacional integrada

Organização:		
Comunicação mercadológica		
Problemas	Causas	Propostas de soluções

Um mapeamento criterioso dos pontos fortes e fracos ajudará os estrategistas de comunicação organizacional a construir um diagnóstico correto da real situação do ambiente interno da organização. Além das modalidades comunicacionais mencionadas, é importante considerar se o ambiente organizacional interno constitui um elemento facilitador da comunicação ou, ao contrário, dificulta, emperra essa comunicação.

Como mencionamos no capítulo anterior, o diagnóstico é um juízo de valor, um julgamento que se faz a partir de dados e de referências que possibilitem uma análise comparativa. Como podemos concluir que uma organização X possui uma comunicação excelente sem ter estabelecido quais seriam os parâmetros ou indicadores dessa excelência? Como proceder para testar ou certificar nossas práticas comunicacionais ou experiências em curso para saber se estão no caminho certo e dando resultados? O que fazer para melhorar nossos métodos de gestão e diminuir os pontos fracos e aperfeiçoar os fortes?

Uma das soluções encontradas pelas empresas para responder à parte dessas questões foi fazer uso do *benchmarking*. Trata-se de uma técnica ou um instrumento que permite às organizações pesquisar os melhores processos e as melhores práticas de outras organizações similares, concorrentes ou não, para fins de comparação com as suas próprias práticas e seus processos, com vistas em aperfeiçoá-los. Portanto, as organizações buscam referências bem-sucedidas para servir de parâmetros para tanto.

Segundo Luís C. G. de Araújo, *benchmarking* é

uma das ferramentas de maior utilidade para a gestão organizacional. Centrado na premissa de que é imperativo explorar, compreender, analisar e utilizar as soluções de uma empresa, concorrente ou não, diante de determinado problema, o *benchmarking* é uma excelente ferramenta de gestão organizacional e oferece aos que acreditarem corretamente em seu potencial alternativas que aperfeiçoam processos organizacionais, produtos e serviços. (2001, p. 184)

Existem inúmeras definições de *benchmarking* e propostas metodológicas para sua aplicação. Basta recorrer à literatura especializada para encontrá-las. Não é nosso objetivo detalhar essa temática aqui.

Ele pode ser utilizado para melhorar os sistemas de gestão de qualquer setor de uma organização. Tudo dependerá das necessidades e dos objetivos de cada organização. No caso específico da comunicação organizacional, podemos valer-nos do *benchmarking*, por exemplo, para pesquisar e avaliar as melhores práticas de comunicação interna de organizações que se destacaram, passando a ser uma referência para nós.

Com a descrição das possibilidades de fazer uma análise estratégica do ambiente externo, setorial e interno, chegamos ao fim do tópico relativo à pesquisa e à construção do diagnóstico estratégico, o primeiro grande item da formulação estratégica do plano de comunicação. Nosso objetivo foi demonstrar que, para desenvolver um plano estratégico de comunicação, os profissionais de relações públicas ou gestores da comunicação têm de se imbuir de uma cultura de procedimentos técnico-científicos e basear-se em critérios bem sedimentados. A palavra "estratégica" não pode ser simplesmente um adjetivo de planejamento sem o conteúdo e os fundamentos necessários.

Com base em todas as fases mencionadas, é possível situar a organização no contexto do sistema social global, no ambiente socioeconômico próximo e no seu contingente interno e responder a muitos dos equacionamentos já referendados e dos seguintes.

Assim, a partir do mapeamento dos estudos realizados com a análise ambiental externa e interna, devemos descrever os aspectos mais relevantes e avaliar qual o posicionamento institucional e mercadológico da organização diante do ambiente. Como será inserida na sociedade? Como é vista e considerada?

Todos os dados devem receber um tratamento de forma ordenada. É preciso fazer um resumo das informações coletadas mais relevantes, compreendendo: dados gerais sobre a organização, características estruturais, abrangência territorial, âmbito de atuação, negócios, missão, visão e valores, produtos ou serviços, políticas globais de recursos humanos, marketing, produção etc.; relacionar principalmente os pontos fortes e fracos; definir e caracterizar os públicos, para eleger os prioritários para ações imediatas; descrever o funcionamento vigente da comunicação interna e das demais modalidades comunicacionais.

Uma vez concluído o diagnóstico estratégico, deve-se produzir um documento escrito ou um dossiê com um resumo executivo, que contenha a descrição dos dados obtidos com as pesquisas e o levantamento de informações das fases anteriores.

Para um estudo completo da área de comunicação, é importante utilizar e aproveitar todos os dados obtidos com a pesquisa institucional e com as auditorias de comunicação organizacional, de opinião e de imagem, identificar quais os problemas existentes, as situações indesejáveis do desempenho do relacionamento da organização com os diferentes públicos e pontos fortes e fracos da comunicação vigente; e analisar o funcionamento da comunicação integrada (mercadológica, institucional, interna e administrativa).

Planejamento estratégico da comunicação organizacional

Como ponto de partida, poderíamos iniciar dizendo que a área de comunicação precisa ter uma postura capaz de agregar valor e contribuir para que a organização alcance a visão estabelecida para o futuro, cumpra sua missão, fixe e consolide seus valores. Para tanto, deve-se pensar e planejar estrategicamente a comunicação, levando em conta as fases que descrevemos a seguir.

a) Definição da missão, da visão e dos valores da comunicação

Como a comunicação poderá ajudar a organização a desempenhar seu papel, sua razão de ser na sociedade? Os programas de comunicação a serem implantados colaborarão para a satisfação dos públicos e para atender às necessidades do ambiente externo, por meio da qualidade dos produtos e dos serviços oferecidos?

É preciso definir a missão da comunicação e estabelecer seus valores. Como projetaremos a área de comunicação com vistas no futuro?

b) Estabelecimento de filosofias e políticas

A filosofia da organização servirá como ponto de referência para orientar seu trabalho em todos os níveis. Representa o conjunto de crenças, valores e maneiras de pensar e agir, enquanto as políticas são as grandes orientações que servirão de base de sustentação para as decisões. Definir uma política global de comunicação é algo fundamental, pois é ela que deverá direcionar toda a comunicação da empresa ou da organização. Deve-se estabelecer uma filosofia de comunicação organizacional integrada capaz de nortear todas as ações comunicacionais de forma coerente.

c) Determinação de objetivos e metas

Estabelecer os objetivos de comunicação significa determinar quais os resultados a serem alcançados com tudo o que foi gerado nessa área e quantificá-los por meio das metas. Por exemplo, buscar formas para tornar a comunicação muito mais simétrica, participativa, excelente, do que o estágio atual em que se encontra.

d) Esboço das estratégias gerais

As estratégias devem ser delineadas de forma global e nos projetos e programas específicos. Consistem em definir como fazer para tornar a comunicação organizacional o mais eficiente possível, isto é, excelente. Trata-se de traçar as grandes linhas para a prática das decisões estratégicas da área de comunicação. Em outras palavras, pensar o que deve ser dito (mensagem), qual o canal ou meio mais adequado (veículo), a que público (receptor) se destina a comunicação, qual o momento mais oportuno e onde ela deve acontecer, detectando-se as ameaças e as oportunidades do ambiente organizacional.

e) Relacionamento dos projetos e programas específicos

Inserir todos os possíveis projetos e programas específicos que deverão ser desenvolvidos para atender às necessidades detectadas no diagnóstico.

f) Montagem do orçamento geral

Orçamento é um plano expresso em moeda corrente e consiste numa previsão detalhada de todos os custos diretos e indiretos envolvidos para a implantação do plano.

Gestão estratégica da comunicação organizacional

Essa terceira e última etapa tem a ver com a implementação do plano de comunicação. Todos os conceitos mencionados sobre a gestão ou administração estratégica, bem como o pensamento estratégico, se aplicam também na área de comunicação. Não adianta elaborar sofisticados planos estratégicos se eles não forem executados. Nesse sentido, alguns cuidados e estratégias devem ser considerados.

A administração estratégica, de acordo com Adalberto A. Fischmann e Martinho de Almeida, "implica uma mudança de atitude das pessoas envolvidas no processo do planejamento estratégico. A atitude é composta por três elementos: cognitivo, afetivo e comportamental" (1991, p. 131).

É preciso, pois, envolver as pessoas para que elas percebam que a organização quer mudar, sendo a comunicação fundamental nesse processo (cognição). As pessoas precisam gostar do que fazem e conviver bem nas relações de trabalho, devendo o ambiente interno ser propício para isso (afetividade). Todos os participantes do processo têm de agir e executar o que foi planejado. O comportamento individual e o institucional são determinantes para o sucesso ou o fracasso da implantação de um plano estratégico de comunicação.

A seguir, as fases que consideramos as principais dessa terceira etapa.

a) Divulgação do plano

Tornar público o plano estratégico de comunicação para todos os empregados (público interno), envolvendo-os em todo o processo de implementação do que foi planejado estrategicamente em relação à missão, à visão e aos valores. Na perspectiva da administração estratégica, "vender" a idéia e conseguir a assimilação (*by in*) e o engajamento de todos os membros da organização. É preciso treinar os gerentes e supervisores como facilitadores da comunicação, para ajudar no processo de incentivo e motivação com vistas em uma participação efetiva de todos os colaboradores nos diferentes setores.

b) Implementação

Implementação nada mais é do que converter o plano global de comunicação em realidade. É descer do plano das idéias e intenções para o terreno firme das realizações.

c) Controle das ações

O processo de controle é contínuo e exige o estabelecimento de parâmetros e instrumentos para a sua aplicação. Esses parâmetros são indicadores que permitem a medição e o julgamento das ações em face dos objetivos estipulados. E instrumentos são os cronogramas, *check-lists*, fluxogramas, quadros de controle e outros meios selecionados.

As ações decorrentes do controle podem ser reativas, visando corrigir os desvios detectados, e proativas, buscando evitar que os desvios ocorram.

d) Avaliação dos resultados

Definir os parâmetros de avaliação e mensuração dos resultados faz parte de todo o processo, pois permite uma visão crítica do que está sendo planejado e, posteriormente, do que foi realizado e dos resultados obtidos. Analisar e verificar, por exemplo, se as estratégias usadas foram corretas e eficazes, listar quais os pontos positivos e negativos dos programas de comunicação levados a efeito e ponderar se a comunicação ocorreu de forma simétrica entre a fonte (organização) e os receptores (públicos envolvidos).

O planejamento estratégico de relações públicas deve ser orientado pelas informações estocadas e obtidas com o planejamento estratégico geral da organização. Nesse sentido, os programas de ação propostos devem ser coerentes com a definição da missão, dos valores, dos negócios, dos objetivos e das metas estabelecidas por ela e, numa atuação sinérgica, hão de convergir para uma comunicação organizacional integrada.

O planejamento estratégico, quando bem formulado, poderá fazer grandes melhorias para o processo de gestão organizacional, sendo aplicável em qualquer tipo de organização (pequena, média ou grande, pública, privada, de classe etc.). Além disso, é uma excelente forma de fundamentação e subsídios para um posterior planejamento de relações públicas, já que estuda, em profundidade, a organização e seus públicos, num contexto ambiental bastante abrangente, com a preocupação de estabelecer políticas, estratégias, objetivos e planos de ação condizentes com a realidade e as necessidades detectadas.

Podemos concluir dizendo que, no mundo moderno, o planejamento desempenha um papel decisivo nas organizações de todos os tipos. Estas têm de atuar como sistemas abertos, criando novos canais de comunicação com a sociedade. Chega-se a isso mediante a utilização das técnicas do planejamento da gestão e do pensamento estratégicos, tanto da organização em si quanto de sua comunicação.

7

PESQUISA E AUDITORIA EM RELAÇÕES PÚBLICAS

A pesquisa constitui um pré-requisito para o planejamento das relações públicas nas organizações. Se comparado com a área de marketing, o investimento financeiro destinado para pesquisas de opinião, de imagem e de comunicação no contexto institucional é muito inferior. Ou seja, muitas empresas gastam volumosas quantias para pesquisas de mercado e de produto, mas ainda não valorizam como deveriam as pesquisas voltadas para conhecer a opinião dos públicos a respeito do seu comportamento corporativo e de suas atitudes, bem como das práticas de sua comunicação.

Defendemos a importância fundamental do uso da pesquisa e de auditorias em relações públicas a fim de possibilitar um caráter científico para a prática de suas atividades. Nosso trabalho é de muita responsabilidade, pois lida com organizações complexas, pessoas, grupos, públicos e opinião pública. Envolve comportamentos, atitudes, reputação, imagem, identidade corporativa, administração de percepções, negociação etc. Somente com uma atitude científica o profissional poderá construir diagnósticos e fazer prognósticos. Não dá para improvisar ou ficar nas simples percepções. Temos de nos fundamentar com base em dados levantados por meio de pesquisas e auditorias especializadas.

Princípios e premissas

A aplicação de pesquisas específicas em relações públicas, nas organizações, por parte dos profissionais da área, requer a adoção ao menos dos seguintes princípios e premissas: conhecimentos básicos sobre pesquisa científica, seus métodos, instrumentos e suas técnicas; postura de um cientista que estuda, investiga, avalia e analisa antes de emitir pareceres ou diagnósticos; e incorporação e aproveitamento dos paradigmas da pesquisa científica para aplicação das pesquisas e auditorias demandadas pelo cotidiano das organizações. Portanto, as relações públicas têm de se valer dos métodos, das técnicas e dos instrumentos já destacados e utilizados na pesquisa científica em geral.

Objetivos

Basicamente, a pesquisa em relações públicas tem como objetivos: conhecer a opinião dos públicos; construir diagnósticos da área ou do setor de comunicação organizacional/institucional; conhecer em profundidade a organização, sua comunicação e seus públicos para a elaboração de planos, projetos e programas especiais de comunicação; fazer análise ambiental interna e externa, verificando quais as implicações que possam afetar os relacionamentos.

Segundo Dennis L. Wilcox, Philip H. Ault e Warren K. Agee, a pesquisa ou coleta de dados em relações públicas pode preencher os seguintes objetivos:

1. Ajudar a comprovar atitudes básicas de grupos, para que se possam estruturar mensagens pertinentes. 2. Mensurar opiniões verdadeiras de vários grupos. Uma minoria de vozes não pode representar os sentimentos genuínos ou as crenças do grupo. 3. Identificar líderes de opinião que podem influenciar públicos-alvo. 4. Reduzir custos, graças à concentração de objetivos válidos e audiências-chave. 5. Ajudar a pré-testar mensagens e canais de comunicação propostos numa base-piloto, antes de implementar o programa inteiro. (1995, p. 159)

As relações públicas necessitam do uso da pesquisa para provar o valor de suas atividades e ajudar as organizações na sua responsabilidade (*accountability*) perante o público, a opinião e a sociedade.

Fundamentos e importância

A pesquisa nos ajuda a buscar respostas para inúmeros questionamentos em relação à audiência (públicos) envolvida em determinado programa às ações comunicativas (mensagens, canais, receptores) e a averiguar as expectativas dos públicos, com vistas no uso da persuasão de forma científica e correta.

Para Philip Lesly, com a pesquisa é possível para as relações públicas: confirmar suposições e "palpites" acerca da posição da opinião pública sobre uma organização, seu produto ou serviço; clarificar questões sobre as quais há dados contraditórios ou poucas informações; e reorientar pensamentos ou conceitos a respeito de um problema de relações públicas (1995, p. 80).

Raymond Simon enumera seis benefícios para as relações públicas com a utilização da pesquisa: 1. propicia informações acerca das atitudes e opiniões do público; 2. proporciona informação objetiva para elaboração de planos; 3. atua de forma a prevenir problemas; 4. assegura apoio interno para a função de relações públicas; 5. possibilita ou acrescenta a eficácia da comunicação; 6. impulsiona as atividades de relações públicas (1994, pp. 195-8).

Também Bertrand Canfield destaca as vantagens da pesquisa em relações públicas:

Refletir a opinião pública para a administração, a fim de que esta a leve em consideração quando tiver de formular políticas básicas que venham a redundar na melhoria da mesma; proporcionar ao público uma oportunidade de aquilatar uma organização e expor os seus motivos de satisfação ou desagrado; testar a informação que está fornecendo ao público, a fim de conhecer a maneira em que a mesma lhe está sendo transmitida; estimular o moral e o trabalho de equipe dos empregados, proporcionando-lhes comunicações satisfatórias com a companhia; orientar o programa de relações públicas na determinação de seus objetivos, estratégia e eficácia; provocar nos empregados sugestões que conduzam a melhores condições de trabalho, maior eficiência e aumento de produção; determinar, e trazer à consciência da administração, seus problemas de relações públicas; reduzir [...] as impressões nebulosas da opinião pública em face do "gosto" e do "não-gosto" específicos; auxiliar a administração a evitar equívocos no trato com o público; revelar razões da indiferença pública e como superá-la; substituir palpites por fatos no trato com o público; e revelar maneiras de melhorar o tipo e a qualidade do serviço prestado ao público. (1970, p. 484)

Outros autores que enfatizam a importância da pesquisa para o planejamento de relações públicas são Glen M. Broom e David M. Dozier, que até mesmo produziram um livro sobre essa temática.[1] Ao descreverem o papel e o significado da pesquisa para essa área, afirmam:

Autoridade, observação pessoal e história não oferecem respostas satisfatórias a muitas das questões levantadas no gerenciamento de relações públicas. Surge assim a necessidade de pesquisar. Definida de forma simples, a pesquisa *é a busca controlada, objetiva e sistemática de informação para os propósitos de descrição e entendimento*. Em outras palavras, é a forma *científica* de responder a questões, propiciando respostas mais confiáveis em mais situações que autoridade, experiência pessoal e precedente histórico. Pessoas que fazem pesquisa necessitam conhecer algo para entender o que está acontecendo; necessitam aprender de tal sorte que elas mesmas tenham confiança nas respostas e que outros aceitem as respostas como válidas e confiáveis. (1990, p. 4)

A maior crítica levantada pelos autores recai sobre a prática profissional mais freqüente: muitos profissionais trabalham como técnicos e não usam a pesquisa como subsídio para seus programas e projetos. Como resultado, a prática de relações pú-

---

1. Para mais detalhes, consultar a obra original (Broom e Dozier, 1990).

blicas tende a enfocar os meios e as estratégias, dando pouca atenção ao fim a ser alcançado. Raros são os programas com objetivos mensuráveis, pouquíssimos usam a pesquisa para determinar a natureza dos problemas, o progresso no atingimento de seus objetivos e o sucesso ou fracasso dos programas (id., ib., p. 6).

Numa perspectiva sistêmica, ou seja, considerando-se as organizações como sistemas abertos que usam *inputs* para se ajustar a seus ambientes em constante mudança (id., ib., p. 7), a pesquisa em relações públicas assegura que informações sobre o ambiente cheguem de forma clara e contribuam para o processo de tomada de decisões nas organizações.

Se recorrermos a todos os autores de obras de relações públicas, certamente poderemos verificar que são unânimes em atribuir à pesquisa uma importância fundamental. Dennis L. Wilcox, Philip H. Ault e Warren K. Agee também demonstram a necessidade da pesquisa como elemento básico para os programas de relações públicas. Segundo eles, pesquisar é necessário nos dias de hoje, na sociedade complexa em que vivemos, por seis razões: 1. O incremento da fragmentação de audiências nos grupos que têm interesse e preocupações específicas. 2. O crescente isolamento da alta administração quanto ao contato pessoal com o público. 3. A pesquisa pode evitar que as organizações percam tempo, esforço e dinheiro no ataque a problemas de imagem percebidos que não são facilmente resolvidos por programas extensivos de relações públicas. 4. A pesquisa pode providenciar os fatos nos quais os programas de relações públicas se baseiam. 5. Questionários podem gerar publicidade por meio da disseminação de resultados. Além do mais, a maioria das pesquisas de audiências é estruturada para atrair a cobertura da mídia no oferecimento de interessantes programas de informação. 6. O estabelecimento de uma linha para determinar o sucesso de um programa, o que é particularmente relevante em uma campanha de conscientização pública (cf. 1995, pp. 158-9).

Para Doug Newsom, Alan Scott e Judy Vanslyke Turk, descrever, avaliar ou medir e predizer são itens críticos para o planejamento de qualquer organização e crucialmente importantes para o planejamento de qualquer programa de comunicação. A pesquisa descreve o que *está* acontecendo, o que *tem* acontecido ou o que *pode* acontecer à organização ou a seus públicos. É ela que dá apoio à análise de públicos e de tendências, ao teste de mensagens, bem como ao monitoramento, à previsão e à avaliação de questões (cf. 1989, p. 109).

Segundo os autores, a pesquisa é particularmente importante no estágio de planejamento. Um profissional de relações públicas que queira promover um programa de ação que leve os objetivos e as metas da organização a determinado público deveria começar examinando como a organização ou organizações similares são vistas por diferentes públicos. Se são vários os públicos, é fundamental que haja uma pesquisa de públicos para o desenvolvimento e aprimoramento de mensagens apropriadas. Públicos prioritários exigem pesquisas mais profundas (id., ib., p. 112), algo que já enfatizamos anteriormente.

Classificação

As relações públicas nas organizações podem e devem se valer não só das pesquisas específicas do campo profissional, como também de inúmeras outras eventualmente realizadas por demais áreas. Uma pesquisa de marketing direcionada para o consumidor e o mercado poderá fornecer interessantes subsídios para projetos ou programas especiais de relações públicas em apoio à área mercadológica ou mesmo para fins puramente institucionais. A realização de uma pesquisa de clima organizacional proporcionará dados fundamentais para planejar e pensar estrategicamente a comunicação interna com os empregados.

Evidentemente, as pesquisas básicas ou puras e as aplicadas desenvolvidas em qualquer área do conhecimento, sobretudo as das ciências sociais e humanas, serão fundamentais para a prática das relações públicas. Isto é, fenômenos já estudados, sobre comportamentos de públicos, opinião pública e como se dá o processo comunicativo entre pessoas, grupos etc. fornecem indicações seguras para proposição de planos que nos auxiliarão no processo do planejamento de planos, projetos e programas de relações públicas.

A tipologia de pesquisas em relações públicas é tratada de forma diferente pelos autores. Aliás, na bibliografia corrente do Brasil, dispomos de poucos trabalhos sistematizados que abordam essa temática de modo mais abrangente, profunda e com obras especializadas. Estudiosos norte-americanos têm se dedicado a ele, demonstrando não só os tipos, mas se preocupando também em descrever detalhes sobre métodos, procedimentos metodológicos, técnicas e instrumentos de pesquisa científica. Enfatizam a relevância do uso da pesquisa para planejamento dos programas de relações públicas e destacam em geral os estudos de audiência, a análise de conteúdo, o monitoramento ambiental, a pesquisa de opinião, as auditorias etc. como as formas mais utilizadas. Além disso, valorizam o *design* dos questionários, os *focus groups* e as entrevistas como instrumentos para estudos e análises.

Antes de nos posicionarmos sobre tipos possíveis de pesquisa em relações públicas, vejamos como alguns autores nacionais e de outros países trataram do assunto.

David Dozier e Fred Repper (1992) destacam dois tipos fundamentais de pesquisa: *environmental monitoring* ou *environmental analysis* (monitoramento ou análise ambiental) e *evalution research* (pesquisa de avaliação).

O monitoramento ambiental integra as fases de definição do problema no planejamento de relações públicas. Normalmente é utilizado na detecção de problemas emergentes no ambiente externo, visando antecipar conflitos. Na perspectiva sistêmica, esse tipo de pesquisa traz subsídios para a organização.

A pesquisa de avaliação, segundo esses autores, pretende avaliar a extensão e a cobertura das redes e dos fluxos de informação e a circulação de mensagens, apontando para caminhos que levem à mudança dos níveis de conhecimento, atitudes, opiniões e comportamento dos envolvidos no processo de comunicação. A pesquisa pode ser conduzida para detectar problemas e verificar "o estado de coisas" ou avaliar o planejamento, a implementação e o impacto dos programas de relações públicas (cf. 1992, pp. 185-215). Vale-se, para tanto, de métodos (qualitativos, quantitativos, análise de conteúdo, *focus groups*) e de técnicas e instrumentos comumente usados em pesquisa científica.

Otto Lerbinger identificou quatro categorias principais para a pesquisa aplicada às atividades de relações públicas e comunicação: a) monitoramento do ambiente, para identificar a opinião pública e eventos políticos e sociais que podem afetar a organização; b) auditoria de relações públicas, a técnica mais comum para acessar públicos relevantes; c) auditoria de comunicação, para avaliar a efetividade da comunicação interna e externa da organização; d) auditoria social, para identificar o desempenho da organização como uma "cidadã corporativa" (cf. 1998, pp. 118-38).

Glen M. Broom e David M. Dozier (1990), para categorizar os tipos de pesquisa em relações públicas, apresentam cinco abordagens no gerenciamento dos programas com os públicos:

- Abordagem da "não-pesquisa" – Técnicos de relações públicas trabalham a partir de sua intuição e de seu julgamento artístico. Não há pesquisa para planejar, monitorar ou avaliar programas ou atividades específicas. O objetivo principal é gerar um fluxo contínuo de *output*, geralmente na forma de comunicações que partem da gerência para os públicos externos e internos. Nesse enfoque, a ligação entre a organização e o ambiente é relativamente impermeável a *inputs*. A estrutura e o processo de relações públicas refletem estratégias e atividades institucionalizadas rotineiras (pp. 14-5).
- Abordagem informal – Tal abordagem acredita que é possível fazer uma pesquisa sem regras ou rigor. Obviamente, entrevistar pessoas é útil. Entretanto, não se pode considerar que a opinião de alguns seja representativa de uma população de interesse. Muitas vezes, a abordagem informal serve como ponto de partida para pesquisas mais detalhadas, no que pode ser de muito valor. Contudo, se tais dados são empregados para conduzir um programa, estarão sendo mal utilizados (pp. 15-6).

- Abordagem de evento midiático – Os profissionais, sabendo que a mídia e seus públicos têm interesses nos resultados de suas pesquisas, especialmente sobre tópicos ou pessoas que são notícia no momento, usam a pesquisa para gerar notícia ou para chamar a atenção da mídia. Tal abordagem está diretamente relacionada ao conceito de *publicity* (pp. 16-7).
- Abordagem exclusivamente de avaliação – A pesquisa não é tão importante na fase de planejamento como nas fases de implementação e de avaliação dos impactos do programa, fruto do temor de que os números não mudem e os resultados não expressem claramente a mudança esperada (pp. 17-8).
- Abordagem da administração científica – A pesquisa perpassa todas as fases do processo de relações públicas: definir o problema de relações públicas, monitorar a implementação do programa, prestar contas acerca da *performance* e dos ajustes estratégicos, medir o impacto ou a eficácia do programa com relação a seus objetivos e suas metas (pp. 18-20).

Há autores que mesclam os tipos com as técnicas de investigação, como é o caso de Raymond Simon e Philip Lesly. Eles propõem quatro técnicas básicas: leitura, contemplação, observação e enquetes de opinião pública (1994, pp. 221-53). Lesly destaca as seguintes técnicas: análise de conteúdo; levantamento de perfil das reações públicas de uma organização, de assuntos públicos e mesmo de um programa; levantamentos de tendências para descobrir se as mensagens estão atingindo os públicos ou não; levantamento de painel, que permite estudar as razões das mudanças de opinião do público; e o levantamento em profundidade, que visa deixar o público à vontade para emitir suas opiniões livremente sobre algum fato ou sobre as organizações em si (1995, pp. 80-3).

Para Sam Black, é muito importante que as relações públicas se valham das pesquisas básicas ou aplicadas desenvolvidas por cientistas sociais, porque proporcionam valiosa informação e princípios condutores na hora de planejar programas de ação. Quanto aos tipos de pesquisa específicos para a área, ele reproduz o resultado de uma enquete feita pela Internacional Public Relations Association (Ipra), que identificou sete amplas áreas: 1. Pesquisa de atitude ou opinião; 2. Pesquisa de motivação; 3. Pesquisa para identificar tendências sociais ou econômicas; 4. Pesquisa de marketing; 5. Pesquisa de exemplares de publicações; 6. Pesquisa de índice de leitura; 7. Pesquisa de avaliação (1994, pp. 145-6).

Uma perspectiva com algumas diferenças em relação às tipologias apresentadas até aqui é a adotada por James B. Strenski, que enumera cinco áreas: 1. Auditoria de opinião; 2. Auditoria da comunicação; 3. Estudos de percepção; 4. Estudos de comunicação de *benchmark*, por meio da *clipping* de matérias de divulgação (publicidade); 5. Monitoramento ambiental (1981, pp. 16-7).

No Brasil, um dos primeiros autores a destacar a importância da pesquisa para as relações públicas foi C. Teobaldo de Souza Andrade. Ele propõe nove categorias: 1. Pesquisa de atitude; 2. Pesquisa de opinião pública; 3. Pesquisa motivacional; 4. Pesquisa de tendências sociais; 5. Pesquisa de mercado; 6. Pesquisa de meios de comunicação; 7. Pesquisa de leitura; 8. Pesquisa de avaliação; 9. Pesquisa institucional ou administrativa (1994, p. 49). Nota-se que os tipos apresentados se assemelham com os da maioria dos autores citados antes. A exceção é a pesquisa institucional ou administrativa, considerada, juntamente com a pesquisa de opinião pública, a mais usada pelos profissionais de relações públicas.

Waldyr Gutierrez Fortes classifica as pesquisas de relações públicas em cinco categorias e uma série de tipos: 1. Pesquisas internas: a) pesquisa institucional; b) pesquisa de motivação; c) pesquisa de clima organizacional; d) pesquisa participante e pesquisa-ação. 2. Pesquisas internas/externas: a) pesquisa de opinião e atitude; b) pesquisa de avaliação. 3. Pesquisas externas: a) pesquisa de mercado; b) pesquisa de legislativa; c) pesquisa de tendências sociais; d) auditoria de opinião. 4. Pesquisas de apoio técnico: a) pesquisa de mídia; b) pesquisa de hemerografia e *clipping;* c) pesquisa do índice de entendimento; d) pesquisa bibliográfica; e) pesquisa virtual. 5. Enquetes – as técnicas mais simples e de fácil aplicação: análise de arquivos, registros públicos, conversas informais, sugestões, reclamações e queixas (1998, pp. 72-92).

A retrospectiva apresentada, sobre os tipos de pesquisa em relações públicas, com base nos autores estudados, nos leva a algumas considerações. Primeira, que é o caráter científico que deve ser impregnado na cultura dos profissionais da área e das organizações com vistas em uma maior valorização. Segunda, que a pesquisa é fundamental e o seu uso imprescindível para o planejamento das atividades de relações públicas.

Outro aspecto a ser considerado é que a pesquisa em relações públicas está bastante imbricada com a mensuração e a avaliação. Muitos autores denominam essa conexão de pesquisa de avaliação, outros elencam tipos de pesquisa que, na verdade, são antes instrumentos de mensuração de resultados dos mais diversos programas de ação levados a efeito. Sam Black, por exemplo, no capítulo que trata do assunto, o denomina de "investigación, medición y evaluación" (1994, p. 9). O mesmo ocorre com James B. Strenski – "news concerns for public relations measurement" (1981, p. 16).

Cremos que, para fazer avaliação, temos de pesquisar, mas se faz necessário também clarear conceitos e estabelecer as finalidades de cada um desses instrumentos e compreender que os objetivos de ambos são semelhantes, porém diferentes. Enquanto as pesquisas visam buscar informações para analisar determinadas situações, problemas ou necessidades, em virtude da construção de diagnósticos com vistas em planejar ações, a avaliação tem como propósito verificar como essas ações foram executadas e quais foram os resultados obtidos, mensurando retornos e comparando se o que foi realizado é coerente com o proposto no planejamento.

Tipologia essencial

Na nossa percepção, em virtude do planejamento de relações públicas nas organizações, consideramos essenciais alguns tipos de pesquisa e auditoria, de cuja utilização a área não poderá prescindir.

Especificamente no âmbito institucional, as relações públicas trabalham com a *pesquisa de opinião* com os públicos e com a *pesquisa institucional* para conhecer a organização como um todo. Pela natureza de suas atividades e por gerenciar a comunicação da organização com o seu universo de públicos, realizam também as chamadas *auditorias de opinião*, de *imagem*, da *comunicação organizacional*, da *cultura corporativa* e, ainda, *a auditoria social* ou o *monitoramento do ambiente*.

A auditoria difere da pesquisa nas suas finalidades e características. É mais pontual e visa basicamente avaliar o desempenho da organização em si ou de determinados setores ou áreas específicas, objetivando a busca da eficiência e da eficácia. Está mais direcionada para intervir, elaborar diagnósticos e estabelecer possibilidades de melhorias de funcionamento para o objeto que está sendo avaliado.

Inaldo Santos Araújo trabalha o conceito da auditoria operacional, que "é a análise e avaliação do desempenho de uma organização – no todo ou em partes –, objetivando formular recomendações e comentários que contribuirão para melhorar os aspectos de economia, eficiência e eficácia (2001, p. 27). Para Cal W. Downs, especialista em auditoria de comunicação, "a auditoria é meramente um processo para explorar, examinar ou avaliar alguma coisa" (1988, p. 3).

Em síntese, auditoria tem relação com examinar e verificar desvios, disfunções etc. que impedem o alcance da eficiência e da eficácia. Ao fazermos, por exemplo, uma auditoria da comunicação organizacional, queremos avaliar os processos comunicativos, as práticas, detectar problemas, corrigi-los e intervir para mudar o que não está sendo eficiente e está dificultando a busca da eficácia.

Para um melhor entendimento da aplicação tanto das pesquisas quanto das auditorias no processo de planejamento de relações públicas, as descrevemos a seguir.

Pesquisa de opinião pública

A pesquisa de opinião[2] constitui um dos tipos de pesquisas mais relevantes para a área de relações públicas, com numerosas aplicações, tendo em vista a diversidade de públicos vinculados às organizações. Pode ser utilizada nas relações com os empregados, consumidores, acionistas, revendedores e distribuidores, comunidade, imprensa, poderes públicos etc., a fim de conhecer a opinião desses públicos sobre a organização, fatos ou acontecimentos e o nível de satisfação nos relacionamentos entre ambos. Além disso, é claro, para atender a demandas específicas ocasionadas pelo comportamento desses públicos, que nem sempre é favorável à organização. Só conhecendo a opinião dos públicos sobre um fato ou problema será possível traçar estratégias e soluções adequadas.

Para Bertrand R. Canfield, "a opinião pública de uma organização é continuamente influenciada por fatores sobre os quais a organização não exerce nenhum controle, tais sejam a mudança das condições econômicas, transformações sociais, ou ações das agências de pressão ou do governo" (1970, p. 483).

A aplicação da pesquisa de opinião pública segue todos os parâmetros da metodologia da pesquisa científica, como normalmente é utilizada pelos institutos de pesquisa. As técnicas e etapas básicas envolvem: planejamento, definição de objetivos ou propósitos, definição e delimitação do problema, construção de hipóteses, identificação do universo e seleção da amostra, construção do questionário, pré-teste, escolha e treinamento dos entrevistadores, coleta de dados por meio de entrevista, verificação e supervisão do material coletado, tabulação dos dados, análise e interpretação, e relatório final.

---

2. Sobre pesquisa de opinião em relações públicas consultar os autores como Canfield (1970, pp. 483-518), Raymond Simon (1994, pp. 193-253), Andrade (1994, pp. 47-53) e Lesly (1995, pp. 79-93).

Pesquisa institucional

a) Conceito

A pesquisa institucional visa basicamente conhecer a organização como um todo, valendo-se, para tanto, de técnicas e instrumentos apropriados para chegar a uma análise completa da real situação organizacional, envolvendo os aspectos estruturais, administrativos, econômicos, políticos, sociais, históricos e os relacionados com os negócios, os sistemas de gestão e produção, os recursos humanos, os públicos, o sistema de comunicação etc.

Com a pesquisa institucional é possível construir um diagnóstico corporativo institucional capaz de alicerçar a proposição futura de planos, projetos e programas de relações públicas de forma mais segura e coerente com as necessidades das organizações.

A importância da pesquisa institucional para o processo do planejamento de relações públicas está nas possibilidades de um estudo abrangente e uma visão de conjunto da situação. Muitas vezes um problema relacionado com determinados públicos e a opinião pública decorre de vários fatores ou causas de ordem administrativa, estrutural, de políticas erradas etc.

A definição proposta por C. Teobaldo de Souza Andrade explicita esses aspectos:

> Entende-se por pesquisa institucional ou administrativa a compilação de dados resultantes de atos administrativos ou de opiniões de diretores, chefes e funcionários, bem assim a sua interpretação e apresentação inteligente, de molde a permitir o levantamento da área ou das áreas, dentro da empresa, que se encontram em dificuldades. É através desse tipo de pesquisa que se pode fazer investigação e a crítica a respeito das normas e dos processos de organização, para explicar a atitude e opinião dos públicos no que diz respeito a pessoal, instalações, equipamento, horário, localização e métodos de trabalho. Os objetivos desse tipo de pesquisa são: descrever o que a instituição fez e o que está fazendo (descritivo), fixar normas para o que a instituição deveria estar fazendo (normativo); analisar e definir problemas setoriais (analítico). (1994, p. 52)

A aplicação da pesquisa institucional requer o uso adequado de técnicas e instrumentos da pesquisa científica e de procedimentos metodológicos pertinentes.

b) Técnicas e instrumentos

As principais técnicas e instrumentos de uma pesquisa institucional envolvem vários aspectos. Primeiramente, temos de conseguir a aceitação da organização para realizar o trabalho, por meio de contatos pessoais e entrevistas com os dirigentes. Posteriormente, partimos para a elaboração do questionário, que é um dos principais instrumentos a ser aplicado. Outras técnicas e instrumentos podem e devem ser utilizados: análise do conteúdo dos produtos comunicacionais, pesquisa-ação, pesquisa participante, entrevista em profundidade, dinâmica de grupos e *focus groups*, entrevista em profundidade com lideranças, chefias e representantes dos trabalhadores, e observação direta.

Além das técnicas e dos instrumentos, outro aspecto a ser considerado é a relevância de conhecer previamente a tipologia e as características da organização com a qual vamos trabalhar. A elaboração de um questionário e mesmo de um roteiro de entrevista voltados para empresas comerciais contempla questões diferentes das que faríamos para organizações e instituições públicas/governamentais e do terceiro setor. Daí a necessidade de fazer adaptações e ajustes para cada tipologia organizacional e de buscar caminhos alternativos, se necessário.

Quando se pretende desenvolver um trabalho de relações públicas voltado para uma comunicação local, movimentos sociais, organizações do terceiro setor, entidades carentes etc., é necessário buscar metodologias apropriadas para esses segmentos e imbuir-se de um espírito de trabalho participativo e de cooperação. Isto é, deve-se fazer um levantamento "com" o público-sujeito de determinada realidade, e não simplesmente "para ele".

As bases fundamentais para isso estão nas práticas libertadoras da educação propostas por Paulo Freire (1979, 1980) e no caso específico de relações públicas comunitárias, conforme já destacamos no Capítulo 3 desta obra.

A área de serviço social também nos fornece subsídios para tanto. A propósito, Luis Bravo apresenta um esquema preliminar para um estudo de uma comunidade, constituído de dezoito itens:

> Espaço geográfico, história, contexto cultural, sistema de poder, sistema social, econômico, de emprego, educacional, médico-sanitário, de bem-estar social, de transporte, de comunicações sociais, recursos comunitários, de tipos de personalidade, expectativa da comunidade quanto às dificuldades e soluções, experiências significativas em projetos comunitários e participação de assistente social na comunidade. (1983, p. 14)

Acrescentamos ao esquema as questões da participação de profissionais da área de comunicação social e das perspectivas para um trabalho de relações públicas. De acordo com a situação da comunidade, estudar-se-ia como proceder para levantar as informações. Pode ser que o melhor não seja um questionário formal, mas reuniões com líderes e setores determinados. É preciso haver bastante flexibilidade e adaptações, dependendo de onde e com quem se vai trabalhar.

c) Formatação de questionário

A construção de um questionário de pesquisa institucional adequado à obtenção do máximo de informações deverá, a princípio, contemplar os seguintes itens: 1. A organização: identificação e dados gerais: história, infra-estrutura física, transportes, produtos ou serviços, situação econômica, estrutura organizacional e administrativa; cultura organizacional, clima organizacional, capital intelectual; missão, visão e valores, ambiente, responsabilidade social e balanço social. 2. A comunicação: sistema de comunicação vigente (fluxos, processo, redes, barreiras e meios); públicos; estrutura departamental ou setorial da comunicação; políticas, filosofia e objetivos; missão, visão e valores da comunicação; práticas da comunicação organizacional.

O esboço que propomos a seguir, de pontos para a construção de um questionário para fins de aplicação de uma pesquisa institucional, contém esses itens. Ressalvamos, contudo, que nosso propósito não é oferecer um modelo pronto e único, mas, sim, apresentar caminhos e possibilidades para proceder a um levantamento em função do planejamento de relações públicas.

Pelos tópicos e itens relacionados, podemos deduzir que a pesquisa institucional é ampla e abrangente e, quando bem planejada e aplicada, fornece todas as condições para um conhecimento da organização como um todo e de sua comunicação com o universo de públicos.

QUESTIONÁRIO DE PESQUISA INSTITUCIONAL

I - A ORGANIZAÇÃO

1. **Identificação e dados gerais**
   - Razão social
   - Sede própria
   - Endereço
   - Área dos terrenos
   - Área construída
   - Ramo da atuação
   - Número de funcionários
   - Capital social
   - Patrimônio
   - Horário de funcionamento
   - Grupo do qual faz parte
   - Principais acionistas
   - Dirigentes executivos e respectivos cargos

2. **História**
   - Data de fundação
   - Local
   - Fundadores
   - Motivos que levaram à criação da empresa
   - Condições da época
   - Produtos ou serviços que eram oferecidos

3. **Infra-estrutura física**
   - Adequação das instalações
   - Leiaute das unidades

- Arquitetura e identidade visual
- As instalações atendem/correspondem às normas legais do país
- Condições ecológicas e de preservação ambiental
- Insalubridade no local de trabalho
- Segurança e condições de higiene no trabalho
- Descrição sobre os equipamentos e materiais permanentes
- Adequação tecnológica e manutenção destes
- Manuseio de equipamentos de alta periculosidade pelos trabalhadores

4. **Transportes**
- Facilidades de acesso e sistema viário utilizado
- Meios de transportes utilizados pelos empregados
- Locação de transportes para os empregados
- Utilização de linhas municipais de transportes coletivos
- Carros da empresa para uso de diretores e outros empregados

5. **Produtos ou serviços**
- Produtos que fabrica e/ou comercializa
- Serviços prestados e oferecidos
- Porcentagem de colocação dos produtos e serviços no mercado
- Concorrência no mercado e principais empresas competidoras
- Caracterização geral dos produtos e serviços
- Políticas adotadas para pesquisas e lançamento de novos produtos ou serviços
- Sistema de produção, comercialização e distribuição
- Controle de qualidade e os sistemas e métodos adotados
- Certificados de qualidade obtidos

6. **Situação econômica**
- Descrição das condições da situação econômica vigente
- Faturamento bruto anual
- Faturamento líquido anual
- Investimentos financeiros
- Receitas *versus* despesas

7. **Estrutura organizacional e administrativa**
- Organograma
- Características da departamentalização ou estruturação
- Relações de poder e processo decisório
- Políticas e diretrizes organizacionais
- Nível de burocracia e de adhocracia
- Níveis de autonomia, dependência, centralização, descentralização e controle

PESQUISA E AUDITORIA EM RELAÇÕES PÚBLICAS

- Processos e métodos de trabalho
- Tecnologia e recursos disponíveis
- Estatutos e regimentos internos
- Instrumentos executivos formais e informais
- Gestão de pessoas
- Quadro de pessoal e sua adequação
- Adoção de serviços terceirizados

8. **Cultura organizacional**
   - Caracterização da cultura organizacional existente
   - Tipos predominantes: cultura do poder (forte poder central de comando e influência), cultura de função (racionalidade e rigidez como valores básicos), cultura de tarefa (orientada no trabalho e nas tarefas concretas) e cultura da pessoa (indivíduo como centro de tudo e valorização das relações interpessoais)
   - Faces visíveis e não-visíveis da cultura organizacional (estilo, arquitetura, costumes, ritos, apresentação das pessoas, suas roupas, seus uniformes, formalidade ou informalidade na comunicação, comportamentos ante os níveis hierárquicos etc. e os valores e a filosofia criados e adotados pelos fundadores e líderes da organização)
   - Crenças e valores da organização
   - Análise da história e da memória institucional
   - Valores e normas que regem o comportamento da organização
   - Estilo do fundador ou fundadores e dos dirigentes executivos e o grau de influência sobre o comportamento das pessoas

9. **Clima organizacional**
   - Características da dinâmica organizacional
   - Aferição da imagem que o público interno tem da organização
   - Nível de satisfação dos empregados com as condições de trabalho, políticas de recursos humanos, benefícios sociais, remuneração, segurança, estilo de tratamento gerencial e de chefias, comunicação interna
   - Pontos fortes e pontos fracos no relacionamento da organização com os seus empregados

10. **Capital intelectual[3]**
    - Identificação do capital intelectual em relação aos ativos: de mercado, propriedade intelectual, infra-estrutura e os centrados nos indivíduos

---

3. Os indicadores para identificar o capital intelectual de possíveis organizações foram extraídos do livro de Brooking (1997). A autora é uma das maiores especialistas internacionais nesse assunto.

- Ativos de mercado: marcas, fidelidade dos clientes, canal de distribuição, licenças, clientes, contratos de franquia, nome da organização, sua logomarca
- Ativos de propriedade intelectual: *know-how*, patentes, direitos de *copyright*, segredos comerciais, direitos sobre projetos e *design*
- Ativos de infra-estrutura: filosofia administrativa, sistema de gestão, processos de negócios, impacto da tecnologia sobre investidores e a comunidade
- Ativos centrados no indivíduo: formação, qualificações profissionais, conhecimentos e competências associados com o trabalho

11. Missão, visão e valores
- Identificação da visão e da missão e seus enunciados
- Enunciados da missão e da visão
- Valores mais relevantes assimilados pela organização
- Objetivos e metas globais para o cumprimento da missão e o alcance da visão delineada

12. Análise ambiental[4]

a) Macroambiente ou ambiente externo
- Identificação das variáveis ou das forças macroambientais: econômicas, políticas, sociais, legais, culturais, demográficas, tecnológicas e ecológicas
- Verificação de como essas variáveis interferem na vida da organização e, conseqüentemente, na sua comunicação
- Indicação e mapeamento das variáveis que exercem maior influência
- Ameaças e oportunidades desse ambiente

b) Ambiente relevante ou operacional/setorial
- Identificação e caracterização do ambiente próximo e operacional
- Públicos externos relevantes: concorrentes, acionistas, clientes, fornecedores, agências reguladoras, sindicatos, grupos de pressão, grupos financeiros, bancos, poderes públicos etc.
- Nível de relacionamento existente

c) Ambiente interno
- Caracterização geral do ambiente interno
- Pontos fortes e fracos do conjunto ambiental interno

---

4. No Capítulo 6 "Planejamento estratégico direcionado para a comunicação organizacional", quando analisamos a questão do ambiente organizacional, destacamos os pontos mais importantes que devem ser levados em conta na análise ambiental.

13. **Responsabilidade social e balanço social**
    - Projetos e ações sociais em curso
    - Produção anual do balanço social
    - Indicadores que fazem parte do balanço social ou modelo adotado (Ibase, Instituto Ethos ou outro)
    - Principais beneficiários das ações sociais realizadas
    - Mensuração e avaliação dos resultados das ações sociais realizadas

II – A COMUNICAÇÃO

1. **Sistema de comunicação**
    - Processo comunicativo: como funciona e caracterização
    - Redes formal e informal: como se processam
    - Fluxos de informações ascendente, descendente, horizontal, transversal e circular: características e como se processam
    - Barreiras da comunicação predominantes
    - Predominância ou não da comunicação unilateral
    - Relação dos meios utilizados na comunicação administrativa
    - Pontos fortes e pontos fracos da comunicação administrativa

2. **Públicos**
    - Identificação e mapeamento dos públicos vinculados à organização
    - Avaliação do nível de relacionamento
    - Determinação dos públicos estratégicos (*stakeholders*)

3. **Estruturas departamental ou setorial da comunicação**
    - Terminologia do setor ou departamento responsável pela comunicação da organização
    - Subordinação na estrutura organizacional: presidência, diretoria tal ou outra área
    - Divisões ou subáreas: relações públicas, assessoria de imprensa, comunicação interna etc.
    - Verificação das funções e das atividades de cada subárea ou divisão – o que fazem, políticas, objetivos e principais produtos gerados
    - Área de comunicação como um todo: se é estratégica, funcionando como suporte para outras áreas
    - Pontos fortes e fracos da estruturação vigente

4. **Políticas, filosofias e objetivos**
    - Clima geral da comunicação
    - Se há uma política global e quais são as políticas parciais da comunicação existente

- Adoção de uma filosofia de comunicação integrada ou não
- Objetivos gerais e específicos da área de comunicação
- Impacto e eficácia das ações implantadas e da mídia utilizada
- Credibilidade na fonte
- Competências e eficiência do executivo principal e da equipe de comunicação – gerenciamento por pessoal técnico especializado

5. **Missão, visão e valores**
   - Missão da área de comunicação
   - Clareza e entendimento do enunciado de missão e da visão da organização
   - Destaque de três palavras-chave para esses enunciados
   - Coerência entre missão e visão organizacional e missão e visão comunicacional
   - Contribuição ou não das ações de comunicação para o cumprimento da missão da organização
   - Descrição dos valores da área de comunicação: verdade, ética, proatividade, transparência, agilidade etc.

III – COMUNICAÇÃO ORGANIZACIONAL

A) Comunicação administrativa e interna

1. Os canais oficiais da rede formal de comunicação de organização, que traduzem diretrizes, inovações, normas, valores e manifestações nos mais variados assuntos, são:
   - Cartas circulares ( )
   - Quadro de avisos ( )
   - Mensagens escritas no holerite ( )
   - Mensagens escritas no relatório ou em restaurantes ( )
   - *E-mail* – correio eletrônico ( )
   - Intranet ( )
   - Memorando ( )
   - Reuniões ( )
   - Encontros especiais ( )
   - _____ ( )
   - _____ ( )

2. A organização leva em conta e valoriza a rede informal, que abriga manifestações espontâneas e informais dos empregados?
   a) Sim ( )
   De que forma? _____

b) Não ( )
Por quê?_____

c) Às vezes ( )
Por quê?_____

3. A rede informal contribui para um clima interno favorável?
Sim ( )   Não ( )   Em parte ( )

4. Pode-se dizer que na organização há um equilíbrio entre os principais fluxos de informações (descendente, ascendente e lateral/horizontal, circular e transversal)?
Sim ( )   Não ( )   Em parte ( )

5. A organização propicia oportunidades para uma comunicação participativa, priorizando o fluxo ascendente?
a) Sim ( )
- O empregado pode se manifestar e enviar suas sugestões por meio de vários mecanismos ( )
- A organização possui caixa de sugestões ( )
- Freqüentemente se realizam reuniões e/ou encontros especiais para ouvir o que o empregado tem a dizer ( )

b) Não ( )
- A organização não possui mecanismos que possam propiciar a comunicação participativa ( )
- As orientações e as normas são transmitidas e cabe aos empregados segui-las ( )
- _____ ( )

6. A organização possui um programa de comunicação interna?
Sim ( ) Não ( )

7. Quais são os principais meios utilizados para a comunicação com o público interno?
- *Newsletter* ( )
- Boletins ( )
- Jornais ( )
- Revistas ( )
- Manuais ( )
- Vídeos ( )
- Telejornais ( )
- Rádio-empresa ( )

- Teatro-empresa ( )
- Correio eletrônico ( )
- Videoconferência ( )
- Terminal de computador ( )
- Programa "face a face" – "fala do presidente" ( )
- _____ ( )

8. Os programas de comunicação interna são desenvolvidos pelo:
   a) Departamento de Comunicação ( )
   b) Departamento de Recursos Humanos ( )
   c) Departamento de Comunicação em parceria com o de Recursos Humanos ( )
   d) _____ ( )

B) Comunicação institucional

1. A comunicação institucional visa atingir prioritariamente quais destes públicos?
   - Imprensa ( )
   - Comunidade ( )
   - Consumidores ( )
   - Governo e poderes públicos ( )
   - Fornecedores ( )
   - Acionistas ( )
   - Escolas/universidades ( )
   - Sindicatos ( )
   - _____ ( )

2. Quais são os principais programas de ação para atingir os públicos estratégicos (*stakeholders*) da organização? Destaque os cincos mais relevantes.
   - Assessoria de imprensa ( )
   - Projetos sociais ( )
   - Projetos e patrocínios culturais ( )
   - Eventos especiais ( )
   - Relações governamentais/*lobby* ( )
   - Publicidade institucional ( )
   - Publicações institucionais ( )
   - *Sites* institucionais ( )
   - Identidade visual e corporativa ( )
   - Relatórios anuais ( )
   - Balanço e perfil social ( )

PESQUISA E AUDITORIA EM RELAÇÕES PÚBLICAS

- Exposições e amostras ( )
- Projetos de memória institucional ( )
- Pesquisa de opinião ( )
- Programas de visita às instalações ( )
- Auditoria de opinião e de imagem ( )
- _____ ( )
- _____ ( )

3. Quais são os principais meios utilizados para atingir os públicos estratégicos externos?
   - Jornal ( )
   - Revista ( )
   - Internet ( )
   - Vídeos institucionais ( )
   - Mídias digitais e telemáticas
   - Comunicados e anúncios pagos veiculados na mídia impressa e eletrônica ( )
   - Livros especiais ( )
   - Calendários ( )
   - Marketing direto ( )
   - _____ ( )

C) Comunicação mercadológica ou de marketing

1. A organização possui um setor/departamento de propaganda?
   Sim ( ) Não ( )

2. Tem contrato com alguma agência externa de publicidade e propaganda?
   Sim ( ) Não ( )

3. A que área da organização está vinculado o setor ou departamento de propaganda?
   a) Comercial ( )
   b) Marketing ( )
   c) _____ ( )

IV – MENSURAÇÃO E AVALIAÇÃO DA COMUNICAÇÃO ORGANIZACIONAL

1. Costumam-se avaliar e medir os resultados dos programas de ações da comunicação interna, institucional e mercadológica levados a efeito pela organização?

> a) Sim ( )
> b) Não ( )
> c) Somente com alguns ( )
> Quais?_____
>
> 2. Enumere os parâmetros ou indicadores de avaliação existentes:
> _____
>
> 3. A relação custo-benefício tem sido satisfatória?
> a) Sim ( )
> Por quê?_____
>
> b) Não ( )
> Por quê?_____
>
> c) Em parte ( )
> Por quê?_____
>
> 4. Qual tem sido o investimento financeiro anual para a área de comunicação organizacional?

Auditoria da comunicação organizacional

a) Conceito

A auditoria da comunicação organizacional tem como função primordial examinar, avaliar, reorganizar, solucionar e melhorar o sistema de comunicação de uma empresa, visando, neste contexto, melhorar o desempenho das práticas comunicacionais vigentes.

Tendo por base os estudos desenvolvidos por Cal Downs,[5] Federico Varona define a auditoria de comunicação organizacional como um processo de diagnóstico, que tem como propó-

---

5. Autor do livro *Communication audits* (1988), Cal Downs analisa este assunto de forma abrangente – da natureza das auditorias de comunicação ao processo de planejamento das técnicas e dos instrumentos utilizados para sua aplicação e à apresentação dos relatórios finais.

sito examinar e melhorar os sistemas de comunicação interna e externa de uma organização em todos os níveis (1994, p. 55).

Duas dimensões contemplam, segundo Varona, o processo da auditoria de comunicação. A primeira é a avaliação do sistema e das práticas de comunicação de uma organização nos níveis macro e micro: no nível macro avaliam-se a estrutura formal e informal da comunicação, a comunicação interdepartamental e a comunicação com os sistemas internos que causam impactos sobre a organização; no micro, as comunicações interpessoais e grupais. A segunda dimensão está relacionada com o desenvolvimento das recomendações que devem ser encaminhadas para promover mudanças necessárias no sentido de melhorar o desempenho do sistema e das práticas da comunicação.

Também faz parte do trabalho da auditoria da comunicação organizacional examinar as produções comunicacionais de uma organização, seus símbolos, suas histórias, metáforas e as falas do seu público interno.

b) Técnicas e instrumentos

A aplicação de uma auditoria da comunicação organizacional requer o uso de técnicas e instrumentos. Esta só pode ser iniciada se houver aceitação e consenso entre a cúpula da organização e o consultor quanto ao trabalho a ser realizado. É preciso planejar todo o processo da auditoria, definindo as áreas focais (as áreas que serão estudadas, analisadas e avaliadas).

As principais técnicas e instrumentos empregados são os questionários, as entrevistas, os diagnósticos e as análises de redes de comunicação, as experiências críticas de comunicação, a análise Ecco (Episodic Communication Channels in Organizations) – análise dos canais episódicos de comunicação ou análise de transmissão de mensagens –, os *foccus groups*, a observação direta e a análise dos produtos comunicacionais.

Os questionários e as entrevistas são considerados os melhores e mais completos dos instrumentos, pois permitem obter o máximo de informações.

Com base na retrospectiva apresentada por Varona (1994), os questionários ou os formulários com questões para avaliação e aplicação da auditoria da comunicação organizacional surgiram nos Estados Unidos em 1950. Mas o seu desenvolvimento se deu na década de 1970, com a aparição dos três primeiros procedimentos e instrumentos de auditoria da comunicação.

O primeiro, ICA Communications Audit, promovido pela Internacional Communication Association (ICA), inclui as seguintes técnicas: um questionário com 122 perguntas, entrevistas e análise de redes de comunicação, experiências críticas de comunicação e um diário de comunicação, sugerido por Gerald Goldhaber.[6]

O segundo foi desenvolvido por estudiosos da Finlândia (Osmo Wiio e Martti Helsila) em 1974 e se chamou de LTT Audit System, nome do instituto de pesquisa que o patrocinou. Posteriormente, em 1978, ele recebeu uma versão corrigida por Osmo Wiio, passando a ser conhecido como OCD – Organizational Communication Development, cujo formato consistia unicamente em perguntas abertas e fechadas.

O terceiro procedimento, denominado Communication Satisfaction Questionnaire, foi elaborado por Cal Downs e M. Hazen em 1976. Tendo como propósito avaliar o nível de satisfação dos empregados com as práticas da comunicação da empresa, foi ampliado e revisado, em 1990, por Downs, recebendo o nome de Communication Audit Questionnaire. Foi traduzido para o espanhol por Federico Varona, em 1991. Nesta nova versão avaliam-se os seguintes fatores: 1. Informação sobre a organização; 2. Informação sobre o trabalho; 3. Clima geral da organização; 4. Comunicação dos supervisores; 5. Comunicação dos subalternos; 6. Comunicação entre os empregados; 7. Avaliação do trabalho individual; 8. Meios de comunicação; 9. Comunicação da gerência; 10. Comunicação entre os departamentos (Varona, 1994, pp. 56-7).

A descrição ora apresentada nos leva a concluir que a formatação de questionários tanto para a pesquisa institucional quanto para a auditoria de comunicação não é tão simples como se imagina. O rigor científico e o trabalho dos estudiosos que já se

---

6. Para mais detalhes, consultar Goldhaber (1991, pp. 291-350).

dedicaram ao assunto demonstram quais devem ser o nosso procedimento e os cuidados a ser levados em conta.

Outras técnicas e instrumentos não muito conhecidos são:

- Análise Ecco (Episodic Communication Channels in Organizations) ou análise de transmissão de mensagens, desenvolvida por Keith Davis, em 1952, para verificar quais os caminhos, como as mensagens circulam nas organizações tanto na rede formal quanto na informal, e de que forma se cruzam. Ou seja, o objetivo é descobrir o processo de difusão e o tempo que uma mensagem leva para circular, que meio foi usado, os caminhos percorridos e como se processou, os bloqueios (Downs, 1988; Goldhaber, 1991, pp. 342-4).
- Experiências Críticas de Comunicação, que têm como objetivos relatar e descrever as experiências vividas em comunicação pelas pessoas. Trata-se de questionar e interpretar como se dá o processo comunicativo no contexto organizacional. Com quem você se comunicou? O que aconteceu? É uma técnica mais subjetiva e qualitativa (Downs, 1988, pp. 133-48; Varona, 1994).
- Análise de Redes de Comunicação, que consiste em analisar a estrutura de comunicação e sua efetividade. Permite avaliar quem se comunica com quem, coleta informações da freqüência com a qual a comunicação ocorre, verifica quem está bloqueando ou sobrecarregando o fluxo comunicacional.

Auditoria de opinião

a) Conceito

Auditoria de opinião é um levantamento que se faz junto dos públicos-líderes. Sua finalidade é destacar informações realmente significativas para a correta análise de um problema, residindo a sua significação na qualidade do público entrevistado, e não na quantidade, não se caracterizando, portanto, uma pesquisa quantitativa. A auditoria de opinião serve para descrever como vão as relações de determinada organização com os públicos internos e externos, o que estes pensam a respeito dela, dos seus serviços ou produtos, e sua atuação na sociedade. Emprega-se essa técnica também para o estudo de um segmento, um produto ou um serviço específico.

Para Rolim Valença, profissional e especialista em relações públicas e um dos pioneiros em aplicar essa técnica no Brasil, por meio de sua renomada Assessoria de Relações Públicas (AAB), "a auditoria de opinião é essencialmente uma pesquisa, porém na forma de um levantamento aberto, com roteiro flexível e em profundidade" (s.d.). Assemelha-se, portanto, a uma pesquisa qualitativa, pois busca ouvir públicos representativos para a situação que está sendo equacionada.

Já Carlos Eduardo Mestieri e Waltemir de Melo definem a auditoria de opinião como "um exame analítico e pericial com o objetivo de se chegar a um balanço das opiniões, após a realização de um levantamento cuidadoso de informações junto aos públicos de todos os segmentos de interesses de uma organização" (1997, p. 20). Esses mesmos autores atribuem grande importância ao uso da auditoria de opinião pelas relações públicas, pelo fato de ela permitir um

> levantamento do perfil real da organização pública ou privada, do nível de conhecimento e aceitação de seus produtos e serviços, do grau de satisfação de seus públicos e o levantamento de desempenho de gestões administrativas. Também tem por objetivo o levantamento de conceitos e preconceitos emitidos pelas lideranças dos diversos públicos que possam influenciar, direta ou indiretamente, uma organização, um produto, um projeto ou uma decisão. (1997, p. 21).

Outro profissional e especialista de relações públicas que vem trabalhando com a auditoria de opinião é Flávio Schmidt, que assim a conceitua: "Processo de comunicação e interação voltado para o levantamento de informações e identificação de opiniões e percepções a fim de obter, pela análise e interpretação das informações, o resultado qualitativo que determina o perfil organizacional de uma empresa" (s.d.).

Ele a considera ainda como um instrumento de pesquisa qualitativa que traça com precisão o perfil da empresa sob o ponto de vista de seus públicos, observando os pontos positivos – que devem ser reforçados –, os negativos – que têm de ser corrigidos –, e, em especial, as expectativas existentes em relação a ela (ib.).

Em síntese, a auditoria de opinião visa ouvir o parecer de públicos representativos sobre determinada situação ou realidade que está sendo pesquisada, a fim de colher dados significativos e relevantes para construir um diagnóstico correto, com vistas na realização de um planejamento de ações futuras para intervir nessa mesma realidade ou situação.

b) Técnicas e instrumentos

A auditoria de opinião é um recurso bastante utilizado pelas assessorias de comunicação e de relações públicas que prestam serviços a empresas e organizações em geral. Tem auxiliado na identificação correta dos problemas concernentes à comunicação organizacional, a relacionamentos de públicos, imagem etc.

As principais técnicas e instrumentos empregados para a operacionalização da auditoria de opinião estão centradas na identificação da situação a ser equacionada, ao levantamento dos públicos que poderão ser objeto do processo e, portanto, têm de ser efetivamente representativos. Da composição correta da amostra ou do conjunto desses públicos é que dependerá a qualidade das informações requeridas.

Outro aspecto a considerar é a qualificação do entrevistador. Não se admite a possibilidade de uma auditoria de opinião ser aplicada por entrevistadores convencionais. Exige-se pessoal altamente qualificado, capaz de conduzir uma entrevista em profundidade e conhecedor do assunto e da problemática em questão.

Quanto aos instrumentos, o principal é a entrevista aberta, cujo roteiro deve ser o mais flexível possível e se adequar a cada caso e realidade. Normalmente a entrevista é aplicada de maneira informal, para se ganhar a confiança do entrevistado e, consequentemente, maior veracidade nas respostas. O entrevistado tem de se valer do conhecimento e do uso de parâmetros psicológicos. Para Mestieri e Melo, esta técnica fornece, ao final de certo número de entrevistas, a prioridade dos conceitos (e preconceitos) que cercam a organização, além de proporcionar o escopo que justificará a implantação de um projeto (1997, p. 23).

Outro instrumento são os relatórios, que devem registrar em detalhes todas as entrevistas realizadas e, no final, um resumo executivo com os principais depoimentos colhidos, conclusões gerais, quadros sintéticos dos itens mais relevantes, categorização dos temas recorrentes, análises, recomendações e proposições.

Auditoria de imagem

a) Conceito

Quando nos referimos à auditoria de imagem, estamos falando de imagem corporativa ou institucional, conforme mencionamos no Capítulo 4, sobre relações públicas e a filosofia da comunicação integrada.

Como proceder para saber se uma organização possui uma imagem positiva ou favorável perante seus públicos, a opinião pública e a sociedade? Como auditar, avaliar, verificar e examinar o que pensam ou imaginam esses mesmos segmentos sobre uma organização, seus produtos ou serviços, sua maneira de ser, sua personalidade, reputação, sua situação econômico-financeira, sua imagem pública e midiática etc.?

Um dos autores que se têm preocupado em buscar mecanismos para fazer auditoria de imagem é o espanhol Justo Villafañe, da Universidade Complutense de Madri, que a define como "um instrumento específico de avaliação da imagem corporativa de uma entidade, a partir da revisão orientada das políticas da empresa que mais influência tem na dita imagem" (1999, p. 46).

Esse autor considera que a auditoria de imagem não se limita apenas a examinar a imagem da organização que é projetada na mídia, isto é, a imagem midiática, mas deve examinar também outros tipos: a imagem funcional, que é decorrente do seu comportamento corporativo; a auto-imagem – sua cultura corporativa; e a imagem intencional, que é o posicionamento estratégico, isto é, como a organização quer se mostrar para o público, revelando sua personalidade em si.

Da imagem funcional, segundo Villafañe, devem-se verificar as variáveis que compõem a imagem corporativa, como a imagem financeira, a imagem comercial, a imagem interna e a imagem pública. A cada uma dessas variáveis ele propõe atribuir indicadores com certo número de pontos, num total de mil, para chegar a uma análise quantitativa,[7] conforme tabela que reproduzimos a seguir:

IMAGEM CORPORATIVA 1000			
IMAGEM FINANCEIRA 200	IMAGEM COMERCIAL 400	IMAGEM INTERNA 150	IMAGEM PÚBLICA 250
↓	↓	↓	↓
REPUTAÇÃO FINANCEIRA 150	VALOR DO PRODUTO 75	CLIMA INTERNO 75	IMAGEM MIDIÁTICA 150
ESTRUTURA DE CAPITAL 50	SERVIÇO AO CLIENTE 175	VALORIZAÇÃO DOS RECURSOS HUMANOS 25	IMAGEM DO AMBIENTE 100
	VALOR DA MARCA 150	ADEQUAÇÃO CULTURAL 50	

Fonte: Villafañe (1999, p. 52).

Com essas considerações, queremos demonstrar que uma auditoria de imagem corporativa não pode ficar reduzida à ima-

---

7. Para mais detalhes, consultar a fonte original (Villafañe, 1999). O autor desenvolveu inclusive um observatório permanente de imagem corporativa Opic (p. 50).

gem midiática, quando se pretende examinar e avaliar a imagem corporativa de uma organização como um todo.

Outra proposta metodológica para fazer uma auditoria de imagem é de Maria Schuler (2000). Ela desenvolveu e testou um método de pesquisa de fácil aplicação para avaliar a imagem que uma organização formou perante um público específico.

A realização da fase qualitativa da pesquisa consta do levantamento dos atributos da imagem da organização diante da amostra representativa do público-alvo. O entrevistador escolhe um elemento (um atributo) do modelo mental ligado à empresa (por exemplo, o nome da organização ou o logotipo) e utiliza sempre esse mesmo elemento como estímulo para os entrevistados, sem nunca fazer, ele mesmo, nenhuma ligação com outras idéias.

A partir desse elemento central, ao qual a autora chama de "termo indutor", o entrevistador incentiva, junto dos entrevistados, a manifestação mais espontânea e despreocupada possível das idéias que esse "termo indutor" lhes traz:

> Quando eu digo (termo indutor), qual a primeira coisa que lhe vem à cabeça? E que outras idéias lhe ocorrem quando você escuta (termo indutor)? O que você gosta na (termo indutor)? O que você não gosta na (termo indutor)? Como você compararia a (termo indutor) com (seu principal concorrente)? De onde você recebe informações sobre a (termo indutor)?

Segundo a autora, "muitas outras atividades podem ser propostas, para o mesmo resultado. Mas da experiência que se tem dos testes com o instrumento, estas questões são bastante suficientes para cumprirem a função de estímulo para que os principais atributos da imagem da organização se revelem" (2000, pp. 6-7).

Wilson da Costa Bueno, pesquisador e especialista de comunicação organizacional, trata especificamente da auditoria de imagem na mídia. Para ele, essa auditoria é "um instrumento moderno e sofisticado de inteligência empresarial, que pode permitir às empresas, entidades ou pessoas uma avaliação correta do perfil de seu relacionamento com a própria mídia (1999, p. 13).

O autor tem uma visão muito crítica das práticas tradicionais de mensuração do *clipping* ou de recorte de materiais veiculados na mídia impressa e eletrônica, realizado pelas empresas de assessoria de imprensa. Ele chama de "equívocos de clipagem" as análises de equivalência quantitativa entre o espaço editorial conseguido pelas organizações com notícias ou matérias e os custos de anúncios por elas pagos. Para ele, quem reduz a auditoria de imagem a esse tipo de análise é um mero "contabilista" da informação.

Como contraponto a tudo isso, Bueno defende e propõe novos métodos, técnicas e instrumentos,[8] dentro do que qualifica de "auditoria de presença na mídia como inteligência empresarial", que é um

> instrumento básico da empresa (entidade ou pessoa) para uma política consistente e sistemática de divulgação. Não pode ignorar a singularidade dos veículos e de seus espaços privilegiados, o perfil comunicacional dos concorrentes (ou adversários no caso de pessoas físicas – políticos em particular) e, sobretudo, deve pautar a conduta da empresa (entidade ou pessoa) no relacionamento com os meios de comunicação. (1999, p. 24)

b) Técnicas e instrumentos

Realizar auditoria de imagem corporativa, como já ficou subentendido, requer o uso de diferentes técnicas e instrumentos e, sobretudo, um planejamento adequado. Não é algo simples, pois lida-se com o intangível, como a reputação e as percepções do imaginário das pessoas e dos públicos. Assim, a melhor estratégia é nos valermos de procedimentos adequados, pois tudo dependerá da realidade e da complexidade de cada caso de auditoria de imagem que será submetido a exame e verificação.

Evidentemente, um conhecimento prévio da organização, numa perspectiva holística, bem como dos públicos a ela vincu-

---

8. Para mais detalhes, consultar os estudos e artigos do autor, que se encontram no *site* de sua assessoria de comunicação, a Comtexto – Comunicação e Pesquisa: www.comtexto.com.br.

lados, e o aproveitamento de outras pesquisas e auditorias relacionadas com a área de relações públicas e comunicação organizacional poderão contribuir com subsídios diretos na montagem, execução e avaliação de uma auditoria de imagem.

Auditoria social ou monitoramento do ambiente

a) Conceito

Outro tipo de auditoria, muito necessária para o desempenho da função estratégica das relações públicas nas organizações, é a que se convencionou denominar de monitoramento ambiental ou auditoria social.

Segundo Raymond Simon, esses termos foram incorporados às relações públicas graças ao desenvolvimento da área na década de 1960, quando ela ampliou suas atividades na esfera pública, sob a influência do pensamento paradigmático de Edward Bernays e Harwood Childs, que muitos anos antes já defendiam a necessidade de os profissionais de relações públicas se preocuparem com tendências e temas sociais vitais (Simon, 1994, pp. 204-5).

Otto Lerbinger distingue auditoria social de monitoramento ambiental. Os sistemas de monitoramento ambiental são estabelecidos para observar tendências na opinião pública e eventos no ambiente sociopolítico, que podem ter efeito significativo sobre a organização (1998, p. 120). Já a auditoria social tem como foco verificar e observar quais seus públicos e o ambiente físico. É um estudo da *performance* social de uma organização – como ela está à altura tal qual uma "cidadã corporativa" (1998, p. 127).

Nota-se que o monitoramento ambiental e a auditoria social são formas utilizadas pelas relações públicas para pesquisar, examinar e avaliar as relações da organização com o seu ambiente social, como ela se posiciona, quais as influências externas a que está sujeita, quais os efeitos e as reações dos públicos sobre suas atitudes etc.

Um interessante estudo sobre monitoramento ambiental foi desenvolvido por Eduardo A. Dutra Moresi (2001). O autor defende que, aliado à aquisição de informações no ambiente externo, esse monitoramento deve estar presente no cotidiano das organizações (p. 93). Para ele,

> as mudanças, os eventos, as ameaças e as oportunidades no ambiente continuamente criam sinais e mensagens. As organizações detectam estas mensagens, executam algum tipo de processamento para transformá-las em informação e as utilizam para se adaptar às novas condições. Quando as decisões se baseiam nessas mensagens, mais informação é gerada e transmitida, gerando novos sinais e decisões. (p. 94)

Pelas considerações feitas sobre o monitoramento ambiental, podemos observar o quanto se pode aplicá-lo no planejamento estratégico da comunicação organizacional. É no ambiente que a área de relações públicas vai buscar informações para gerenciar a comunicação das organizações com os seus públicos.

Nesse sentido, é importante incorporar a abordagem de Thomas H. Davenport sobre a *ecologia da informação*, "que se baseia na maneira como as pessoas criam, distribuem, compreendem e usam a informação" (1998, p. 14) buscada no ambiente informacional, no ambiente da organização e no externo.

A auditoria social ou o monitoramento ambiental consiste em pesquisar, examinar e avaliar as tendências socioeconômicas presentes no meio ambiente da organização. É um exercício de vigilância do que está ocorrendo no contexto do ambiente social, verificando-se quais são as ameaças e as oportunidades desse ambiente. Significa também identificar as influências dos fatores externos ou das variáveis (políticas, econômicas, sociais, legais, culturais, ecológicas e demográficas) sobre a vida da organização e avaliar o nível de suas relações com o ambiente.

Por fim, como já mencionamos ao abordar as tipologias de pesquisa em relações públicas, a auditoria social ou o monitoramento ambiental facilita a detecção de problemas no ambiente externo, permite antecipar conflitos e constitui um ótimo instrumento para direcionar com mais possibilidades de eficácia a análise de uma situação-problema para um posterior planejamento de programas de ações futuras de relações públicas.

b) Técnicas e instrumentos

As técnicas e os instrumentos já citados para outras pesquisas aplicadas e auditorias também são válidos, de maneira geral, para a auditoria social ou o monitoramento do ambiente.

O que podemos destacar nesse caso específico é um estudo monitorado e contínuo do que se passa e é veiculado na mídia massiva impressa e eletrônica e em todas as mídias segmentadas e alternativas. Essas são fontes por excelência para monitorar o ambiente externo. A auditoria de imagem corporativa é outra forma imprescindível para o monitoramento ambiental.

Nossa proposta aqui foi trabalhar apenas com as tipologias de pesquisa e de auditoria que julgamos mais relevantes para a área de relações públicas e em função do seu planejamento. É claro que muitos outros tipos existem e são também importantes, sobretudo a auditoria do capital intelectual, a pesquisa-ação nas organizações, a pesquisa de clima organizacional, de atitude etc.[9] Mas tivemos de fazer uma opção em face dos limites e dos objetivos desta obra. Fica aqui uma semente para que outros pesquisadores brasileiros cuidem dessa empreitada, já que não dispomos de uma obra específica sobre essa temática.

---

9. Sobre auditoria da cultura consultar Thevenet (1997). O autor apresenta as metodologias fundamentais (abordagem etnográfica e abordagem nos processos de intervenção inspirada no desenvolvimento organizacional) e os outros métodos clássicos de pesquisa qualitativa e documental. Sobre auditoria do capital intelectual: Brooking (1997), cuja obra trabalha os conceitos e os possíveis procedimentos metodológicos para uma auditoria desse assunto. E sobre pesquisa-ação nas organizações: Thiollent (1997), Eden e Huxham (2001) e Roesch (2001). Além disso, outras obras específicas sobre todas essas tipologias estão disponíveis na literatura corrente.

8

PLANEJAMENTO DE RELAÇÕES PÚBLICAS NAS ORGANIZAÇÕES

O planejamento é inerente ao processo do desempenho das funções e do desenvolvimento das atividades de relações públicas nas organizações. Constitui, portanto, uma função básica para a prática profissional no gerenciamento da comunicação das organizações com seus diversos públicos e a opinião pública. Possui finalidades, tipologias e se processa por meio de etapas ou fases, como veremos a seguir.

Uma função básica de relações públicas

No IV Congresso Mundial de Relações Públicas, realizado em outubro de 1967, no Rio de Janeiro, a então Comisión Interamericana para la Enseñanza de las Relaciones Publicas, da Federación Interamericana de Asociaciones de Relaciones Públicas (Fiarp) fixou como funções básicas de relações públicas as seguintes: assessoria, pesquisa, planejamento, execução (comunicação) e avaliação.[1] Nos dias de hoje há novas concepções a respeito das possíveis funções de relações públicas, como já destacamos no Capítulo 3. No entanto, qualquer função de relações públicas não poderá prescindir do planejamento. Por exemplo,

---

1. C. Teobaldo de Souza Andrade destaca cada uma dessas funções com as respectivas funções específicas (1994, p. 32).

exercer as funções administrativa, estratégica, mediadora/ comunicativa e política sem se valer do processo do planejamento e das técnicas de elaboração de planos, projetos e programas de ações?

A própria legislação vigente da profissão, o Acordo do México e o documento "Conclusões do Parlamento Nacional do Conselho Federal dos Profissionais de Relações Públicas (Conferp)" colocam o planejamento como uma das funções relevantes de relações públicas, no desenvolvimento de suas finalidades essenciais institucionais e nas atividades de apoio a outras áreas.

Pelo fato de as atividades de relações públicas se envolverem sempre com públicos e a opinião pública em geral, é evidente que vão requerer o máximo de cuidados e uma sistematização das ações. E tudo isso só será possível com e por meio do planejamento. Portanto, trata-se de uma função básica imprescindível para o exercício profissional do dia-a-dia.

O planejamento é um instrumento para a eficácia das atividades de relações públicas porque evita a improvisação, oferece maiores possibilidades para a consecução dos objetivos e o cumprimento da missão organizacional, permite racionalizar os recursos necessários e dá uma orientação básica, capaz de permitir a avaliação de resultados.

As atividades de relações públicas normalmente propiciam uma projeção institucional da organização, que, dependendo de como são executadas, poderá ser positiva ou negativa. Quando se planeja, as possibilidades de sucesso são bem maiores do que quando se fazem as coisas de forma aleatória. Por isso, um departamento de comunicação/relações públicas tem dupla responsabilidade: cuidar para que o conceito de sua organização não seja prejudicado; e, sempre, levar em conta que suas ações devem atender e respeitar os interesses dos públicos e da opinião pública.

O planejamento será uma arma que não se pode deixar de lado, pelas razões que já assinalamos e por muitas outras, obviamente conhecidas e utilizadas. Por conseguinte, ajudará o departamento de comunicação/relações públicas a agir com mais cautela e com medidas mais previsíveis e eficazes. Nossas ações têm de ser dirigidas por uma política definida e ser muito bem pensadas, para não causar impactos negativos na opinião pública e conseqüências desastrosas para a organização. É um trabalho muito mais preventivo do que remediador. Quer dizer que um serviço de relações públicas não é uma panacéia nem um apagador de incêndios, mas algo que exige planejamento e ação programada, tendo em vista a futuridade das ações com base nas decisões tomadas por ocasião da elaboração dos planos. Evidentemente, pode ocorrer o que chamamos de fatores aleatórios ou imprevisíveis, mas, se já existiu uma conscientização do ato de planejar, será mais fácil contorná-los.

De acordo com Adão Eunes Albuquerque,

> em virtude de não se poder prever o futuro, é indispensável que se façam os planos. Uma vez não podendo se prever o futuro agiremos com maior segurança se pensarmos a respeito do que poderá acontecer do que se caminharmos no escuro e sem preocupação pelo dia de amanhã. O plano de relações públicas aumenta a capacidade do profissional e ele passa a descobrir novas técnicas, novas soluções e a tomar providências antecipadas e seguras a respeito de problemas importantes, agindo preventivamente. (1981, p. 6)

Enfim, é praticamente impossível realizar as atividades de relações públicas sem planejamento. Escreve José Whitaker Penteado, a propósito:

> As relações públicas, portanto, constituem atividades que necessitam ser cuidadosamente planejadas; não podemos permitir-nos o luxo de procurar soluções mais ou menos engenhosas, apenas quando chegamos às pontes. A rigor, as relações públicas não fazem outra coisa senão lançar com antecedência uma série de pontes, por onde as informações são canalizadas, visando o estabelecimento de uma comunicação de duplo curso, entre a empresa e seus públicos. (s.d., p. 134)

Marcos Fernando Evangelista, um grande defensor dessa área, completa nosso pensamento de forma incisiva: "Na verdade, desde que iniciei na vida profissional de relações públicas, conscientizei-me que tal atividade não pode ser exercida sem o planejamento. E hoje estou ainda muito mais convicto desse fato" (1983, p. 20).

Papel e finalidades

O papel fundamental do planejamento de relações públicas é o de exercer um caráter proativo nas ações decorrentes dos relacionamentos das organizações com seus públicos. Com planejamento é possível fazer projeções e prognósticos e prever eventuais comportamentos e reações dos públicos ante algumas decisões ou atitudes das organizações.

O exercício da função estratégica de relações públicas só é possível por meio do planejamento, pois o gestor de comunicação ou profissional de relações públicas nas organizações contemporâneas precisa ir além das técnicas. Quais os pré-requisitos para que este tenha condições de exercer uma função estratégica? Nemércio Nogueira nos chama a atenção para essa questão:

> Se nós, profissionais de relações públicas, quisermos vir a ser uma parte importante do crescimento da atividade empresarial e institucional no Brasil, teremos que estar extremamente bem preparados do ponto de vista intelectual. E isso implica que teremos que ser mais do que apenas técnicos em comunicação: teremos que nos tornar praticamente "empresários da comunicação", com grande integração com as necessidades objetivas de nossos clientes ou empregadores, para podermos ser proativos na busca de soluções para seus problemas – ou, se possível, para evitar esses problemas. É isso, que eles vão precisar de nós cada vez mais – e não apenas a perícia mecânica, porque ninguém quer um *microchip* que só tenha o silício com o qual é produzido. (1997, p. 154)

Buscar a excelência da comunicação organizacional é uma das finalidades do planejamento de relações públicas. A comunicação excelente é aquela que é administrada de forma estratégica, que valoriza a cultura corporativa, o envolvimento das pessoas e tem como parâmetros os princípios éticos.

Outras finalidades são inerentes ao processo de planejar e implementar ações de relações públicas, como: avaliar as potencialidades, limitações, oportunidades e ameaças do ambiente global das organizações e as implicações e conseqüências para a comunicação; identificar as prioridades das ações comunicativas em função das necessidades das organizações e dos seus públicos; contribuir para que as organizações cumprem a missão e visão e alcancem seus objetivos gerais; e ajudar na definição e fixação públicas dos valores organizacionais.

Principais tipos

Em relações públicas, desenvolvemos basicamente dois tipos de planejamento. O primeiro é o de elaboração de todo um projeto global ou um plano estratégico de comunicação para determinada organização. O segundo é voltado para o planejamento e a produção de projetos e programas específicos, como eventos especiais, publicações institucionais, ações com a comunidade, comunicações de crises, projetos socioculturais, comunicação interna, mídias digitais etc.

Vale ressaltar que tanto a elaboração de um projeto global como a de projetos e programas específicos devem ter como princípio norteador a orientação metodológica das fases do processo do planejamento de relações públicas.

As possibilidades de se produzirem planos, plano estratégico de comunicação, projetos globais, projetos e/ou programas específicos dependerão das necessidades, oportunidades ou das demandas eventuais das organizações ante as realidades do ambiente onde estão insertas. Os profissionais ou gestores responsáveis pela comunicação organizacional devem ter sensibilidade e iniciativa suficiente para perceber tudo isso, propondo aos dirigentes projetos e programas no momento certo e de forma eficiente, com vistas na eficácia das ações futuras. Para tanto, como já destacamos, não poderão prescindir da utilização de pesquisas e auditoria aplicadas ao campo das relações públicas e da comunicação organizacional.

Fases do processo

Os conceitos sobre planejamento vistos no Capítulo 5 se aplicam perfeitamente ao planejamento de relações públicas, bem como à concepção de processo, em que se desenrolam várias fases. Só que em relações públicas, como é natural também em outras áreas específicas, ocorrem algumas pequenas diferenças devido às particularidades do próprio campo.

As fases do processo de planejamento de relações públicas são trabalhadas de forma diferente pelos autores que produziram obras específicas sobre o assunto. Antes de apresentarmos a formatação que criamos para o desenvolvimento desse processo, reproduziremos, a título de ilustração, uma síntese de como alguns estudiosos e mesmo entidades esboçaram o pensamento a esse respeito.

Percepções teóricas e técnicas

Se recorrermos aos estudos sobre o processo do planejamento de relações públicas, veremos que as quatro etapas – pesquisa, planejamento, implementação e avaliação – são consideradas básicas e demandam muitas outras fases e tarefas, como veremos mais adiante.

Os autores Scott M. Cutlip e Allen H. Center (1963), cuja obra original, *Effective public relations*,[2] vem sendo publicada desde 1952, já destacavam estas quatro etapas como fundamentais, sendo a da implementação por eles denominada comunicação (pp.137-8). E, numa versão mais atualizada, a sexta edição (1985), na qual se incluiu um novo autor, Glen M. Broom, os mesmos estudiosos reafirmaram o "processo de quatro degraus", com algumas adaptações e os correspondentes questionamentos básicos:

---

2. A versão em espanhol, publicada em Madri pelas Ediciones Rialp, em 1963, tem o título *Relaciones públicas*, não mantendo, portanto, o título original *Effective public relations*.

1. Definindo o problema; 2. Planejando e programando; 3. Agindo e comunicando; 4. Avaliando o programa. A primeira etapa envolve a necessidade e a importância da pesquisa para determinar "o que está acontecendo agora?". A segunda, a preocupação com as estratégias: "o que devemos fazer e por quê?". A terceira, a implementação dos planos e programas de ação e de comunicação: "como vamos fazê-lo e dizê-lo?". A quarta, por fim, a determinação dos resultados dos programas: "como fizemos?" (Cutlip, Center e Broom, 1985, pp. 199-200).

A Public Relations Society of America (PRSA) adota essas quatro etapas como critérios para avaliar a eficácia de um programa de relações públicas do prêmio Silver Anvil Awards,[3] por ela instituída para distinguir e premiar os melhores casos práticos realizados por organizações, instituições e órgãos governamentais da área a cada ano. Os participantes do referido prêmio têm de descrever e especificar claramente, em duas páginas, no máximo, como foi desenvolvida cada uma dessas etapas.

Na fase de investigação ou *pesquisa*, tem de ser especificado quais foram os procedimentos para obter informações sobre o problema tratado e as tentativas feitas visando buscar o êxito ou sucesso. Na de planificação ou *planejamento*, quais os objetivos determinados, julgamentos ou juízo de valor para escolha das estratégias adotadas, utilização de orçamento adequado e outros ajustes. Na de *execução*, como foram postos em prática o plano, os materiais utilizados, os ajustes realizados no plano em curso, as técnicas seguidas para obter o apoio da direção, outras técnicas, as dificuldades encontradas e a efetividade dos recursos aplicados; e, na de *avaliação*, como foi medido o êxito e até que ponto os objetivos foram alcançados.[4]

---

3. Para mais detalhes, consultar www.prsa.org. Os melhores casos práticos do prêmio Silver Anvil Awards de 1987 foram publicados numa versão em espanhol pela Escola Superior de Relaciones Públicas, de Barcelona, em obra organizada por Antonio Noguero e J. Xifra Heras (1990). No centro de Informações da PRSA todos os trabalhos ganhadores estão disponíveis para consultas.

4. Grunig e Hunt (1984, pp. 28-9) fazem referência às fases do planejamento situando-as no contexto do prêmio Silver Anvil Awards da PRSA. Noguero e Xifra (1990, pp. 31-2) reproduzem as normas da PRSA para inscrição de trabalhos no referido prêmio.

No Brasil, o Conselho Regional de Profissionais de Relações Públicas da 2ª Região (Conrerp) – SP/PR instituiu, desde 1981, o prêmio Opinião Pública, uma promoção anual com o objetivo de distinguir trabalhos ou casos práticos de real mérito, desenvolvidos por profissionais do setor, em benefício de organizações e instituições governamentais do país.

Os critérios adotados para efetuar o julgamento dos trabalhos se assemelham aos da PRSA: 1. Planejamento; 2. Execução; 3. Resultados. No *planejamento* consideram-se os seguintes itens: a) pesquisa (profundidade dos estudos prévios, identificação e enunciado do problema etc.); b) originalidade e estratégia (técnicas adotadas, adaptação e inovação introduzidas para solução do problema); c) organização (apresentação lógica e seqüência, objetividade e harmonia do projeto). Na *execução*: a) qualidade (ética, emprego adequado das técnicas e dos recursos escolhidos); b) eficiência (alocação eficiente de verbas). E nos *resultados*: a) meta (alcance parcial ou total dos objetivos); b) mensuração (trabalho realizado para identificar, analisar e comentar os resultados alcançados).[5]

Ao defender o valor estratégico de relações públicas e a importância da mensuração e avaliação de suas atividades para que as organizações prestem contas de suas ações perante a sociedade, isto é, façam uso da *accountability* – ou tenham responsabilidade e controle social –, Laurie J. Wilson enfatiza o papel do planejamento nesse contexto. E pondera que as quatro etapas do processo – pesquisa, planejamento, implementação/execução e avaliação – são bastante conhecidas pelos profissionais da área. No entanto, falha quanto ao entendimento do que seja um plano estratégico e à necessidade da interação e conexão entre as fases do processo. Diz a autora:

---

5. Para mais informações, consultar o *site* da entidade – www.conrerp_ sp.org.br – e os impressos sobre o regulamento do prêmio Opinião Pública.

PLANEJAMENTO DE RELAÇÕES PÚBLICAS NAS ORGANIZAÇÕES   323

Em outras palavras, os profissionais de relações públicas de hoje podem realizar pesquisa, podem fazer planos, podem produzir táticas de comunicações e podem avaliar. Eles podem encontrar dificuldades na prática: a) conceber um plano estratégico organizacional que responda a e incorpore informações de pesquisa; e b) criar táticas que realmente tenham êxito em cumprir o que o plano identifica como necessidades a serem realizadas para apoiar a missão e os objetivos da organização. (Wilson, 2001, 216)

Essa mesma autora, para esboçar o processo do planejamento de relações públicas, o estrutura a partir das mencionadas quatro fases, mudando apenas a terminologia de "execução" para "comunicação": pesquisa, planejamento, comunicação e avaliação. Ao longo delas distribuem-se quinze itens. A primeira etapa, da pesquisa, envolve estes tópicos: 1. *Background*; 2. Análise da situação; 3. Núcleo central de dificuldades; 4. Identificação preliminar dos públicos e recursos; 5. Metas da campanha; 6. Objetivos; e 7. Públicos-chave. A segunda etapa, do planejamento, compreende: 8. *Design* das mensagens; 9. Estratégias; 10. Táticas; 11. Calendário; 12. Orçamento. A terceira etapa, da comunicação, prevê: 13. A confirmação da comunicação que é destacada para cada público, mediante a descrição dos itens: público-alvo, interesses próprios, influência, estratégia, táticas/ferramentas e mensagem. A quarta etapa, de avaliação, inclui: 14. Critérios de avaliação; 15. Ferramentas de avaliação (Wilson, 2001, pp. 217-20).

Nota-se que basicamente o processo do planejamento de relações públicas se estrutura nestes quatro pilares: pesquisa/investigação do problema; planejamento dos planos/programas de ação; implementação por meio de ações comunicativas com os públicos; e avaliação.

Os autores em geral que tratam dessa temática podem até usar outras nomenclaturas e adotar outras seqüências para as fases do processo, mas essencialmente não podem fugir dessas proposições básicas de pesquisar, planejar, executar e avaliar.

Raymond Simon considera sete passos para tratar dos problemas de relações públicas: 1. Fazer um estudo preliminar para conhecer a organização: "um profissional experimentado sabe que é impossível realizar um programa efetivo de relações públicas sem ter um conhecimento profundo da organização que representa"; 2. Definir os problemas; 3. Estabelecer objetivos e metas; 4. Definir a audiência; 5. Estabelecer um tema; 6. Iniciar ação e atividades, projetos, táticas e escolha do momento oportuno; 7. Comunicação e avaliação (1994, pp. 261-80).

Como um modelo de planificação, Washington Illescas considera que um plano-mestre moderno de relações públicas se fundamenta em cinco etapas e diversas fases correspondentes: 1. Etapa estratégica – diagnóstico: busca, aquisição e aproveitamento de informação e planejamento de estratégias; 2. Etapa tática – tratamento: determinação, obtenção e previsão de todos os recursos no tempo oportuno e no lugar e de forma adequados; 3. Etapa estrutural – ação: maneira de efetivar e dinamizar as fases do plano, aproveitando o ajuste das reações previsíveis e controláveis dos públicos receptores; 4. Etapa de execução – avaliação: momentos de iniciação e finalização do plano; execução do programa na busca dos objetivos; 5. Etapa final – controle de gestão e de estratégia: trabalho de controle da gestão e das estratégias empregadas com vistas no futuro da organização e de novos programas (1995, p. 88). Nas diversas fases correspondentes, o autor detalha as tarefas de cada uma dessas etapas, que no conjunto todo contemplam ações de pesquisa, planejamento, implementação, avaliação e controle.

Adão Eunes Albuquerque denomina o processo de "a seqüência lógica do planejamento" e menciona treze fases: a) reconhecimento da necessidade de planejar; b) apoio da administração; c) saber o que planejar; d) definição dos objetivos; e) seleção dos públicos; f) estabelecimento de estratégias e táticas; g) criatividade na formulação de programas e técnicas de ação; h) escolha de instrumentos (mídias); i) estimativa de custos; j) aprovação da cúpula diretiva; l) conscientização da equipe executora; m) execução do plano; n) avaliação dos resultados (1981, pp. 65-83).

Já Marcos Fernando Evangelista chama a seqüência de procedimentos de "metodologia" e para ele a ação de planejar envolve as seguintes etapas: a) estudo (exame da situação); b) formulação de alternativas; c) seleção de alternativas; d) ação recomendada ou decisão; e) elaboração do documento; f) divulgação; g) acompanhamento (replanejamento). Em relação à primeira etapa – exame da situação –, considera que esta compreende três tarefas: levantamento de informações e dados; formulação da situação e análise dos objetivos (1983, pp. 28-39). O posicionamento dos autores mencionados nos leva a concluir que a aplicação de relações públicas nas organizações exige conhecimentos e se processa por meio de etapas e num contínuo encadeamento de questões, idéias, buscas etc. para encontrar os melhores caminhos com vistas na eficácia das ações futuras, traduzidas ou materializadas em planos, projetos e programas.

Etapas e interconexões

Dentro da nossa perspectiva, que procura enfatizar sempre as relações públicas no contexto das organizações e com a missão de gerenciar a comunicação com os diversos públicos, propomos um roteiro que se baseia nas quatro etapas básicas do processo de relações públicas – pesquisa, planejamento, implantação e avaliação –, para definir todas as fases e tarefas essenciais correspondentes, como veremos a seguir. Na medida do possível, procuramos ilustrar com exemplos práticos e a nossa opção foi localizar mais o trabalho de relações públicas com o público interno, pensando num plano de comunicação interna.

O diagrama proposto, na forma circular, é proposital, a fim de demonstrar que se trata de um processo contínuo que se interconecta sinergicamente, a partir da identificação da situação que está sendo planejada, seja uma organização, um problema, uma necessidade detectada ou uma decisão, até a mensuração ou avaliação dos resultados e o relatório conclusivo. Assim, o equacionamento, a pesquisa, as idéias que aparecem, as análises, as constatações situacionais e as proposições de solução vão surgindo numa perspectiva dinâmica e questionadora, que permitirá novas definições, quando necessárias, em função de contextos e da busca dos princípios da eficiência, eficácia e da efetividade das ações futuras a serem implantadas.

Etapas do processo de planejamento de relações públicas e as interconexões

a) Pesquisa

Identificação e conhecimento da situação

Para desenvolvermos um planejamento de relações públicas para determinada organização, o ponto de partida é conhecer essa organização como um todo, isto é, sua cultura, missão, visão, comunicação, seus públicos, valores, produtos ou serviços, seu capital intelectual etc. e como se processam os relacionamentos públicos institucionais no âmbito interno e externo.

Esse conhecimento só é possível mediante pesquisas e auditorias aplicadas ao campo da comunicação organizacional e das relações públicas, conforme já destacamos no capítulo anterior. O mesmo procedimento se aplica nas situações de problemas, decisão ou oportunidades. O levantamento de dados e a coleta de informações permitirão formatar um *background* sobre a organização e sobre o problema identificado, ajudando-nos a descobrir outros problemas que poderão estar subjacentes e a compreender e examinar a situação existente.

Levantamento de dados

Identificada a situação que está sendo objeto de intervenção, parte-se para o levantamento de dados sobre essa mesma situação, a fim de compreendê-la e estudá-la em profundidade.

O levantamento de dados poderá ser feito por meio de entrevistas, questionários, análise de documentos, observação direta ou pessoal, reuniões e muitos outros instrumentos e técnicas de pesquisa. A coleta de informações deve contemplar os aspectos relacionados não só com a situação em si, mas também com a organização da qual decorre tal situação. Isto é, se nos deparamos com um problema como a insatisfação do público interno, relacionado com determinada atitude tomada pela organização, temos de investigar e buscar informações das causas e das razões dessa insatisfação, mas também conhecer como é essa organização, suas políticas, procedimentos, sua cultura e suas práticas de relacionamento com os empregados.

Num primeiro instante o levantamento de dados assume uma característica de um estudo mais exploratório, mas, dependendo do caso e da situação que está sendo equacionada, exigir-se-á a aplicação de pesquisas e auditorias específicas da área de relações públicas e da comunicação organizacional. Por exemplo, se a situação for desenvolver um plano estratégico de comunicação para uma organização "x", o primeiro passo é fazer uso da pesquisa institucional, da pesquisa de tendências ou do monitoramento ambiental. E, para conhecer a opinião dos públicos vinculados, será necessário se valer da pesquisa de opinião.

328 PLANEJAMENTO DE RELAÇÕES PÚBLICAS NA COMUNICAÇÃO INTEGRADA

Tratando-se de um planejamento de relações públicas, o levantamento de dados e as coletas de informações devem priorizar os aspectos que dizem respeito aos públicos e aos problemas ou barreiras existentes nos relacionamentos com a organização.

Mapeamento e identificação dos públicos

Uma das etapas fundamentais do processo de relações públicas é o levantamento dos grupos ligados a uma organização e a identificação deles como possíveis públicos.

No contexto do planejamento, faz-se inicialmente um mapeamento de todos os públicos existentes, levando em consideração também o nível e o grau maior ou menor de relacionamento com a organização. De posse desses dados, haverá condições de determinar quais os públicos prioritários para um trabalho imediato de relações públicas, propondo-se, assim, estudá-los e realizar o planejamento.

A questão de públicos em relações públicas, seus conceitos, suas categorias, tipologias ou classificações e sua abrangência já mereceram vários estudos dos teóricos da área. Vejamos alguns exemplos a seguir.

O tema foi amplamente estudado por C. Teobaldo de Souza Andrade, principalmente nos livros *Psicossociologia das relações públicas* (1989), no qual apresenta os fundamentos psicossociológicos de públicos e os conceitos de público e opinião pública; *Para entender relações públicas* (1993), em que discorre sobre multidão, massa, público, opinião pública e o processo de relações públicas; e *Curso de relações públicas* (1994), no qual trata de todos os tipos de públicos e as técnicas de relacionamento.

James Grunig desenvolveu em 1984, junto com Todd Hunt, o que denominou de "teoria situacional dos públicos" (pp. 138-62), que fornece um entendimento amplo da natureza e do comportamento dos públicos. Recentemente, fez um estudo retrospectivo do desenvolvimento dessa mesma teoria e de suas proposições (Grunig, 1997, pp. 3-48), apresentando-a desta forma:

A teoria situacional dos públicos tem sido designada para prognosticar as respostas diferenciais mais importantes para os profissionais de relações públicas: responsabilidade para os resultados; importância e natureza do comportamento da comunicação: efeitos da comunicação nas cognições, atitudes e comportamento; e a probabilidade dentro do comportamento coletivo para pressionar organizações. (1997, p. 9)

Podemos deduzir que o estudo sobre o comportamento dos públicos diante de uma organização é fundamental para o processo do planejamento. As organizações, dependendo de suas atitudes e decisões, podem suscitar e provocar a criação de novos públicos ou transformar um público passivo em ativo, no momento em que esses se sentem ameaçados ou atingidos. Conseqüentemente, irão afetar a organização e os relacionamentos.

Essa teoria nos ajuda, portanto, a compreender o real significado e o conceito de público, demonstrando o quanto isso é extremamente útil para os profissionais de relações públicas, já que as organizações e os públicos constituem nosso objeto de estudo e de trabalho.

A categorização ou tipologia de públicos também já foi e continua sendo alvo de preocupação dos estudiosos. Numa perspectiva tradicional e comum, a forma mais simples era considerar a classificação por critério de contigüidade geográfica ou de proximidade com o poder da organização – ou seja, classificar os públicos como internos, mistos e externos.

Os públicos internos seriam constituídos pelos diretores e empregados que trabalham numa organização, bem como por seus familiares. Os públicos mistos seriam aqueles que têm vínculo jurídico-social e econômico com a organização: fornecedores, acionistas, distribuidores e revendedores. E os públicos externos seriam todos os grupos que não têm um vínculo direto com a organização, mas de qualquer forma se relacionam com ela: imprensa, comunidade, poderes públicos, consumidores, sindicatos etc.

Essas concepções, bastante presentes nos antigos manuais de relações públicas, são analisadas criticamente por Roberto Porto Simões, que as considera insuficientes para caracterizar o tipo de poder na relação público-organização. Isto é, "os públicos precisam ser compreendidos sob outra ótica. É imprescindível identificá-los, analisá-los e referenciá-los quanto ao poder que possuem de influenciar os objetivos organizacionais, obstaculizando-os ou facilitando-os" (1995, p. 131).

Na visão moderna e no contexto de complexidade contemporânea, temos de considerar as tipologias dos públicos dentro da dinâmica da história e levar em conta as forças sociais do macroambiente e os comportamentos dos públicos. Pois um público que praticamente nunca foi pensado como prioritário e sem vínculo com a organização, dependendo dos acontecimentos, passa a ser estratégico e terá de ser trabalhado.

Na verdade, esses públicos estratégicos são os chamados *stakeholders*, conforme já destacamos no livro *Relações públicas e modernidade* (1997*a*, pp. 119-20), fazendo referência ao conceito de Grunig e Hunt (1984, pp. 12-4). Assim, *stakeholders* são pessoas ou grupos "lincados" a uma organização, porque entre as duas partes há interesses recíprocos e ambos se afetam mutuamente. Os empregados, fornecedores, acionistas, consumidores, poderes públicos, as empresas competidoras, a mídia, os grupos ambientalistas, investidores, clientes, entre outros, podem ser considerados *stakeholders* ou públicos estratégicos, porque eles e a organização têm influência mútua. Cada organização necessita e deve sempre identificar e descobrir quais são os seus públicos estratégicos.

Há ainda públicos que, por suas ações, decisões, políticas e práticas, devem ser considerados estratégicos pelo poder que poderão exercer sobre a organização.

Uma contribuição nesse sentido é a tipologia apresentada por Lucien Matrat, que utiliza o critério do poder que os públicos possuem de influenciar as organizações. Para ele, existem então quatro tipos de públicos: 1. De decisão – aqueles cuja autorização ou concordância permite o exercício das atividades da organização: diretoria, governo, comissões de trabalhadores; 2. De consulta – aqueles que são sondados pela organização quando esta pretende agir: acionistas, sindicatos, patronais, governo; 3. De comportamento – aqueles cuja atuação pode frear ou

PLANEJAMENTO DE RELAÇÕES PÚBLICAS NAS ORGANIZAÇÕES 331

favorecer a ação da organização: funcionários, clientes; 4. De opinião – aqueles que influenciam a organização pela simples manifestação de seu julgamento e de seu ponto de vista: líderes de opinião, multiplicadores de opinião, empresários, jornalistas, comentaristas de rádio e tv (cf. Simões, 1995, pp. 131-2).

A classificação apresentada por James Grunig e Todd Hunt em 1984 (p. 160), na sua "teoria situacional de públicos", recebeu de Grunig uma nova versão em 1997. Segundo ele, quatro tipos de públicos consistentes seriam: 1. Públicos de todos os problemas – ativos em todos os problemas; 2. Públicos apáticos – que não dão atenção aos problemas; 3. Públicos de problemas simples – ativos em um problema ou numa parcela de problemas que afetam apenas uma pequena parte da população; 4. Públicos de problemas "quentes" – ativos num problema que envolve de perto cada elemento da população e tem cobertura extensiva da mídia (1997, p. 13). Consideramos que as classificações apresentadas são ilustrativas e passíveis de aplicação. Se recorrermos à literatura corrente, encontraremos muitas outras.[6] Nosso objetivo aqui é demonstrar formas viáveis para ajudar no mapeamento, na identificação e na caracterização dos públicos no processo do planejamento de relações públicas, tentando compreender de forma mais profunda o nível de relacionamento existente.

As técnicas e as estratégias utilizadas para o levantamento e a caracterização dos públicos, para descobrir seu perfil, seu nível de relacionamento, seus eventuais problemas e listar quais são realmente os *stakeholders* ou públicos estratégicos, considerados prioritários para serem trabalhados posteriormente com ações comunicacionais, são, portanto, fundamentais para a construção de um diagnóstico correto e para dimensioná-los no contexto global da organização, verificando o grau de influência que exercem.

---

6. Sugerimos consultar: Seitel (1995), que classifica os públicos como: internos e externos; primários secundários e marginais; apoiadores, opositores e descompromissados; tradicionais e futuros (1995, pp. 9-11); Fleta, que os classifica como: externos e internos; atuais e potenciais especiais; (indiretos); e líderes de opinião (1995, pp. 168-87); ou, ainda, França, que usa o critério da dependência e participação do público com relação aos negócios da organização e os classifica em: essenciais; não-essenciais; concorrentes e internacionais (1997).

O mapeamento dos públicos e a descrição das prioridades da organização com referência a eles possibilitarão um posterior plano de comunicação e nos ajudarão a manter ou aumentar ainda mais a convivência entre a organização e seus públicos.

Cada organização tem seus públicos específicos. A necessidade de sobrevivência das empresas faz com que alguns públicos sejam mais importantes que outros em determinadas circunstâncias. O principal de tudo isso é a conscientização, por parte das organizações, do que representa identificar devidamente os seus públicos, para ampliar sua convivência com o mundo ambiental interno e externo.

Análise da situação

A análise da situação e a construção de diagnósticos dependem necessariamente da coleta e da sistematização das informações obtidas com as pesquisas e auditorias sobre a realidade que está sendo planejada. A partir dos dados obtidos procede-se à análise da situação e aos estudos críticos, a fim de reunir elementos suficientes para formar um juízo de valor sobre determinada realidade, resultando num diagnóstico.

Fala-se muito em diagnóstico organizacional e/ou situacional. Pelo que se sabe, a administração absorveu esse termo da medicina. Na área de relações públicas, quando se pretende fazer um planejamento, essa etapa constitui um dado muito importante. Após o levantamento e a obtenção de informações, temos de determinar quais são as áreas em dificuldades, os problemas ou as situações-problema que estão afetando o conceito e o posicionamento da organização diante de seus públicos e da opinião pública e provocar uma geração de idéias com o propósito de mudar o *status quo* da realidade que está sendo analisada.

O exame da situação, segundo Marcos Fernando Evangelista,

representa a análise pormenorizada de determinada ambiência, considerando todos os elementos que a constituem, os que poderão influenciar a consecução do objetivo almejado, bem como as diversas formas de alternativas pelas quais se pode chegar ao referido objetivo, com vistas a escolher entre elas a que oferece maiores possibilidades de êxito. (1983, p. 42)

Portanto, da análise pormenorizada da situação é que será possível construir um diagnóstico correto e, conseqüentemente, fazer a escolha coerente da proposição das ações a serem planejadas e realizadas no futuro para inverter a situação indesejada do presente.

Construção de diagnósticos

C. Teobaldo de Souza Andrade define o diagnóstico como "método de levantamento e análise do desempenho de uma empresa ou instituição, interna ou externamente, de modo a facilitar a tomada de decisões". E acrescenta que se trata de "uma das mais importantes atribuições de relações públicas" (1996, p. 46).

Segundo Maria José L. de Bretas Pereira, o diagnóstico "não consiste em uma lista arbitrária de dados, mas em uma construção elaborada capaz de fornecer informações sobre o momento atual e um referencial preditivo para o comportamento futuro da empresa" (1999, p. 135). Destaca ainda que o diagnóstico organizacional pode ser definido como uma avaliação do estado atual de uma organização e objetiva: "1. descobrir suas forças, vantagens ou pontos fortes, bem como as estratégias para explorá-los ao máximo; e 2. identificar suas fraquezas, desvantagens ou pontos fracos, buscando eliminá-los ou pelo menos abrandar os seus efeitos" (ib.).

Para William Newman, "um bom diagnóstico não especifica somente os resultados desejados; ele também identifica os obstáculos que devem ser sobrepujados para alcançar esses fins... A identificação dos obstáculos principais exige um olho clínico" (1981, p. 105). Realmente, o diagnóstico é um trabalho minucioso que vai exigir o máximo de cuidados para apontar o verdadeiro problema e suas causas. Não é tarefa muito fácil. Às vezes é até necessário que se contratem profissionais ou consultorias para auxiliar na identificação dos possíveis conflitos ou de questões problemáticas existentes. Ou se organizam comitês e grupos de vários setores para gerenciar ou administrar em conjunto esses problemas.

Nessa etapa do diagnóstico, procura-se, pois, detectar aqueles problemas que dizem respeito diretamente às áreas de comunicação e relações públicas. Mas muitas vezes pode ser que haja fatos de ordem de gestão administrativa ou de outros setores que, indiretamente, são causadores de um conceito negativo que a organização esteja tendo. Então, deve-se corrigir o mal pela raiz, indo em busca de maiores informações e análises, comparações com dados referenciais, a fim de, posteriormente, propor uma solução para esse caso e, concomitantemente, indicar a atitude a tomar. O diagnóstico facilita justamente a análise e o tratamento adequado. Não adianta ter uma bateria de dados, se não lhes forem dadas a interpretação e a apreciação devidas. É a transformação dos dados em informações utilizáveis, analisados a partir de referências estabelecidas como verdadeiras e consistentes.

Danilo Gandin, especialista em planejamento na área de educação, concebe o diagnóstico como um julgamento ou juízo de determinada realidade ou prática. Insiste na necessidade de se dar um significado aos dados obtidos a partir de um referencial claro e consistente. Um exemplo elucidativo destacado por ele é o diagnóstico de saúde por meio de radiografias, formulários com número de glóbulos vermelhos e brancos num organismo etc. e os referenciais tidos como normais estabelecidos pela área médica (2000*a*, pp. 90-2).

Assim a interpretação e a apreciação dos dados para construção de diagnósticos situacionais pressupõem a busca de referências consideradas relevantes para efeitos de comparação e julgamento correto. Por exemplo, os dados apontam para falhas na comunicação interna, onde constatamos que os empregados não têm possibilidade de manifestar suas opiniões e seus anseios. A comunicação é predominantemente verticalizada e com isso não há envolvimento das pessoas. Temos de ter referências teóricas e de outras práticas para demonstrar aos dirigentes que esse não é um procedimento correto para a existência de uma cultura corporativa e gestão participativa que facilita a produtividade.

Nesse sentido, são comuns e se justificam os estudos de *benckmarking*, que visam justamente comparar as melhores experiências de outras organizações em determinadas atividades, procedimentos etc. para servir de parâmetros para a realidade que está sendo analisada e planejada.

Finalmente, de acordo com Newman, o diagnóstico, mais do que um sentimento incômodo de que certa atividade deveria ser bem desempenhada, refere-se muito mais à antecipação e à especificação do resultado desejado e dos obstáculos a contornar, para resolver os problemas levantados, por meio de uma revisão constante e dinâmica do diagnóstico inicial (1981, pp. 106-7).

b) Planejamento

Fixação de políticas de comunicação

O estabelecimento de políticas de comunicação nas organizações possibilita normalizar as ações comunicacionais de um departamento ou setor com os seus públicos. Assim como nas políticas gerais das organizações, nem sempre as políticas de comunicação são explícitas ou claras, mas elas existem. Ou seja, qualquer organização tem sempre uma política, esteja ela explícita ou não.

José Whitaker Penteado, referindo-se à política de empresa, cita Ralph Davis, que a define assim:

> Política de uma empresa é, basicamente, uma declaração expressa ou implícita daqueles princípios e normas organizados pela direção, como guias e sentimentos que vigiam o curso dos pensamentos e das ações dessa mesma empresa. (S.d., pp. 134-5)

Antes de se estabelecer uma política de comunicação, é necessário conhecer a política global da organização, analisando-a profundamente, para ter condições de avaliar o seu grau de correção e não haver conflito entre ambas. Se houver na política geral falhas que afetem o relacionamento da organização com seus públicos, caberá ao profissional de relações públicas alertar a direção quanto aos riscos e às implicações negativas que daí possam advir.

Por política de comunicação social, de acordo com Carlos Alberto Rabaça e Gustavo Barbosa, entende-se "um conjunto de normas em que se fundamenta a atividade de comunicação institucional numa empresa. As perspectivas dessa política devem ser traçadas dentro de um objetivo que seja meta de todas as atividades e contra o qual não existam argumentos" (1978, p. 366). Quer dizer, todas as ocasiões devem ser regidas por essa política.

Ao se fixar uma política de comunicação, convém que se envolvam todos os níveis da organização e se tenha, sobretudo, o apoio da alta cúpula. Alan Charles Long sugere que

> a política de comunicação social, para ter credibilidade dentro de uma empresa, para que seja efetivamente implantada em todos os escalões necessários, deve ser liderada pelo primeiro executivo. Se não vier de cima e nem estiver carregada de muita determinação, jamais será razoavelmente implantada. (1982, p. 23)

A nosso ver, é preciso que o executivo dê seu apoio efetivo, mas não faça imposições. Isto porque só se implanta uma política de comunicação com a co-participação de todos os setores de uma empresa, levando-se em conta todos os seus públicos e a dimensão do seu papel social.

As atividades de relações públicas devem ser coerentes com a política de comunicação adotada, servindo mesmo de orientação nas tomadas de decisão diante das situações que surgem no dia-a-dia. Assim, estabelece-se, por exemplo, que toda correspondência recebida, seja de onde for, terá tratamento igual, recebendo sempre uma resposta; ou que se atenderá imparcialmente todo e qualquer órgão de imprensa.

A política, de acordo com H. Igor Ansoff, representa "uma resposta específica em certas situações repetitivas" (1977, p. 99). Isto é, já se prevê qual o procedimento a adotar diante de fatos que possam ocorrer, ou seja, já se sabe de antemão que ações levar a efeito.

Definição de objetivos e metas

No Capítulo 5, abordamos conceitualmente os objetivos e as metas. Com referência ao planejamento de relações públicas, esses conceitos aplicam-se integralmente, havendo, no entanto, especificidades inerentes aos tipos de planos, projetos e programas. Em síntese, o objetivo explicita a posição a ser alcançada no futuro e, portanto, tem a ver com os resultados desejados ou efeitos esperados com a execução de um plano ou projeto.

Quando se faz um planejamento global de relações públicas, estabelecem-se os objetivos a longo, médio e curto prazo, havendo para cada plano, projeto ou programa sempre objetivos e metas específicos. Em cada caso, deve-se levar em conta que os objetivos e as metas devem ter uma definição clara e exata e, sobretudo, ser realísticos e quantificáveis e estar em consonância com a política da organização e a política de comunicação adotada.

No caso específico de um plano de comunicação interna, podemos prever, por exemplo, os seguintes objetivos.

- Estreitar o relacionamento entre a direção e os empregados, procurando a compatibilização de seus interesses.
- Promover a melhoria das relações internas entre os indivíduos, os departamentos e as unidades, estimulando o diálogo.
- Reduzir os antagonismos entre os grupos e os indivíduos, dentro de um clima de participação e envolvimento.
- Buscar sinergia para o alcance das metas pessoais e organizacionais.
- Criar programas capazes de provocar mudanças comportamentais, tendo em vista a criação de valores e o cumprimento da missão proposta pela organização.
- Transmitir mensagens verdadeiras/verossímeis aos principais públicos da organização.

Quanto às metas, já destacamos que elas classificam e quantificam os objetivos no tempo e no espaço. São os resultados a serem alcançados em datas preestabelecidas. Portanto, elas dimensionam ou qualificam os resultados esperados com a execução das atividades num espaço de tempo determinado. Vejamos alguns exemplos:

- A divulgação das metas organizacionais, da missão e dos valores assumidos tem de ser feita a todos os empregados até a data "x".
- A abertura dos canais de comunicação entre a alta direção e os colaboradores tem de ser iniciada da data "x", por meio do programa "Fale com o presidente" (Face a face), que deverá acontecer em todas as unidades organizacionais, por meio de um calendário determinado.
- A meta das comunicações permite fazer com que os empregados passem da simples percepção dos objetivos para a ação que realizam e cumpram metas globais delineadas pela organização.

Determinação de estratégias

Uma vez delineados os objetivos e as metas, deve-se estabelecer qual a melhor estratégia a seguir e quais os programas de ação necessários.

A estratégia, conforme dissemos no Capítulo 5, ao desenvolver as fases do planejamento, consiste, sobretudo, na arte de orientar e direcionar, eficazmente, as ações. Ela exige do planejador muita criatividade para explorar os objetivos propostos no plano de ação, levando-se em conta suas alternativas e prioridades. É o melhor caminho ou meio encontrado para alcançar os objetivos traçados no processo do planejamento.

No contexto do planejamento estratégico, Djalma Rebouças de Oliveira define estratégia como "um caminho, ou maneira, ou ação formulada e adequada para alcançar, preferencialmente, de maneira diferenciada, os desafios e objetivos estabelecidos, no melhor posicionamento da empresa perante seu ambiente" (2002, p. 196).

Robert M. Randolph atribui grande importância ao uso da estratégia pelas organizações, definindo-as desta forma:

Estratégia é tanto uma arte como uma ciência. Isto significa que implica tanto um julgamento como um processo científico. Ademais, estratégia implica fatores políticos, econômicos e filosóficos, todos eles fundamentais para formar e dirigir uma organização. E certamente uma das metas prioritárias da administração consiste em criar um clima que permita o máximo apoio a orientações adotadas. Basicamente, estratégia é o amplo quadro da maneira como uma meta será alcançada, enquanto que as táticas são os planos específicos de ação que colimarão aquela meta dentro da estrutura da estratégia firmada. Estratégia consiste em identificar as coisas certas a serem feitas, ao passo que tática consiste em fazer as coisas de maneira certa. (1977, p. 98)

Quentin Heiptas, falando da criatividade do planejador, chama a atenção para que este não se deixe levar pelo entusiasmo, montando sua estratégia e esquecendo-se dos objetivos, que devem ser específicos e mensuráveis. Para ele, a estratégia "tem duas partes: uma exposição sumária (da estratégia), que deve ser curta; e uma série de programas de ação detalhados" (1984, p. 304).

A aplicação da estratégia sugerida só será possível em conjunto com o delineamento de programas de ação, nos quais justamente se define o que fazer. Ou, melhor dizendo: para alcançar os objetivos propostos, que ações serão necessárias? Os programas de ação variam muito, dependendo de todo o processo de planejamento para determiná-los. Uma organização pode, depois de perpassar todas as fases até aqui levantadas, chegar à conclusão de que, para resolver, por exemplo, o problema do prejuízo a ela causado pela falta de diálogo com a comunidade local, deve propor diversos tipos de programas de ação com vistas em equacionar e buscar soluções estratégicas para tal problema.

Qualquer programa, para ter sucesso, precisa ser estudado pormenorizadamente, definindo-se qual a melhor estratégia para alcançar todos os públicos que serão envolvidos, sendo, às vezes, necessário estabelecer estratégias específicas para cada um deles.

Com relação a um plano de comunicação interna para divulgar a missão, a visão e os valores de uma organização, entre outras propostas, podem-se, por exemplo, traçar as seguintes estratégias:

- A alta administração deve criar um ambiente de comunicação propício, abrindo canais para o diálogo e comprometendo-se com a comunicação.
- Além de contar com um consultor externo e o responsável para dirigir os planos de ação, é interessante criar um comitê ou um conselho de comunicação, formado por representantes das diferentes unidades, para chegar a uma gestão participativa no que concerne ao processo comunicativo desencadeado em todos os segmentos dos trabalhadores.
- Os seminários internos a serem realizados devem ser direcionados e pensados de forma a provocar a criatividade e a efetiva participação de todos os empregados.
- Deve-se alinhar a comunicação de forma a compartilhar os diferentes canais e a mídia interna disponível (interpessoal, impressa, eletrônica, audiovisual, digital etc.).
- As ações comunicativas têm de ser ágeis, rápidas e antecipadas às redes de boatos. Levar em conta o *timing* em comunicação interna é fundamental.

Para Frank Corrado "o papel estratégico da comunicação é auxiliar internamente, motivando os empregados a uma ação produtiva, e externamente, ajudando a posicionar a empresa junto aos públicos externos" (1994, p. 35).

Com esses exemplos podemos perceber que as estratégias são fundamentais para direcionar os programas de ação da melhor forma e da maneira mais criativa possível. Elas têm de ser dinâmicas e não estanques. Precisam ser flexíveis, adaptáveis e revistas ante novos acontecimentos e mudanças do ambiente.

Proposição de planos, projetos e programas de ação

No processo do planejamento, essa é uma das fases em que se estabelece a proposta dos possíveis planos, projetos e programas de ação que deverão ser levados a efeito, exatamente para solucionar os problemas detectados. Isto é, um plano de comunicação deverá ser delineado a partir das necessidades para dar soluções aos problemas levantados com a auditoria e com o diagnóstico realizados previamente no contexto da situação que está sendo planejada.

São inúmeras as possibilidades de proposição de planos de comunicação voltados para diversos públicos que podem vir a ser transformados em programas operacionais de ação. E, dependendo da complexidade ou da abrangência da situação que está sendo planejada, tais planos poderão indicar a necessidade de elaboração de projetos especiais.

No caso específico de programas de ação dirigidos ao público interno, podemos, por exemplo, desenvolver:

- Programas de integração e de reciclagem de funcionários em parceria com a área de recursos humanos.
- Seminários internos de sensibilização com os trabalhadores para fixação da missão, da visão e dos valores determinados pela organização.
- Eventos culturais e de confraternização, juntamente com associações, clubes e grêmios recreativos.
- Programas especiais para preparar gerentes/supervisores responsáveis como agentes multiplicadores pela retransmissão de informações aos seus subordinados.
- Programas de comunicações ascendentes e circulares que propiciem a participação, o envolvimento e a motivação dos empregados com as metas globais da organização – como linhas telefônicas diretas, reuniões de grupo, sistema de sugestões, pesquisa de atitudes, programas de comunicação face a face.

Evidentemente, os programas de ação devem ser coerentes com os objetivos propostos e com a escolha estratégica dos instrumentos mais eficientes e eficazes para o alcance dos resultados previstos.

No próximo capítulo, descreveremos com mais detalhes os conceitos desses três instrumentos do planejamento e aplicações para o campo das relações públicas.

Escolha e seleção dos meios de comunicação

Estabelecido um programa de ação, deve-se fazer a escolha dos veículos mais apropriados para atingir os públicos desejados, dentro de um rigoroso planejamento de mídia.

Esses veículos podem ser impressos (jornal, revista, mala-direta, *outdoor*, *indoor*) e eletrônicos (rádio, televisão, cinema, altofalante). A utilização de alguns desses meios ou de todos vai depender muito dos objetivos e das estratégias propostas num programa de relações públicas.

Para uma programação de utilidade pública, por exemplo, deve-se recorrer a toda a mídia impressa e eletrônica. Já para uma atividade dirigida a um público mais específico, escolher-se-á a mídia que se dirige mais a ele.

Outro aspecto a ser considerado é a linguagem adequada a diferentes públicos. A organização, como emissora de mensagens, deve ter a preocupação com o retorno destas. Por isso é oportuno, talvez, valer-se de um princípio conceitual de *merchandising*, cuja adaptação seria: usar a mensagem certa, no veículo certo, no momento certo, no lugar certo e para o público certo.[7] Em outras palavras, trata-se de escolher a melhor mídia e fazer com que a comunicação pretendida alcance a eficácia junto ao público pretendido. Para tanto, é preciso levar em conta:

- O que vai ser dito (a mensagem);
- O melhor canal e o meio mais adequado;
- O público a que se destina (o receptor);
- Quando e onde deve acontecer – qual o momento mais oportuno;
- As ameaças e as oportunidades do ambiente organizacional.

---

7. Armando Sant'anna, conceituando o que é *merchandising*, diz que a palavra "certa" é a chave para se entender bem o que é essa atividade: "A mercadoria certa, na quantidade certa, no momento certo, no lugar certo, pelo preço certo, com apresentação certa" (1998, p. 21).

Em relação ao público interno, por exemplo, a escolha dos meios de comunicação (escritos, orais, audiovisuais, eletrônicos, telemáticos etc.) deve considerar:

- As necessidades de agilidade (*timing*) e profundidade da informação a ser transmitida.
- Qual é o público-alvo que determinará a linguagem, a forma e o conteúdo; a rede mais adequada; e o equilíbrio quanto aos fluxos descendente, ascendente, horizontal/lateral, circular e transversal.
  Todos os meios são necessários e importantes. Tudo dependerá dos objetivos e das estratégias dos programas de ação delineados. Podemo-nos valer dos seguintes meios, dependendo do programa de comunicação interna a ser implantado:
- "Face a face" – que ajuda a criar ambiente mais aberto e melhor, por meio de entrevistas, conversas com o presidente, gerentes e chefes, mesas-redondas, reuniões, visitas (por parte da direção) aos locais de trabalho etc.
- Publicações internas – *newsletters*, boletins, jornais, revistas, manuais etc.
- VT – o vídeo com informações jornalísticas sobre a organização, para exibição nas áreas de lazer, após as refeições, ou gravações de pronunciamentos do presidente da companhia, para apresentação a grupos dentro do horário de expediente.
- Rádio-empresa – utilizando miniemissoras internas, que veiculam o dia todo música e notícias.
- Mídia interativa – meios telemáticos: fax, correio sonoro (*voice mail*), correio eletrônico (*e-mail*), *software* interativo, videoconferências etc.
- Visuais – exposições, cartazes, quadro de avisos, murais etc.
- Audiovisuais – vídeos, filmes etc.

Elaboração de planos alternativos e/ou emergenciais

A elaboração de planos alternativos e/ou emergenciais está ligada às conjunturas e às mudanças do ambiente que podem ocorrer no transcurso do processo de planejamento. Mesmo sabendo que a ocorrência de fatos ou fatores aleatórios é incontrolável, o responsável pelo planejamento tem de se precaver com possíveis planos alternativos ou emergenciais.

Os indícios ou a base para pensar em planos alternativos ou emergenciais são o monitoramento constante do ambiente e as pesquisas sobre tendências sociais e econômicas do ambiente organizacional. O fundamental é ter a consciência da importância de, no processo do planejamento e de sua implantação, considerar possíveis alternativas para enfrentar fatores adversos que podem comprometer, dificultar e até impedir a realização do que foi planejado. Essas percepções são válidas tanto para planos ou projetos globais, quanto para projetos ou programas específicos.

Determinação dos recursos necessários

Nessa fase planejam-se todos os recursos materiais, humanos e financeiros necessários para colocar os planos, projetos e programas em execução. Nos planos, projetos e programas de ação todos esses recursos devem ser rigorosamente definidos, tanto em um planejamento mais global, como o anual, quanto no planejamento de um programa mais específico.

Os recursos materiais compreendem tudo aquilo que é necessário para a implantação de um plano ou de um projeto, isto é, desde os bens imóveis e permanentes até os materiais de consumo geral.

Os recursos humanos envolvem todo o pessoal necessário para fazer um plano e colocá-lo em ação.

Dois aspectos devem ser lembrados aqui: a exigência da necessária qualificação profissional para fazer desde o ato de planejar até a avaliação dos programas; e a necessidade de treinamento e orientação técnica de quem os executa. A valorização e a gestão de pessoas são condições fundamentais em todo esse contexto. Conforme Mike Hudson, "as pessoas são o maior patrimônio de uma organização. No ambiente atual de rápidas transformações, os recursos humanos precisam de mais atenção do que jamais receberam no passado" (1999, p. 136).

PLANEJAMENTO DE RELAÇÕES PÚBLICAS NAS ORGANIZAÇÕES   345

Ainda de acordo com esse mesmo autor, "na prática, desenvolver pessoas é uma tarefa desafiadora, e as organizações precisam fazer tudo o que podem para ajudar os administradores a se tornarem mais eficientes nesse esforço" (id., ib., p. 137). Assim, fica demonstrada a importância que se deve dar às pessoas que estarão envolvidas desde o início do processo do planejamento até a implantação dos programas de ação e a avaliação dos resultados.

João Carlos da Cunha e Sérgio Bulgacou destacam os cuidados que se deve ter em relação aos recursos:

> A informação, a matéria-prima, o equipamento, o capital e a tecnologia são os recursos fundamentais para o projeto. O ingresso dos recursos deve ser programado e realizado nas qualidades e quantidades necessárias e no momento certo. Cada um desses recursos deve ser cuidadosamente avaliado para assegurar sua adequação às condições e à necessidade do projeto. (1998, p. 297)

Qualquer trabalho de relações públicas tem de ser feito da melhor forma possível. "[O] relações-públicas não faz experiências", diz Antonio de Salvo (1983), referindo-se à responsabilidade que deve ter o profissional. Se, por exemplo, para desenvolver um programa de relações públicas com determinado público, uma organização optasse pela promoção de um evento especial e este apresentar falhas e imprecisões, isso só deixará impressões negativas. Daí o cuidado que se deve ter ao planejar os recursos humanos, procurando-se verificar sempre se é necessário ou não contratar pessoal especializado e serviços de terceiros para os diferentes tipos de tarefas.

Quanto aos recursos financeiros, estes são, normalmente, os que recebem mais atenção por parte da organização, ao se fazer um planejamento. Qualquer dirigente, antes mesmo de avaliar um projeto, procura saber primeiro quanto este custa. Estimam-se valores globais para um orçamento anual e por programas de atividades, mas é necessário detalhar sempre todas as previsões específicas. O orçamento constitui uma fase muito importante do planejamento de relações públicas, como veremos a seguir.

Orçamento

O departamento de comunicação/relações públicas de uma organização normalmente faz uma previsão de todos os custos com recursos materiais e humanos e aloca a verba necessária para toda a sua programação anual, que costuma passar por revisões e adaptações semestrais, trimestrais ou mesmo mensais.

Entendemos por orçamento uma previsão detalhada, de maneira a possibilitar a aplicação das receitas disponíveis de forma adequada e racional, sendo assim um excelente instrumento para possibilitar a execução e o controle dos planos, pois sem recursos financeiros pouco ou nada se faz. Tem como finalidade criar bases para um controle efetivo do desenvolvimento das atividades planejadas.

Para José Fernando Boucinhas,

> o orçamento é um plano operacional que expressa a estratégia a ser seguida pela empresa a fim de atingir seus objetivos imediatos. Ele pode ser definido alternativamente como um plano financeiro das operações da empresa em um período de tempo definido e como um instrumento de controle de custos e mensuração de desempenho. (S.d., p. 75)

Domingos Campos afirma que "a finalidade maior dos orçamentos é criar bases para um controle efetivo do desenvolvimento das atividades planejadas". Segundo ele,

> a instrumentação orçamental tem como objetivos: obter maior eficiência e economia na execução das diversas atividades desenvolvidas; avaliar o custo das atividades bancárias realizadas para cumprir o plano e as tarefas definidas; apoiar o processo decisório nos níveis da organização. (1982, p. 191)

Uma definição simples e objetiva é de Mauro Calixta Tavares: "Orçamento é a etapa do processo de planejamento em que se estima e se determina a relação entre receita e despesas que melhor atende às necessidades, características e objetivos organizacionais no período estipulado" (2000, p. 375).

Em síntese, orçamento é uma previsão dos custos que se supõe sejam consumidos durante o desenvolvimento de um projeto ou programa, podendo ser fixos ou variáveis. Aplicado ao campo das relações públicas, o orçamento possibilita a projeção de perspectivas e de prognósticos no tocante a investimentos, receitas e despesas com os programas de comunicação e outras ações com os públicos de diferentes organizações. Gerenciar as atividades de relações públicas requer planejamento e administração dos recursos financeiros. De acordo com Jon White e Laura Mazur,

> tratar o gerenciamento de relações públicas como um modo de administrar programas de atividades tem implicações no orçamento. Para atingir objetivos em dados períodos de tempo concede-se orçamento acurado para os custos das atividades, recursos e serviços envolvidos, e os custos de tempo do *staff* ou do executivo. Usar técnicas de programa de orçamento capacita gerentes de relações públicas a desenvolver custos para todos os programas, mostrar controles nos gastos e avaliar programas em relação aos custos. Eles também permitem os gerentes a estabelecer mais precisamente quanto uma organização deve gastar em atividades de relações públicas e a responder a questão que freqüentemente vem à tona sobre quanto deve ser gasto. (1994, p. 107)

Os tipos de orçamento variam de acordo com a sistemática e as políticas de cada organização, podendo-se estabelecê-los, de acordo com Quentin G. Heiptas, em função de dois tipos de custos: os fixos, "que ocorrem ao longo da vida do plano e que podem ser antecipados e permanecer constantes – salários, espaço do escritório e outros custos"; e taxas de fotografias etc. (1984, p. 308).

Existem várias maneiras de fazer as estimativas de custos por meio de um departamento de comunicação/relações públicas. O quadro seguinte pode servir como um roteiro orientador, devendo sua aplicação adaptar-se à realidade da sistemática da área financeira e de custos de cada organização.

PREVISÃO ORÇAMENTÁRIA

RECURSOS HUMANOS

Nº	Função	Tarefa	Custo	Obs.

RECURSOS MATERIAIS

Imobilizados e permanentes

Nº	Infra-estrutura física	Materiais/ equipamentos	Custo	Obs.

Materiais de consumo

Nº	Material	Custo	Obs.

Marcos Evangelista apresenta formulários de acompanhamento orçamentário para projetos ou programas de relações públicas que poderão servir para diversos tipos de planos (1983, pp. 158-9).

Podemos também fazer um orçamento-programa anual, detalhando as atividades e os valores correspondentes e orçamentos específicos para cada programa com os respectivos públicos, como fez Hebe Wey (1986, p. 60) neste quadro, que adaptamos ligeiramente:

Conta	Descrição	Custos mensais												Obs.
		01	02	03	04	05	06	07	08	09	10	11	12	
1	Pessoal													
2	Infra-estrutura física													
3	Luz/água/telefone													
4	Materiais de consumo													
5	Publicidade													
6	Projetos sociais													
7	Projetos/patrocínios culturais													
8	Programas de visitas													
9	Viagens/trabalho													
10	Congressos/feiras/ eventos nacionais e internacionais													
11	Publicações													
12	Contratação de assessoria/consultoria/ terceirização de serviços													
13	Serviços gerais													

O mais comum é fazer orçamentos com todo o detalhamento de estimativas de custos por projetos e/ou programas específicos de ação, tais como: publicações institucionais, eventos especiais, mídias digitais, vídeos institucionais e de utilidade pública etc.

Para chegar a uma estimativa mais correta possível, normalmente têm de se levar em conta os honorários, ou seja, o custo homem/hora, os custos fixos e variáveis, os materiais a serem utilizados, os serviços de terceiros etc. dos projetos e programas a serem desenvolvidos.

Não existe uma fórmula pronta: cada planejador deve encontrar a melhor maneira para estimar os custos. O importante é ter consciência de que o orçamento é fundamental no planejamento. Um plano sem as estimativas de custo é inútil e incompleto para a tomada de decisões.

Os departamentos internos de comunicação/relações públicas, na execução de suas inúmeras atividades, necessitam freqüentemente contratar serviços de terceiros e, para tanto, é necessário prever os custos relacionados com eles.

A contratação desses serviços vai requerer alguns cuidados ou procedimentos adequados, como: fazer três cotações de preços no mínimo, de três concorrentes; ao julgá-los, é necessário levar em conta valores, qualidade e outras fontes de referências de experiências similares com outras organizações-clientes; organizar todo um cadastro de fornecedores e mantê-lo atualizado; monitorar e acompanhar o trabalho que vai sendo desenvolvido; e organizar toda a prestação de contas com as respectivas notas fiscais, comprovantes, pagamentos de tributos do país etc.

Podemos, para facilitar o controle, criar quadros e formulários pertinentes às necessidades de cada caso, aproveitando os recursos da informática e as orientações dos especialistas contábeis. Sugerimos o seguinte, para uma visão de conjunto:

Projeto/Programa:					
Materiais	Serviços	Fornecedores	Valores	Formas de pagamento	Obs.

As formas de remuneração dos prestadores de serviços ou das empresas, consultorias ou assessorias de comunicação, de relações públicas e de imprensa são por honorários fixos mensais, por meio de contratos anuais, por projetos ou programas específicos, por despesas reembolsáveis com custos indiretos, porcentagem sobre serviços contratados de terceiros.

Normalmente, os serviços prestados são calculados com base nos honorários do pessoal envolvido, desde o diretor sênior até o funcionário de apoio, tendo como parâmetros: os custos homem/hora; o tempo despendido; os custos fixos e variáveis pertinentes à infra-estrutura física e de manutenção; o tipo de atividade desenvolvida; o grau de complexidade na qual se insere, entre outras possibilidades, dependendo de cada caso.

Cada programa tem suas peculiaridades, que implicarão custos diferentes. Planejar e executar uma auditoria de opinião é diferente de produzir um jornal ou desenvolver um programa de prevenção e gerenciamento de crises, por exemplo.

Finalmente, vale ressaltar que a administração dos recursos financeiros faz parte do gerenciamento das relações públicas nas organizações, é inerente ao processo do planejamento das atividades. A questão da relação custo-benefício é algo presente nas exigências do desempenho profissional na atualidade, pois temos de demonstrar resultados com os investimentos feitos pelas organizações nos programas de ação com os seus públicos.

Obtenção de apoio e aprovação da direção

Uma das fases do planejamento de relações públicas é a que se refere à sua aprovação. Para tanto, deve-se fazer uma exposição escrita, com todas as informações importantes e um relato sucinto das fases já assinaladas até aqui. Esses dados devem ser apresentados de forma compacta, segundo uma disposição visual apropriada, utilizando técnicas de artes gráficas, de multimídia e uma linguagem correta. Como geralmente o memorial escrito é acompanhado de uma explicação verbal, é necessário que o profissional tenha fluência e saiba argumentar, além de dominar integralmente o plano, projeto ou programa que elaborou.

Um dos desafios dos gestores de comunicação ou dos profissionais de relações públicas é sensibilizar os principais executivos das organizações para o valor da comunicação e de seu comprometimento com ela.

Normalmente, os maiores investimentos são destinados para a comunicação mercadológica, com claros objetivos de marketing e de divulgação de produtos ou serviços. É preciso, pois, conceber a comunicação como fator estratégico na divulgação da missão, da visão e dos valores da organização perante seus públicos, considerando-a como setor integrado nos processos internos de gestão estratégica.

Nesse sentido, a vontade política e o envolvimento da alta direção com as proposições de planos, projetos ou programas de comunicação são condições fundamentais para o sucesso da sua implantação.

c) Implantação

Divulgação para o público envolvido

Na etapa de implantação, um aspecto fundamental, além do apoio e comprometimento político dos principais dirigentes, é divulgar o plano para o público interno, considerando que é desse público estratégico e multiplicador que dependerá a efetiva aplicação do que foi planejado com êxito.

Para isso se faz necessário criar algumas estratégias e ações programadas, como campanhas e ações de impacto para despertar o interesse e o engajamento desde a cúpula até o empregado de escalões inferiores.

Abertura e cultura participativa são a base para um programa efetivo de comunicação. O público interno precisa conhecer o conteúdo e o porquê de ações que forem definidas, por exemplo, no caso de uma campanha interna para divulgar o novo enunciado da missão, da visão e dos valores, resultante de um planejamento estratégico geral ou mesmo de um plano estratégico de comunicação. É preciso haver toda uma preocupação em demonstrar quão importantes são a participação e o compromisso dos empregados para o real cumprimento das proposições.

No exemplo dado, a nova definição da missão, dos valores e das metas deve ser amplamente divulgada na organização e incorporada por todas as áreas, para que estas ajam de forma coesa em busca dos resultados desejados. Se as pessoas não forem motivadas a mudar de atitude e de comportamento, os novos enunciados ficarão muito mais na esfera discursiva do que no novo posicionamento institucional corporativo pretendido. Portanto, temos como desafios criar mecanismos para desenvolver um espírito crítico nas pessoas, procurando novas soluções estratégicas, administrativas ou operacionais, voltadas para melhor adaptação ao ambiente e adotando uma atitude empreendedora e participativa.

Percorrido todo o processo de planejamento, a fase seguinte é, assim, a da implantação, quando se coloca em execução todo o plano que foi elaborado. Alexandre M. Matos, baseado em outra fonte, diz que "a implantação é geralmente definida como 'a conversão do plano em realidade', isto é, 'a concretização, de uma vez, ou por etapas, das medidas delineadas no planejamento'" (1978, p. 495). Implantação é a concretização das medidas e das ações delineadas no planejamento.

As formas e os métodos de como se devem colocar os planos em ação variam em função de quem os coordena desde a fase inicial do planejamento e os executa, bem como das condições e normas da organização da qual ele faz parte.

Se uma ação foi planejada por antecipação, quando se vai pô-la em prática deve-se seguir a orientação acertada, pois, do contrário, de nada adiantaria gastar tanto tempo planejando. É evidente que podem ocorrer imprevistos, que devem ser contornados por meio de planos alternativos, mas o eixo central da ação programada tem de ser levado em conta. Isso possibilitará maior êxito e o alcance dos objetivos propostos.

A implantação de qualquer projeto ou plano de ação vai depender sempre da capacidade operacional da equipe dela encarregada e, sobretudo, do planejador, que deve participar da execução, acompanhando de forma dinâmica todo o andamento dos trabalhos, necessitando, para tanto, de rapidez de raciocínio, muita sensibilidade para perceber as coisas, energia, enfim, uma capacidade de liderança própria de quem dirige.

As atividades de relações públicas reclamam o envolvimento de vários setores e a contratação de serviços de terceiros, o que exige, por parte do planejador e do implantador de programas, um controle e um dinamismo muito grande, que só é possível se houver ação planejada e constantemente revisada.

Controle e monitoramento

Como no planejamento em geral, o planejamento de relações públicas não pode prescindir do controle, que propicia justamente verificar se há desvios das ações planejadas. Por meio do controle é possível detectar as falhas em todo o processo, da primeira até a última fase, e corrigi-las em tempo hábil. O controle, de acordo com H. O. Dovey,

> consiste em saber se a execução corresponde aos planos feitos e às diretrizes fixadas; diz respeito às medidas praticadas pela autoridade no acompanhamento das ordens dadas, de modo que possam ser responsabilizados aqueles a quem foram delegadas tarefas específicas; é a análise do desempenho à luz de objetivos e padrões estabelecidos, a fim de possibilitar a

avaliação da execução, comparada com as expectativas e as ordens emitidas. (1952, p. 495)

No dizer de Mauro Calixta Tavares, "o controle é um instrumento para verificação entre o que está previsto e o que está efetivamente ocorrendo. Constitui-se em um conjunto de indicadores que permite verificar se as coisas estão acontecendo ou não da maneira prevista" (2000, p. 387).

O controle deve ser um processo contínuo e dinâmico. A efetivação das ações depende do uso de procedimentos adequados e de instrumentos como cronogramas, fluxogramas, quadros, agenda, formulários etc., conforme já destacamos no Capítulo 5. São esses instrumentos que facilitam e viabilizam controlar as ações.

Correção de desvios

As ações de controle ocorrem em duas dimensões: reativa (corrigir desvios detectados) e proativa (evitar que os desvios ocorram).

Além de permitir a verificação e a correção, em tempo hábil, de eventuais desvios das ações de comunicação planejadas, o controle também propicia detectar as falhas em todo o processo, da primeira à última fase, além de levar a descobrir as distorções na interpretação e na consecução dos objetivos propostos.

É exatamente na fase do controle que deverão ser feitos os ajustes e o monitoramento das ações programadas para implantação.

d) Avaliação

Embora a avaliação figure como a última etapa do processo do planejamento, ela faz parte de todo esse percurso, pois permite um equacionamento, numa perspectiva crítica, do que vai sendo planejado e, posteriormente, do que foi realizado e dos resultados obtidos.

Marcos F. Evangelista considera "a avaliação em três momentos distintos: ao término da elaboração de um programa, no desenvolvimento das ações desse programa e ao término da execução do mesmo" (1982). Com isso, reafirmamos que a avaliação faz parte de todo o processo de planejamento, não sendo, portanto, apenas uma tarefa para depois da execução das ações planejadas, como normalmente se pensa.

Para Mauro Calixta Tavares, "a avaliação é o mecanismo que visa medir a efetividade das ações. Consiste em identificar o impacto das decisões afeitas ao processo. O distanciamento ocasional entre os objetivos estipulados e seu cumprimento pode ser resultado de ocorrências externas e internas à organização" (2000, p. 386).

Nesse sentido, a avaliação não só tem uma dimensão crítica, que visa verificar se os objetivos foram alcançados ou ainda a efetividade das atividades realizadas, mas também procura demonstrar "as causas ou as hipóteses do distanciamento entre a definição de objetivos e sua concretização", conforme Tavares (ib.). Portanto, é preciso avaliar os motivos do sucesso ou insucesso dentro de contextos. Determinado acontecimento no macroambiente pode interferir na consecução dos objetivos propostos por uma organização. O mesmo raciocínio é válido para o ambiente interno, que também exerce grande influência e condiciona o desenvolvimento do processo do planejamento e da implantação das ações. Não basta considerar os aspectos positivos ou negativos. Temos de verificar, em profundidade, as causas e as razões da não-efetividade ou da eficácia das ações realizadas para o alcance dos resultados.

A definição de Fernando G. Tenório e outros, do Centro de Ação Comunitária (Cedac), contempla uma perspectiva abrangente para o ato de avaliar. "Avaliação final é um conjunto de atividades no qual se coletam, analisam e interpretam dados e informações para fazer um julgamento objetivo de um projeto concluído ou de uma fase do projeto" (1995, p. 63).

Mensuração dos resultados

A avaliação e a mensuração de programas de relações públicas são temas constantes do debate científico e técnico. Há controvérsia a respeito das dificuldades em mensurar as ações da área no contexto institucional, pois ela lida com bens simbólicos intangíveis, como: administrar conflitos, percepções, relacionamentos e mudanças de atividades, construir imagem e identidade corporativa etc.

As ações de marketing e de todo o *mix* de comunicação mercadológica (promoção, publicidade e propaganda, *merchandising* etc.) produzem resultados tangíveis, sendo possível saber, por exemplo, se houve aumento de vendas depois da veiculação de um anúncio na mídia ou depois de uma ação promocional. Mas, em que pesem as dificuldades para avaliar ou medir os resultados do trabalho de relações públicas nas organizações, hoje se devem buscar caminhos e criar parâmetros ou formas alternativas de avaliação para que a área prove seu valor econômico e social nas organizações.

A propósito, William P. Ehling[8] chama a atenção para o fato de que poucos teóricos analisaram a contribuição econômica da comunicação para uma organização, embora muitos tenham discutido seu valor social.

Um dos caminhos encontrados por esse autor, no seu estudo "Calculando o valor de relações públicas e comunicação para uma organização", foi revisar teorias e análises da relação custo-benefício para serem aplicadas às relações públicas e para poder calcular o valor individual dos programas de comunicação para os públicos estratégicos (1992, pp. 617-38).

Ehling reforça a necessidade de a área de relações públicas demonstrar seu valor nas organizações como área autônoma. Não sendo submetida a marketing, recursos humanos etc. e ocupando uma função de suporte, suas atividades acabam sendo avaliadas como uma pequena variável das atividades dessas áreas. Seu pensamento a respeito desta situação é bastante contundente:

---

8. Esse autor fez parte da equipe do "Estudo sobre a excelência em relações públicas e administração da comunicação", liderada por James Grunig, nos Estados Unidos, que partiu exatamente da questão "Quanto valem relações públicas excelentes para uma organização?", conforme já destacamos no Capítulo 3. As contribuições teóricas dessa pesquisa estão publicadas no livro *Excellence in public relations and communication management* (Grunig, 1992), considerada a obra mais completa para análise da teoria das relações públicas. Ela traz mesmo mais capítulos que tratam da temática da mensuração e avaliação de programas de relações públicas.

Em síntese, relações públicas não são sujeitas a análises de benefício-custo rigorosas porque a administração reduz relações públicas a atividades de produção de comunicação de baixo nível, que simplesmente são tratadas como um "custo ou negócio". Comunicação e atividades de relações públicas são vistas como não gerando nenhum benefício tangível direto como um todo para a organização; ao contrário, elas são tratadas como atividades técnicas projetadas para apoiar outras funções organizacionais como a comercial, a de pessoal ou a de finanças. Tais conceituações da administração sobre relações públicas (especificamente, das tarefas e responsabilidades que nomeiam esta atividade) refletem uma falta de compromisso organizacional contínuo com relações públicas como uma função de administração estratégica. Esta falta de compromisso, somada com falhas conceituais, inclina profissionais de relações públicas e altos executivos a focalizar atenção séria na importância econômica de relações públicas e na sua relação de benefício-custo. (1992, p. 620)

Demonstrar seu valor para as organizações conseguirem alcançar seus objetivos e cumprir sua missão foi e continua sendo um desafio para as relações públicas.

Raymond Simon, um dos autores clássicos de relações públicas, adverte:

os administradores de organizações lucrativas ou não-lucrativas querem conhecer o valor que se depreende das relações públicas. É cada vez mais comum que os profissionais de relações públicas sejam pressionados pela gerência para que expliquem de forma significativa o valor de suas atividades. (1994, p. 421)

Consideramos que, para a área de relações públicas demonstrar a efetividade de suas ações e comprovar seu "valor" nas organizações, o caminho é formatar um *corpus* teórico sobre o assunto, criando mecanismos e instrumentos capazes de atribuir um caráter científico para avaliar e mensurar suas atividades. Cabe à universidade e aos pesquisadores liderar essa iniciativa e buscar parcerias para experimentação com o mercado profissional.

Nem sempre a avaliação merece a devida importância por parte dos profissionais de relações públicas, apesar de ela constituir um dado muito relevante para outras ações futuras e a correção de falhas e de atitudes comportamentais de uma organização e da sua comunicação com os públicos, a opinião pública e a sociedade em geral.

Muitos autores do campo já se ocuparam do assunto, mas tratando-o principalmente no contexto da pesquisa em relações públicas, em forma de capítulos de livros ou artigos em revistas especializadas. Faltam, assim, obras específicas com uma abordagem mais consistente e sistematizada. No entanto, inúmeras iniciativas em curso estão mudando esse panorama.[9]

Nota-se que o tema hoje passa a ser muito mais considerado tanto na academia quanto no mercado profissional, que cada vez mais se vale de pesquisas de opinião pública, de imagem e de atitudes dos públicos e da opinião pública para avaliar o comportamento institucional e corporativo das organizações.

A avaliação e a mensuração fazem parte da racionalidade econômica e são necessárias para identificar a contribuição de relações públicas. Daí a necessidade de buscar parâmetros e critérios aptos a serem utilizados.

---

9. Vários autores têm se dedicado a essa temática nos últimos anos, sobretudo os norte-americanos. Sugerimos consultá-los nas fontes originais: Marzano (1988); Stamm (1988); Marker (1988); Dozier e Ehling (1992); Ehling (1992); Lindemann (1990; 1993); Hon (1998); Hon e Grunig (1999); Pieczka (2000); Watson (2001), entre outros. Na Universidade da Flórida, o Institute for Public Relations criou uma comissão de Avaliação e Mensuração em Relações Públicas, que está desenvolvendo uma metodologia para estabelecer critérios e mecanismos de avaliação. Ela criou a chamada "árvore de medição", que é um sistema de guia para facilitar o entendimento dos processos de avaliação da comunicação nas organizações. Para mais detalhes, consultar: http://www.instituteforpr.com/measurement_commission.phtml. No Brasil, no curso de pós-graduação em Ciências da Comunicação, da Escola de Comunicações e Artes da Universidade de São Paulo, na área de Relações Públicas, alguns orientandos nossos na linha de pesquisa de Comunicação Institucional: Políticas e Processos também estão iniciando um trabalho de pesquisa para a produção de teses nessa temática.

Estabelecimento de critérios de avaliação

Como já destacamos, o caminho para superarmos a dificuldade de avaliar os trabalhos de relações públicas sob a ótica da objetividade e racionalidade econômica é estabelecer possíveis critérios, parâmetros técnicos e científicos nessa direção.

Sabemos que em relações públicas os resultados surgem mais a longo prazo, sendo, no entanto, possível medi-los por meio de indicadores que servirão de base para conhecer a reação dos públicos e saber se as ações utilizadas foram eficazes ou não.

William Nielander e Raymond Miller apontam alguns desses indicadores:

> Mudanças favoráveis em torno das notícias e reportagens; os efeitos podem ser um importante sintoma de êxito, mas geralmente pouco seguro; procura de folhetos e outros materiais; cartas de comentários e críticas; redução das reclamações; a ausência de disputas de trabalhos e uma constante produtividade elevada são indícios muito bons, mas não são sempre decisivos, porque podem existir outros fatores; um volume adicional de negócios é um sinal excelente se é possível relacionar diretamente o êxito do programa. Isto, freqüentemente, é difícil; as mudanças de atividades que possam atribuir-se ao programa de relações públicas servem para medir o êxito; a modificação, adição ou supressão de estatutos e regulamentações motivadas pelo programa de relações públicas demonstra a consecução dos objetivos propostos; as pesquisas de opinião refletem mudanças favoráveis nas idéias sustentadas pelo público. (1961, pp. 417-8)

Podemos arrolar parâmetros gerais de avaliação para os programas de relações públicas, como também estabelecer critérios específicos a cada ação planejada. Para que uma avaliação ocorra de forma eficaz, é preciso: definir parâmetros de avaliação, elegendo indicadores de desempenho de maneira a avaliar a eficácia da estratégia em face dos objetivos previamente delineados; analisar e verificar quais foram os resultados alcançados e se as estratégias foram corretas e eficazes; listar os pontos positivos e negativos dos programas de comunicação levados a efeito; avaliar se a comunicação ocorreu de forma simétrica entre a fonte (organização) e os receptores (*publics*); e registrar o *feedback* obtido.

Os objetivos são considerados entre as referências principais para avaliar os programas de relações públicas, mas, como destacamos, outras variáveis são também indicativas para a verificação. Dennis Wilcox, Philip Ault e Warren Agee propõem o seguinte equacionamento para avaliar o desempenho de um trabalho de relações públicas: 1) A atividade ou o programa foi planejado adequadamente? 2) Os receptores da mensagem entenderam isso? 3) Como a estratégia do programa poderia ter sido mais efetiva? 4) Foram localizadas todas as audiências primárias e secundárias? 5) O objetivo organizacional desejado foi alcançado? 6) Que circunstâncias imprevistas afetaram o sucesso do programa ou da atividade? 7) O programa ou a atividade ficou dentro do orçamento fixado para isso? 8) Que passos podem ser dados para melhorar o sucesso de atividades futuras semelhantes? (1995, p. 238).

Em síntese, a avaliação deve responder às seguintes questões:

- Em que grau os objetivos foram alcançados?
- As estratégias delineadas foram corretas?
- As estratégias aplicadas corresponderam ao que foi planejado?
- Os meios e os instrumentos utilizados foram adequados e suficientes?
- As condições para implementação dos programas de ação foram favoráveis?
- A relação custo-benefício foi satisfatória?

Paul Capriotti afirma que a avaliação permite estabelecer o grau de êxito/sucesso alcançado. Propõe três tipos de avaliação dos resultados: a) cumprimento do progresso em face dos objetivos traçados; b) análise; c) influência nos públicos e os efeitos provocados sobre eles com as mensagens e os impactos e a aceitação de cada um dos meios utilizados; e os efeitos cognitivos (notoriedade etc.), afetivos (emoções, preferências) e comportamentais (assistência a ponto-de-venda, boca a boca) (1999, pp. 234-5).

Já Frank Corrado propõe dois tipos de avaliação: a informal e a formal. Na informal os meios que podem ser usados para avaliar as atividades de comunicação de uma organização determinada são: visitas informais; pesquisa no refeitório (da empresa); entrevistas com grupos específicos; materiais de leitura/visuais; casos que as pessoas contam; canais de *feedback* – o que há nas caixas de sugestões?

Em relação à formal, o autor faz referência a medidas clássicas das comunicações, como: levantamento de índices de leitura; análise de conteúdo; índices de legibilidade, que podem dizer se o material é compreensivo para o público desejado; acompanhamento que avalia recortes de imprensa ou vídeo; e audiência (1994, pp. 218-9).

Scott M. Cutlip e Allen H. Center consideram que a efetividade de um programa de relações públicas pode ser mensurada em quatro dimensões bem definidas: 1. Amplitude do público; 2. Resposta do público; 3. Impacto da comunicação; 4. Processo de influência (1963, p. 214). Com base nessas dimensões, podemos estruturar questões correspondentes e criar formas de verificação.

É bom lembrar, também, que, segundo James Swinehart,

> nenhum esquema de avaliação se aplica igualmente bem a todos os esforços de relações públicas, uma vez que os problemas tratados e os objetivos variam amplamente. Entretanto, parece ser correto dizer que os métodos de avaliação disponíveis são subtilizados e que os julgamentos referentes ao impacto do programa são freqüentemente baseados em verificações inadequadas. (1979, p. 14)

Esse mesmo autor diz que

> uma avaliação adequada deverá começar com uma descrição de atividades e materiais, mas deveria incluir também verificações do (1) desempenho – os resultados obtidos em relação a objetivos especificados; da (2) adequação do desempenho – a extensão da mudança mensurada *versus* a

extensão necessitada ou esperada; da (3) eficiência – a relação entre *input* (tempo, dinheiro, pessoal) e *output* (resultado); e, talvez, do (4) processo – contextos situacionais em que uma campanha teve lugar, conseqüências não previstas, fatores mediadores que intervieram para tornar a campanha mais eficiente ou menos eficiente etc. (1979, p. 15)

Com relação aos instrumentos, o principal é a chamada pesquisa de avaliação. Mas podemos fazer uso de inúmeros outros e apropriar-nos das muitas técnicas de pesquisa disponíveis, tais como: pesquisa de opinião; observação das reações das pessoas e dos públicos; questionários; formulários de avaliação para públicos que participam de programas de ação, eventos etc.; auditorias de opinião internas e externas; tabelas e planilhas para comparar a relação custo-benefício etc.

Finalmente, com referência tanto aos critérios e procedimentos metodológicos quanto aos instrumentos, o importante é considerar também os aspectos relacionados com qualidade, quantidade, custos, tempo, retorno e a relação custo-benefício de todos esses mecanismos a serem utilizados.

Relatório conclusivo

Se a avaliação deve ser uma constante no planejamento e na implantação das ações de relações públicas, é necessário procurar sempre documentar tudo, por meio de relatórios conclusivos que sirvam de fontes de consultas, para aproveitamento posterior e para demonstrar o valor e a importância da área nas organizações como um todo.

Neste capítulo fica provado que somente com o planejamento as relações públicas poderão exercer o gerenciamento estratégico de comunicação nas organizações e atuar numa perspectiva da comunicação integrada. No próximo capítulo destacaremos o planejamento e a elaboração de planos, projetos e programas e a organização de eventos.

Tudo isso constitui parcela importante no dia-a-dia do profissional de relações públicas. Acreditamos que, se todas as atividades desta área forem guiadas por essas orientações de planejamento, tenderão a alcançar o sucesso, beneficiando sempre a organização e seus públicos, e atenderão aos princípios da eficácia, eficiência e efetividade do ato de planejar.

Podemos concluir que, no mundo moderno, o planejamento desempenha um papel decisivo nas organizações de todos os tipos. Elas têm de atuar como sistemas abertos, criando novos canais de comunicação com a sociedade. Planejar estrategicamente a sua comunicação e conseguir a aceitação dos públicos é um dos grandes desafios para a prática das relações públicas na contemporaneidade.

9

PLANOS, PROJETOS E PROGRAMAS DE RELAÇÕES PÚBLICAS

> Quando abordamos o planejamento e seus conceitos, desta-
> camos que o plano, o projeto e o programa são instrumentos
> do seu processo. Isto é, o planejamento é um processo que,
> para a tomada de decisões, tem de ser consubstanciado em
> documentos, ou seja, em planos, projetos e programas. Esses
> documentos são, portanto, meios para a tomada de decisão
> e para viabilizar a implantação do processo do ato de planejar.

Horácio Martins de Carvalho deixa clara a diferença do planejamento como processo sistematizado e o planejamento expresso em documento (o plano, o projeto e o programa). Para ele,

> é da maior importância conhecer bem a distinção entre o processo de planejamento e os documentos em que determinado momento ou fase do processo são elaborados a fim de permitir uma visão de conjunto da realidade e do elenco de decisões que permitirão uma intervenção coordenada e supostamente apoiada em critérios científicos. (1979, p. 38)

Antes de tratarmos das técnicas de elaboração de projetos e programas específicos de relações públicas, julgamos oportuno chamar a atenção para a importância do uso da criatividade por parte das pessoas nessa elaboração.[1] Isto é, não se deve priorizar a rigidez dos quadros e diagramas, pois esses devem facilitar o trabalho, nunca substituir o conhecimento, as idéias inovadoras e a intuição.

As diferenças entre plano, projeto e programa são tênues e, na prática, se sabe que esses instrumentos do planejamento são facilmente usados de maneira indistinta, sem muito rigor terminológico. No entanto, achamos necessário apresentar alguns conceitos básicos, tirados a partir de recortes de estudos já realizados por outros autores, que apresentamos a seguir.

Concepções gerais

Plano

O plano contém os pressupostos básicos para a tomada de decisão e assume, como instrumento do planejamento, um caráter mais geral e abrangente do que o projeto e o programa, como já mencionamos no Capítulo 5, quando tratamos dos instrumentos e da operacionalização do planejamento.[2]

No plano são delineados os objetivos gerais a serem alcançados, as diretrizes, a alocação de recursos necessários, as estratégias gerais, os prazos e os indicativos das ações que poderão desencadear projetos e programas específicos e/ou setoriais. Por exemplo, no caso de uma organização que realiza o planejamento estratégico, este culminará com um plano estratégico, em que se encontrarão as macropolíticas, as macroestratégias, os planos gerais de ação etc. que exigirão de cada unidade ou setor o desenvolvimento de projetos e programas específicos com vistas em colocar em prática as orientações gerais propostas no plano.

---

1. Sobre criatividade sugerimos consultar obras específicas, por exemplo: Nachmanovitch (1993); Predebon (1999); Ostrower (1984); Kneller (1973); Chibás Ortiz (2000).

2. Para mais detalhes, consultar Carvalho (1979, pp. 38-47) e Díaz Bordenave e Carvalho (1979, pp. 87-106).

Uma concepção esclarecedora, aplicada mais no âmbito social, é a de Myrian Veras Baptista:

O plano delineia as decisões de caráter geral do sistema, suas grandes linhas políticas, suas estratégias, suas diretrizes e precisa responsabilidades. Deve ser formulado de forma clara e simples, a fim de nortear os demais níveis da proposta. É tomado como um marco de referência para os estudos setoriais e/ou regionais, com vistas à elaboração de programas e projetos específicos, dentro de uma perspectiva de coerência interna da organização e externa em relação ao contexto no qual ele se insere. (2000, p. 99)

O plano, portanto, dependendo da dimensão, é abrangente, mas tem na sua forma algo mais simples do que um projeto, encontrando-se nele, basicamente, os pressupostos necessários para a tomada de decisões. Os estudos prévios, a pesquisa e outras fases do planejamento servirão de base para que se chegue a um plano de ação. Um estudo mais específico detalhado e racional ficará por conta de um projeto.

Em termos de relações públicas, suponhamos que uma organização, depois de verificar dados e sugestões, decida implantar um plano de visitas coletivas às suas instalações e solicite elementos para uma decisão final. No caso, poder-se-ia propor um plano que preveja, no mínimo, objetivos, justificativas, públicos a atingir, estratégia geral, custos, recursos necessários e a sistemática de implantação. Detalhes técnicos de logística e operacionalização ficariam mais por conta do programa. Dependendo da amplitude e da sofisticação da proposta, poder-se-ia exigir também a elaboração de um projeto.

Projeto

Um projeto consiste, basicamente, numa proposição de idéias ordenadas e num conjunto de ações capazes de modificar uma situação identificada por outra desejada. A elaboração de um projeto deve levar em conta as ações a serem executadas, os objetivos, os procedimentos metodológicos, a alocação dos recursos necessários (humanos, materiais e financeiros) e as condições institucionais para sua real implantação.

Normalmente, um projeto está sempre ligado a uma organização que o financia ou promove e realiza, tendo em vista algum bem, benefícios e resultados. O que se deve ter em mente, ao elaborar um projeto, é a busca das melhores alternativas técnicas para posterior implantação, a devida alocação dos recursos e as finalidades específicas que devem nortear todo o processamento de sua elaboração.

O projeto, no sentido lato, segundo Ademir Clemente e Elton Fernandes, "compreende todo o trabalho de equacionar um problema relevante apontado pelo planejamento, decidir quanto à implementação de uma solução e avaliar os resultados obtidos" (1998, p. 25).

Nessa perspectiva, o projeto, conforme Myrian Baptista, "é o documento que sistematiza e estabelece o traçado prévio da operação de um conjunto de ações. É a unidade elementar do processo sistemático de racionalização de decisões" (2000, p. 101).

Fazer um projeto implica suprimir atitudes impensadas e decisões que levam, muitas vezes, a ações precipitadas, que nem sempre dão certo. Por isso, Nilson Holanda afirma que, sob a ótica empresarial,

> o projeto representa, de um lado, o procedimento lógico e racional que substitui o comportamento intuitivo e empírico geralmente utilizado para as decisões de investimentos e, de outro, o mecanismo de avaliação econômica dos efeitos diretos dessas decisões, em termos de rentabilidade ou eficiência da aplicação de recursos financeiros. (1975, p. 97)

Para Horácio Martins de Carvalho o projeto é específico e objetiva estudar a utilização racional dos recursos econômicos para produção de um bem ou serviço, em todos os seus detalhes técnicos, (1979, pp. 39-41).

Portanto, o projeto reúne dados racionais e estudos de alternativas com vistas em viabilizar o processo de tomada de decisões que implica investimentos. Como investimento, o projeto corresponde ao conjunto de informações, sistemática e racionalmente ordenadas, que nos permite estimar os custos e benefícios de um determinado investimento, vale dizer, as vantagens e desvantagens de utilizar recursos para a criação de novos meios de produção ou para o aumento da capacidade ou melhoria do rendimento dos meios de produção existentes. (Holanda, 1975, p. 95)

Um projeto, para que chegue à sua produção final, passa por algumas etapas principais. Primeiramente, analisa-se a viabilidade de produzi-lo, pois um projeto surge de alguma necessidade e implica investimento intelectual e profissional; envolve pesquisas e estudos para sua fundamentação, escolhas ou opções de propostas viáveis para sua implantação; e, dependendo de cada realidade, exige também negociação e ajustes. Por isso, pode assumir inicialmente um formato de anteprojeto para depois ser redigido na versão final de projeto propriamente dito. Vejamos como alguns autores estabelecem essas fases principais.

A formatação de um projeto, de acordo com Darci Prado, que se baseia mais no ramo da engenharia para criar um produto ou serviço, comporta as seguintes fases: criação, estudos de viabilidade, definição de requisitos, *design* (concepção, especificações técnicas da concepção), execução, teste e instalação, e encerramento (1998, p. 16).

Para Juan Díaz Bordenave e Horácio Martins de Carvalho, são as seguintes: "declaração da intenção de produzir o serviço (ou identificação da idéia), estudos prévios de factibilidade, anteprojeto e projeto final" (1979, p. 125). Nilson Holanda arrola cinco etapas: "estudos preliminares, anteprojeto, projeto final ou definitivo, montagem e execução (colocação em funcionamento) e funcionamento normal" (1975, p. 12). Ademir Clemente e Elton Fernandes apresentam a seguinte seqüência:

Equacionamento (oportunidades-problemas; desenvolvimento de alternativas; análise das alternativas; e avaliação das alternativas); seleção (escolha entre alternativas viáveis); realização (projeto de execução; implementação); aferição (acompanhamento e avaliação). (1998, p. 25)

As fases ou etapas apresentadas por esses autores constituem uma proposta orientadora de como elaborar projetos, mostrando que não se deve fazer de imediato um projeto final, ainda mais se recordarmos tudo aquilo que já vimos sobre as fases do planejamento e o projeto como resultado, isto é, como um documento oriundo de todo esse processo.

De acordo com Colbert Demaria Boiteux, "a elaboração de um projeto é uma fase que consiste na preparação de um documento que indica as ações que se devem desenvolver para, a partir de uma necessidade bem determinada, alcançar o meio de satisfazer essa necessidade" (1982, p. 2). Por isso, voltamos a enfatizar a real necessidade de nos basearmos em diagnósticos verdadeiros, em estudos dos objetivos e, por fim, em todos aqueles passos já apontados ao longo desta obra, ao abordarmos o planejamento, o planejamento estratégico e o planejamento de relações públicas. Insistimos ainda na importância da pesquisa e dos estudos preliminares para chegar a uma proposta de ação coerente com as necessidades da organização.

A produção de um projeto sempre ocorre em determinados contextos e pode ter inúmeras implicações. Por conseguinte, sua elaboração requer visão de conjunto e certos cuidados. As percepções de Ademir Clemente e Elton Fernandes nos ajudam a compreender tais considerações:

> O termo projeto está associado à percepção de necessidades ou oportunidades de certa organização. O projeto dá forma à idéia de executar ou realizar algo, no futuro, para atender a necessidades ou aproveitar oportunidades. Dessa forma, o processo de elaboração, análise e avaliação de projetos envolve um complexo elenco de fatores socioculturais, econômicos e políticos que influenciam os decisores na escolha dos objetivos e dos métodos. (1998, p. 21)

Existem diversos tipos de projetos, que podem ser classificados por área, por serviços etc., tanto na administração pública como no setor privado e ainda no terceiro setor. Seu conteúdo é também outra variável importante e está atrelado ao segmento envolvido. No caso específico, limitar-nos-emos a demonstrar como elaborar projetos de comunicação e de relações públicas dirigidos para determinadas organizações. Veremos, mais adiante, que podemos desenvolver tanto um projeto global de comunicação quanto projetos específicos. Tudo dependerá das circunstâncias e das necessidades das organizações com as quais iremos trabalhar.

Programa

O programa, como instrumento do planejamento, está diretamente relacionado com a logística de implantação das ações ou atividades planejadas. Ordena no tempo e no espaço as atividades a serem desenvolvidas. Expressa, portanto, muito mais um cronograma, em que se descrevem todas as providências necessárias para execução das ações programadas com vistas no alcance dos objetivos traçados. É decorrente de um plano de ação mais amplo ou de um projeto no contexto do processo do ato de planejar.

Conceitualmente, de acordo com Juan Díaz Bordenave e Horácio Martins de Carvalho,

> os programas são instrumentos do processo de planejamento que procuram a melhor alocação de recursos, no tempo e no espaço, para um conjunto homogêneo de metas estabelecidas. Assim, tendo-se fixado as metas setoriais, se deverá elaborar tantos programas quantos forem necessários para englobar todas as metas de cada setor econômico e social. (1979, pp. 114-5)

Por programas entendemos a colocação sistematizada das ações necessárias, no que se refere tanto ao planejamento como à execução das atividades propostas. Cite-se o exemplo de uma organização que, dentro de um projeto global do departamento de comunicação, resolveu criar um jornal interno dirigido aos funcionários de todo o grupo. Inicialmente, foi feito um plano para facilitar a tomada de decisões pertinentes e, em seguida, partiu-se para a operacionalização desse plano: como, quando, quem, onde e por que fazer, quais os recursos, objetivos e metas, cronograma de implantação; isto seria o programa, que não é senão a adoção de uma logística.

Planos de relações públicas

Em relações públicas podemos apresentar tanto planos de ação mais pontuais, como também planos mais gerais e abrangentes. Tudo dependerá das necessidades e do resultado de todo o processo de planejamento de comunicação nas organizações que iremos desenvolver. Os planos de ação de relações públicas podem ser estabelecidos para curto, médio e longo prazo, de acordo com as finalidades e os interesses de cada empresa. Vinculam-se, sobretudo, ao âmbito institucional das organizações.

Planos de ação

Os planos de ação são aqueles que devem conter os pressupostos básicos para a tomada de decisões. São propostas concretas de ações de relações públicas que poderão ser levadas a efeito e, dependendo da dimensão, suscitar a necessidade de se elaborarem projetos ou programas específicos. Podemos ainda esboçar um plano estratégico de comunicação de ampla dimensão e prever a necessidade da elaboração de projetos setoriais e programas específicos a fim de viabilizar de fato as ações que foram, em linhas gerais, delineadas.

Os planos de ações mais pontuais podem ser considerados mais simples e concretos, estando mais vinculados ao planejamento tático e operacional. Portanto, atendem às demandas setoriais e emergentes.

Plano estratégico de comunicação organizacional

Quanto à elaboração de um plano estratégico de comunicação organizacional, já descrevemos, no Capítulo 6, como é possível formatá-lo e quais fases devem ser consideradas, ou seja:

PLANOS, PROJETOS E PROGRAMAS DE RELAÇÕES PÚBLICAS

Formulação do plano estratégico de comunicação organizacional

1. Pesquisa e construção de diagnóstico estratégico
   - Identificação da missão, da visão e dos valores
   - Definição do negócio
   - Análise do ambiente externo, setorial e interno
   - Diagnóstico estratégico da comunicação organizacional

2. Planejamento estratégico da comunicação organizacional
   - Definição da missão, da visão e dos valores da comunicação
   - Estabelecimento de filosofias e políticas
   - Determinação de objetivos e metas
   - Esboço das estratégias gerais
   - Relacionamento dos projetos e programas específicos
   - Montagem do orçamento geral

3. Gestão estratégica da comunicação organizacional
   - Divulgação do plano
   - Implementação
   - Controle das ações
   - Avaliação dos resultados

Projetos de relações públicas

Podemos desenvolver um projeto global, bem como projetos específicos de comunicação para uma empresa, dependendo das necessidades ou dos problemas detectados nos diagnósticos realizados no processo do planejamento.

Projeto global de relações públicas/comunicação

Os fundamentos para elaborar um projeto global de relações públicas[3] para uma organização já foram mencionados no capítulo

---

3. No livro *Manual da qualidade em projetos de comunicação* (França e Freitas, 1997), há uma orientação de como elaborar um projeto experimental de relações públicas no âmbito universitário. A obra traz os procedimentos metodológicos e os principais passos da produção de um projeto global de comunicação para as organizações em geral.

anterior. Nossa proposta aqui é muito mais esboçar um roteiro básico que possa servir de orientação, sem a intenção de apresentar algo acabado e inflexível.

Na elaboração de um projeto de relações públicas para determinada organização como um todo, temos de percorrer basicamente seis etapas: 1. Pesquisa; 2. *Briefing*; 3. Diagnóstico; 4. Programas de ação; 5. Anteprojeto; 6. Projeto final.

Em linhas gerais, essas fases ou etapas dão conta de todo o desenvolvimento de um projeto global de relações públicas com vistas na melhoria do gerenciamento da comunicação das organizações com seus públicos. Apresentamos a seguir apenas uma síntese do conteúdo das diferentes fases, pois esse assunto foi trabalhado nos capítulos anteriores.

Na primeira fase, da pesquisa, é realizado todo o levantamento de dados sobre a organização como um todo, por meio da pesquisa institucional. Para uma radiografia da real situação da área de comunicação e do sistema comunicativo vigente poderse-á aplicar a auditoria da comunicação organizacional. Uma pesquisa de opinião ou auditoria de opinião poderá ser aplicada aos públicos estratégicos, a fim de conhecer o que pensam e acham da organização, analisando o nível de satisfação nos relacionamentos vigentes.

Faz parte também da pesquisa analisar e avaliar todos os produtos comunicacionais existentes (jornais, revistas, boletins, folhetos institucionais, anúncios, *sites*, CD-ROMs, vídeos institucionais, matérias veiculadas na mídia impressa e eletrônica etc.).

Outro aspecto a ser considerado é situar a organização no contexto do sistema social global, verificando as variáveis econômicas, sociais, políticas, legais, tecnológicas, culturais e ecológicas que influenciam e interferem no seu desempenho e as implicações e os condicionamentos que podem afetar a área de comunicação perante a opinião pública. Verificar também os pontos fortes e fracos da empresa em relação ao ambiente, bem como as oportunidades e as ameaças postas em seu caminho são imperativos que permitirão conhecer qual o posicionamento institucional que ela ocupa em todo esse conjunto ambiental. É importante destacar que, se uma organização realizou o planejamento estratégico, tais dados já deverão estar disponíveis, necessitando apenas de ajustes e complementações. Todos os recursos ou subsídios advindos da realização das diversas pesquisas e auditorias em relações públicas, conforme destacamos no Capítulo 7, serão muito úteis, não podendo um bom projeto prescindir deles.

Briefing é o resumo de todos os dados levantados, que serão a base para construir o diagnóstico da real situação da organização e da sua comunicação. Conforme Rafael Sampaio, "um bom *briefing* deve ser tão curto quanto possível, mas tão longo quanto necessário. Em outras palavras, *o briefing* deve conter todas as informações relevantes e nenhuma que não seja" (1995, p. 206). A partir do diagnóstico deverão ser delineados os programas de ação.

O anteprojeto encerra um estudo sistematizado de todas as partes que deverão integrar o projeto final, mas sem os detalhes completos. Trata-se de uma primeira versão do projeto propriamente dito, que normalmente passa por um período de negociação para aprovação dos dirigentes e posteriores ajustes, melhorias e revisão. A proposição dos programas de ações deverá conter todas as fases inerentes ao desenvolvimento de um programa, como: objetivos, públicos, estratégias, recursos necessários, custos, sistemas de implantação etc.

Projeto final é o projeto na sua versão definitiva. Este deverá primar pela clareza, coerência, linguagem correta, adequação ao público-alvo, viabilidade de aplicação, validade e possibilidades concretas de resultados. Deve ainda ter como princípio a busca de eficiência, eficácia e efetividade.

Nilson Holanda apresenta um roteiro básico que comumente se usa para elaboração de projeto desse tipo, dividido em três partes principais: dados sobre a organização, o projeto e os anexos (1975, pp. 108-10). Na seqüência, nós o adaptamos em virtude de um possível projeto de relações públicas para uma organização. No Capítulo 7, quando abordamos a pesquisa institucional, especificamente no que se refere à formatação do questionário, elencamos os principais itens para identificar uma empresa e caracterizar a área de comunicação, os quais deverão ser considerados aqui.

Estrutura de um projeto global de comunicação

Primeira parte

A ORGANIZAÇÃO

1. Denominação ou razão social: forma jurídica
2. Capital atual
3. Principais sócios, acionistas, controle acionário, relação com outras organizações
4. Dirigentes e administradores principais
5. Histórico das atividades e evolução de produção, vendas, serviços, capital e resultados financeiros
6. Finalidades da organização
7. Ramo de atuação
8. Missão, visão e valores

Segunda parte

O PROJETO

I. APRESENTAÇÃO
1. Descrição sumária dos objetivos e das características principais do projeto
2. Indicação dos promotores ou responsáveis pela execução do projeto
3. Determinação das ações necessárias
4. Investimentos necessários
5. Resultados esperados

II. PÚBLICOS
1. Características dos públicos a serem atingidos
2. Políticas de relações públicas em relação a esses públicos

III. ESTRATÉGIA GERAL

IV. PROGRAMAS DE ATIVIDADES
(Colocar os programas com as suas fases)

V. DETERMINAÇÃO DOS RECURSOS NECESSÁRIOS
1. Recursos humanos
2. Recursos materiais
3. Recursos financeiros

PLANOS, PROJETOS E PROGRAMAS DE RELAÇÕES PÚBLICAS   377

VI. CUSTOS
(Orçamento detalhado)

VII. CONCLUSÕES
1. Dados para avaliação do projeto
2. Justificativas das suas vantagens
3. Análise de sua relevância para melhoria da gestão comunicativa da organização
4. Análise de sua contribuição para o desenvolvimento da organização e do país

Terceira parte

ANEXOS
(Estudos complementares, literatura técnica empregada, outros documentos utilizados)

Projetos específicos de relações públicas

A prática da atividade de relações públicas, no dia-a-dia das organizações, impulsiona a realização de projetos específicos para atender às demandas do ambiente organizacional (externo, setorial e interno), normalmente detectadas por ocasião da execução do planejamento estratégico e do projeto global de relações públicas/comunicação. São inúmeros os tipos possíveis que poderão ser desenvolvidos, tanto pelos departamentos internos quanto pelas assessorias ou empresas que prestam serviços de comunicação e relações públicas.

Os projetos específicos diferem dos programas pela amplitude e complexidade. Já observamos que os projetos requerem pesquisas, levantamentos de dados, estudos de viabilidade, demonstrações plausíveis da relação custo-benefício, detalhamento da proposta e dos objetivos, além de poder comportar, no seu conjunto, um ou mais programas de ação.

Podemos elencar como projetos específicos de relações públicas todos aqueles relacionados com as funções essenciais e específicas da profissão, no contexto do gerenciamento da comunicação das organizações com os seus públicos, como destacamos no Capítulo 3, quando abordamos as relações públicas nas organizações.

A elaboração de projetos específicos requer todo um planejamento adequado e uma sistematização lógica. Existem alguns elementos básicos que normalmente precisam ser contemplados, mas cada tipologia exigirá procedimentos e métodos peculiares. Um projeto cultural, por exemplo, é diferente de um de comunicação interna. Criar e formatar um projeto de atendimento ao consumidor difere da elaboração de um projeto social.

Em princípio, as partes ou os elementos básicos que devem ser considerados na produção de um projeto específico são os do quadro abaixo:

Estrutura de um projeto específico de comunicação

1. Título do projeto
2. Entidade promotora e realizadora
3. Identificação do projeto (livre descrição do conteúdo e da proposta básica)
4. Objetivos geais e específicos
5. Justificativas – destacar razões, necessidades e vantagens, relações custo-benefício
6. Identificação e caracterização dos públicos que serão atingidos
7. Estratégias gerais
8. Escolha dos programas de ação – relacionar todas as atividades que deverão ser desenvolvidas
9. Determinação dos recursos necessários:
   - Humanos – coordenador responsável, equipe executora e todo o pessoal envolvido, contratação de especialistas ou serviços de terceiros
   - Materiais – previsão de todos os materiais permanentes, infra-estrutura física, equipamentos e materiais de consumo
   - Financeiros – orçamento detalhado com todas as previsões de alocação dos recursos
10. Cronograma de execução
11. Controle – previsão de todos os instrumentos de controle
12. Avaliação dos resultados – parâmetros e indicadores
13. Recomendações e resultados esperados
14. Fontes consultadas e relação de anexos, se houver

São inúmeras as possibilidades de projetos específicos em relações públicas. A decisão de planejá-los e executá-los dependerá das necessidades das organizações, das oportunidades detectadas no ambiente e da criatividade dos profissionais que atuam no mercado. Muitas vezes um projeto surge a partir da existência de um problema cuja solução exige algo mais estruturado do que um simples programa.

Vejamos algumas possibilidades de projetos que, eventualmente, fogem da rotina do dia-a-dia de um departamento de comunicação ou de um setor de relações públicas.

Podemos, por exemplo, desenvolver projetos institucionais voltados para a valorização da cultura nacional, regional e local do contexto em que a organização está situada. No âmbito dos projetos culturais,[4] existem diversas formas possíveis: patrocínios, produção de livros culturais, organização de *shows*, exposições e mostras, exibições de corais e teatro dentro das organizações para o público interno, concursos nas escolas sobre temas ligados à cultura etc.

No âmbito dos projetos sociais, já mencionamos as possíveis frentes de atuação, quando abordamos as relações públicas e a responsabilidade social das organizações. A escolha e a decisão de fazer projetos nesse segmento dependerão das demandas sociais do ambiente e da dinâmica da história. A princípio, temos de levar em conta os menos favorecidos, que são vítimas das desigualdades sociais. Pensar em ações sociais em parceria com o poder público (o Estado) e o terceiro setor é um caminho para chegar a algo que possa de fato trazer uma contribuição efetiva. Desenvolver campanhas de interesse público com temas ligados a saúde, segurança, preservação do ambiente etc. e de incentivo ao trabalho voluntário junto do público interno são também possibilidades concretas de projetos institucionais que poderão ser articulados e coordenados pelo setor de relações públicas.

---

4. Para mais detalhes sobre projetos culturais consultar: Malagodi e Cesnik (1999); Brant (2001); Parés i Maicas (1990); Armani (2000); Chianca et al. (2001); Franceschi et al. (1998).

Um projeto de comunicação interna que fundamente todas as ações e justifique a escolha de diferentes mídias é também uma forma de evitar que o trabalho de relacionamento com o público interno seja fragmentado e fique centrado apenas nos veículos, e não nos processos. Assim, um projeto específico nesse sentido deveria levar em conta todo um processo metodológico de elaboração, com destaque para:

1. Conseguir o compromisso e o cumprimento da alta administração.
2. Realizar pesquisa de opinião e auditoria da comunicação.
3. Construir diagnóstico situacional.
4. Definir objetivos e metas.
5. Traçar estratégias gerais.
6. Estabelecer programas de ação.
7. Escolher e selecionar as mídias internas.
8. Prever todos os recursos necessários.
9. Divulgar o projeto para conseguir o envolvimento do público interno.
10. Implementá-lo, por meio de uma gestão participativa.

Outro tipo de projeto que começa a se multiplicar, sobretudo nas grandes empresas, é o chamado de memória empresarial[5] ou institucional. Trata-se de um resgate feito pelas organizações que procuram descobrir o valor de sua história e das pessoas que a construíram. Preservar a memória institucional é um projeto desafiador para o campo das relações públicas.

---

5.   Coube à Associação Brasileira de Comunicação Empresarial (Aberje) a iniciativa pioneira de debater esse tema no Brasil, realizando o I Encontro Internacional de Museus Empresariais, em 1999, trazendo especialistas do exterior. Este passou a ser um dos seus eventos anuais e os projetos de memória institucional foram incluídos como uma das categorias do prêmio Aberje. Consultar também os seguintes números da *Revista de Comunicação Empresarial*, da Aberje: a. 10, nº 36, 3º trim. 2000; e a. 11, nº 41, 4º trim. 2001, que registram entrevistas com especialistas e idealizadores de projetos de memória institucional e de história oral.

Um projeto de prevenção para situações de crises exigirá todo um estudo para sua viabilização, desde as verificações de suas necessidades, avaliação de fatos antecedentes na organização e da concorrência até a proposição concreta de um plano contingencial e de ação, de um comitê especializado, de eventos simulados e dos instrumentos de comunicação que deverão ser utilizados. Evidentemente, só a formatação de um projeto específico em comunicação de prevenção e gerenciamento de crise dará conta de todas essas especificidades.[6]

Com esse recorte, podemos concluir que as possibilidades de produzir projetos institucionais inovadores são muitas. O importante é termos sensibilidade para perceber as oportunidades e sugerir propostas aos dirigentes e àqueles que têm poder de decisão.

É bom lembrar que as idéias não surgem do nada, mas decorrem de uma formação adequada do profissional responsável, que deve possuir uma cultura geral e humanística, visão de mundo e de negócios para perceber as demandas do ambiente organizacional a que está circunscrito.

Programas de relações públicas

Programas de relações públicas são todas as atividades ou ações concretas levadas a efeito, por uma organização, para alcançar determinados objetivos de comunicação com os seus públicos, delineados no processo do planejamento. Podem fazer parte de um plano ou de um projeto mais abrangente, bem como ser realizados a partir de uma decisão, uma necessidade detectada e/ou de um problema surgido no âmbito da organização e de seu ambiente. Os programas são, portanto, bastante pontuais e atendem às demandas das organizações nos relacionamentos com o seu universo de públicos, a opinião pública e a sociedade em geral.

---

6. Sugere-se consultar as obras e os artigos que tratam do assunto, mencionados no Capítulo 3, especificamente no item sobre a função política de relações públicas.

Tipos de programas

Em relações públicas, podemos desenvolver diversos tipos de programas de atividades, o que depende dos objetivos, das finalidades propostas pela organização e de sua política. É comum, no dia-a-dia do mercado profissional, as organizações contratarem as assessorias ou empresas prestadoras de serviços de comunicação, imprensa e relações públicas para realizar ações concretas ou programas de comunicação no âmbito institucional, no âmbito interno e em apoio à área comercial ou mercadológica.

São inúmeras as possibilidades nesse sentido, conforme já mencionamos. Podemos citar, por exemplo: lançamentos de produtos; inauguração de novas instalações; prevenção e gerenciamento de crises; produção de mídias impressas, audiovisuais e multimídia; concursos e prêmios; relações com a mídia ou assessoria de imprensa; auditoria de opinião e de imagem: *media training*; marketing direto ou comunicação dirigida para segmentos especiais de públicos; eventos especiais; campanhas internas, campanhas institucionais e de interesse público; propaganda institucional; *open house* etc. O planejamento desses programas ou de muitos outros requer certos princípios e técnicas e elaboração.

Podemos agrupar esses programas por tipos de finalidades.

a) Atividades com finalidades institucionais

- Identidade visual: logotipo, marca e cores da organização; montagem de *showroom*; mensagens em letreiros e painéis luminosos; *sites*; *homepages*; utilização dos elementos visuais em: correspondência, publicações, cartões de visitas, etiquetas adesivas, viaturas/veículos, uniformes.
- Produção cultural e de interesse público: eventos especiais, concursos, prêmios, edição de livros especiais, calendários, filmes, vídeos, campanhas institucionais, patrocínios culturais, ações sociais, folhetos, revistas, visitas às instalações, publicidade institucional, congressos, simpósios, datas comemorativas, inaugurações, entrevistas coletivas, balanço social, relatório de perfil social das organizações.

b) Atividades em apoio à área de negócios

Relatórios anuais com temas culturais/sociais; lançamento de produtos; relacionamento com a imprensa; publicações; promoções especiais conjuntas com a área de marketing; feiras e exposições; centrais e serviços de atendimento ao consumidor; mídia interativa: meios telemáticos/digitais; eventos especiais com fornecedores, distribuidores, revendedores e acionistas.

c) Atividades em apoio à área de recursos humanos

Publicações internas: boletins, jornais, manuais, revistas; eventos especiais: *open house*, datas comemorativas, confraternizações, face a face; vídeos: institucionais e de treinamento; telejornais; rádio-empresa; teatro-empresa; mídia interativa: meios telemáticos/digitais.

Princípios e estrutura

Todo esse programa de atividades indica os caminhos que podemos percorrer no exercício da profissão de relações públicas, sempre tendo como objetivo geral a integração entre a organização e seus públicos.

Um aspecto a ser considerado nos programas de relações públicas é o tempo. Não devemos nos propor a realizá-los sem termos à disposição o tempo necessário. Scott M. Cutlip e Allen H. Center chamam a atenção para a fundamental importância desse fator, observando que os elementos de um programa sempre devem ser distribuídos no tempo e no espaço de forma que produzam os efeitos desejados no momento preciso (1963, pp. 177-8).

Normalmente, os programas sempre são submetidos à aprovação de quem de direito. Nos programas extensos, uma boa apresentação consta geralmente de partes escritas, com um visual adequado e uma explicação verbal. Devem-se usar mesmo gráficos, quadros e recursos de multimídia, tudo dentro da maior objetividade possível.

Alguns princípios devem nortear o programa de relações públicas, como:

- Ser parte integrante do plano estratégico de comunicação integrada e projeto global de relações públicas.
- Ter como orientação e diretrizes a filosofia e as políticas de comunicação estabelecidas.
- Contribuir para que a organização fixe seus valores, cumpra sua missão e visão, bem como alcance seus objetivos.
- Ser planejado e executado por pessoal técnico especializado, que tenha base conceitual do campo e conhecimento técnico.
- Ser criativo e inovador, para atingir os públicos-alvo.
- Ter presente em todo o processo a relação custo-benefício, visando alcançar a eficiência, a eficácia e a efetividade.

Para a montagem de um programa, é necessário que se tenham percorrido todas as fases do planejamento, ou seja: definição de objetivos, identificação de públicos a atingir, previsão de recursos necessários (financeiros, materiais e humanos), estabelecimento de estratégias, fixação de cronogramas, elaboração de *check-list*, determinação da logística a seguir na execução e esboço de formas de avaliação dos resultados finais. Ou seja, a criação de qualquer programa de relações públicas não pode prescindir dos elementos ou das partes que se relacionam no quadro a seguir.

Estrutura de um programa de relações públicas

1. Apresentação (breve descrição do programa propriamente dito)
2. Público(s) que ser quer atingir
3. Objetivos
4. Estratégias
5. Ações ou atividades e escolha dos meios de comunicação
6. Previsão dos recursos necessários (humanos, materiais e financeiros)
7. Cronograma com *check-list* de todas as providências necessárias
8. Estimativas de custos
9. Logística de implantação
10. Determinação dos indicadores ou parâmetros para a avaliação de resultados
11. Relatório conclusivo

PLANOS, PROJETOS E PROGRAMAS DE RELAÇÕES PÚBLICAS   385

Esse guia ou roteiro básico possibilita uma melhor sistematização do que se pretende fazer e da execução do programa em si. Poderá ser aproveitado para diversos tipos de programas, desde que sejam feitas as devidas adaptações e ajustes para cada caso e de acordo com as realidades com as quais iremos trabalhar. Dependendo da tipologia, os programas exigirão atividades específicas.

Como muitos dos programas de relações públicas envolvem uma diversidade de eventos, vamos, a seguir, descrever também quais seriam as atividades principais que em geral precisam ser consideradas por ocasião do seu planejamento e execução.

Planejamento de eventos em relações públicas

Os eventos constituem uma atividade de grande interesse para as organizações, tendo em vista que propiciam o envolvimento direto dos públicos na sua realização. São, por conseguinte, um excelente meio de comunicação dirigida aproximativa entre a organização que os promove e o público que deles participa.

Concepções

O evento é um acontecimento e, no contexto das relações públicas, deve ser considerado uma atividade planejada, coordenada, organizada, que visa atingir objetivos preestabelecidos, claros e definidos. Abrange os mais diferentes tipos de realizações, em função das necessidades das organizações e dos interesses dos públicos envolvidos, normalmente detectados no processo do planejamento de relações públicas. Segundo Carlos Alberto Rabaça e Gustavo Barbosa, o evento é

um acontecimento que se aproveita para atrair a atenção do público e da imprensa sobre a instituição. Pode ser criado artificialmente, pode ser provocado por vias indiretas ou pode ocorrer espontaneamente. Em geral, é programado em todos os seus detalhes, no planejamento de relações públicas ou numa campanha de relações públicas ou de propaganda. Podem-se promover eventos em datas significativas do ano (Dia da Árvore, Dia da Criança etc.), em ocasiões importantes para a organização (inaugurações, solenidades, seminários, lançamentos etc.) ou em simples acontecimentos de rotina da instituição. (1978, p. 193)

A literatura disponível[7] sobre eventos dá conta de conceitos e, sobretudo, de técnicas de como se deve planejá-los e executá-los. Por isso, não iremos nos estender nesses aspectos, destacando apenas aqueles que julgamos mais pertinentes para o nosso propósito aqui – apresentar, em linhas gerais, quais as atividades presentes ao planejar, organizar e realizar eventos, bem como a oportunidade de considerá-los como um programa de relações públicas.

Existem diversas modalidades de eventos que os profissionais costumam desenvolver no dia-a-dia, quer como prestadores de serviços (assessorias externas), quer como integrantes do departamento interno de uma organização. Os meios comuns são: congressos, convenções, simpósios, inaugurações, concursos, mostras e exposições, premiações, lançamentos de produtos etc. A importância da realização de um evento está sobretudo no aproveitamento do instante, do ambiente ou da presença de pessoas, pois dessa atitude resulta a impressão final. O evento, quando bem planejado e executado, criará fatalmente um conceito positivo para a organização que o promove.

Atividades principais

Há três tipos de atividades principais que envolvem o planejamento, a organização e a execução dos eventos: 1. organização; 2. produção de material informativo e promocional; 3. divulgação.

---

7. Para mais detalhes, consultar: Giácomo (1993); Cesca (1997); Haman (1997); Meirelles (1999); Melo Neto (1999); Myamoto (1987); Matias (2001), além de outras obras e apostilas diversas produzidas por especialistas em eventos.

As atividades relacionadas com a *organização* englobam todas as providências administrativas, como definição de local e data, cadastramento de participantes, elaboração de *mailing list,* serviços de som e de multimídia, fotografia, seleção de recepcionistas, contratação de serviços de terceiros etc.

A *produção de material informativo e promocional* se faz necessária em qualquer evento. São todos os materiais que permitem divulgar o evento para atrair o público que se quer atingir, como: *folders,* cartazes, circulares, boletins, brindes, *banners,* material de apoio, folheteria e impressos sobre o evento em si. É bom lembrar a necessidade da criação de uma identidade visual única para o evento, isto é, a marca que queremos fixar, que deverá estar presente em todas as peças.

Qualquer evento, para que chegue até o público desejado, tem de ter uma *divulgação.* Para tanto, tem de ser elaborado um plano de comunicação dirigida e de comunicação para a mídia, dependendo da amplitude e dos objetivos do evento. Portanto, é preciso estabelecer qual a melhor estratégia de comunicação, definindo qual o conteúdo da mensagem e como "vendê-la" aos públicos previstos. Definem-se também quais os meios a serem utilizados e de que forma se fará a veiculação. Prevê-se todo o tempo que levará o trabalho de relacionamento com a imprensa e a distribuição do material informativo e promocional.

Para essas atividades se desenvolverem ordenadamente, é interessante agrupá-las em cronograma apropriado, detalhando todas as providências necessárias, como mostra o quadro a seguir. O cronograma, como já vimos no decorrer deste trabalho, facilita o controle e o desenvolvimento das atividades necessárias em um evento.

Providências	Detalhes	Responsabilidade	Datas	Observações
Organização				
Produção de material informativo e promocional				
Divulgação				

A atribuição de responsabilidade é outro fator importante, pois deve-se prever quem coordena, o papel da secretária, das recepcionistas e do pessoal de serviços contratados etc.

Em termos de organização, o estudo do local constitui uma atividade preparatória, que, durante a realização do evento, tem de passar por contínuo controle, verificando-se tudo em relação a auditório (plenário), salas de apoio, balcão de informação e de inscrição, atendimento a autoridades, organização do cerimonial e muitos outros fatores que dependem das características e dos objetivos de cada evento.

Para cada tipo de evento utilizam-se técnicas apropriadas de planejamento e organização. O que tratamos até agora são técnicas gerais, válidas para qualquer modalidade. Mas um congresso exigirá atividades específicas, diferentes da promoção de um concurso, de uma inauguração ou do lançamento de produtos.

Tudo o que abordamos a respeito das fases do planejamento de relações públicas e da elaboração de planos, programas e projetos emprega-se na questão dos eventos, pois antes de executá-los temos de definir os objetivos, as justificativas, o público a atingir, as estratégias, a alocação de recursos necessários, os cronogramas, as logísticas, estimativas de custos, a avaliação e sustentação.

BIBLIOGRAFIA

ABERJE. "Comunicação de crise". *Revista Brasileira de Comunicação Empresarial*. São Paulo: Aberje, a. 11, n° 40, 3° trim. 2001.

ABERP. *A atividade empresarial de relações públicas*. São Paulo: Associação Brasileira das Empresas de Relações Públicas, 1984.

ACKOFF, Russell L. *Planejamento empresarial*. Rio de Janeiro: LTC, 1978.

ADAMS, Paul. "Relações públicas em apoio ao marketing: novos horizontes para a comunicação integrada". *Diário Popular*. São Paulo, 29 maio 1985, p. 47.

AKTOUF, Omar. *A administração entre a tradição e a renovação*. São Paulo: Atlas, 1996.

ALBUQUERQUE, Adão Eunes. *Planejamento das relações públicas*. Porto Alegre: Acadêmica, 1981.

ALLEN, Richard. "O processo de criação da visão". *HSM Management*. Barueri: Savana, n° 9, pp. 18-9, jul.-ago. 1998.

ALMEIDA, Cândido J. Mendes de (org.). *Marketing cultural ao vivo*. Rio de Janeiro: Francisco Alves, 1992.

ALMEIDA, Edson Lima. *Congressos, convenções, feiras e exposições*. São Paulo: Eventos, 1976.

ALMEIDA, Martinho I. Ribeiro de. *Manual de planejamento estratégico: desenvolvimento de um plano estratégico com a utilização de planilhas Excel*. São Paulo: Atlas, 2001.

ANDRADE, Cândido Teobaldo de Souza. *Dicionário profissional de relações públicas e comunicação e glossário de termos anglo-americanos*. 29ª ed. revista e ampliada. São Paulo: Summus, 1996.

_____. *Curso de relações públicas*. 5ª ed. São Paulo: Atlas, 1994.

_____. *Para entender relações públicas*. 4ª ed. São Paulo: Loyola, 1993.

_____. *Psicossociologia das relações públicas*. 2ª ed. São Paulo: Loyola, 1989.

_____. *Como administrar reuniões*. São Paulo: Loyola, 1988.

_____. "Participação programada para o diálogo". *Comunicação & Sociedade*. São Bernardo do Campo: PósCom-IMS, a. VI, nº 12, out. 1984.

_____. "Administração de controvérsia pública". *Revista Brasileira de Produtividade*. São Paulo: Idort, a. XLVIII, nº 565-6, mar.-abr. 1979.

ANDRADE, Luiz Carlos de Souza. "Identidade corporativa e a propaganda institucional". In: KUNSCH, Margarida M. Krohling (org.). *Obtendo resultados com relações públicas*. São Paulo: Pioneira, 1997, pp. 115-24.

ANDREWS, K. R. "Director's responsability for corporate strategy". *Harward Business Review*, a. 58, n. 6, pp. 28-43, nov./dez. 1980.

ANSOFF, H. Igor. *Estratégia empresarial*. Trad. de Antonio Zoratto Sanvicente. São Paulo: McGraw Hill, 1977.

ANSOFF, H. Igor; McDONNELL, Edward J. *Implantando a administração estratégica*. Trad. de Antonio Zoratto Sanvicente e Guilherme Ary Plonscky. 2ª ed. São Paulo: Atlas, 1993.

ANSOFF, H. Igor; DECLERCK, Roger P.; HAYES, Robert L. (orgs.). *Do planejamento estratégico à administração estratégica*. Trad. de Carlos Roberto Vieira de Araújo. São Paulo: Atlas, 1981.

ARANTES, Nélio. *Sistemas de gestão empresarial: conceitos permanentes na administração de empresas válidas*. São Paulo: Atlas, 1994.

ARAÚJO, Inaldo da Paixão Santos. *Introdução à auditoria operacional*. Rio de Janeiro: FGV, 2001.

ARAÚJO, Luís César G. de. *Organização, sistemas e métodos e as modernas ferramentas de gestão organizacional: arquitetura, benchmarking, empowerment, gestão pela qualidade total, reengenharia*. São Paulo: Atlas, 2001.

ARMANI, D. *Como elaborar projetos?* Porto Alegre: Tomo Editorial, 2000.

BALCÃO, Yolanda Ferreira; CORDEIRO, Laerte Leite (orgs.). *Comportamento na empresa*. 4ª ed. Rio de Janeiro: FGV, 1979.

BANCO DO BRASIL. *A mídia e a construção da imagem empresarial*. Brasília: Banco do Brasil, 2001.

BAPTISTA, Myrian Veras. *Planejamento social: intencionalidade e instrumentação*. São Paulo: Veras Editora, 2000.

BIBLIOGRAFIA

BARNARD, Chester. *The functions of the executive*. Cambridge: Harvard University Press, 1938.

BARQUEIRO CABRERO, José Daniel. *Comunicación y relaciones públicas: de los origines históricos al nuevo enfoque de planificación estratégica*. Madri: McGraw-Hill/Interamericana de España, 2002.

BARROS, Antonio Teixeira de. "Relações públicas e folkcomunicação: reflexões à luz da teoria da ação comunicativa". *Comunicação & Sociedade*. São Bernardo do Campo: PósCom-Umesp, a. 22, nº 34, pp. 129-44, 2º sem. 2000.

BEKIN, Saul Faingaus. *Conversando sobre o endomarketing*. São Paulo: Makron Books, 1995.

BERLO, Davis K. *O processo da comunicação*. Rio de Janeiro: Fundo de Cultura, 1972.

BERNARDES, Cyro. *Teoria geral das organizações: os fundamentos da administração integrada*. São Paulo: Atlas, 1988.

BERTALANFFY, Ludwig von. *Teoria geral dos sistemas*. Trad. de Francisco M. Guimarães. 3ª ed. Petrópolis: Vozes, 1977.

BETHLEM, Agrícola. *Estratégia empresarial*. São Paulo: Atlas, 1998.

BETTING, Joelmir. "Empresas cidadãs". *O Estado de S. Paulo*. São Paulo, Caderno de Economia, 14 jun. 2000, p. B12.

BLACK, Sam. *ABC de las relaciones públicas*. Barcelona: Ediciones Gestión 2000, 1994.

BLAU, Peter; SCOTT, Richard W. *Organizações formais: uma abordagem comparativa*. Trad. de Maria Angela e Lobo Freitas Levy. São Paulo: Atlas, 1979.

BLOCK, Peter. *Consultoria: o desafio da liberdade*. Trad. de Andréa Filatro. São Paulo: Makron Books, 2000.

BOITEUX, Colbert Demaria. *Administração de projetos: gerência e implantação*. Rio de Janeiro: LTC, 1982.

BORDENAVE, Juan Díaz; CARVALHO, Horácio Martins de. *Comunicação e planejamento*. Rio de Janeiro: Paz e Terra, 1979.

BORDOW, Allan; MORE, Elizabeth. *Managing organizational communication*. Melbourne: Longman, 1991.

BOTAN, Carl H.; HALZLETON Jr., Vicent (orgs.). *Public relations theory*. Hillsdale: Erlbaum, 1989.

BOUCINHAS, José Fernando da Costa. *A aplicação de modelos ao processo de planejamento na empresa*. São Paulo [s.d.]. Tese de doutorado – FEA-USP.

BOUGNOUX, Daniel. *Introdução às ciências da comunicação.* Trad. de Maria Leonor Loureiro. Bauru: Edusc, 1999.

BOWDITCH, James; BUONO, Anthony F. *Elementos de comportamento organizacional.* São Paulo: Pioneira, 1992.

BRANT, Leonardo. *Mercado cultural: investimento social, formatação e venda de projetos, gestão e patrocínio, política cultural.* São Paulo: Escrituras Editora, 2001.

BRAVO, Luiz. *Trabalhando com a comunidade: um manual de operacionalização de serviço social de comunidade.* 2ª ed. Rio de Janeiro: Distrilivros, 1983.

BROOKING, Annie. *El capital intelectual: el principal activo de las empresas del tercer milenio.* Buenos Aires: Paidós, 1997.

BROOM, Glen M.; DOZIER, David M. *Using research in public relations: applications to program management.* Englewood Cliffs: Prentice Hall, 1990.

BRUM, Analisa de Medeiros. *Endomarketing como estratégia de gestão: encante seu cliente interno.* Porto Alegre: L&PM, 1998.

BUCKHOUT, Scott; FREY, Edward; NEMEC Jr., Joseph. "Por um ERP eficaz". *Revista HSM Management.* Barueri: Saraiva, a. 3, nº 16, pp. 30-6, set. 1999.

BUCKLEY, Walter. *A sociologia e a moderna teoria dos sistemas.* Trad. de Octávio Mendes Cajado. 2ª ed. São Paulo: Cultrix, 1976.

BUENO, Wilson da Costa. "A auditoria de imagem na mídia como estratégia de inteligência empresarial". *Comunicação & Sociedade.* São Bernardo do Campo, PósCom-Umesp, nº 32, pp. 11-28, 2º sem. 1999.

_____. "O assessor de imprensa e o compromisso democrático". *Unidade.* São Paulo: Sindicato dos Jornalistas Profissionais no Estado de São Paulo, jul. 1984.

CAMPBELL, Andrew. "A missão: a tarefa mais importante do líder". In: STACEY, Ralph. *Pensamento estratégico e gestão de mudanças.* Trad. de João Paulo Gaspar. Lisboa: Publicações Dom Quixote, 1998.

CAMPOS, Domingos Fernandes. "Planejamento: a participação de todos é fundamental no processo". In: VASCONCELLOS FILHO, Paulo de et al. (orgs.). *Planejamento empresarial: teoria e prática. Leituras selecionadas.* Rio de Janeiro: LTC, 1982.

CANFIELD, Bertrand R. *Relações públicas: princípios, casos e problemas.* Trad. de Olívia Krahenbuhl. 2ª ed. São Paulo: Pioneira, 1970.

CANTOR, Bill. *Experts in action.* Nova York: Longman Inc., 1984.

BIBLIOGRAFIA 393

CAPRA, Fritjof. *A teia da vida: uma nova compreensão científica dos sistemas vivos*. Trad. de Newton Roberval Eichenberg. São Paulo: Cultrix, 1996.

CAPRIOTTI, Paul. *Planificación estratégica de la imagen corporativa*. Barcelona: Editorial Ariel, 1999.

CARVALHO, Horácio Martins de. *Introdução à teoria do planejamento*. 3ª ed. São Paulo: Brasiliense, 1979.

CARVAS JÚNIOR, Waldomiro. "Relações públicas no gerenciamento de crises". In: KUNSCH, Margarida M. Krohling (org.). *Obtendo resultados com relações públicas*. São Paulo: Pioneira, 1997.

CASTELLS, Manuel. *A era da informação: economia, sociedade e cultura*. Vol. 3 – Fim de milênio. Trad. de Klauss Brandini Gerhardt e Roneide Venâncio Majer. Rio de Janeiro: Paz e Terra, 1999.

_____. *La era de la información: economía, sociedad y cultura*. I. La sociedad red. Madri: Alianza Editorial, 1998.

CAVALCANTI, Marly (org.). *Gestão estratégica de negócios: evolução, cenários, diagnósticos e ação*. São Paulo: Thompson Pioneira, 2001.

CAVALCANTI, Martha. "Os fins justificam os e-mails". *Melhor*, nº 165, pp. 41-3, fev. 2001.

CÉSAR, Regina C. Escudero. "As relações públicas frente ao desenvolvimento comunitário". *Comunicação & Sociedade*. São Bernardo do Campo: PósCom-Umesp, a. 21, nº 32, pp. 89-112, 2º sem. 1999.

_____. "Relações públicas comunitárias". *Comunicação & Sociedade*. São Bernardo do Campo: PósCom-Umesp, a. VII, nº 15, pp. 145-63, 2º sem. 1987.

CESCA, Cleuza G. Gimenes. *Organização de eventos*. São Paulo, Summus, 1997.

CHAMPION, Dean J. *A sociologia das organizações*. Trad. de Auriphebo Berrance Simões. São Paulo: Saraiva, 1979.

CHANLAT, Jean-François. *Ciências sociais e management: reconciliando o econômico e o social*. Trad. de Ofélia de Lanna Sette Torres. São Paulo: Atlas, 1999.

_____. *O indivíduo na organização: dimensões esquecidas*. São Paulo: Atlas, 1996.

_____ (coord.). *O indivíduo na organização: dimensões esquecidas*. São Paulo: Atlas, 1993. 3 v. Organização da edição brasileira: Ofélia de Lanna Sette Torres.

CHAPARRO, Manuel Carlos. "Jornalismo na fonte". In: DINES, Alberto; MALIN, Mauro (orgs.). *Jornalismo brasileiro: no caminho das transformações*. Brasília: Banco do Brasil, 1996.

_____. *A notícia bem tratada na fonte*. São Paulo, 1989. Dissertação de mestrado em Ciências da Comunicação, ECA-USP.

CHASE, Howard. *Relações públicas e gerência de questões públicas*. In: I SEMINÁRIO INTERNACIONAL DE COMUNICAÇÃO SOCIAL. São Paulo: Assessor – Comunicação Social Integrada, out. 1983. Mimeo.

CHAUI, Marilena. "A universidade operacional". *Folha de S. Paulo*. São Paulo, 9 maio 1999, p. C5.

CHAVES, Noberto. *La imagen corporativa*. 3ª ed. Barcelona: Gustavo Gilli, 1994.

CHIANCA, T. et al. *Desenvolvendo a cultura de avaliação em organização da sociedade civil*. São Paulo: Global, 2001.

CHIAVENATO, Idalberto. *Administração de empresas: uma abordagem contingencial*. São Paulo: McGraw-Hill, 1982.

CHIBÁS ORTIZ, Felipe. *Barreiras à comunicação e criatividade organizacional: um estudo de caso em hotéis brasileiros e cubanos*. São Paulo, 2000. Dissertação de mestrado – Prolam – Programa de Pós-Graduação em Integração da América Latina e ECA-USP.

CHILDS, Harwood L. "O problema básico das relações públicas". In: SIMON, Raymond. *Relações públicas: perspectivas de comunicação*. Trad. de Augusto Reis: São Paulo: Atlas, 1972.

CHRISTENSEN, C. R. et al. *Business policy: text and cases*. 5ª ed. Homewood: Irwin, 1982.

CLEMENTE, Ademir; FERNANDES, Elton. "Planejamento e projetos". In: CLEMENTE, Ademir (org.). *Projetos empresariais e públicos*. São Paulo: Atlas, 1998, pp. 21-7.

COELHO, Simone de Castro Tavares. *Terceiro setor: um estudo comparado entre Brasil e Estados Unidos*. São Paulo: Editora Senac, 2000.

COLLADO, Carlos Fernades (org). *La comunicación en las organizaciones*. México: Trillas, 1996.

CONFERP. *Conclusões do Parlamento Nacional de Relações Públicas*. Brasília: Conferp, 1997.

CORMAN, Steven R. et. al. *Foundations of organizational communication: a reader*. Nova York/Londres: Longman, 1990.

CORRADO, Frank M. *A força da comunicação: quem não se comunica...* Trad. de Bárbara Theoto Lambert. São Paulo: Makron Books, 1994.

BIBLIOGRAFIA 395

COSTA, Aloysio Teixeira. *Como organizar congressos e convenções*. São Paulo: Nobel, 1989.

COSTA, Caio Túlio. "Novas tecnologias, velhos dilemas". In: DINES, Alberto; MALIN, Mauro (orgs.). *Jornalismo brasileiro: no caminho das transformações*. Brasília: Banco do Brasil, 1996.

COSTA, Joan. *Imagen corporativa en el siglo XXI*. Buenos Aires: La Crujía Ediciones, 2001.

_____. *La comunicación en acción*. Barcelona: Paidós, 1999.

_____. *Comunicación corporativa y revolución de los servicios*. Madri: Ediciones Ciencias Sociales, 1995.

_____. *La imagen de empresa: métodos de comunicación integral*. Madri: Ibérico Europea de Ediciones, 1977.

CRESPI, Dárcio. "Planejamento estratégico não morreu, mas mudou de rumo". *Exame*. São Paulo: Abril, 11 fev. 1998.

CUNHA, João Carlos; BULGACOU, Sérgio. "Gerência e execução de projetos". In: CLEMENTE, Ademir (org.). *Projetos empresariais e públicos*. São Paulo: Atlas, 1998.

CURY, Antonio. *Organização e métodos: uma visão holística*. 7ª ed. revisada e ampliada. São Paulo: Atlas, 2000.

CUTLIP, Scott M.; CENTER, Allen H.; BROOM, Glen M. *Effective public relations*. 6ª ed. Englewood Cliffs: Prentice-Hall, 1985.

CUTLIP, Scott M., CENTER, Allen H. *Relaciones públicas*. Trad. de Manuel e Rosalia Vásquez. 3ª ed. Madri: Ediciones Rialp, 1963.

DANIELS, Tom D. et. al. *Perspectives on organizational communication*. 4ª ed. Dubuque: Brow & Benchmark, 1997.

DAHRENDORF, Ralf. *O conflito social moderno: um ensaio sobre a política da liberdade*. Trad. de Renato Aguiar e Marco Antonio Esteves da Rocha. Rio de Janeiro/São Paulo: Zahar/Edusp, 1992.

DAVENPORT, Thomas H. *Ecologia da informação*. Trad. de Bernadette Siqueira Abrão. São Paulo: Futura, 1998.

DA VIÁ, Sarah Chucid. *Televisão e consciência de classe: o trabalhador têxtil em face aos meios de comunicação de massa*. Petrópolis: Vozes, 1977.

DAVIS, Keith. O uso construtivo da rede informal de comunicações. In: BALCÃO, Yolanda Ferreira; CORDEIRO, Laerte Leite (orgs.). *Comportamento humano na empresa*. 4ª ed. Rio de Janeiro: FGV, 1979.

DAVIS, Keith; NEWSTROM, John. *Comportamento humano no trabalho*. Trad. de Eunice Lacava. São Paulo: Pioneira, 1996.

DERRIMAN, James. *Relações públicas para gerentes.* Trad. de Jorge Arnaldo Fortes e José Soares de Almeida. Rio de Janeiro: Zahar, 1968.

DE SALVO, Antonio. "Relações públicas não faz experiências". *Conrerp informa.* São Paulo: Conrerp SP/PR, a. VI, nº 1, jan. 1983.

DIAS, José Maria A. M. "Planejamento organizacional: conceito e tendências". In: VASCONCELLOS FILHO, Paulo de et al. (orgs.). *Planejamento empresarial: teoria e prática. Leituras selecionadas.* Rio de Janeiro: LTC, 1982.

DIAS, Vera. *Como virar notícia e não se arrepender no dia seguinte.* Rio de Janeiro: Objetiva, 1994.

DINES, Alberto. "Imprensa, desenvolvimento e cidadania". In: DINES, A; NASSAR, Paulo; KUNSCH, Waldemar Luiz (orgs.). *Estado, mercado e interesse público: a comunicação e os discursos organizacionais.* Brasília: Banco do Brasil, 1999.

DINES, A.; NASSAR, Paulo; KUNSCH, Waldemar Luiz (orgs.). *Estado, mercado e interesse público: a comunicação e os discursos organizacionais.* Brasília: Banco do Brasil, 1999.

DIVERSOS autores. "Comunicação integrada, um tema para muitas profissões". *Diário Popular.* Caderno de Marketing. São Paulo, 1º maio 1983.

DOTY, Dorothy I. *Divulgação jornalística e relações públicas.* Trad. de Nemércio Nogueira. São Paulo: Cultura, 1995.

DOVEY, H. O. *Métodos e técnicas de controle da ação administrativa.* Rio de Janeiro: FGV, 1952.

DOWNS, Cal W. *Communication audits.* Scott: Foresman and Company, 1988.

DOZIER, David M.; EHLING, William P. "Evaluation of public relations programs: what the literature tells us about their effects". In: GRUNIG, James. *Excellence in public relations and communication management.* Hillsdale/New Jersey: Erlbaum, 1992.

DOZIER, David M.; REPPER, Fred. "Research firms public relations practices". In: GRUNIG, James (ed.). *Excellence in public relations and communication management.* Hillsdale/New Jersey: Erlbaum, 1992.

DOZIER, David M.; GRUNIG, Larissa A.; GRUNIG, James E. (orgs.). *Guide to excellence in public relations and communication management.* Hillsdale/New Jersey: Erlbaum, 1995.

DRUCKER, Peter. *Sociedade pós-capitalista.* Trad. de Nivaldo Montingelli Jr. 4ª ed. São Paulo: Pioneira, 1993.

BIBLIOGRAFIA 397

DUARTE, Jorge. "Assessoria de imprensa: o caso brasileiro". In: BARROS, Antonio; DUARTE, Jorge; MARTINEZ, Regina (orgs.). *Comunicação: discursos, práticas e tendências*. Brasília: Rideel/UniCeub, 2001.

EDEN, Colin; HUXHAM, Chris. "Pesquisa-ação no estudo das organizações". In: CALDAS, Miguel; FACHIN, Roberto; FISCHER, Tânia (orgs. da edição brasileira). *Handbook de estudos organizacionais*. Vol. 2. São Paulo: Atlas, 2001.

EHLING, William P.; WHITE, John; GRUNIG, James E. "Public relations and marketing pratices". In: GRUNIG, James E. (org.). *Excellence in public relations and communication management*. Hillsdale/New Jersey: Erlbaum, 1992.

EISENBERG, Eric M.; GOODALL Jr., H. L. *Organizational communication: balancing, creativity and constraint*. 2ª ed. Nova York: St. Martin's Press, 1997.

EMERY, James C. *Sistemas de planeamiento y control en la empresa*. Buenos Aires: El Ateneo, 1972.

ETZIONI, Amitai. *Organizações complexas: estudo das organizações em face dos problemas sociais*. Trad. de João Antonio de Castro Medeiros. São Paulo: Atlas, 1981.

_____. *Organizações modernas.*. Trad. de Mirṇam L. Moreira Leite. 6ª ed. São Paulo: Pioneira, 1980.

_____. *Análise comparativa de organizações complexas: sobre o poder, o engajameǹto e seus correlatos*. Trad. de José Antônio Parente Cavalcante e Caetana Myriam Parente Cavalcante. Rio de Janeiro: Zahar; São Paulo: Edusp, 1974.

EVANGELISTA, Marcos F. *Planejamento de relações públicas*. Rio de Janeiro: Ediouro, 1983.

_____. *Avaliação de programas de relações públicas*. In: ANAIS DO VII CONGRESSO BRASILEIRO DE RELAÇÕES PÚBLICAS. Brasília: ABRP/DF, 1982.

EYMAEL, José Maria. "Técnicas de organização de congressos e convenções". *Revista Marketing*. São Paulo: ADVB, a. XII, nº 63, 1979.

FARIA, A. Nogueira de SUASSUNA, Ney Robinson. *A comunicação na administração*. Rio de Janeiro: LTC, 1982.

FASTI, Ricardo. "Esqueçam endomarketing". *Mercado Global*. São Paulo: Rede Globo, nº 106, pp. 6-8, set. 1999.

FERNANDES, Romildo. "O mercado está mais atento à comunicação integrada". *Conrerp Informa*. São Paulo: Conrerp SP/PR, a. VI, nº 5, maio 1983.

FERNANDES, Rubem César. *Privado, porém público: o terceiro setor na América Latina*. Rio de Janeiro: Relume-Dumará, 1994.

FERRACCIU, João de Simoni Soderini. *Promoção de vendas*. São Paulo: Makron Books, 1997.

FERRARI, Maria Aparecida. *A influência dos valores organizacionais na determinação da prática e do papel dos profissionais de relações públicas: estudo comparativo entre organizações do Brasil e do Chile*. São Paulo, 2000. Tese de doutorado em Ciências da Comunicação – ECA-USP.

_____. *Análise comparativa de organizações complexas: sobre o poder e engajamento e seus correlatos*. Rio de Janeiro/São Paulo: Zahar/Edusp, 1974.

FERREIRA, Waldir. "Comunicação dirigida: instrumento de relações públicas". In: KUNSCH, Margarida M. Krohling (org.). *Obtendo resultados com relações públicas*. São Paulo: Pioneira, 1997, pp. 71-81.

FISCHMANN, Adalberto Américo; ALMEIDA, Martinho Isnard Ribeiro de. *Planejamento estratégico na prática*. 2ª ed. São Paulo: Atlas, 1991.

FIUR, Merton. "Public relations face the 21st century". In: HIEBERT, R. Eldon (org.). *Precision public relations*. White Plains: Longman, 1988.

FLETA, Luis Solano. *Fundamentos de las relaciones públicas*. Madri: Editorial Síntesis, 1995.

FLORES GORTARI, Sergio; OROZCO GUTIÉRREZ, Emiliano. *Hacia una comunicación administrativa integral*. 2ª ed. México: Trillas, 1990.

FONSECA, Abílio da. *Comunicação institucional: contributo das relações públicas*. Maia/Portugal: Instituto Superior de Maia, 1999.

FOR PUBLIC RELATIONS. [Internet]. *Measurement & evaluation: measurement tree*. Disponível em: www.instituteforpr. Acessado em maio 2002.

FORTES, Waldyr Gutierrez. *Transmarketing: estratégias avançadas de relações públicas e marketing no campo de marketing*. São Paulo: Summus, 1999.

_____. *Relações públicas: processo, funções, tecnologia e estratégias*. Londrina: UEL, 1998.

_____. *Pesquisa institucional: diagnóstico organizacional para relações públicas*. São Paulo: Loyola, 1990.

FRANCESCHI, A. et al. *Marketing cultural: um investimento em qualidade*. São Paulo: Informações Culturais, 1998.

BIBLIOGRAFIA

FRANÇA. Fábio. *Comunicação institucional na era da qualidade total.* São Paulo, 1997. Dissertação de mestrado em Ciências da Comunicação – ECA-USP.

FRANÇA, Fábio; FREITAS, Sidinéia Gomes. *Manual da qualidade em projetos de comunicação.* São Paulo: Pioneira, 1997.

FREIRE, Paulo. *Extensão ou comunicação?* 5ª ed. Rio de Janeiro: Paz e Terra, 1980.

_____. *Pedagogia do oprimido.* 7ª ed. Rio de Janeiro: Paz e Terra, 1979.

FREITAS, Antônio de Lisboa Mello e. *Relações públicas: casos atuais, perspectivas futuras.* Porto Alegre: Sulina/ARI, 1985.

FREITAS, Maria Ester de. *Cultura organizacional: identidade, sedução e carisma.* Rio de Janeiro: FGV, 1999.

FREITAS, Sidinéia Gomes. "Gestão comercial: um enfoque de relações públicas". In: CORRÊA, Tupã Gomes (org.). *Comunicação para o mercado: instituições, mercado, publicidade.* São Paulo: Edicon, 1995.

GAEBIN, Luciana. "Ipea: 59% das empresas investem no social". *Folha de S. Paulo,* 16 abr. 2002, p. A12.

GAJ, Luis. *Administração estratégica.* São Paulo: Ática, 1987.

GALINDO, Daniel. *Comunicação mercadológica em tempos de incertezas.* São Paulo: Ícone Editora, 1986.

GANDIN, Danilo dos Santos. *A prática do planejamento participativo: na educação e em outras instituições, grupos e movimentos dos campos cultural, social, político, religioso e governamental.* 8ª ed. Petrópolis: Vozes, 2000a.

_____. *Planejamento como prática educativa.* 11ª ed. São Paulo: Loyola, 2000b.

GIÁCOMO, Cristina. *Tudo acaba em festa.* São Paulo: Página Aberta, 1993.

GIANGRANDE, Vera de Mello. "A comunicação na era do consumidor". In: KUNSCH, Margarida M. Krohling (org.). *Obtendo resultados com relações públicas.* São Paulo: Pioneira, 1997.

GIBSON, James L.; IVANCEVICH, John, M.; DONNELLY JR., James H. *Organizações: comportamento, estrutura, processos.* São Paulo: Atlas, 1981.

GOLDHABER, Gerald M. *Comunicación organizacional.* Trad. de José Manuel Blaguer. México: Diana, 1991.

GONÇALVES, Ernesto Lima. "Um novo instrumento de gestão empresarial: o balanço social na empresa". *Revista de Administração*. São Paulo: FEA-USP, v. 14, n. 2, out.-dez. 1979.

_____. *Balanço social da empresa na América Latina*. São Paulo: Pioneira, 1980.

GRACIOSO, Francisco. *Propaganda institucional: uma nova arma estratégica da empresa*. São Paulo: Atlas, 1995.

GRAJEW, Oded. "Somos todos responsáveis". *Revista Exame – Guia de boa cidadania corporativa 2000*. São Paulo: Abril, n. 728, 2000, p. 30-31.

GRAU, Núria Cunill. *Repensando o público através da sociedade: novas formas de gestão pública e representação social*. Rio de Janeiro: Revan, 1998.

GRUNIG, James E. (org.). *Excellence in public relations and communication management*. Hillsdale/New Jersey: Erlbaum, 1992.

_____. "Symmetrical presuppositions as a framework for public relations theory". In: BOTAN, Carl H.; HAZLETON Jr., Vicent. *Public relations theory*. Hillsdale/New Jersey: Erlbaum, 1989.

_____. "Two-way public relations: past, present, and future". In: HEATH, Robert L. (ed.). *Handbook of public relations*. Thousand Oaks: Sage Publications, 2001.

_____. *Two-way symmetrical public relations: past, present, and future*. In: SEMINÁRIO AVANÇADO "ADMINISTRANDO AS RELAÇÕES PÚBLICAS EXCELENTES". São Paulo: ECA-USP, 2000. Mimeo.

GRUNIG, James E. "A situational theory of publics conceptual history, recent challenges and new research". In: MOSS, Danny; MACMANUS, Toby; VERCIC, Dejan. *Public relations research: an international perspective*. Boston: Thompson Business Press, 1997.

GRUNIG, James E.; GRUNIG, Larissa. "Models of public relations and communication". In: GRUNIG, James E. (org.). *Excellence in public relations and communication management*. Hillsdale/New Jersey: Erlbaum, 1992.

GRUNIG, James; GRUNIG, Larissa; VERCIC, Dejan. "Are the IABC's excellent principles generic? Comparing Slovenia and the United States, the United Kingdom and Canada". *Journal of Communication*, v. 2, nº 4, pp. 335-56, 1998.

GRUNIG, James E.; HUNT, Todd. *Managing public relations*. Nova York: Holt, Rinehart & Winston, 1984.

BIBLIOGRAFIA   401

HALL, Richard H. *Organizações: estrutura e processos*. Trad. de Wilma Ribeiro. 3ª ed. Rio de Janeiro: Prentice-Hall, 1984.

HAMAN, Roosevelt. "O evento integrando o *mix* da comunicação". In: KUNSCH, Margarida M. Krohling (org.). *Obtendo resultados com relações públicas*. São Paulo: Pioneira, 1997.

HAMEL, Gary; PRAHALAD, C. K. *Competindo pelo futuro: estratégias inovadoras para obter o controle do seu setor e criar os mercados de amanhã*. Trad. de Outras Palavras. Rio de Janeiro: Campus, 1995.

HAMPTON, David R. *Administração contemporânea: teoria, prática e casos*. Trad. de Hércules L. Carvalho e Antonio C. Amaru Maximiliano. São Paulo: McGraw-Hill, 1980.

HEAT, Robert L. (ed.). *Handbook of public relations*. Thousand Oaks: Sage Publications, 2001.

HEIPTAS, Quentin. "Planning". In: CANTOR, Bill. *Experts in action*. Nova York/Londres: Longman, 1984.

HOLANDA, Nilson. *Planejamento e projetos: uma introdução às técnicas de planejamento e de elaboração de projetos*. 2ª ed. Rio de Janeiro: APEC, 1975.

HON, Linda Childers. "Demonstrating effectiveness in public relations: goals, objectives and evaluation". *Journal of Public Relations Research*. Hillsdale/New Jersey: Erlbaum, a. 10, nº 2, pp. 103-35, 1998.

HON, Linda Childers; GRUNIG, James E. *Measuring relationship in public relations. A report of the Commission on Public Relations Measurement and Evaluation*. Gainesville: Institute for Public Relations, 1999.

HORTON, Paul B.; HUNT, Chester L. *Sociologia*. Trad. de Auriphebo Berrance Simões. São Paulo: McGraw-Hill do Brasil, 1980.

HSM. *HSM Management*. Barueri: Savana, nº 18, pp. 58-84, jan.-fev. 2000.

HUDSON, Mike. *Administrando organizações do terceiro setor: o desafio de administrar sem receita*. Trad. de James F. Sunderland Cook. São Paulo: Makron Books, 1999.

HUNT, Todd; GRUNIG, James E. *Public relations techniques*. Harcourt Brace: Holt, Rinehart & Winston, 1994.

IANHEZ, João Alberto. "Relações públicas nas organizações". In: KUNSCH, Margarida M. Krohling (org.). *Obtendo resultados com relações públicas*. São Paulo: Pioneira, 1997.

IANNI, Octávio. *Enigmas da modernidade-mundo*. Rio de Janeiro: Civilização Brasileira, 2000.

402 PLANEJAMENTO DE RELAÇÕES PÚBLICAS NA COMUNICAÇÃO INTEGRADA

_____. *Teorias da globalização*. 2ª ed. Rio de Janeiro: Civilização Brasileira, 1996.

IASBECK, Luiz Carlos. *Administração da identidade: um estudo semiótico da comunicação e da cultura nas organizações*. São Paulo, 1997. Tese de doutorado – PUC-SP.

ILLESCAS, Washington Dante. *Como planear las relaciones públicas: conocimientos teórico-prácticos para accionar en la política social e institucional de las organizaciones modernas*. Buenos Aires/Córdoba: Ediciones Macchi, 1995.

INSTITUTO ETHOS. *Responsabilidade social das empresas: a contribuição das universidades*. São Paulo: Peirópolis, 2002.

_____. *Como as empresas podem implementar programas de voluntariado*. São Paulo: Instituto Ethos, 2001a.

_____. *Indicadores Ethos de responsabilidade social empresarial – Versão 2001*. São Paulo: Instituto Ethos, 2001b.

_____. *Guia de elaboração de relatório e balanço anual de responsabilidade social empresarial – Versão 2001*. São Paulo: Instituto Ethos, 2001c.

_____. *Como as empresas podem investir na saúde da mulher*. São Paulo: Instituto Ethos, 2000.

INSTITUTO ETHOS E FUNDAÇÃO ABRINQ. *O que as empresas podem fazer pela criança e pelo adolescente*. 2ª ed. São Paulo: Instituto Ethos e Fundação Abrinq, 2000.

JABLIN, Frederic M.; PUTNAM, Linda (orgs.). *The new handbook of organizational communication*. Thousand Oaks: Sage Publications, 2001.

JORGE, Miguel. "Ética de imprensa, ética de empresa". *Revista de Comunicação Empresarial*. São Paulo: Aberje, a. 9, nº 32, p. 12, 3º trim. 1999.

_____. "Os desafios da comunicação". In: DINES, Alberto; MALIN, Mauro (orgs.). *Jornalismo brasileiro: no caminho das transformações*. Brasília: Banco do Brasil, 1996.

_____. "Empresa × imprensa: os segredos de um bom relacionamento". *Exame*. São Paulo: Abril, nov. 1983. Entrevista.

KATZ, Daniel; KAHN, Robert L. *Psicologia social das organizações*. Trad. de Auriphebo Berrance Simões. 2ª ed. São Paulo: Atlas, 1978.

KNELLER, George F. *Arte e ciência da criatividade*. Trad. de José Reis. 3ª ed. São Paulo: Ibrasa, 1973.

KOONTZ, Harold; O'DONNELL, Cyril. *Princípios de administração: uma análise das funções administrativas*. Trad. de Albertino Pinheiros e Ernesto D'Orsi. 2 v. 13ª ed. São Paulo: Pioneira, 1982.

KOPPLIN, Elisa; FERRARETTO, Luis A. *Assessoria de imprensa: teoria e prática*. 2ª ed. Porto Alegre: Sagra/DC Luzzato, 1996.

KOTLER, Philip. "Do marketing móvel às lacunas de valor". *HSM Management*. Barueri: Savana, nº 29, a. 5, pp. 116-20, nov.-dez. 2001. Entrevista.

_____. *Marketing para o século XXI: como criar, conquistar e dominar mercados*. Trad. de Bazán Tecnologia e Lingüística e Cristina Bazán. 7ª ed. São Paulo: Futura, 2000a.

_____. *Administração de marketing: a edição do milênio*. Trad. de Bazán Tecnologia e Lingüística. 10ª ed. São Paulo: Prentice Hall, 2000b.

_____. *Administração de marketing: análise, planejamento, implementação e controle*. Trad. de Silton Bonfim Brandão. 3ª ed. São Paulo: Atlas, 1995.

KOTLER, Philip; ROBERTO, Eduardo L. *Marketing social: estratégias para alterar o comportamento público*. Rio de Janeiro: Campus, 1992.

KRAUSZ, Rosa. *Compartilhando o poder nas organizações*. São Paulo: Nobel, 1991.

KREEPS, Gary L. *La comunicación en las organizaciones*. 2ª ed. Wilmington: Addison Wesley Iberoamericana, 1995.

KROETZ, César E. S. *Balanço social*. São Paulo: Atlas, 2000.

KUNSCH, Margarida M. Krohling (coord.). *Os grupos de mídia no Brasil e as mediações das assessorias de comunicação, relações públicas e imprensa*. São Paulo: ECA-USP /CNPq /Fapesp, 1999. Relatório técnico-científico de projeto integrado de pesquisa.

_____. *Relações públicas e modernidade: novos paradigmas na comunicação organizacional*. São Paulo: Summus, 1997a.

_____. "As organizações modernas necessitam de uma comunicação integrada". *Mercado Global*. São Paulo: Rede Globo, a. XXIV, nº 102, 2º sem. 1997b.

_____. "Planejamento estratégico e excelência da comunicação". In: KUNSCH, Margarida M. Krohling (org.). *Obtendo resultados com relações públicas*. São Paulo: Pioneira, 1997c.

_____. *"Planejamento de relações públicas na comunicação integrada"*. 3ª ed. São Paulo: Summus, 1995.

_____. "A comunicação integrada nas organizações modernas: avanços e perspectivas no Brasil". In: CORRÊA, Tupã Gomes (org.). *Comunicação para o mercado: instituições, mercado, publicidade*. São Paulo: Edicon, 1995.

_____. *Universidade e comunicação na edificação da sociedade*. São Paulo: Loyola, 1992.

_____. "Propostas alternativas de relações públicas". *Revista Brasileira de Comunicação*. São Paulo: Intercom, a. X, nº 57, jul.-dez. 1987.

_____. "Relações públicas comunitárias: um desafio". *Comunicação & Sociedade*. São Bernardo do Campo. PósCom-IMS, a. VI, nº 11, 1º sem. 1984.

KUNSCH, Waldemar Luiz. "Uma contribuição para os estudos de folkcomunicação". *Comunicação & Sociedade*. São Bernardo do Campo: PósCom-Umesp, a. 22, nº 34, pp. 111-27, 2º sem. 2000.

LAPASSADE, Georges. *Grupos, organizações e instituições*. Trad. de Henrique Augusto de Araújo Mesquita. 2ª ed. Rio de Janeiro: Francisco Alves, 1983.

LAWRENCE, Paul R.; LORSCH, Jay W. Trad. de Francisco M. Guimarães. *As empresas e o ambiente: diferenciação e integração administrativas*. Petrópolis: Vozes, 1973.

LEDUC, Robert. *Propaganda: uma força a serviço da empresa*. Trad. de Silvia Lima Bezerra. São Paulo: Atlas, 1977.

LERBINGER, Otto. "Corporate use of research in public relations". In: HIEBERT, Ray Eldon (org.). *Precision public relations*. Nova York: Longman Inc., 1988.

_____. *The crises manager: facing risk and responsibility*. Mahwah: Erlbaum, 1997.

LESLY, Philip. *Os fundamentos de relações públicas e da comunicação*. Trad. de Roger Cahen. São Paulo: Pioneira, 1995.

LIMA, Frederico O., TEIXEIRA, Paulo C. *Direcionamento estratégico e gestão de pessoas nas organizações*. São Paulo: Atlas, 2000.

LINDEBORG, Richard. "Excellent communication". *Public Relations Quarterly*. Nova York: Precis Syndicate, v. 39. nº 1, primavera 1994.

LINDENMANN, W. K. "An effectiveness yardstick to measure public relations success". *Public Relations Quarterly*, a. 38, nº 1, pp. 7-9, 1993.

BIBLIOGRAFIA   405

_____. "Research, evaluation and measurement: a national perspective". *International Public Relations Review*. Hillsdale/New Jersey: Erlbaum, a. 16, nº 2, pp. 3-16, 1990.

LISBOA, S. M. *Razão e paixões dos mercados: um estudo sobre a utilização do marketing cultural pelo empresariado*. Belo Horizonte: C/Arte, 1999.

LITTLEJOHN, Stephen W. *Fundamentos teóricos da comunicação humana*. Rio de Janeiro: Zahar, 1982.

LODI, João Bosco. *Lobby & holding: as bases do poder*. São Paulo: Pioneira, 1982.

LONG, Alan Charles. "Uma política de comunicação social". SEMINÁRIO "A COMUNICAÇÃO EMPRESARIAL NUMA SOCIEDADE EM MUTAÇÃO". São Paulo: American Chamber of Commerce for Brazil. *Mercado Aberto*. São Paulo: ADVB, nº 11, nov. 1982.

LOPES, Carlos Thomaz G. *Planejamento, Estado e crescimento*. São Paulo: Pioneira, 1990.

_____. *Planejamentos e estratégica empresarial*. São Paulo: Saraiva, 1978.

LOPES, Marilene. *Quem tem medo de ser notícia? Da informação à notícia – a mídia formando ou "deformando" uma imagem*. São Paulo: Makron Books, 2000.

LORENZETTI, Valentim. "APP promove debate de RP". *Meio e Mensagem*. São Paulo: PI – Publicações Informativas, a. VI, nº 131, 2ª quinzena/jun. 1984.

LOZANO RENDÓN, José Carlos. *Teoría de la investigación de masas*. México: Longman, 1996.

MALAGODI, Maria Eugênia; CESNIK, Fábio de Sá. *Projetos culturais: elaboração, administração, aspectos legais, busca de patrocínio*. São Paulo: Escrituras Editora, 1999.

MAMOU, Yves. *A culpa é da imprensa!* São Paulo: Marco Zero, 1991.

MANERA FILHO, Humberto. "Aprendizado mútuo: empresas de assessoria descobrem o valor da qualificação enquanto refinam o entendimento sobre o que é – e o que não é – informação para mídia". *Revista de Comunicação Empresarial*. São Paulo: Aberje, a. 8, nº 28, p. 18, 3º trim. 1998.

MARCOVITCH, Jacques. *Contribuição ao estudo da eficácia organizacional*. São Paulo, 1972. Tese de doutorado – FEA-USP.

MARÍN, Antonio Lucas. *La comunicación en la empresa y en las organizaciones*. Barcelona: Bosch, 1997.

MARKER, Robert K. "The Armstrong/PR Data Measurement System". In: HIEBERT, Ray Eldon (ed.). *Precision public relations*. Nova York/Londres: Longman, 1988.

MARQUES DE MELO, José. *Comunicação social: teoria e pesquisa*. 5ª ed. Petrópolis: Vozes, 1977.

MARZANO, Rudolph. "Evaluating public relations". In: HIEBERT, Ray Eldon (ed.). *Precision public relations*. Nova York/Londres: Longman, 1988.

MATIAS, Marlene. *Organização de eventos: procedimentos e técnicas*. Barueri: Manole, 2001.

MATTOS, Alexandre Morgado. *Organização: uma visão global – introdução-ciência-arte*. 2ª ed. Rio de Janeiro: FGV, 1978.

MATOS, Heloíza. "Relações com a mídia". In: KUNSCH, Margarida M. Krohling (org.). *Obtendo resultados com relações públicas*. São Paulo: Pioneira, 1997.

MATTELART, Armand e Michèle. *História das teorias da comunicação*. Trad. de Luiz Paulo Rouanet. São Paulo: Loyola, 1999.

MAXIMIANO, Antonio César Amaru. *Teoria geral da administração: da escola científica à competitividade em economia globalizada*. São Paulo: Atlas, 1997.

MAZZON, J. A. *Análise do programa de alimentação do trabalhador sob o conceito de marketing social*. São Paulo, 1981. Tese de doutorado – FEA-USP.

MEIRELLES, Gilda F. *Tudo sobre eventos*. São Paulo: STS, 1999.

MELO NETO, Francisco Paulo de. *Marketing de eventos*. Rio de Janeiro: Sprint, 1999.

_____. *Marketing de patrocínio*. Rio de Janeiro: Sprint, 2000.

_____; FROES, César. *Responsabilidade social e cidadania empresarial: a administração do terceiro setor*. Rio de Janeiro: Qualitymark, 1999.

MELLO E FREITAS, Antônio de Lisboa. *Relações públicas: casos atuais, perspectivas futuras*. Porto Alegre: Sulina/ARI, 1985.

MERCADO GLOBAL. São Paulo: Rede Globo, nº 107, a. XX, v. II, pp. 67-9, jun. 2000.

MESTIERI, Carlos Eduardo; MELO Waltemir de. "Auditoria de opinião". In: KUNSCH, Margarida M. Krohling (org.). *Obtendo resultados com relações públicas*. São Paulo: Pioneira, 1997.

MIÈGE, Bernard. *O pensamento comunicacional*. Petrópolis: Vozes, 2000.

BIBLIOGRAFIA 407

MIGLIOLI, Jorge. *Introdução ao planejamento econômico*. São Paulo: Brasiliense, 1983.

MINTZBERG, Henry. *Criando organizações eficazes: estruturas em cinco configurações*. Trad. de Cyro Bernardes. São Paulo: Atlas, 1995.

_____. "A queda e a ascensão do planejamento estratégico". *Exame*. São Paulo: Abril, 11 fev. 1994.

MINTZBERG, Henry; AHLSTRAND, Bruce; LAMPEL, Joseph. *Safári de estratégia: um roteiro pela selva do planejamento estratégico*. Trad. de Nivaldo Montingelli Jr. Porto Alegre: Bookman, 2000.

MOREIRA, Gerson Lima. *Releseamania: uma contribuição para o estudo do press release no Brasil*. São Paulo: Summus, 1985.

MORESI, Eduardo Amadeu Dutra. "Monitoramento ambiental". In: TARAPANOFF, Kira (org.). *Inteligência organizacional e competitiva*. Brasília: Editora da UnB, 2001.

MORGAN, Gareth. *Imagens da organização: edição executiva*. São Paulo: Atlas, 2000.

_____. *Imagens da organização*. São Paulo: Atlas, 1996.

MORRISEY, George L. *Pensamento estratégico: construya los cimientos de su planeación*. Trad. de Carlos Alberto Arenas Monreal. México: Prentice-Hall, 1996.

_____. *Planeación táctica: produciendo resultados em corto plazo*. Trad. de Patrícia Ibarra Colado. México: Prentice-Hall, 1996.

_____. *Planeación a la largo plazo: creando su própria estratégia*. Trad. de Sérgio Cornejo Reys. México: Prentice-Hall, 1996.

MOTTA, Paulo Roberto. "Dimensões gerenciais do planejamento organizacional estratégico". In: VASCONCELLOS FILHO, Paulo de; MACHADO, Antonio de Matos Vieira. *Planejamento estratégico: formulação, implantação e controle*. Rio de Janeiro: LTC, 1982.

MURPHY, Patrícia. "The limits of symmetry: a game theory approach to symmetric and assymmetric public relations". *Public Relations Research Annual*, n° 3, pp. 115-32, 1991.

MUYLAERT, Roberto. *Marketing cultural & comunicação dirigida*. São Paulo: Globo, 1993.

MYAMOTO, Massahiro. *Administração de congressos científicos e técnicos: convenção, seminário, painel, assembléia e outros*. São Paulo: Pioneira/Edusp, 1987.

NACHMANOVITCH, Stephen. *Ser criativo: o poder da improvisação na vida e na arte*. Trad. de Eliana Rocha. 3ª ed. São Paulo: Summus, 1993.

NADLER, David A.; TUSHMAN, Michael L. "A organização do futuro". *HSM Management*. Barueri: Savana, nº 18, pp. 58-84, jan.-fev. 2000.

NADLER, David A.; GERSTEIN, Marcs; SHAW, Robert B. *Arquitetura organizacional: a chave para a mudança empresarial*. Rio de Janeiro: Campus, 1994.

NEWMAN, William H. *Ação administrativa: as técnicas de administração e gerência*. 4ª ed. Trad. de Avelino Correa. São Paulo: Atlas, 1981.

NEWSOM, Doug; SCOTT, Alan; TURK, Judy Vanslyke. *This is PR: the realities of public relations*. Belmont: Wadsworth, 1989.

NIELANDER, William A.; MILLER, Raymond. *Relaciones públicas*. Barcelona: Editorial Hispano-Europeo, 1961.

NOGUEIRA, Nemércio. *Media training*. São Paulo: Cultura, 1999.

_____. "Relações públicas no Brasil: onde estamos e aonde vamos". In: KUNSCH, Margarida M. Krohling (org.). *Obtendo resultados com relações públicas*. São Paulo: Pioneira, 1997.

_____. *Opinião pública e democracia: desafios à empresa*. São Paulo: Nobel, 1987.

_____. *Issues management ou como demonstrar a relevância da função de relações públicas*. In: ANAIS DO VIII CONGRESSO BRASILEIRO DE RELAÇÕES PÚBLICAS. Belo Horizonte: ABRP-MG, 1984.

NOGUERO, Antonio; XIFRA, José. *Premios Yunque de Plata 1987: los mejores casos prácticos de relaciones públicas, seleccionados por la Public Relations Society of America (PRSA)*. Barcelona: ESRP/PPU, 1990.

OLIVEIRA, Djalma de Pinho Rebouças de. *Planejamento estratégico: conceitos, metodologias e práticas*. 17ª ed. rev. e ampl. São Paulo: Atlas, 2002.

_____. *Excelência na administração estratégica: a competitividade para administrar o futuro das empresas*. 2ª ed. São Paulo: Atlas, 1995.

OLIVEIRA, Fábio R. Moura de. "Relações públicas e a comunicação na empresa cidadã". In: INSTITUTO ETHOS. *Responsabilidade social das empresas: a contribuição das universidades*. São Paulo: Peirópolis, 2002.

OLIVEIRA, Marco A. *Como entender a cultura organizacional*. São Paulo: Nobel, 1988.

OLIVEIRA, Maria José da Costa. *A relação do Estado, da sociedade e do mercado na construção da cidadania: o papel das relações públicas*.

São Paulo, 2001. Tese de doutorado em Ciências da Comunicação – ECA-USP.

OLIVEIRA Miguel Darcy de. *Cidadania e globalização: a política externa brasileira e as* ONGs. Brasília: Instituto Rio Branco, 1999.

OSTROWER, Fayga. *Criatividade e processos de criação*. 4ª ed. Petrópolis: Vozes, 1984.

PALMA, Jaurês Rodrigues. *Jornalismo empresarial*. Porto Alegre: Sulina/Ari, 1983.

PAOLI, Maria Célia. "Empresas e responsabilidade social: os enredamentos da cidadania no Brasil". In: SANTOS, Boaventura de Sousa (org.). *Democratizar a democracia: os caminhos da democracia participativa*. Rio de Janeiro: Civilização Brasileira, 2002.

PARÉSI MAICAS, Manuel. "Los movimientos sociales: su dimensión comunicativa". *Comunicação & Sociedade*. São Bernardo do Campo: PósCom-Umesp, nº 33, pp. 13-32, 1º sem. 2000.

_____. *La nueva filantropía y la comunicación social: mecenazgo, fundación y patrocinio*. Barcelona: ESRP/PPU, 1994.

PARSONS, Talcott. *O sistema das sociedades modernas*. São Paulo: Pioneira, 1974.

PASQUALI, Antonio. *Comprender la comunicación*. Caracas: Monte Ávila Latinoamericana, 1978.

PENTEADO, José R. W. *Relações públicas nas empresas modernas*. Lisboa: Centro do Livro Brasileiro, s.d.

PERA, Mário Molins. *Planificación, ciencia de la praxis colectiva eficaz*. Caracas: Carchel, 1991.

PEREIRA, Maria José L. Bretas. *Na cova dos leões: o consultor como facilitador do processo decisório empresarial*. São Paulo: Makron Books, 1999.

_____. *Mudança nas instituições*. São Paulo: Nobel, 1988.

PERROW, Charles. *Análise organizacional: um enfoque sociológico*. São Paulo: Atlas, 1972.

PERUZZO, Cicilia M. Krohling. "Relações públicas com a comunidade: uma agenda para o século XXI". *Comunicação & Sociedade*. São Bernardo do Campo: PósCom-Umesp, a. 21, nº 32, pp. 45-67, 2º sem. 1999.

_____. "Relações públicas nos movimentos populares". *Revista Brasileira de Comunicação*. São Paulo: Intercom, a. XII, nº 60, jan.-jun. 1989.

_____. *Relações públicas no modo de produção capitalista*. São Paulo: Summus, 1986.

PETERS, J. Thomas; WATERMAN, Robert H. *Vencendo a crise*. Trad. de Baltazar Barbosa Filho. São Paulo: Harper & Row do Brasil, 1983.

PIECZKA, Magda. "Objectives and evaluation in public relations work: what do they tell us about expertise and professionalism?" *Journal of Public Relations Research*. Hillsdale/New Jersey: Erlbaum, a. 12, nº 3, pp. 211-33, 2000.

PIÑUEL RAIGADA, José L. *Teoria de la comunicación y gestión de las organizaciones*. Madri: Editorial Síntesis, 1997.

PORTER, Michael E. *Vantagem competitiva: criando e sustentando um desempenho superior*. Trad. de Elizabeth Maria de Pinho Braga. Rio de Janeiro: Campus, 1989.

_____. *Estratégia competitiva: técnicas para análise das indústrias e da concorrência*. Trad. de Elizabeth Maria de Pinho Braga. Rio de Janeiro: Campus, 1986.

POYARES, Walter Ramos. *Imagem pública: glória para uns, ruína para outros*. São Paulo: Globo, 1998.

PRADO, Darci Santos do. *PERT/COM*. Belo Horizonte: Editora de Desenvolvimento Gerencial, 1998.

PREDEBON, José. *Criatividade hoje: como se pratica, aprende e ensina*. São Paulo: Atlas, 1999.

PUTNAM, Linda L.; PACANOWSKY, Michael. *Communication and organizations, an interpretative approach*. Newbury Park: Sage Publications, 1983.

_____. "Paradigms for organizational communication research: an overview and synthesis". In: JABLIN, Frederic M. et al. *Handbook of organizational communication: an interdisciplinary perspective*. Newbury Parky: Sage Publications, 1982.

RABAÇA, Carlos Alberto; BARBOSA, Gustavo. *Dicionário de comunicação*. [Com a colaboração de Muniz Sodré]. Rio de Janeiro: Codecri, 1978.

RANDOLPH, Robert M. A. *Administração do planejamento: como tornar realidade uma idéia*. Trad. de Attílio Gancian. São Paulo: McGraw-Hill, 1977.

REDDING, W. Charles.; TOMPKINS, Philip. "Organizational communication: past and present tenses". In: GOLDHABER, G.; BERNET, G. (eds.). *Handbook of organizational communication*. Norwood: Ablex, 1988.

BIBLIOGRAFIA

REDE GLOBO. *Mercado Global*. São Paulo. Rede Globo, nº 107, a. XX, v. 11, jun. 2000.

REDFIELD, Charles E. *Comunicações administrativas*. Trad. de Sylla Magalhães Chaves. 4ª ed. Rio de Janeiro: FGV, 1980.

REVISTA EXAME. *Guia de boa cidadania corporativa – 2000*. São Paulo: Abril, nº 728, 2000.

_____. *Guia de boa cidadania corporativa – 2001*. São Paulo: Abril, nº 754, 2001.

RHODIA S.A. *Plano de comunicação social*. São Paulo, 1985.

RIBEIRO, Alex. *Caso Escola Base: os abusos da imprensa*. 2ª ed. São Paulo: Ática, 2001.

RICHARDSON, Bill; RICHARDSON, Roy. *A gestão estratégica*. Trad. de Carlos Pacheco. Lisboa: Editorial Presença, 1992.

RIEL, Cees B. M. van. *Principles of corporate communication*. Hemel Hempstead: Prentice Hall, 1995.

ROBBINS, Stephen Paul. *Comportamento organizacional*. 8ª ed. Rio de Janeiro: LTC, 1998.

ROBERTS, Karlene H. et al. "Organizational theory and organizational communication: a communication failure?" *Human Relations*, v. 27, nº 4, pp. 501-24, maio 1974.

ROCHA, Marco A. "Imprensa e empresas em busca do lead". In: DINES, Alberto; MALIN, Mauro (orgs.). *Jornalismo brasileiro: no caminho das transformações*. Brasília: Banco do Brasil, 1996.

ROESCH, Sylvia Maria Azevedo. "Nota técnica: pesquisa-ação no estudo das organizações". In: CALDAS, Miguel; FACHIN, Roberto; FISCHER, Tânia (orgs. da edição brasileira). *Handbook de estudos organizacionais*. Vol. 2. São Paulo: Atlas, 2001.

ROGERS, Everett; REKHA, A. Rogers. *La comunicación em las organizaciones*. Trad. de Afonso Vasseux Walls. México: McGraw-Hill, 1980.

ROSA, José Antonio; LEÓN, Maria Lenilde Silva Plá de. *Jornal de empresa na prática*. São Paulo: STS, 1992.

SÁ, Adísia (coord.). *Fundamentos científicos da comunicação*. Petrópolis: Vozes, 1973.

SALAMAN, Graeme; THOMPSON, Kenneth. *Control e ideología en las organizaciones*. México: Fondo de Cultura Económica, 1984.

SALLES, Mauro. "Empresa × imprensa: os segredos de um bom relacionamento". *Exame*. São Paulo: Abril, 16 nov. 1983. Entrevista.

412 PLANEJAMENTO DE RELAÇÕES PÚBLICAS NA COMUNICAÇÃO INTEGRADA

SAM, Black. *ABC de las relaciones públicas.* Barcelona: Ediciones Gestión 2000, 1994.

SAMPAIO, Rafael. *Propaganda de A a Z: como usar a propaganda para construir marcas e empresas de sucesso.* Rio de Janeiro: Campus, 1995.

SANT'ANNA, Armando. *Propaganda: teoria – técnica – prática.* 7ª ed. São Paulo: Pioneira, 1998.

SANTOS, Boaventura de Sousa (org.). *Democratizar a democracia: os caminhos da democracia participativa.* Rio de Janeiro: Civilização Brasileira, 2002.

SANTOS, José Rodrigues dos. *O que é comunicação?* Lisboa: Difusão Cultural, 1992.

SANTOS, Milton. *A natureza do espaço: técnica e tempo, razão e emoção.* São Paulo: Hucitec, 1996.

SANTOS, Rogério. *A negociação entre jornalistas e fontes.* Coimbra: Minerva, 1997.

SCANLAN, Burt K. *Princípios de administração e comportamento organizacional.* Trad. de Carlos Roberto Vieira de Araújo. São Paulo: Atlas, 1979.

SCHEWE, Charles D. *Marketing: conceitos, casos e aplicações.* Trad. de Auríphebo Berrance Simões. São Paulo: McGraw-Hill, 1982.

SCHMIDT, Flávio. *Pesquisa e auditoria de opinião: conceitos e técnicas.* São Paulo, s.d. [Mimeo].

SCHULER, M. *Administração da imagem organizacional: um método de configuração da imagem organizacional.* In: PRSA EDUCATOR'S ACADEMY 2000 RESEARCH CONFERENCE. MIAMI: PRSA, 2000. Mimeo.

SCHWARTZ, Tony. *Mídia: o segundo deus.* Trad. de Ana Maria Rocha. São Paulo: Summus, 1985.

SEFERTIZI, Elena. "Flexibilidade: os novos desenhos". *HSM Management.* Barueri: Savana, nº 18, pp. 74-5, jan.-fev. 2000.

SEITEL, Fraser. *The practice of public relations.* New Jersey: Prentice Hall/Englewood Cliffs, 1995.

SELZNICK, Phillip. *A liderança na administração.* Rio de Janeiro: FGV, 1972.

SEMENIK, Richard J.; BAMOSSY, Gary J. *Princípios de marketing: uma perspectiva global.* Trad. de Lenke Peres. São Paulo: Makron Books, 1995.

BIBLIOGRAFIA 413

SENAC, Ronan Pérez. "Relaciones públicas como agentes de transformación social". In: ABRP. *Anais do 8º Congresso Brasileiro de Relações Públicas*. Rio de Janeiro, 1984.

SHOCKLEY-ZALABAK, Pamela. *Fundamentals of organization communication: knowledge, sensitivity, skills, values*. 2ª ed. Nova York/Londres: Longman, 1991.

SILVA, César A. Tibúrcio; FREIRE, Fátima de Souza. *Balanço social: teoria e prática*. São Paulo: Atlas, 2001. [Inclui o novo modelo do Ibase].

SILVEIRA JÚNIOR, Aldery; VIVACQUA, Guilherme Antônio. *Planejamento estratégico como instrumento de mudança organizacional*. Brasília: Editora da UnB, 1996.

SIMÕES, Roberto Porto. *Relações públicas e micropolítica*. São Paulo: Summus, 2001.

_____. *Relações públicas: função política*. 3ª ed. rev. e ampl. São Paulo: Summus, 1995.

SIMON, Herbert A. *Comportamento administrativo*. 2ª ed. Trad. de Aloízio Loureiro Pinto. Rio de Janeiro: FGV, 1970.

SIMON, Raymond. *Relaciones públicas: teoría y práctica*. México: Limura/Noriega Editores, 1994.

SIMON, Raymond et al. (orgs.). *Relações públicas: perspectivas de comunicação*. Trad. de Augusto Ruís. São Paulo: Atlas, 1972.

SINA, Amália; SOUZA, Paulo de. *Marketing social: uma oportunidade para atuar e contribuir socialmente no terceiro setor*. São Paulo: Crescente Editorial, 1999.

SOBREIRA, Geraldo. *Como lidar com os jornalistas*. São Paulo: Geração Editorial, 1993.

SROUR, Robert Henry. *Poder, cultura e ética nas organizações*. São Paulo: Campus, 1998.

STACEY Ralph. *Pensamento estratégico e gestão de mudanças*. Trad. de João Paulo Gaspar. Lisboa: Publicações Dom Quixote, 1998.

STAMM, Keith R. "Strategies for evaluating public relations". In: HIEBERT, Ray Eldon (ed.). *Precision public relations*. Nova York/ Londres: Longman, 1988.

STEINBERG, C. S. "Relações públicas e comunicação de massa". In: STEINBERG, C. S. (org.). *Meios de comunicação de massa*. São Paulo: Cultrix, 1972.

STRENSKI, James B. "New concerns for public relations measurement". *Public Relations Journal*. Nova York: nº 37, pp. 16-7, maio 1981.

SUSSKIND, Lawrence; FIELD, Patrick. *Em crise com a opinião pública.* Trad. de Marcelo Macca. São Paulo: Futura, 1997.

SWINEHART, James W. "Evaluating public relations". *Public Relations Journal.* Nova York: v. 35, nº 7, jul. 1979.

TABATONI, Pierre; JARNIOU, Pierre. "A dinâmica das normas na administração estratégica". In: ANSOFF, H. Igor; DECLERCK, Roger P.; HAYES, Robert L. (orgs.). *Do planejamento estratégico à administração estratégica.* Trad. de Carlos Roberto Vieira de Araújo. São Paulo: Atlas, 1981.

TAPPARELLI, Alessandra Terrazas et al. *Relações assessorias & redações: conclusões e recomendações de workshops e pesquisa com a participação de jornalistas e assessores de imprensa de São Paulo.* São Paulo: Sinjoesp, 1999.

TAPSCOTT, Don; CASTON, Art. *Mudança de paradigma: a nova promessa da tecnologia de informação.* Trad. de Pedro Catunda. São Paulo: Makron Books, 1995.

TARAPANOFF, Kira (org.). *Inteligência organizacional e competitiva.* Brasília: Editora da UnB, 2001.

TAVARES, Mauro Calixta. *Gestão estratégica.* São Paulo: Atlas, 2000.

_____. *Planejamento estratégico: a opção entre sucesso e fracasso empresarial.* São Paulo: Harbra, 1991.

TENÓRIO, Fernando Guilherme et al. (coords.). *Avaliação de projetos comunitários: uma abordagem prática.* São Paulo: Loyola/Cedac, 1995.

THAYER, Lee O. *Comunicação: fundamentos e sistemas na organização, na administração, nas relações interpessoais.* Trad. de Esdras do Nascimento e Sônia Coutinho. São Paulo: Atlas, 1976.

THEVENET, Maurice. *Cultura de empresa: auditoria e mudança.* Lisboa: Monitor, 1997.

THIOLLENT, Michel. *Pesquisa-ação nas organizações.* São Paulo: Atlas, 1997.

THOMPSON Jr.; ARTHUR A.; STRICKLAND III, A. J. *Planejamento estratégico.* Trad. de Francisco Roque Monteiro Leite. São Paulo: Pioneira, 2000.

THUROW, Lester. *Cabeça a cabeça: a batalha econômica entre Japão, Europa e Estados Unidos.* Trad. de Alberto Lopes. Rio de Janeiro: Rocco, 1993.

TINOCO, João E. Prudêncio. *Balanço social: uma abordagem da transparência e da responsabilidade pública das organizações.* São Paulo: Atlas, 2001.

BIBLIOGRAFIA 415

TOFFLER. Alvin. *A terceira onda.* 9ª ed. Trad. de João Távora. Rio de Janeiro: Record, 1980.

TORQUATO DO REGO, F. G. *Cultura, poder, comunicação e imagem: fundamentos da nova empresa.* São Paulo: Pioneira, 1991.

_____. *Comunicação empresarial/comunicação institucional: conceitos, estratégias, sistemas, estruturas, planejamento e técnicas.* São Paulo: Summus, 1986.

_____. *Estratégias de comunicação nas empresas modernas.* In: III CONGRESSO BRASILEIRO DE COMUNICAÇÃO EMPRESARIAL. São Paulo: Aberje, 1985. Mimeo.

_____. *Jornalismo empresarial: teoria e prática.* São Paulo: Summus, 1984.

_____. *Comunicação e organização: o uso da comunicação sinérgica para obtenção de eficácia em organizações utilitárias.* São Paulo, 1983. Tese de livre-docência – ECA-USP.

TOSTES, Luiz Edgar. *Comunicação interna para maior envolvimento.* In: X CONGRESSO MUNDIAL DE RELAÇÕES PÚBLICAS. Amsterdam, 3-7 jun. 1985.

VALENÇA, Rolim. *Contatos imediatos: relações públicas.* São Paulo, s.d. [Mimeo: apontamentos do autor].

VALENTE, Célia; NORI, Walter. *Portas abertas.* São Paulo: Best Seller, 1990.

VALERIANO, Dalton L. *Gerenciamento estratégico e administração por projetos.* São Paulo: Makron Books, 2001.

VALADARES, Maurício Castelo Branco. *Planejamento estratégico empresarial.* Rio de Janeiro: Qualitymark, 2002.

VARONA MADRID, Federico. "Las auditorias de la comunicación organizacional desde una perspectiva académica estadounidense". *Diá-logos de la Comunicación.* Lima: Felafacs, nº 39, pp. 53-64, jun. 1994.

VASCONCELOS, Antonio Telles. *Relações com o público interno.* São Paulo, s.d. Mimeo.

VASCONCELOS, Antonio Telles; OLIVEIRA, Celso Feliciano. *Desenvolvimento e comunicação.* Seminário para a disciplina de Estudos Especiais de Comunicação. São Paulo: ECA-USP, 1979. Mimeo.

VASCONCELLOS FILHO, Paulo de. *Planejamento estratégico para a retomada do desenvolvimento.* Rio de Janeiro: LTC, 1985.

_____. *Planejamento e controle empresarial: uma abordagem sistêmica.* Rio de Janeiro: LTC, 1983.

_____. "Proposições para formulação de um plano estratégico". In: VASCONCELLOS FILHO, Paulo de; MACHADO, Antonio de Matos Vieira. *Planejamento estratégico: formulação, implantação e controle*. Rio de Janeiro: LTC, 1982.

VERCIC, Dejan.; GRUNIG, Larissa; GRUNIG, James. "Global and specific principles of public relations: evidence from Slovenia". In: CULBERTSON, H.; CHEN, N. (orgs.). *International public relations: a comparative analysis*. Mahwah: Erlbaum, 1996.

VILELA, Regina. *Quem tem medo da imprensa? Como e quando falar com os jornalistas*. São Paulo: Campus, 1998.

VILLAFAÑE, Justo. *Imagen positiva: gestión estratégica de la imagen de las empresas*. Madri: Ediciones Pirámide, 1993.

_____. *La gestión profesional de la imagen corporativa*. Madri: Ediciones Pirámide, 1999.

VINADÉ, Gelson. *Planejamento e organização de eventos ao alcance de todos*. Porto Alegre: Pallotti, 1996.

WAGNER, John; HOLLENBECK, John. *Comportamento organizacional*. São Paulo: Saraiva, 1999.

WATSON, Tom. "Integrating, planning and evaluations: evaluating the public relations practice and public relations programs". In: HEATH, Robert L. (ed.). *Handbook of publics relations*. Thousand Oaks: Sage Publications, 2001.

WEY, Hebe. *O processo de relações públicas*. 2ª ed. São Paulo: Summus, 1986.

WEBER, Max. *Economia e sociedade: fundamentos da sociologia compreensiva*. 2 v. Brasília: Editora da UnB, 1999.

_____. "Social and economic organizations". In: LITTLEJOHN, Stephen W. *Fundamentos teóricos da comunicação*. Trad. de Álvaro Cabral. Rio de Janeiro: Zahar, 1982a.

_____. *Ensaios de sociologia*. 5ª ed. Rio de Janeiro: Zahar, 1982b.

WEIL, Pascale. *La comunicación global: comunicación institucional y de gestión*. Trad. de Juan Manuel Fernández Vallés. 2ª ed. Barcelona: Paidós, 1992.

WHITE, Jon; MAZUR, Laura. *Strategic communications management: making public relations*. Cambridge: Addison Wesley Publishing Company, 1994.

WILCOX, Dennis L.; AULT, Philip H.; AGEE, Warren K. *Public relations strategies and tactics*. 42ª ed. Nova York: Harper-Collins College Publishers, 1995.

BIBLIOGRAFIA 417

WILSON, Laurie J. "Extending strategic planning to communication tactics". In: HEATH, Robert L. (ed.). *Handbook of public relations*. Thousand Oaks: Sage Publications, 2001.

WOLF, Mauro. *Teorias da comunicação*. Trad. de Maria Jorge Vilar de Figueiredo. Lisboa: Editorial Presença, 1987.

WRAGG, David. *Relações públicas em marketing e vendas*. Trad. de Carmen Cecília Magri. São Paulo: McGraw-Hill, 1989.

WRIGHT, Charles R. *Comunicação de massa*. Trad. de Mary Akier. Rio de Janeiro: Bloch, 1978.

WRIGHT, Peter; KROLL, Mark J.; PARNELL, John. *Administração estratégica: conceitos*. Trad. de Celso A. Rimoli e Lenita R. Esteves. São Paulo: Atlas, 2000.

YANAZE, Mitsuru Higuchi. "Esqueça o marketing". *Líbero – Revista Acadêmica de Pós-Graduação*. São Paulo: Faculdade de Comunicação Social Cásper Líbero, a. III, v. 3, n. 5, pp. 88-9, 1º sem. 2000.

ZACCARELLI, Sérgio Baptista; FISCHMANN, Adalberto Américo; LEME, Ruy Aguiar da Silva. *Ecologia de empresas: um estudo do ambiente empresarial*. São Paulo: Atlas, 1980.

MARGARIDA MARIA KROHLING KUNSCH

Professora titular da Universidade de São Paulo, livre-docente em Teorias e Processos de Comunicação Institucional; doutora e mestre em Ciências da Comunicação pela Escola de Comunicações e Artes da Universidade de São Paulo (ECA-USP); bacharel em Relações Públicas pela Universidade Anhembi-Morumbi (São Paulo).

Presidente da Comissão de Pós-Graduação da ECA-USP e coordenadora do curso de pós-graduação *lato sensu* de Gestão Estratégica em Comunicação Organizacional e Relações Públicas.

Presidente da Abrapcorp – Associação Brasileira de Pesquisadores de Comunicação Organizacional e de Relações Públicas; diretora de Relações Internacionais da Socicom – Federação Brasileira de Associações Científicas e Acadêmicas de Comunicação; membro do Conselho Consultivo da Aberje – Associação Brasileira de Comunicação Empresarial; membro do Conselho Curador da Intercom – Sociedade Brasileira de Estudos Interdisciplinares da Comunicação; vice-presidente da AssIbercom – Associação Ibero-Americana de Comunicação (Porto/Portugal).

Criadora e editora das revistas científicas: *Organicom – Revista Brasileira de Comunicação Organizacional e Relações Públicas* (ECA-USP e Abrapcorp); e *Revista Latino-americana de Ciencias de la Comunicación* (Alaic). Membro do conselho editorial de diversas revistas científicas do país e do exterior, como: *Intercom – Revista Brasileira de Ciências da Comunicação; Revista Signo y Pensamiento da Universidad Javeriana* (Bogotá); *Matrizes* (Programa de Pós-Graduação em Ciências da Comunicação da ECA-USP).

Publicou *Universidade e comunicação na edificação da sociedade* (Loyola, 1992) e *Relações públicas e modernidade: novos paradigmas na comunicação organizacional* (Summus, 1997). E organizou: *Gestão estratégica em comunicação organizacional e relações públicas* (Difusão, 2008); *Relações públicas comunitárias: a comunicação em uma perspectiva dialógica e transformadora* (Summus, 2007); *Obtendo resultados com relações públicas* (Pioneira, 1997; edição atualizada em 2006), entre outros.

leia também

COMUNICAÇÃO DIRIGIDA ESCRITA NA EMPRESA
TEORIA E PRÁTICA
EDIÇÃO REVISTA
Cleuza G. Gimenes Cesca

Ao lado de conceitos técnicos, a autora apresenta numerosos exemplos e sugestões viáveis de sistemas de comunicação escrita nas empresas. Numa linguagem fácil, demonstra a necessidade do emprego deste tipo de atividade a ser realizada pelas assessorias de relações públicas para obter um bom fluxo interno das informações.
REF. 10047   ISBN 978-85-323-0047-8

A LITERATURA DE RELAÇÕES PÚBLICAS
PRODUÇÃO, CONSUMO E PERSPECTIVAS
Luiz Alberto de Farias

A obra coloca em discussão os caminhos da atividade de Relações Públicas a partir da questão literária dirigida à área. Além disso, analisa aspectos como o papel dos intelectuais, sua produção e as instituições de ensino superior. Também são discutidos temas como cultura e poder no ambiente corporativo e seus desdobramentos.
REF. 10851   ISBN 85-323-0851-1

ORGANIZAÇÃO DE EVENTOS
MANUAL PARA PLANEJAMENTO E EXECUÇÃO
EDIÇÃO REVISTA
Cleuza G. Gimenes Cesca

Este livro aborda a realização de eventos na área empresarial com objetivos de divulgação, promoção, relações públicas etc. São estudados os aspectos fundamentais na escolha e definição de eventos. Unindo larga experiência de docente ao conhecimento prático, a autora criou um guia seguro para os profissionais e estudantes de RP, turismo, recursos humanos e publicidade.
REF. 10401   ISBN 978-85-323-0401-8

RELAÇÕES PÚBLICAS E SUAS INTERFACES
Cleuza G. Gimenes Cesca (org.)

Unindo especialistas do Brasil, da Espanha e de Portugal, Cleuza Gimenes Cesca apresenta mais uma obra indispensável para estudantes e profissionais de Relações Públicas. Entre os temas abordados estão o relacionamento com o público interno, os desafios na era da internet, a nomenclatura do setor e o papel da informação nesse segmento.
REF. 10278   ISBN 85-323-0278-5

www.gruposummus.com.br

IMPRESSO NA
sumago gráfica editorial ltda
rua itauna, 789   vila maria
02111-031   são paulo   sp
tel e fax 11 **2955 5636**
sumago@sumago.com.br